수필 비평을 위한 현대성 프레임

수필 비평을 위한 현대성 프레임

박양근 문학평론집

수필과비평사

◀ 프롤로그 ▶

수필 비평의 현대성을 기원하며

　창작과 비평은 문학의 두 축이다. 그들은 우호적이면서 긴장된 관계를 유지하며 서로의 영역을 존중한다. 비평이 없는 창작은 생각할 수 없고 창작이 없는 비평도 존재할 수 없다. 동전의 양면이고 양날을 가진 칼이다. 당연히 작가와 비평가의 관계도 돈독한 친구 같지만 때로는 서로에게 빈틈을 보여주지 않는 긴장을 유지한다. 불가지 불가원이랄까. 그렇더라도 창작과 비평은 서로의 발전을 위해 상호 균형을 유지한다.
　창작은 작가의 상상과 심미적 감수성을 언어로 나타낸 정신적 결과물이다. 그는 부단하게 창작시학을 구현함으로써 문학의 탑을 세운다. 개인적으로 고통과 좌절이라는 어둠과 자아 성취와 작가적 행복이라는 빛 사이를 오가며 운명적인 '써야 한다'의 길을 지킨다. 인간과 자연과 우주와 신의 이야기를 담으려는 문학적 열정으로 살아가지만 때로는 자신의 문학적 정체성이 무엇인지 혼란스러워하거나 시대적 상황에서 벗어나기도 한다. 여기에 비평이 있어야 한다는 당위성이 생겨난다.
　비평가는 작가와 작품과 독자에게 헌신하는 사람이다. 헌신의 방식으로서 비평은 비판적이든 동조적이든 객관성과 타당성을 지녀야 한다. 하지만 작가들은 비평가의 평가를 오해하거나 불안해 하는 경우가 적지 않다. 비평의 본질은 작품을 읽고 장단점을 분석하여 작가에게는 창작에 도움이 되고, 독자에게는 좋은 작품을 읽을 방식과 기회를 제공하는 것에 있다. 작가와 독자에게 최선의 작품을 생산하고 소비할 수 있는 공리적 기회를 구축하는 것이 비평과 비평가가 할 일이다.

그 점에서 비평가는 항상 작품의 진면목을 살펴야 한다. 그렇게 하려면 작가처럼 창작기법을 이해하고 그 전선에 직접 참여하는 것이 바람직하다. 이론만으로 작품을 선별하려는 시도는 자칫 오독의 위험성을 늘리게 된다. 진정한 비평가는 시나 소설이나 수필이나 희곡을 쓸 수 있고, 써야 한다. 야전참모가 되려면 전투경험이 풍부할수록 좋다는 것은 너무나 당연하다. 마찬가지로 창작과 비평을 겸할 때 보다 유능한 비평가가 될 것이다.

오늘의 한국 수필은 전례 없는 발전을 이루고 있다. 훌륭한 수필가들이 다수 등장하였을 뿐만 아니라 적지 않은 수필 전문잡지가 창작 공간을 활성화하고 있다. 문화의 대중화에 힘입어 수필에 대한 인식도 높아져 수필의 시대를 맞이하였다고 말할 수 있다. 하지만 수필계 전반을 살펴볼 때 여전히 미흡한 부분은 수필비평과 수필이론의 취약성이라 하겠다. 시 비평과 소설 비평에 비교하면 수필평론의 역사가 짧고 수필 전문 비평가의 층도 얇고 수필비평 이론에 대한 연구가 미흡한 것이 사실이다.

필자는 지금까지 20년 넘도록 수필 평론에 전념해 왔다. 수필창작과 수필비평이 내 삶의 태반이라 여겨 왔다. 감상적 평설이나 피상적인 작품

해설의 시류를 거부하고 논리적인 비평이론을 정립하려 하였다. 비평은 논리적 전문성을 기반으로 작품을 분석하는 것이 옳다는 믿음으로 작품을 심층적으로 분석하고 학술적 관점에서 작가론과 작품론을 정립하려 하였다. 다행스럽게 30년 가까이 영문학을 전공하면서 서구 비평 이론을 접하게 된 것이 수필 연구에 상당한 도움이 되었다 그 결실로《현대수필비평이론》(2017),《잊힌 수필, 묻힌 산문》(2017),《현대수필창작이론》(2013)《부산현대수필작가론》(2013)《한국산문학》(2012),《사이버리즘과 수필미학》(2010)《좋은 수필 창작론》(2005),《미국수필 200년》(2005) 등을 연이어 발간하였다.

《수필 비평을 위한 현대성 프레임》은 이러한 연장선상에 있다. 앞서의 저서에서 접목시킨 비평이론을 심화시키고 지금까지 시도되지 않은 문학적·철학적·미학적 이론을 작품 분석에 도입하여 다른 방법으로는 가능하지 않은 거시적·미시적 영역까지 다루려 하였다. 혹자는 수필에 서구 비평 이론으로 분석할 만한 내용이 있는가에 의문을 품을지도 모른다. 그러나 수필비평의 현대화와 이론 개발에 노력한 필자의 견해로는 시 한 편이 비평의 대상이 되는 마당에 수필이 비평의 관심을 받지 못한다면 그것은 문학에 대한 무책임이라고 여긴다.

문학은 작가의 문학적 열망과 역량을 담고 있는 소중한 프레임이다.

그렇다면 비평가도 그것에 적합한 비평 프레임을 짜고 실제적으로 적용하여야 한다. 근대적이고 감상적인 평론으로는 작품이 지닌 진면목과 문학적 요소를 살필 수 없다. 현대적 비평은 비평가가 끊임없이 짊져야 하는 시시포스의 바위이고 자기 검열의 과제이다. 이것은 작가에 대한 예의이며 작품에 대한 공경이며 독자에 대한 배려일 것이다. 이러한 비평의식으로 《수필 비평을 위한 현대성 프레임》을 저술하였음을 밝힌다.

본 저서는 3부 18장으로 이루어진다. 비평의 대상으로 선정된 문제작을 함께 소개함으로써 독자들은 작품과 비평 간의 유기적인 연관성을 이해할 수 있을 것이다. 수필 비평에 관심을 가진 예비 연구가들은 학구적이고 논리적인 비평 방식에 접근할 수 있을 것이다. 현재 수필 비평에서 활동하고 있는 분들도 낯설면서 체계적인 비평 방법을 대면하리라 기대한다. 물론 미흡한 점이 있음을 밝히면서 독자 여러분들의 넓은 아량을 기대한다.

지금까지 수필비평의 발전을 위하여 변함없이 지면을 지원해 준 《수필과비평》 여러분들께 진심으로 감사를 드린다.

2021년 8월

청은재淸隱齋에서 박양근

차례

프롤로그

제1부

01 설득의 레토릭, 시대의 위기를 엿보는 화술 • 12
  하정아 씨 유 투모로우 • 27
  김잠출 장무상망長毋相忘 • 33
  장미자 가면 • 36

02 언어의 프레임: 생존, 존재, 현존재 • 39
  석인수 풀떼죽 • 51
  이정식 머물렀던 자리 • 55
  정희승 낙타표 문화연필 • 58

03 리샤르의 '총체성을 위한 변증법'과 수필의 테마 구현 • 61
  최장순 굽어지는 것들 • 73
  전일환 물처럼 바람처럼 • 76
  박범수 만남 • 79

04 서사 속의 캐릭터와 초상들 • 82
  조향미 풀빛 원피스 • 95
  이성환 토큰 지갑 • 98
  임정임 또 다른 당신 • 102

05 수필의 행간: 무의식 이론과 징후독법 • 104
  구활   여름 소묘 • 117
  양일섶 날 • 120
  배영주 당신의 처방전 • 124

06 글의 플랫폼: 텍스트, 콘텍스트, 그리고 디스코스 • 127
  김추리(춘자) 코밑의 가로 • 140
  서민웅 메꽃 • 144
  박범수 마지막 가게 • 147

제2부

01 푸코의 "자기배려"와 수필적 변용 • 152
　　강호형　운수 좋은 날 • 164
　　정호경　새삼 그리운 것들 • 167

02 인지학으로서 수필의 사유 • 170
　　김길웅　밥 3 • 183
　　김지희　서킷브레이크 • 187
　　이한나(정자)　생명 • 191

03 서술자와 상황 속의 인간 심리 • 194
　　박흥일　트로트 치맥 파티 • 208
　　윤경화　난리굿 • 211
　　김인호　기억 저편 • 215

04 변신 모티프와 욕망의 실현 • 219
　　정진희　전생이 개라고? • 231
　　이용미　새엄마, 헌 엄마 • 234
　　김남수　아들의 군 생활 • 238

05 피아제의 인지이론과 수필 자아 • 241
　　김순경　오해 • 254
　　백두현　간벌間伐 • 258
　　이행희　어허라 사랑 • 261

06 라캉의 욕망이론과 수필쓰기 • 264
　　이정식　큰방을 차지한 여자 • 276
　　이옥순　장미와 낙지 • 279
　　정둘시　손빨래 • 282

제3부

01 유토피아와 현실속의 작가의식 • 286
    강돈묵   마당 쓸기 • 300
    하정아   문학과 독서와 인간 혁명 • 303
    최영애   용눈이오름 • 308

02 모방과 인용, 그 변용의 시학 • 311
    박기옥   가까이도 멀리도 • 325
    김정화   울게 하소서 • 328
    김자련(미자)   곰탕 한 그릇 • 331

03 문학의 진실게임: 팩트 너머 상상으로 • 335
    김삼복   화촉 • 350
    권유경   흔적 • 353
    최숙미   국지성 호우 • 356

04 장소와 비장소의 퍼스펙티브 • 359
    구다겸   봉천동 산 94-1번지 • 374
    김경자   무정명사 바람 나무 • 378
    김은옥   1.7평의 여행 • 382

05 조건반사의 의식화로서 프레임 • 385
    권은자   사이의 의미 • 398
    김사랑   오빠의 뱃놀이 • 402
    김원   생강나무 꽃은 왜 피었나 • 405

06 나르시스적 담론과 수필 자화상 • 408
    장미숙   벽지를 뜯으며 • 422
    양일섶   연화도에 사는 남자 • 426
    이옥순   살구 냄새 • 430

제1부

설득의 레토릭, 시대의 위기를 엿보는 화술
언어의 프레임: 생존, 존재, 현존재
리샤르의 '총체성을 위한 변증법'과 수필의 테마 구현
서사 속의 캐릭터와 초상들
수필의 행간: 무의식 이론과 징후독법
글의 플랫폼: 텍스트, 콘텍스트, 그리고 디스코스

01

설득의 레토릭, 시대의 위기를 엿보는 화술

모든 말과 글은 설득의 기술이다. 수사修辭라는 레토릭은 상대의 마음과 감정을 움직여 말하는 사람과 같은 생각의 공간으로 유도한다. 이것은 말하기가 지식의 마당이며 실용적인 학문임을 보여준다. 수사학이 '기술적인'의 어원인 테크네(tekchne)에서 시작하는 것도 영원한 진리를 뜻하는 철학과 달리 목적을 위해 다채롭게 변이하는 수단이기 때문이다.

수사학은 우리가 살아가는 데 긴요한 물이나 공기와 같다. 고대 아테네에서부터 21세기 오늘에 이르기까지 수사는 개인 생활뿐만 아니라 집단 의식을 좌우하는 프레임이다. 정치적 혁명을 일으키려는 혁명가의 웅변은 물론 커피 잔을 앞에 두고 한담을 나누는 주부들의 일상 대화에 이르기까지 그 영역은 참으로 넓다. 유죄를 무죄로 바꾸고 처음 만난 사람을 연인이 되게 하는 마법의 힘을 발휘하기도 한다.

그리스 시대의 수사학은 청년교육의 중심과목이었다. 아리스토텔레스의 《수사학》을 읽으면 말의 기교를 고안한 것이 고전이 아니라 인간 본성을 논하는 인문학서라는 확신을 갖는다. 말을 하기에 앞서 청중의 심리와 본성을 살펴야 한다는 그의 지침은 오늘의 문학비평은 물론 산문 창작으로 넓혀지고 있다.

현대문명은 어느 때보다 사회담론을 폭넓게 이용한다. 공사판 작업과 컴퓨터 작동은 모두 노동방식과 상관없이 말의 도움을 받는다. 광고와 미디어의 비중이 커지는 정보통신시대는 홍보와 설득에 필요한 정교한 레토릭을 요구한다. 정치인의 공약, 상인의 속임수, 루머를 양산하는 유튜브는 지금 이 시간에도 시대를 정복하기 위한 표현 기교를 개발한다. 그 복잡하고 경이로운 담론을 이해하지 못하면 언어의 상인에게 속임을 당하기 쉽다.

작가는 글을 쓰는 한, 레토릭에서 떠날 수 없다. 무의식적으로든 본능적으로든 자신의 생활 속에 녹아 있는 수사법을 사용하지만 작가 본인은 물론 독자도 그 본질을 제대로 알아보지 못하고 있다. 단어 자체가 레토릭인데도 말이다. 어떤 대상을 풀이한다는 것은 수사법을 응용하는 것이다. 진부하거나 직설적인 표현은 미흡한 수사라는 뜻이고 고무적인 격려를 받는 문장은 칭찬할 만한 수사라는 의미다. 말을 잠시 멈추거나 쉼표나 마침표 같은 문장부호를 사용하는 것도 수사를 응용하는 것이다. 그러니 작가는 수사법이라는 물속에 사는 물고기로 불리어도 지나침이 없다.

오늘날 우리들은 코로나라는 미증유의 위기에 직면하였다. 세기말적인 위기를 맞이한 가운데 지금까지 사용하지 않던 말과 글을 구사하고 있다. 코로나 팬데믹, 마스크 착용, 사회적 거리 두기, AZ 백신 등의 용어를 지구적으로 사용함으로써 코로나의 실체보다 그 언어에서 파생된 콘텍스트에 더 일희일비한다. 국제기구와 정부는 코로나 예방과 근절에 도움을 주는 효율적인 구호와 문서를 만들어 내는 데 전력을 다한다. 호소하다 못해 강요에 가까운 설득으로 사람들의 일상생활과 언어를 통제하고 있다. 그 결과 코로나에 관한 수사법이 분식점, 동네 마트, 개인 병원, 심지어 국제기구에서도 빈번하게 등장하고 있다. 개인의 삶과 사회현상을 관련시키는 모티프를 강조하는 오늘의 문학은 어느 때보다 바이러스와 인간과의 대립을 주목한다. 화자로서 작가도 자신의 현실을 제시하려 할 때 코로나 담론을 구사할 수밖에 없다.

청중을 설득하는 과정은 발견에서 시작한다. 레토릭의 첫 단계인 '발견'은 효과적인 이야깃거리를 찾는 것을 말한다. 주어진 문제를 곰곰이 생각한 후 자신에게 가장 유리한 방식을 선택하고 청자와 독자의 반응을 예상하여 방어 수단과 반박거리도 미리 마련한다. 그럴듯한 논거가 아니라 청중의 마음을 사로잡을 수 있는 확실한 주장과 방식을 찾아야 한다. 아리스토텔레스는 이 '발견'을 3가지로 나눴다. 그것이 에토스, 로고스, 파토스이다. 구분하면 에토스는 연사/작가와 청중/독자 간의 관계를 확립하는 방식으로 신뢰감을 주는 장치를 말한다. 로고스는 주장의 본질로서 청중의 마음을 논리적 이성적으로 움직이는 방식이다. 파토스는 듣거나 읽는 자의 분노, 동정, 두려움, 환희 등의 감정을 일으키는 감성적 방식을 말한다. 물론 좋은 글은 에토스, 로고스, 파토스를 균형 있게 구사한다.

한국의 문예잡지들은 근래 코로나 팬데믹을 소재로 많은 작품을 게재하고 있다. 사회적 거리 두기부터 바이러스 정체에 이르기까지 갖가지 텍스트를 제시하고 있으나 코로나가 인간의 담론에 미친 영향을 다룬 작품은 별로 없었다. 대부분 일상의 불편을 제시하는 데 집중한 나머지 사람의 사고와 언술에 어떤 반응을 일으키는가에 무심하였다. 힘든 기간이 지나면서 몇몇 작가들이 수사학의 관점에서 코로나라는 특정 언어가 사람에게 미치는 심리적 영향을 다루기 시작하였다. 이런 레토릭에 대한 관심은 아리스토텔레스가 제시한 세 가지 발견을 토대로 함으로써 남다른 설득력을 얻고 있다.

하정아의 <씨 유 투모로우>

하정아의 <씨 유 투모로우>는 병원을 배경으로 간호사의 시선과 화술로써 삶과 죽음의 문제를 다루고 있다. 병원은 코로나 팬데믹을 가장 먼저 맞이하는 최전선이다. 현장에서 벌어지는 의료진의 활동과 그들의 숨김없는 반응이 다큐멘터리 서사로 엮어진다. 화자는 하루하루 살아가는 환자의 처절한 현장을 직접 노출시켜 독자 스스로 설득의 프레임 안으로 들어오게 한다.

오늘날의 인류는 코로나 예비환자들이다. 전 세계적으로 1억이 넘는 인구가 감염되어 누구도 내일을 장담할 수 없다. 작가는 아리스토텔레스가 말한 청자를 목격자로 바꾸어 미디어보다 더 현장감 있는 설득력을 구사한다.

그녀는 병원에서 벌어지는 목숨 투쟁만을 이야기하지 않는다. 간호사이면서 작가로서 인간의 생사문제를 어제 오늘 내일이라는 시간에 연결시킨다. 그럼으로써 "씨 유 투모로우."라는 인사는 평소보다 더욱 절박한 호소력을 갖는다. '내일 보자.'는 말이 내일 보지 못할 수도 있다는 개연성을 지니기 때문이다.

작가는 한국에 있는 동생이 보내준 마스크로써 아리스토텔레스 수사학의 첫 단계인 설득을 시작한다. 그녀는 가족의 일원이지만 미국에 이민와서 산다. 마스크는 예방용 보건 물품이지만 동생이 보낸 마스크는 작가에게 '나는 살아 남아야 한다.'는 강렬한 의지를 불러일으킨다. 생존이라는 절박한 현실을 에토스와 로고스와 파토스에 합친 작가는 코로나가 마스크라는 언어에 미친 영향을 분석해낸다.

> 저녁에 헤어지는 인사는 여전히 "See you tomorrow."다. 씨 유 투모로우, 그 의미 없던 상투어가 내일을 기약할 수 없다는 절절한

의미로 바뀌었다. 투모로우, 내일이라는 은유가 가슴에 와 닿는 질량감이 얼마나 큰지. 그 여운이 얼마나 길고 따뜻한지. 내일 만나자, 인사를 주고받을 때마다 상대방과 내 목소리가 울컥 젖는다. 평범한 일상이 추억이 되고 그리움이 될 줄 누군들 짐작이나 했을까.

쉬지도 못하는 중환자실에는 내일이 존재하지 않는다. 모두 '지금 현재'에 매달려 있을 따름이다. 팬데믹 상황에 지배당한 병원에서 "씨 유 투모로우"는 허언에 가까워지고 '내일'이라는 평범한 시간도 절체절명의 순간으로 바뀐다. 중환자실은 비참 그 자체이며 병실은 포화 상태이며 수술실마다 코로나 환자들이 가득 차 있다. 복도와 앰뷸런스에서 대기하던 환자들은 절망적으로 죽어간다. 의료인들은 휴식 없이 일반 병동으로 차출되고 간호사들이 담당하는 환자 수는 매일 증가한다. 어떤 간호사들은 병원을 그만두거나 죽어 나가기도 한다. 사망자는 50만 명을 넘고 죽음을 목격하는 것이 일상화 되어 버렸다. 코드 블루가 발동된 병실에서 건장한 청년이 대책 없이 죽어버린 경우는 코로나의 파괴성이 어떠한가를 증언한다.

사람은 죽음을 피할 수 없다. 사람이 죽으면 "한 구의 시신에 불과하다."는 말만큼 삶과 죽음을 명료하게 구분하는 수사법도 드물다. 간호사인 작가조차 인간이므로 지칠 때 그 절망에서 벗어나기 위해 선택하는 담론은 고향 마을을 이야기하는 것이다. 병원이 현실적인 세트장이라면 그녀가 회상하는 옛 월천 강변은 환상적인 세계이다. 그곳에는 코로나라는 용어도, 피비린내 나는 수술도 없다. 아버지와 함께 꾸민 화단, 저녁 강물 위에 핀 노을, 초록빛과 황금빛의 호남평야, 감미로운 식물성 향기…. 오감으로 고향에 대한 기억을 살려낼수록 그녀는 평화롭고 안전해진다. 그녀 자신도 "죽음 앞에서 고향 산천을 떠올리는 이유는 죽음의 냄새를 고향의 청향淸香으로 상쇄하고 싶은 심리 작용" 때문이라고 고백한다. 이 감성적인 어조는 코로나의 위험성을 강조하지만 자신과 사람들을 위로하는 효과가 더 크다.

<씨 유 투모로우>가 선택한 기본 수사법은 정반합이다. 일상적인 상황에서 '내일 보자.'고 했다면 내일 다시 만날 수 있는 확률은 대단히 높다. 그러나 코로나와 싸우는 전장터 같은 병원에서 내일 보자고 하는 말은 내일을 기약할 수 없는 불안의 언어다. 이것은 헤밍웨이의 《태양은 다시 떠오른다》라는 제목처럼 하늘의 해는 내일 뜨지만 '우리들의 태양은 내일 떠오르지 않는다.'는 상실의 시대를 나타낸 수사법과 일맥상통한다.

그렇더라도 작가가 수행하는 사유는 마스크에 힘입어 생존 의지를 북돋운다. "코로나 대란 속에서도 새해는 당도했다."는 문장이 그것이다. 인간 개개인은 죽음에 굴복하지만 자연은 코로나를 비켜간다. 그 순행에 작가는 감탄한다. 봄을 맞이한 조그마한 연록빛 꽃순은 얼마나 경이로운가. 이것을 지켜본 작가는 꽃순처럼 내일과 모레를 맞이하고 새해를 반기자고 요청한다.

하정아는 비대면 상황을 부정적으로 보지 않고 많은 것을 배우는 기회로 여긴다. 글을 쓰는 작가들은 그 점에서 코로나의 혜택(?)을 가장 많이 받는 사람들이다. 마스크로 입을 가린 침묵 덕분에 보다 깊은 사색과 성찰의 글을 쓸 여유를 얻는다. 환자의 죽음은 이성과 감성을 풍부하게 만든다. 오늘은 힘들지만 내일이라는 멋진 하루가 있다는 말을 신뢰한다. 이것들은 희망 이상의 고귀한 단어들이다. 고통은 피할 수 없는 인생의 고苦이지만 역설적으로 누구나 살아갈 수밖에 없다는 로고스가 세워진다.

> 오늘, 나는 살아있다. 내면의 질서 정립에 필요한 일이 남아 있기 때문이라고, 인생이 완성되지 않은 거라고, 스스로 멍석을 편다. 적어도 내일이랑 모레 정도는 주어지리라 희망하고 꿈꿀 수 있지 않겠는가. 동생이 보내준 마스크도 모두 사용하려면 아직 멀었다. 어떤

이유로든 나는 힘내야 한다. 코로나로 내일을 예측할 수 없지만 매 순간을 소중하게 껴안아야지, 다짐한다.

하정아는 '오늘' 살아 있음을 확인한다. 내일을 위해 오늘을 산다는 다짐도 한다. 서두에서 동생이 보내준 마스크가 생명과 생존이라는 수사를 세웠다면 결미에서는 마스크에 삶이라는 의미가 부여된다. 그것은 누구나 죽음이 올 때까지 당당히 살아야 한다는 것이다.

그녀가 "살아있음"을 증명하는 수사법은 매우 평이하다. 병원에서 퇴근하여 집에 돌아온 후 살아 있음을 확인하는 방식은 책을 읽거나 음악을 듣는 것이 아니라 먹는 것이다. 먹는 행동만큼 살아 있음을 직접 확인하는 방법이 없다. 그녀는 정성스럽게 파이를 만들어 가족과 나누어 먹는다. 열두 쪽 파이가 모두 사라질 때 잠시 사라짐의 허무를 느끼지만 인생을 파이라는 레토릭으로 대치한 그녀는 "나는 인생의 파이 한 조각만큼은 나 자신을 위해 끝까지 지키고 싶다."고 다짐한다. 지금 그녀에게 가장 의미 있는 것은 '지킨다'는 말이고 행동이다. 병원에 근무하므로 '죽음으로부터의 탈출'에 절박한 인식을 갖는 것은 너무나 당연하다. 죽음의 창살에 갇히면 누구든 파이 한 조각조차 눈물겹고 자신이 누구인가를 새롭게 인식하게 된다.

<씨 유 투모로우>가 펼치는 수사법이 지닌 본질을 밝힐 때가 되었다. 작가 하정아가 구사한 설득은 "내일 만나(See you tomorrow)."에 대한 답인 "그래 우리 내일 만나(I want to see you tomorrow too)."에 담겨있다. '내일 보자.'는 약속이 효력을 지니려면 화자와 청자 모두 살아남아야 한다. 그중 한 사람이라도 없으면 설득의 기능은 성립할 수가 없다. 하정아가 전하는 "씨 유 투모로우"라는 인사는 단순히 '바이'(Bye)를 대체하는 하루치 인사가 아니다. 그것은 '우리 함께 견뎌나가자.'는 간절한 희망과 사랑을 전해 주는 설득의 수사다.

김잠출의 <장무상망長毋相忘>

김잠출의 <장무상망－우리 오래도록 서로를 잊지 말자!(이하 장무상망으로 표기)>은 외로운 단절감에 사제 간의 돈독한 유대감을 덧붙여 시대를 초월하는 관계성을 밝혀낸 수필이다. 인간은 천성적으로 혼자 살 수 없다. 고립될수록 혼자 있다는 사실이 고통스럽다. 코로나 시대에도 인간이 외롭다면 생명의 위협 때문이 아니라 혼자 먹고 자고 견뎌야 한다는 생리적 단절감에 기인한다. 대면할 상대가 없는 상황이 오래 지속될수록 그 단절감을 해소시켜 줄 무엇인가가 필요하다. 이것이 코로나 시대에 처한 작가가 심사숙고해야 하는 문제다.

코로나 사태가 인간에게 가르쳐 준 것이 적지 않다. 삶과 죽음의 불확실성, 인간의 무력감, 생태적 혼란, 종교의 무익성 등 인데 그 중의 하나가 외로움과 고독감이라는 심리적 기저다. 김잠출은 물리적·육체적으로 격리될 때 외로움을 이겨낼 수 있는 방법을 제시한다. 그것은 '인간은 외로움을 탄다.'는 논리에 맞는 파토스와 '우리 오래도록 서로를 잊지 말자.'는 주제를 합치는 것이다. 그는 인간의 고독감을 일반화하기 위하여 역사적으로 알려진 사람의 일생을 인용한다. 이러한 인유는 에토스라는 레토릭에 일치한다.

<장무상망>은 2020년을 어떻게 정의할 것인가로 시작한다. 그것은 "우리의 모든 시간은 코로나에 갇혔다."라는 명제다. '갇혔다'라는 상황을 제시하기 위하여 작가는 코로나가 끼친 피해를 '술어동사'의 반복으로 나타낸다. "집 밖을 다닐 수가 없었다, 마스크를 낄 수밖에 없었다, 거리는 썰렁했다, 멀찌감치 거리를 두고 떨어져 만났다." 등의 서술은 "차라리 '2020년'을 지우고 싶을 정도였다."라는 문장에서 마감된다. 2020년은 사실상 사람과 사람간의 직접 대면이 제한된 해였다. 사람들은 장례식에 참석할 수 없고 귀국한 친구와 만날 수 없어 "인륜마저 지워지는" 상황이

었다. 사회적 동물이 인륜적 가치를 존중하는 만남을 거부당함으로써 인간의 "행색이 점점 초라해졌다." 이것이 작가가 "장무상망"이라는 단어를 떠올린 이유이다.

가까이 있으면서도 멀기만 했던 자가 격리! 21세기형 위리안치(圍籬安置)에 다름 아니다. 예전엔 탱자나무를 집 주위에 둘러, 유배된 이들을 옴짝달싹못하게 하는 강제된 형벌이었지만 지금은 모두가 유배 아닌 유배를 당한 중죄인이 되었다. 집이 곧 '산 자의 무덤'이 된 셈이다. 지금의 '범국민 가택연금'은 1980년대의 3김이 당한 '가택연금' 형벌에 버금간다. 그래도 갇히느니 스스로 가두자는 셀프 자가 격리를 하며 긍정적으로 극복하려는 사람들이 있다니 이 나라 백성들은 참으로 의연하다.

'위리안치'는 <세한도>에 담긴 추사 선생의 운명을 나타내는 말이다. 그가 제주도에 귀양 갔을 때 제자 이상적이 중국에서 구한 서적을 보내주자 그 신의에 감동하여 송백 그림을 그리고 시문을 적어 보답하였다. 추사 선생의 제주도 귀양은 오늘날 코로나19로 인하여 격리된 단절을 비유해줌으로써 동병상련의 감성을 자극한다. 집에 머무는 자가격리가 탱자나무로 포위된 누옥에 비교될 수는 없지만 고독이라는 고통은 다르지 않다. 따라서 <세한도>는 단순히 그림 제목이 아니라 홀로 외로움에 대항하여야 하는 인간의 상황을 설명해주는 단어라 할 수 있다.

<세한도>에는 시대 상황과 인간 도리가 어울려 있다. 봉건사회 제도에 좌절당한 스승과 제자가 겪는 삶을 보여주는 <세한도>가 배신의 상처를 입은 사람들에게 각별하게 다가오는 이유는 그들이 펼치는 지극한 우애와 신뢰를 오늘날에는 찾기 힘들기 때문이다. 작가가 "우리 오래도록 서로를 잊지 말자!"는 부제목을 단 이유도 '장무상망'의 뜻을 풀이하기 위해

서가 아니라 "세한연후지송백지후조(歲寒然後知松栢之後凋)"처럼 송백은 시들지 않는 나무라는 불변성을 인정하기 때문이다. 어려울수록 함께하는 신의는 세상의 도리다. 이것이 작가가 코로나 시기에 처한 사람들에게 전하려는 내용으로서 사제 간의 돈독한 일화를 배워 코로나의 위기를 함께 헤쳐 나가자고 강조한다. 즉 설득의 수사법을 펼치는 것이다.

> 다시 <세한도>를 읽는다. 오른쪽 아래에 넉 자의 인장이 보인다. '장무상망長毋相忘', 오래도록 서로 잊지 말자고 다짐했다. 예술과 우정, 그리고 사랑이 영원하길 바라는 마음이다. 다만 '영원'이란 말 대신 '오래도록'이란 표현을 썼다.
> 코로나19 시대, 우리의 버팀목은 무엇이었는지를 생각한다. 원치 않는 위리안치를 당했을지라도 우리 서로 장무상망, 오래도록 서로 잊지 말자는 다짐을 할 때 고통의 시간은 보다 수월하게 지나가리라.

작가는 <세한도>를 보는 게 아니라 읽는다. 세상 권력에 굴하지 않는 사대부의 기개를 뜻하는 '장무상망'을 현대 상황에 맞게 재해석한다. 나아가 서로를 잊지 말자는 다짐 외에 예술과 우정과 사랑도 오래 간수하라는 그들의 말을 옮겨온다. 작가는 '영원히'라는 말 대신에 '오래도록'이라는 수사를 선택한다. 수사법에서 영원이라는 말은 인간의 입장에서 볼 때 불가능하다. 그것은 단어로서 사전에 실릴 수는 있으나 현실에서 실천 가능한 용어도 아니다. 작가는 영원이라는 말보다 '오래도록'이라는 표현이 진실성과 진정성을 더 확보한다고 믿고 있다.

<세한도>가 지닌 예술적 수명은 영원하다. 코로나19 시대의 인간 수명은 어느 때보다 위태롭고 예측이 불가하다. 그런데 '오래도록'이라는 수사법을 선택하면 <세한도>가 지닌 예술의 영원성을 현실에 접목시킬 수 있고 힐링을 나누자는 작가의 희망도 함께 구현한다. 작가가 <세한도>를

'읽는다'고 말하는 이유는 '우리 오래도록 서로를 잊지 말자.'는 다짐을 강조하기 위해서라 하겠다.

작가는 결미에서 '시대의 버팀목'이라는 레토릭을 강조한다. 버팀목은 불안하고 외로울 때 견딜 수 있게 해주는 받침대이다. 그것은 사람일 수도 있고 사물일 수도 있고 사랑과 신앙 같은 추상적인 것일 수도 있다. 작가가 코로나 사태를 맞이하여 자가격리 같은 상황에 처해 있을 때 위안과 용기를 준 것은 <세한도> 자체가 아니라 그 그림을 아무 조건 없이 국민에게 내어준 기증자에게서 얻은 감동이다.

헌정자는 <세한도>에 담긴 두 사람의 순수한 감정과 의지를 훼손시킬 수가 없었다. 작가가 중요시한 것도 그림에 매겨지는 거액이 아니라 <세한도>의 정신이었다. 모든 것이 차단되고 멀어진 코로나 시대이지만 <세한도>의 시대정신이 단절되지 않은 사실만으로도 "우리 오래도록 서로를 잊지 말자."는 감격을 공유할 수 있다. 만일 돈으로 그림을 사고팔았다면 작가는 결코 '장무상망'이라는 네 글자에 감동하지 않았고 코로나의 격리와 단절을 탄식만 했을 것이다.

<세한도>에 담긴 돈독한 인간애가 한결 그리운 오늘날, "바이러스에 갇힌 인류의 행색이 초라해지는" 오늘날, 진정 필요한 것은 정신적 위리안치에 갇힌 인간을 훈훈하게 해주는 미담이라고 김잠출은 확신한다.

장미자의 <가면>

장미자가 인식한 코로나 시대의 수사와 인식은 마스크로 구체화 된다. 코로나를 소재로 하는 대부분의 수필이 마스크를 예방용 의료장비로 간주하는 것과 달리 그에게 마스크는 평소에 드러내던 얼굴을 가려주는 가리개 역할을 한다. 작가는 마스크를 어떤 목적을 위해 얼굴을 일부러 가리는 가면이나 탈과 동일시한다. 보호수단으로서 마스크가 일차적 레토릭이라면 가면으로서 마스크는 이차적 레토릭이 되는 셈이다.

가면은 평소의 맨얼굴을 가리고 다른 얼굴을 갖도록 해준다. 가면은 사람의 정체성을 일시적으로 변신시키는 도구로써 다른 얼굴과 다른 신분을 갖게 하고 심지어 짐승이나 새로 변하게 한다. 인간이 아닌 것이 되는 것이다. 가면이라는 익명성의 힘을 빌려 평소 하지 않던 말과 행동도 한다.

사람은 자신의 얼굴에 일종의 콤플렉스를 갖고 있다. 잘난 얼굴이든 못난 얼굴이든, 얼굴이 고스란히 드러나면 행동에 제약을 받고 도덕의 규범 안에서 행동한다. 남자든 여자든 집을 나설 때면 얼굴을 다듬는다. 직장생활을 하는 경우라면 깨끗한 얼굴을 보여주는 것을 예절이라고 여기는데 여성은 그 조건에 더 민감하다. 화장을 하지 않더라도 마스크와 모자를 쓰고 선글라스를 껴서 최대로 자신의 맨얼굴을 가리려 하는 게 인지상정이다.

그런 사람에게 예상하지 못했던 사태가 벌어졌다. 코로나가 만연하면서 사회적 거리 두기를 요구받고 마스크로 얼굴을 가려야만 외출이 가능해졌다. 화장이 거의 필요 없게 되었다. 마스크 덕분에 아름다워야 한다는 강박관념을 떨쳐내고 미추의 차별에서 벗어났다. 용모 식별이 불필요한 시절이 된 것이다. 마스크가 표정 관리와 신분의 익명성을 보장해줌으로써 사람들은 전과 다르게 대담한 행동을 할 조건에 놓인 셈이다.

    요즘은 사회적 거리 두기로 사람 만날 일이 없으니 화장이라는 가면이 필요 없어졌다. 얼굴에 마스크를 쓰는 순간 아무도 나를 알지 못할 거라는 착각에 빠졌다. 내가 누군지 모를 거라는 익명에 기대니 마음은 편안해지고 행동은 좀더 과감해졌다. 숨길 수 없었던 얼굴에 드러난 심리상태를 들킬 일도 없으니 내 감정의 주인이 되었다. 평소

착 가라앉은 낮은 목소리를 한 옥타브 올렸다. 그러니 나도 내 안의 목소리가 낯설었고 다른 사람이 된 듯했다. 내가 나에게 속은 것일까, 아니면 원래 내 안에 있던 모습이 이제야 나타난 것일까.

장미자는 코로나 시대의 담론을 펼칠 때 경제적 손실이나 인명 상실을 서술하지 않는다. 그것보다는 "숨길 수 없었던 얼굴에 드러난 심리상태"에 초점을 맞추어 가면과 마스크가 예전부터 수행해온 '숨김'과 '가림'에 의한 인간의 이면심리가 어떻게 달라지는지를 밝히고자 한다. '가림'이란 사람 사이의 교감을 차단하고 본모습을 서로에게 숨기는 행위다. 평소에는 얼굴 표정을 보고 상대방의 의도를 더 확실하게 파악하였는데 마스크와 선글라스로 얼굴의 대부분을 가려버렸다. 사람과의 만남을 줄이거나 목소리나 몸 전체의 동작으로 상대방의 뜻을 파악할 수밖에 없다. 이러한 은폐 행동은 인간관계를 위축시키고 본의 아니게 상대와 자신을 속이게 된다. 익명성과 신분 엄폐가 숨겨져 있던 본성을 표출시켜버린다.

이것이 마스크가 가진 이중적 기능이다. 장미자는 화장과 마스크가 지닌 숨김의 기능을 확장하여 '숨김'으로 작동되는 인간의 이중성을 분석하려 한다. 나아가 마스크가 초래한 행동의 차이를 독자에게 설명하고 있다.

숨김의 방식과 요건이 다른 수단으로 활용된다. 취업을 위하여 제출하는 이력서에 사진을 붙이는 경우 신체 전체를 넣지 않는다. 상반신을 넣기도 했지만 요즘에는 얼굴만 넣는다. 얼굴만으로 그 사람이 어떤지 충분히 알 수가 없으니 이력서의 사진도 숨김의 역할을 한다. 화가가 그리는 자화상도 진면목을 모두 보여주지 않는다. 어느 순간의 심리상태를 그린 초상화도 한시적인 표상에 불과하다.

코로나 시대의 마스크 담론은 가면과 탈로 이어진다. 서양의 무도회에서 사용되는 가면은 당사자의 신분을 숨겨주며 한국의 탈은 지배자에 대한 희롱과 풍자를 허용해 준다. 이런 숨김의 장치들은 평소 할 수 없었던 일들을 하게 만들고 숨겨진 욕망을 드러내는 기회를 제공하여 사람들이 다른 자신이 되도록 해준다. 작가도 "오늘의 할 일은 최대한 나를 버리고 내가 그리던 나의 모습을 멋지게 그리면 된다."고 하여 가림을 통해 다른 내면을 드러냈다고 말한다.

그런데 작가에게 예상하지 못한 일이 발생했다. 지금까지 마스크와 안경은 그녀의 고유한 가림 장치였지만 코로나시대가 도래하면서 그런 위장술이 일반화된 것이다. 마스크와 선글라스와 모자로 얼굴을 가리고 남을 관찰했지만 다른 사람들도 비슷한 장치를 함으로써 표정을 읽지 못하게 되었다. 서로가 서로를 알 수 없는 유령 신세가 된 것이다.

> 마스크라는 가면을 쓰고 나서야 알았다. 며칠의 일탈은 감정의 해방구가 되겠지만, 이것이 일상이 되고 삶 전체를 익명으로 살아가야 한다면 세상은 더욱 살기 힘들어질 것이라고. 인터넷 실명제, 금융 실명제가 생긴 것도 같은 원리일 것이다. 내 얼굴을 찾고 싶다. 그리고 그들의 얼굴 표정도 알고 싶다. 아니, 더 정확히 말하면 가면을 벗고 감정의 출구를 되찾고 싶다.

지금까지 작가는 맨얼굴을 가리는 마스크의 효과를 긍정적으로 생각했다. 그런데 모든 사람들이 마스크를 착용함으로써 비대면과 익명성의 혼돈에 빠져 버렸다. 문제는 인간 사회는 익명으로 유지될 수 없다는 것이다. 사회는 유령이 아니라 사람이 모여 사는 곳이다. 차명 계좌나 타인의 이름으로 부동산을 구입하는 차명사회에서는 건강한 관계와 질서가 유지될 수 없다. 우리들은 IMF를 통하여 그 병폐를 충분히 경험하였다. 코로나 사태로 인하여 마스크를 얼굴로 가림으로써 숨쉬기가 어렵다는 불편보다 익명성의 부작용이 더 심할 것이라는 불안감을 안고 있다. 가면 무도회 같은 현실은 잠시 감내할 수는 있으나 무기한 감당할 수는 없다.

이것이 장미자가 <가면>에서 독자를 설득시키려는 주제다. 이런 모순을 절감한 작가는 사람들의 진솔한 얼굴과 표정을 보고 싶어 한다. 맨마음과 민낯이 가장 진솔하게 설득할 수 있는 수사다. 그것을 제시하기 위하여 작가는 <가면>에서 개방성과 정직성이라는 레토릭을 도입하였다.

덧붙여

　레토릭은 딱딱한 문학비평 용어가 아니라 사람이 생활하는 모든 곳에 존재하는 일상적인 말 자체다. 레토릭은 말의 수사이고 말의 의미이고 말의 문법이다. 사회 현상 자체이면서 살아있는 문화현상이다. 레토릭에 매료되는 것은 사람에게 매료되는 것이고 레토릭을 이해하는 것은 인간 사회를 이해하는 것이다.
　하정아의 <씨 유 투모로우>는 병원을 배경으로 삶과 죽음의 갈림길에 처한 인간 심리를 드라마틱한 화술로 펼쳐낸다. 작가는 절망 속에서도 사람은 살아야 한다는 실존성을 에토스와 파토스와 로고스를 융합하여 제시한다. 김잠출의 <장무상망>은 자가격리라는 현실을 <세한도>에 담긴 사제 간의 유대감을 빌려와 서로를 기억하자는 교감의 가치를 강조한다. 장미자의 <가면>은 마스크가 지닌 가림과 숨김의 모순어법을 확장하여 진정한 소통은 가림을 벗는 데 있다는 결론을 제시한다.
　문학성을 지닌 작품은 코로나가 초래한 사회 현실을 직설적으로 다루지 않는다. 평설한 작품들은 코로나라는 언어에 영향 받는 인간 의식을 간파하여 수사법에 설득당하는 인간 심리를 해석하였다. 이런 담론은 병리학적 충격으로 손상된 인간 상호간의 유대감을 회복시키는 방법을 알려준다는 점에서 의미 있는 수필 레토릭이라고 평가할 수 있다.

| 작품 |

씨 유 투모로우

하정아

국제 소포상자 위에 영어로 쓰인 동생의 이름이 정겹다. 마스크가 두 개씩 종류별로 가득 들어있다. 일주일에 두 개로 구입이 제한된 마스크를 오랫동안 모았단다. 코로나가 극심한 LA 지역병원에서 일하는 언니의 안전을 바라는 동생의 정情이 고스란히 전해온다. 아기자기한 스타일의 한국산 마스크마다 자매간에 통하는 농밀한 체취와 소금기가 밴 눈물 냄새가 묻어나온다. 동생은 자신에게 배당된 생명의 몫을 내게 나눠주었다. 나는 살아남아야 한다.

캘리포니아 남부에서만 매일 1만5천 명 이상이 코로나에 감염되고 있다. 미국에서 코로나 확산이 가장 빠르게 진행되는 LA 카운티는 세 명당 한 명이 확진자다. 전국적으로는 2,500만 명이 감염되고 42만 명이 코로나로 생명을 잃었다. 수술방 동료들도 하나둘 코로나에 감염되더니 어느덧 라커룸도 라운지도 휑하다. 동료들 가족 몇몇도 유명을 달리했다. 서너 달 전까지만 해도 코로나 감염 환자들을 '저들'이라고 생각했는데 이제는 '우리'가 되었다.

병원 동료들과 나누는 아침 인사는 보통 "굿모닝"이나 "하이"다. 요즘에는 각별해졌다. "다시 만나 반가워요. 무사해주어서 고마워요." 저녁에 헤어지는 인사는 여전히 "See you tomorrow."다. 씨 유 투모로우, 그 의미 없던 상투어가 내일을 기약할 수 없다는 절절한 의미로 바뀌었다. 투모로우, 내일이라는 은유가 가슴에 와닿는 질량감이 얼마나 큰지. 그 여운이 얼마나 길고 따뜻한지. 내일 만나자, 인사를 주고받을 때마다 상대방과 내 목소리가 울컥 젖는다. 평범한 일상이 추억이 되고 그리움이 될 줄 누군들 짐작이나 했을까.

내일. 극히 평범한 시간이다. 오늘이 지나면 내일이 온다는 기대는 자연스러운 상식이었다. 코로나 시대를 사는 요즘, 내일은 약속과 희망이 되었다. 희망이란 "Every cloud has a silver lining", 먹구름 뒤에는 찬란한 태양이 변함없이 빛나고 있다는 것을 잊지 않는 것이다. 아무리 암울한 상황일지라도 반드시 살길이 있다는 확신이다. 내일은 잘먹고 잘살게 될 거라는 외연적인 것이 아니라 오늘 죽느냐, 사느냐 갈림길에 선 나와 내 가족과 이웃이 내일이 오면 나아지리라 기원하는 절체절명의 탄원歎願이다. 내일을 소유할 수 있다는 확신이 얼마나 사람을 힘나게 하는가. 내일이라는 희망처럼 강력한 신경안정제와 불안치유제가 없다.

태풍의 눈처럼 불안한 환경 속에서도 시간은 멈춤 없이 흐른다. 수술방도 여전히 바쁘다. 지난주부터 수술방 회복실을 중환자실에 내주었다. 중환자실은 이미 포화상태여서 다른 병동의 병실들을 빌려쓰는 것이다. 응급수술만 한다는 지침 아래, 수술 분과는 엄격한 시스템을 유연하게 재구성했다. 수술을 마치면 선혈이 낭자한 수술실이 회복실로 바뀐다. 살아남은 의료진들은 앓거나 자가격리 중인 동료들의 몫까지 감당하느라 힘들지만 불평하지 않는다. 코로나 병동에서 목숨 걸고 일하는 사람들을 생각하면 이만한 불편쯤은 아무것도 아니다.

수술 케이스가 없는 날은 응급실이나 일반 병동으로 차출된다. 응급실 광경은 처참하다. 방마다 환자들이 차고 넘쳐서 포물선 모양의 간호사 스테이션 벽을 따라 환자를 실은 휠체어들이 도열해 있다. 그들의 피폐한 모습과 신음 소리가 눈과 귀를 어지럽힌다. 대기실에도 환자들이 그득하다. 바이탈 사인과 인터뷰를 통해 응급순위를 정할 때마다 금방이라도 쓰러질 듯 허약한 환자들의 눈망울을 마주 대하기가 민망하다. 병원 주차장에는 앰뷸런스 두어 대가 환자를 내려놓을 차례를 기다리고 있다. 이웃 병원에서는 앰뷸런스 안에서 8시간 동안 대기하던 환자가 사망했다.

말로 표현할 수 없기는 일반 병동도 마찬가지다. 코로나 사태로 간호사에게 배당된 환자 수가 거의 2배로 늘었다. 도무지 감당할 수 있는 업무량이 아니다. 코로나 패닉으로 일을 포기한 사람들도 있고 조기 은퇴한 사람도 많아 간호사가 절대적으로 부족하다. 트래블(travel) 간호사를 비롯하여 외부에서 온 1일 간호사들이 점점 늘어간다. 방호복을 겹겹이 입고 침착하게 환자들을 돌보는 간호사들이 존경스럽다.

(중략)[1]

코드블루가 발동된 환자 방에 불려갔다. 같은 병동에서 세 명의 환자가 동시다발로 코드가 난 상태라 절박한 긴장감이 감돈다. 일손이 턱없이 부족하다. 28세 건장한 남자의 신체 세포가 산소를 받아들이는 함량이 50퍼센트 미만이다. 인공호흡기의 도움에도 불구하고 산소량은 23퍼센트로 급격히 떨어졌다. 혈압도 말이 안 되는 수치다. 온갖 약물 처치와 함께 심폐소생술을 실시했지만 한번 멈춘 심장은 다시 뛰지 않았다. 그의 인생은 미완으로 끝났다. 이 젊은 주검이 내게 강렬한 메시지를 준다. '인간은 한 구의 시체를 짊어진 작은 영혼일 뿐.'

이번 주에만 네 번째 접하는 죽음이다. 병실마다 죽음이 임박한 대기자들이 누워있다. 신생아실에 가면 새 생명들이 기운차게 호흡하고 있다는 것을, 그렇게 생명이 소멸하고 생성되면서 삶은 계속 순환한다는 것을 알고 있지만, 죽음은 여전히 슬프다. 내일이라는 희망이 더이상 없기 때문일까. 아니다. 다른 사람의 죽음 앞에서 이르든 늦든 언젠가는 내게도 일어날 일이라는 것을 깨닫고 허무해지기 때문이다. 이 허무함은 부정적인 감정만은 아니다. 남의 마음을 아프게 하지 않아야겠다는 성찰을 새롭게 할 수 있으니까. 타인의 죽음을 보고서도 자신은 영원히 살 것처럼 행동할 때 남의 마음을 아프게 하는 경우가 얼마나 많은가. 더욱 순하게 살아야지, 마음먹곤 한다.

죽음을 대면할 때마다 고향 마을이 떠오른다. 어릴 적 아버지랑 월천 강변에서 자갈을 가져와 화단을 꾸미고 대문에서 현관에 이르는 길을 만들었다.

---

[1] 편집상 본문의 내용이 훼손되지 않는 한 작가의 동의하에 일부를 중략하였음을 알려드립니다. 원문은 2021년 《수필과비평》 3월호를 참조하시기 바랍니다.

그 강변에서 노을을 수없이 만났다. 흐르는 강물 위에 찬란하게 타오르던 붉은빛. 저녁이 되면 산그리메가 물속으로 더욱 깊이 가라앉곤 했다. 강물 너머로 펼쳐진 호남평야에는 계절에 따라 초록빛과 황금빛 작물이 물결치곤 했다. 바람에 실려온 감미로운 식물성 향기가 지금도 창연蒼然하고 생생하다. 죽음 앞에서 고향 산천이 생각나는 것은 죽음의 냄새를 고향의 청향淸香으로 상쇄하고 싶은 심리작용이 아닐까 싶다.

(중략)

코로나 대란 한복판 속에서도 새해가 당도했다. 자연의 순행은 어김없다. 작년에는 봄꽃도 제대로 만나보지 못한 채 봄을 보냈다. 여름은 더운지조차 몰랐다. 가을바람도 느끼지 못했는데 겨울이 왔다. 앞뜰에 서있는 몇 그루의 나무들은 날마다 이파리를 한 보따리씩 떨어뜨렸다. 뒤뜰에 있는 유실수들은 살구나무를 필두로 이파리들과 결별하기 시작하더니 지난주 제일 늦게까지 이파리들을 매달고 있던 무화과나무가 마지막 남은 이파리들을 간밤의 세찬 비바람 속에 모두 떨구었다. 그렇게 각 계절과 일별하고 새해를 맞이했다. 올 1월의 하늘은 유난히 아슬한 푸른빛이다. 작년에는 늦은 봄부터 끊임없이 발생한 크고 작은 산불로 하늘조차 몸살을 앓느라 늘 우울한 잿빛이었다.

지난 수년간 나는 많은 상실과 실패를 경험했다. 심령이 몹시 다치고 많은 눈물을 흘렸다. 지금은 또 다른 고통과 좌절을 겪고 있다. 아직도 상처받을 심령이 있고 여전히 흘릴 눈물이 남아있다는 사실이 애달프다. 성장하는 중이라고 믿고 싶다. 성장이란 이성과 지성과 감성이 풍부해지는 단계를 넘어 좀 더 진정한 인간이 되어간다는 의미일 것이다. "오늘은 괴롭다 내일은 더 괴롭다 그래도 모레는 멋진 하루가 기다리고 있다."라고 시인은 토로했다. 모레가 되면 오늘보다 나은 시간이 찾아오리라는 기대가 눈물겹다. 고통은 아주 잠시 동안만 정점에 머문다는 은유이기도 하다. 고통은 삶의 필수과정으로 주어진 것이라고, 피할 수 없는 고통이라면 맞닥뜨려야 한다고 했던가. 큰 위로가 된다. 고통은 나만의 것이 아니라 모든 사람에게 공평한 삶의 대가라는 뜻이니까. 고통은 일생 동안 짊어지고 살아야 할 화두다.

비대면의 전인미답前代未踏 세상이지만 얻고 배우는 것이 많다. 사람들과의 감정적인 부대낌이 줄어서인가, 마음의 평안과 휴식의 참뜻을 맛본다. 대면하지 않으면 마음까지 멀어진다는 말은 사실이 아니다. 어려운 때일수록 진정한 관계가 더욱 선명해진다. 변함없이 정을 주고받는 따뜻한 친구들이 있고 가족이 있다. 저녁에 집에 돌아와야 할 사람이 모두 모여 따끈한 국이 있는 단출한 식탁에 둘러앉으면 영육이 겸손하고 진정한 미니멀리스트가 된다. 더이상 원하는 것이 없다고, 오늘도 살게 해주셔서 고맙다고, 마음으로부터 고개를 숙인다.

오늘 내내, 바람도 타지 않고 지짐지짐 비가 내렸다. 눅눅한 집안에 따뜻한 풍미가 감돌게 하고 싶었다. 사과, 바나나, 아몬드, 당근, 달걀을 곱게 갈아서 파이를 만들었다. 열두 쪽으로 나누어 놓은 파이는 금세 사라졌다. 이리저리 나눠 주고 종당에는 한 조각도 남지 않는 파이. 그래서 본디 무엇으로 만들었는지조차 알 수 없게 된 파이. 파이는 본분을 다하면 정체성을 잃는 속성을 가지고 있다. 인생은 파이라 한다. 나는 인생의 파이 한 조각만큼은 나 자신을 위해 끝까지 지키고 싶다. 사는 날 동안 그 내용을 풍부하게 채우고 싶다. 딸이 달라고 해도 양보하지 않을 참이다.

나는 누구를 위한 파이인가. 내가 누구인가를 밝혀줄 파이 한 조각에는 무엇이 담겨있는가. 무엇을 더 담아야 하는가. 책에서 받아들인 생각과 사상들이 나를 구성하는 재료가 될 수 있을까? 내가 쓴 글이 나를 대변해 줄까? 나는 왜 읽고 쓰는가? 뚜렷한 목적이 있어서가 아니다. 읽고 쓸 때 행복하기 때문에, 그만한 낙이 없기 때문이다. 아, 무엇을 정의定義하는 건 중요하지 않다. 완전하지 않아도 나는 여전히 가치 있다.

오늘, 나는 살아있다. 내면의 질서 정립에 필요한 일이 남아 있기 때문이라고, 인생이 완성되지 않은 거라고, 스스로 멍석을 편다. 적어도 내일과 모레라는 시간 정도는 주어지리라 희망하고 꿈꿀 수 있지 않겠는가. 동생이 보내준 마스크도 모두 사용하려면 아직 멀었다. 어떤 이유로든 나는 힘내야 한다. 코로나로 내일을 예측할 수 없지만 매 순간을 소중하게 껴안아야지, 다짐한다.

삶을 향해 미소 지으며 인사한다. "See you tomorrow."
삶이 흔쾌히 대답한다. "I want to see you tomorrow, too."
오늘, 나는 건재하다.

—2021년 3월호 《수필과비평》

| 작품 |

장무상망長毋相忘

김잠출

2020년. 우리의 모든 시간은 코로나에 갇혔다. 비행기도 배도 뜨지 못했고, 사람들은 의도치 않은 가택연금을 당해 집 밖을 다닐 수가 없었다. 연인끼리 키스도 금지됐고 가족 대화도 마스크를 끼고 할 수밖에 없었다. 모든 거리는 썰렁했고 서로를 경계하며 거리를 두고 멀찌감치 떨어져 만났다. 차라리 '2020년'을 지우고 싶을 정도였다. 그렇게 보낸 시간이 열두 달하고도 365일, 8,760시간이었다. 바이러스에 갇힌 인류의 행색이 점점 초라해지는 것을 적나라하게 보여준 한 해였다. 친구 어머니의 장례식 참석도 저지되고 직계 유족조차 선화장 후장례로 제한하니 무빈소 1일장으로 끝냈던 세월을 보냈다. 코로나가 일상은 물론 인류까지 지우려 한다는 생각을 하면 우울하기 그지없다.

가족 분리도 강제 당했다. 폴란드에서 귀국한 동생은 자가격리로 가족 만남이 막혔고 미국에서 귀향한 고향 친구는 전화통화로 겨우 아쉬움을 달래고는 이국땅으로 돌아갔다.

가까이 있으면서도 멀기만 했던 자가격리! 21세기형 위리안치圍籬安置에 다름 아니다. 예전엔 탱자나무를 집 주위에 둘러, 유배된 이들을 옴짝달싹 못하게 하는 강제된 형벌이었지만 지금은 모두가 유배 아닌 유배를 당한 중죄인이 되었다. 집이 곧 '산자의 무덤'이 된 셈이다. 지금의 '범국민 가택연금'은 1980년대의 3김이 당한 '가택연금' 형벌에 버금간다. 그래도 갇히느니 스스로 가두자는 셀프 자가격리를 하며 긍정적으로 극복하려는 사람들이 있다니 이 나라 백성들은 참으로 의연하다.

코로나19로 인한 불안감과 외로움을 견디던 차에 그나마 위안을 얻고 가슴 뛰는 일이 있었다. <세한도歲寒圖> 뉴스였다. 보릿고개보다 더 험한 날을 보내던 지난 연말, 손창근 선생은 돈으로 매길 수 없다는 무가지보無價之寶를 아무 조건 없이 국민들에게 내어 주면서 '감사합니다.'라는 다섯 마디만 전했다고 한다.

그날, 신문을 읽으며 남몰래 눈물을 흘렸다. 몇 번을 정독한 뒤 해당 지면을 오려 소중히 갈무리했다. 그리곤 그림 보기를 되풀이했다. 제발題跋을 읽고 또 읽으며 지면에 손때를 입혔다. 추사가 제자 이상적을 위해 써놓은 글 때문이었다.

"지금 그대는 나에게 귀양 전이라고 더해 준 것이 없고, 귀양 이후라고 덜해 준 것이 없다." 제자의 변함없는 신의에 고마움을 표할 방법이 이보다 더할 수 있으랴. 어렵고 힘들 때 처음과 끝이 한결같은 태도로 대해줄 사람이 적다는 건 누구나 아는 세상인심이다.

<세한도>가 명작인지는 문외한인 나로선 알 수 없다. 그래서 그림도 그림이지만 추사 선생이 당시의 심정을 표현했다는 글을 더 많이 읽게 된다. 제자의 지조와 의리에 대한 고마움이 얼마나 컸던가를 짐작하게 한다. 그 마음을 표현한 스승의 심정 또한 깊은 울림을 준다. <세한도>는 그래서 <세한도>이다.

"세상은 물밀듯이 권력만을 따르는데…. 권력으로 합한 자는 권력이 떨어지면 교분이 성글어진다고 하였는데…."란 구절을 읽으면 지난 세월 보고 들은 수많은 경험이 되살아나고 스스로 주변을 둘러보게 한다. 그러면서 세한연후지송백지후조歲寒然後知松栢之後凋이라니! "송백은 사철 내내 시들지 않는다. …지금 군이 나에게 대해 앞이라고 더한 것도 없고 뒤라고 덜한 바도 없으니, 세한 이전의 군은 칭찬할 것 없거니와, 세한 이후의 군은 또한 성인에게 칭찬을 받을 만한 것이 아니겠는가."

<세한도>를 볼수록 사대부의 기개를 고스란히 전해 받는다. 절해고도의 유배지에서 변치 말아야 할 선비의 지조를 겨울 찬바람에도 푸르름을 잃지 않는 소나무에 비유했다. 집 울타리에 가시나무를 둘러쳐 바깥출입이 막힌 위리안치 상태에서도 사람의 이치를 떠올리며 학문과 예술을 게을리하지 않았으니 지금의 '홈트'와 '자기단련'과 다르지 않다.

　다시 <세한도>를 읽는다. 오른쪽 아래에 넉 자의 인장이 보인다. '장무상망長毋相忘', 오래도록 서로 잊지 말자고 다짐했다. 예술과 우정, 그리고 사랑이 영원하길 바라는 마음이다. 다만 '영원'이란 말 대신 '오래도록'이란 표현을 썼다.

　코로나19 시대, 우리의 버팀목은 무엇이었는지를 생각한다. 원치 않는 위리안치를 당했을지라도 우리 서로 장무상망, 오래도록 서로 잊지 말자는 다짐을 할 때 고통의 시간은 보다 수월하게 지나가리라.

－2021년 3월호 《수필과비평》

| 작품 |

가면

장미자

    화장을 시작하면서부터 맨얼굴로 밖에 나가기를 꺼린다. 유명 연예인은 아니지만 나에게도 사회생활이라는 것이 있었다. 기본적인 마스크에 깨끗한 피부를 가지고 타고났다면야 어디서든 당당하겠지만 어찌 그것이 쉬운 일이던가. 그래서 얼굴에 화장을 하지 않고 잠깐 집 앞을 나갈 때는 마스크와 모자, 선글라스를 최대한 이용하였다. 그러니 맨얼굴로 집을 나간다는 것은 있을 수도 없는 일이었다. 하지만 요즘은 사회적 거리 두기로 사람 만날 일이 없으니 화장이라는 가면이 필요 없어졌다.
    얼굴에 마스크를 쓰는 순간 아무도 나를 알지 못할 거라는 착각에 빠졌다. 내가 누군지 모를 거라는 익명에 기대니 마음은 편안해지고 행동은 좀더 과감해졌다. 숨길 수 없었던 얼굴에 드러난 심리상태를 들킬 일도 없으니 내 감정의 주인이 되었다. 평소 착 가라앉은 낮은 목소리를 한 옥타브 올렸다. 그러니 나도 내 안의 목소리가 낯설었고 다른 사람이 된 듯했다. 내가 나에게 속은 것일까, 아니면 원래 내 안에 있던 모습이 이제야 나타난 것일까.
    얼굴은 마스크로 대충 덮어버렸으니 남겨진 몸을 가리는 것이 문제였다. 도대체 가린다고 가려질 일인지는 모르겠다. 제복을 입은 사람을 보면 그 사람의 얼굴은 기억에 남지 않고 소속된 기관만 오랫동안 남아있었다. 하지만 나는 제복을 입을 일이 없으니 머리에는 모자를 쓰고 눈은 검은 선글라스로 덮어 버렸다. 선글라스 색에 맞춰 나만의 세상이 만들어졌다. 마음의 창이라는 눈을 선글라스로 가려버리고, 자꾸 세상을 향해 이죽거리던 입도 마스크로 덮어버렸으니 내 얼굴은 지워졌다.

내 얼굴 전체를 가려버리면 사람들은 그 무엇으로 나를 알아챌까. 가족들은 내 손과 발, 또는 하는 행동을 보고 나를 찾을 수 있을까. 신생아가 엄마 목소리만 듣고 엄마를 알듯 나도 가족 누군가의 목소리, 발걸음만으로 그들을 찾을 수 있을 것 같았다. 평소 얼굴 표정에 관심을 두었지만 그들의 몸짓이 잔상으로 남아 지문처럼 또렷하다. 그러나 나를 둘러싼 많은 사람들을 나는 알아낼 재간이 없다. 평소 안면인식장애가 심한 데다 사람을 빤히 쳐다보는 것은 나에게는 참 민망한 일이었다.

이력서를 쓸 때 사진을 넣는 지면이 있다. 처음에 가로 세로 수치만을 정해주고 그 누구도 몸의 어떤 부분을 넣을지는 말하지 않았다고 한다. 하지만 사람들은 자신의 얼굴을 포함한 상반신을 넣었고 그것은 불문율이 된 지 오래다. 하지만 요즘은 쏟아지는 각종 채용 비리에 블라인드 채용을 하겠다고 난리다. 자신의 얼굴과 학력, 부모의 직업과 재산 상태를 쓰지 않는다고 과연 공정한 채용이 이루어질까. 이름마저 지우지 못한다면 수많은 얼굴들이 웃을 일이다. 만약 이름까지 지운다면 누군가를 말할 때 사람에 대한 설명은 좀더 길어질 것이다.

어렸을 때 얼굴이 일그러진 유명화가의 그림을 미술책에서 처음 보았다. 화가는 그림 속 얼굴의 표정을 지워버리고 싶었던 것인지, 아니면 자신의 심리상태를 전부 드러내고 싶은 욕심이 과했던 것인지 알 수 없는 얼굴을 그렸다. 괴상한 표정을 한 그림이 아름다운 예술이라고 하니 내 미적 감각에 심각한 문제가 있다고 생각했다. 살아 보니 비극으로 얼룩진 삶을 살아내는 일도 희극이라는 것을 알았다.

가식적인 양반의 삶을 신랄하게 풍자했던 서민의 얼굴에도 탈이 씌워져 있었다. 또 서양에서도 며칠의 일탈을 꿈꾸게 했던 가면무도회가 있었다. 탈과 가면은 신분을 포함한 그 모든 것을 숨길 수 있는 특권이 주어진 날이기에 하나의 일탈이었다. 평상시 할 수 없었던 일들을 용감하게 감행하게 만드는 힘이 있었다. 가면무도회에서 최대한 내가 가진 매력적인 모습을 사람들에게 보여 주는 상상을 한다. 선입견을 버리고 진검승부를 할 수 있는 기회이지 않은가. 음악 프로그램에서 가면을 쓴 사람들이 나와 노래 대결하는 것과 같은 원리였다.

사람들이 내가 누군지 궁금해 한다면 작전은 성공이다. 오늘의 할 일은 최대한 나를 버리고 내가 그리던 나의 모습을 멋지게 그려내면 된다. 자신만의 페르소나를 통하여 얻은 대중적 영합 이미지와는 정반대일 수도 있다. 나는 나를 속일 수는 있을까. 나를 속이지 못한다면 아니, 나를 설득하지 못한다면 그 누구도 속일 수도 설득될 리도 없을 것이다. 그렇다면 맨얼굴 그것 또한 하나의 가면일 수도 있겠다.

그런데 문제가 생겼다. 마스크와 선글라스, 모자로 얼굴을 가린 위장술로 남을 관찰하는 데 유리한 입장에 섰다고 희희낙락했었다. 그런데 거리에는 나와 같은 모습을 하고 있는 사람들이 너무도 많았다. 그들의 표정을 읽지 못한 채 서로가 유령처럼 지나치고 있다. 또 지금 나의 감정을 얼굴 근육의 떨림과 주름으로 표현하지 못한 채 가면 속에서 쩔쩔매고 있다. 물론 과격한 몸동작으로 표현할 수도 있겠지만 세상에 그럴 일이 얼마나 있겠는가. 대부분의 일들이 간단한 표정, 마음을 담은 눈과 입꼬리로 표현하며 살아왔기에.

마스크라는 가면을 쓰고 나서야 알았다. 며칠의 일탈은 감정의 해방구가 되겠지만, 이것이 일상이 되고 삶 전체를 익명으로 살아가야 한다면 세상은 더욱 살기 힘들어질 것이라고. 인터넷 실명제, 금융 실명제가 생긴 것도 같은 원리일 것이다. 내 얼굴을 찾고 싶다. 그리고 그들의 얼굴 표정도 알고 싶다. 아니, 더 정확히 말하면 가면을 벗고 감정의 출구를 되찾고 싶다.

-2021년 3월호 《수필과비평》

02

언어의 프레임: 생존, 존재, 현존재

언어와 사고는 떼려야 뗄 수가 없는 관계를 맺고 있다. 생각을 소통시키고 문화를 교환하는 언어는 인간의 존재성에 직접적인 영향을 미친다. 에스키모인들의 말에 눈에 관한 단어가 많고 사막 유목인들에게는 낙타와 관련된 표현이 많다. 이러한 빈도는 일상 언어가 집단과 개인의 생활과 상관성이 있음을 알려준다.

어떤 단어를 듣는 순간 우리의 두뇌에서는 그 단어와 결부된 프레임이 작동한다. 에어컨이면 냉기를 내뿜는 기계를, 빵이라면 음식을 떠올린다. 이렇게 쌓인 언어 프레임은 사람의 행동을 결정하고 인생을 지배하기도 한다. 사랑, 진리, 충격이라는 추상명사를 대하면 프레임의 경계가 모호해지면서 제한된 것부터 무한해석까지 펼쳐진다. 일상어와 문학어가 다른 이유다.

프레임을 심리학에서는 '세상을 바라보는 틀'이라고 부른다. 언어는 세상을 바라보는 정신적 구조물로써 직접 만질 수는 없지만 무엇인지는 추론할 수 있다. "말이 씨가 된다."는 속담도 단어가 생각을 유발하는 프레임임을 증명하는 것이다. 뇌과학의 해석을 빌리면 귀로 들은 말이 뇌로 전달되면 몸은 그 말에 맞추어 움직인다. 이것이 각인효과다. 각인효과는 불에 달군 기구로 가축 몸뚱이를 지져 낙인함으로써 다른 것과 구분하는 것을 말하듯이 사람도 어떤 언어를 들으면 자신의 1인 브랜드를 만들어 낸다. 이것이 언어학적 비평의 기본이다.

동서 철학자들은 언어에 관한 숱한 어록들을 남겼다. 동양의 대표적인 언어 이론이 '말이 사람이다.'라면 서양의 언어 이론은 '차라투스트라는 이렇게 말하였다.'라는 니체의 견해다. 들뢰즈가 "풍광은 언어에 머무르지 않는다."고 한 말은 사람의 인식은 언어의 한계를 뛰어넘는다는 것이며 데리다의 해체 이론은 사람마다 언어 프레임이 다르다는 것을 설명해 준다. 이 모든 것을 정리한 것이 언어철학자인 하이데거가 말한 "언어는 존재의 집"이란 명제라 하겠다.

사람은 언어로 존재한다. 문학이란 단지 문자를 적은 것이 아니라 글로써 작가 자신의 존재방식을 창조하는 작업이다. 문학의 어원이 존재적 삶을 뜻하는 포이에시스(poiesis)이고 독일 시인 횔덜린이 "사람은 시인으로 이 땅에 산다."고 한 말도 모두 언어가 삶을 결정한다는 풀이다.

언어와 존재간의 프레임을 언어학적으로 규명하는 이론이 구조주의다. 구조주의 이론가 중의 한 사람인 야콥슨은 언어는 무엇인가를 지적해주는 단어와 그것을 조합하는 문법으로 구성된다고 하였다. 구조언어학자들은 사람은 언어라는 프레임 안에서 생활하고 생각하므로 그가 누구인가를 알려면 구사하는 언어구조를 파악하면 된다고 하였다. 사용하는 언어를 분석하면 생존경쟁 내에서 단순히 생존하는가, 데카르트가 말한 방식대로 생각자로서 존재하는가, 하이데거가 말한 현존재로서 여타 사물을 존재자로 간주하는가를 식별할 수 있다는 것이다.

사회는 특정 단어와 특정 대상을 동일시하자는 약속을 한다. 가령 사과를 '사과'라고 부르고 붉은 색을 '붉다'고 하면 "사과는 붉다"라는 조합이 이루어지고 사유가 형성된다. 그런데 어휘와 문법은 언어집단 내에서 동일하지만 조합하는 방식은 개인마다 다르다. 어떤 조합을 빈번하게 사용하느냐에 따라 지적, 경험적, 사회적 영역이 달라진다. 인식체계가 언어 프레임에 연결되어 있으므로 작품에 쓰인 언어를 분석하면 서술자의 존재 유형을 파악하게 된다. 그러므로 언어라는 프레임으로 작품을 분석하면 서술자가 생존하는가, 존재하는가, 현존재인가를 살펴볼 수 있다.

석인수의 <풀떼죽>

<풀떼죽>은 유년기의 '가난과 설움'이 얼마나 깊은 상처와 편식의 후유증으로 남겨지는가를 기억을 통해 끄집어낸다. 석인수는 결코 잊을 수 없는 절대빈곤 시절을 '풀떼죽'이라는 단어로 표현한다. 그 단어를 말할 때마다 두뇌에서는 극빈시절의 고통이 구조화되고 살아남았다는 안도감이 그를 지배한다. 풀떼죽과 가난이라는 두 언어가 합친 프레임이 어린 시절의 생존 과정을 환기시켜 주는 것이다.

풀떼죽은 보리나 독새풀의 작은 열매를 매로 갈아 가루를 만들어 풀처럼 끓인 죽이다. 한끼 허기조차 메울 수 없는 멀건 풀죽은 가난을 형상화한다. 그에게는 끼니라기보다는 굶지 않으려면 먹어야 한다는 절박감을 나타내는 언어에 더 가깝다.

언어는 랑그와 파롤로 이루어진다. 의사소통 수단으로서 언어에는 공통된 규칙과 개별적인 사용이 함께 존재한다. 문법이나 낱말에 존재하는 공통적이고 고정된 원칙을 랑그라 하고 '개별적'으로 대화하는 것은 파롤로 구분한다. 풀떼죽이 예전이나 지금이나 보리로 만든 죽이라는 의미에서는 랑그이지만 석인수가 어렸을 때 먹었던 풀떼죽은 극빈이라는 파롤을 갖는다.

무엇에든 말은 밥은 죽을 연상하기에 그렇다. 사실 나는 죽이 질린다. 어린 시절 가난하여 먹을 게 없어서 죽을 먹었기 때문이다. 한 사람 몫의 밥이 있으면 많은 식구가 함께 먹어야 하기에 큰 솥에 물을 많이 붓고 밥을 넣어 끓여서 늘려 먹었다. 맹물 속에 밥을 풀어 양을 늘린 거다. 그건 죽도 아니고 밥도 아니다. 그때마다 흉년에 죽을 끓이면 애들도 한 그릇, 어른도 한 그릇이라고 했다.

그는 절대빈곤 시대에 살았다. 죽으로 연명했던 아이에게 풀떼죽이라는 랑그는 가난과의 생존 투쟁을 의미하는 파롤을 수반한다. 이 파롤은 가난과 관련된 갖가지 다른 문구로 구성된다. "죽도 끓일 게 있어야 하지 않겠는가.", "물이라도 많이 마셔서 배를 채우는 게 급선무", "죽을 일상으로 먹었다는 반증", "독새풀의 깨 같은 작은 열매", "숙명처럼 짊어진 가난", "춘궁기", "보릿고개는 보리밭 이랑을 타고 온다.", "호구지책", "찌든 가난과 설움" 등의 표현은 혹독한 가난이 그에게 어떤 의미인가를 자동 기술적으로 펼쳐낸다. 이처럼 그에게 풀떼죽은 유년기 빈곤을 결코 잊을 수 없게 만드는 각인효과를 발휘한다.

석인수는 어른이 되어도 어린 시절의 언어 프레임에서 벗어날 수 없었다. 가난의 기표로서 풀떼죽은 어른이 된 후에는 "호구지책"이라는 의미를 버리고 "맛으로 먹는 죽"이라는 다른 파롤을 가져온다. 건강식이라는 새로운 기의가 생성된 것이다. 언어는 시대에 따라 변하면서 각기 다른 의미와 행동이 합쳐진다는 것이다.

석인수는 극빈에 대한 강박의식 때문에 어른이 되어서도 죽에 거부반응을 일으킨다. 그에게 죽은 밥과 반대말이다. 죽은 가난을, 밥은 여유로운 살림을 나타낸다. 그가 싫어한 것은 풀떼죽이지만 더 싫어한 것은 가난이라는 상황이며 끝없이 돌려야 했던 맷돌 노동이었다.

맷돌을 돌리면서 어머니와 내가 같이 돌아간다. 아버지도 동생들도 맷돌 위에 올라앉는다. 숙명처럼 짊어진 가난이 온 식구를 짓누른다. 비비고 버틸 언덕이 있어야 하는데 아무리 생각해도 답이 나오질 않는다. 워낙 밑천이 없고 바탕이 일천하니 헤어 나올 도리가 없는 듯했다. 맷돌 구멍에 가난을 몽땅 밀어 넣고 갈고 싶어졌다. … 어린 나이였지만 속으로 비장한 결심도 하곤 했다. 오른손 왼손 번갈아 어처구니를 잡는다. 말이 끊길 때면 맷돌을 내려 보며 생각에 잠기기도 한다. 비틀비틀 돌아가는 맷돌 속에 우리 가족의 삶이 묻어났다. 맷돌이 돌면 내 머리도 따라 돌았다.

"맷돌 구멍에 가난을 몽땅 밀어넣고 갈고 싶어졌다."는 절박함은 그에게 생존은 무엇을 하고 무엇을 하지 못하게 하였는가를 암시한다. 못한 것은 '생각함'이다. 동물적인 의식주에 급급한 상태에서는 데카르트가 말한 "나는 생각한다 고로 존재한다."는 사유는 거의 불가능하다. 언어와 존재 사이의 상관성이 붕괴되었으므로 어른이 된 석인수가 어린 시절을 회상하는 시점에서는 그의 의식과 사유가 중단한다. 이 점은 "호구지책이 어려웠던 시절에 먹었던 풀떼죽은 싫다."는 명료한 문구에서도 살필 수 있다.

산다고 존재하는 게 아니다. 생각이 필요하고 어떻게 느끼는가가 인간의 존재성을 보증한다. 의식주가 절대 결핍한 곳에서는 '머리가 돈다.' 하더라도 노동을 위한 것에 불과하므로 존재성을 갖는다고 말하기 힘들다. 석인수는 생각한다는 자각이 어려웠던 시절을 표현할 때 풀떼죽이라는 기표에 의지할 수밖에 없었다.

이정식의 <머물렀던 자리>

이정식의 <머물렀던 자리>는 사람이라면 어떻게 살아가야 하는가를 생각하도록 해주는 글이다. 《명심보감》의 안분安分의 도리, "知足常足 終身不辱 知止常止 終身無恥"(넉넉한 줄을 알고 항상 만족하면 종신토록 욕되지 아니하고 그칠 줄을 알고 항상 그치면 종신토록 부끄러움이 없다)를 정 노인을 주인공으로 한 일화로 풀어낸다. 공자가 언어로 말한다면 정 노인은 폐지 수집이라는 행동으로 보여준 것이다.

산다는 것은 단순히 육체적인 의식주를 꾸려간다고 하여 이루어지지 않는다. 품격도 신분의 귀천을 떠나 '모범'적 사고와 행동이어야 한다는 명분을 갖는다. 이성을 바탕으로 분별 있게 처신하면 '생각이 깊은 사람'으로 불려진다. 데카르트가 말한 '나는 생각한다.' 유의 존재도 된다. 반대로 아무리 신분이 높고 재산이 많더라도 생각이 부족하면 철학적 의미에서 존재한다고 말하기 어렵다.

인간의 생각은 생활의 발견과 함께한다. 생활의 발견은 남다른 관점으로 타성에서 벗어나 주변을 배려하는 자아인식의 행동을 말한다. 정 노인은 폐지를 주워 생활하지만 주변에 폐를 끼쳐서는 안 된다는 생활철학을 갖고 있다. 그에게 주변은 자신을 제외한 모든 사람과 사물과 자연환경을 포함한다. 동네에서 그를 만난 이정식도 비슷한 생활관을 갖고 있다. 그는 '생각하므로 존재하는 인간형'을 정 노인에게서 발견한다.

> 일이 끝나거나 쉬는 날은 비가 오거나 바람이 불어도 끄떡없도록 비닐 포장을 덮고 밧줄로 정교하게 묶어 놓는다. 계단 길로 왕래하는 보행자의 불편이 없도록 주변을 정리하였다. 가끔 폐전자제품의 동선銅線을 뽑을 때 검은 분말이 날지 않도록 분무기로 물을 뿌리면서 작업을 한다. 폐지 수집으로 생계가 어려울 것으로 짐작되나, 항상

표정이 밝고 그늘진 모습이 띄지 않았다. 모자를 쓰고 있어도 옆으로 삐친 머리칼이 가지런했고, 매일 면도를 하는지 용모가 말쑥하여 결곡한 모습이었다.

일반인들은 폐지 더미와 폐지 수집인에게 별다른 관심을 주지 않는다. 그런 직업을 제대로 인정하지 않을 뿐더러 폐지 수집인은 사회의 주변인이라는 선입관에 갇혀있다. 그것이 언어 프레임이다. 폐지는 '쓸모없는 종이'를 뜻한다. 폐품과 폐기물은 쓸모가 없고 주변에 그냥 널려있는 것으로 여긴다. 사람도 쓸모가 없으면 "폐지 같은 것"으로 부른다. 그렇게 생각하는 사람에게 '폐廢'라는 랑그는 '쓸모없음'이라는 파롤만 갖는다.

정 노인과 이정식은 적어도 '폐지'라는 범주에서는 일반인과 다른 해석을 한다. 그들은 폐지에 관심을 기울인다. 정 노인은 폐지 수집을 하며 이정식은 정 노인이 누구이며 폐지와 폐전자제품이 그에게 무엇인지를 생각한다. 그들에게 폐지는 재생 가능한 자원이고 한 가족이 생계를 꾸려갈 수 있는 재산이다. 파롤이 달라진다. 이런 프레임을 바탕으로 작가는 정 노인이 어떻게 폐지를 수집하고 왜 주변을 말끔하게 정리하는가를 생각한다. 그러한 행동에서 정 노인의 존재성과 품격을 찾아내는 행동은 데카르트가 말한 "나는 생각한다."가 어떻게 작동하는가를 보여주는 예로 삼을 만하다.

존재자로서 이정식과 정 노인 사이에 자연스럽게 친밀감이 형성된다. 나이가 비슷하고 작가가 정노인의 고향에서 한때 근무한 적이 있다는 우연이 있지만 긍정적인 인생관과 폐지가 지닌 파롤에 대한 인식이 일치한다는 동질감이 두 사람을 더욱 친밀하게 만든다. 그들의 존재성에서 동일한 언어 프레임이 발견된다. 그들은 자원은 재생되어야 한다는 점에 동의하고 폐지도 정성스럽게 다루어야 하며 사회에 방해되는 사람이어서는 안 된다는 점에 공감한다. 이런 견해를 받쳐주는 프레임이 안분지족이라는 언어와 상대방에 대한 배려이다.

언어 프레임이 더욱 가시화되는 때는 명절인 구정이다.

> 설날 손주들에게 쥐어 줄 세뱃돈을 마련하려면 바삐 움직여야 한다. 꼭두새벽에 골목을 누벼 얻은 보잘것없는 수입으로 할아버지 노릇을 하는 정 노인에 대한 연민이 흥건하다. 세뱃돈을 얼마라도 보태 주고 싶었다. 설이 임박할 때 손주들에게 줄 세뱃돈을 신권으로 바꿨다. 일십만 원을 따로 봉투에 넣고 "손주 세뱃돈에 보태십시오."라고 쓴 후 정 노인의 일터로 갔다. 집하장은 말끔히 치워졌고, 폐전자제품에서 동선銅線을 뽑을 때 나온 검은 가루가 묻었던 길바닥도 깨끗이 씻어놓고 떠났다.

구정을 가족과 함께 보내기 위해 떠난 정 노인의 자리가 말끔히 치워졌다. 아무 일도 없었던 것처럼 깨끗해진 자리를 둘러보는 작가는 "울컥 짠한 맘이 가슴을 적셨다."고 기록한다. "말끔히", "깨끗이"라는 부사와 "세뱃돈"이라는 명사가 합쳐 정 노인이 품격 있는 존재라는 파롤을 만들어낸다. 그들은 생각함으로 존재하고 공유된 삶으로 동일한 언어 프레임을 짜고 있다. 모든 행동과 교감과 배려가 '폐지'라는 랑그에서 비롯한 것이다.

본 작품이 제시하는 폐지는 산업 소비 사회가 남긴 잉여물이다. 작가는 폐지라는 기표와 품격이라는 기의를 합쳐 삶의 삶의 조건이 아니라 어떻게 살아가야 하는가를 생각하도록 한다. 이런 프레임을 구현하기 위해 이정식은 정 노인의 삶을 스토리텔링한다.

정희성의 <낙타표 문화연필>

글을 쓰는 작가에게 중요한 요건은 사물을 보는 각도이다. 각도는 무엇이 일어난 지점이 아니라 어떻게 해석하느냐라는 인지의 각도를 말한다. 단순히 사물을 있는 그대로 보는가, 아니면 존재자로 생각하는가에 따라 작가의 위상도 달라진다. 진지한 작가들은 사물을 존재론적 관점에서 풀어낸다. 그들은 지금까지 알려지지 않았던 원형적 관념을 찾아내고 왜 지금까지 이것이 발견되지 않았을까를 모색하고 드러냄으로써 어떤 새로운 원형적 존재성을 갖게 되는지를 설명한다. 이런 교감이 작가와 사물을 새로운 존재자로 만든다. 그러므로 작가는 끊임없이 사물을 존재화 하고 의미화 하는 작업에 매달려야 한다.

<낙타표 문화연필>은 사물과 존재의 차이를 설명한 로버트 프로스트의 말을 인용하는 것으로 시작한다. 정희성은 연필을 사물이 아니라 존재자로 해석하면서 글을 풀어내겠다고 천명한다. 이것은 창의적인 글맥을 정립하겠다는 의지의 발로로 보인다.

정희승은 평범한 문방구를 가져와 존재의 근원을 모색한다. 그것이 연필이다. 연필이 무엇이고 어떤 존재성을 지니는가를 살피는 시점은 데카르트와 하이데거가 표방하는 존재 이론을 구분하는 지점이다. 데카르트는 "나는 생각한다. 고로 존재한다."는 말로써 생각하는 사람만이 진실로 존재한다고 정의하였다. 인간은 뼈와 살이 있어 살아있는 것이 아니라 생각하는 두뇌가 작동하기 때문에 살아간다는 것이다. 데카르트에게 뼈와 살은 생각을 방해하는 육질이었다. 중세 종교와 왕권이 억압한 사고력을 데카르트가 해방시켰지만 문제가 있었다. 그것은 과연 생각하는 것만으로 인간은 존재한다고 말할 수 있는가라는 의문이었다.

그 취약점을 보완해준 철학자가 하이데거다. 하이데거는 인간은 죽음의 필연성을 인식함으로써 더욱 철저하게 사고하고 남을 배려한다는 종교적 해석을 도입하여 현존재라는 용어를 만들었다. 나아가 사물, 존재자, 현존재의 관계를 유기적으로 상관지어 사물은 존재자, 사람은 현존재라는 실존 프레임을 완성시켰다. 이런 상관성을 바탕으로 <낙타표 문화

연필>을 살펴보면 하이데거가 말한 존재자와 현존재의 형태가 나타난다.

연필이 백지를 앞에 두고 살을 벗는다. 신성한 백지에 들어서기 위해서는 목욕재계하는 것만으로는 부족하다. 죄악과 탐욕으로 물든 몸뚱이 그 자체를 벗어야 한다. 외로움을 견디지 못하고 그리움을 쓰기 위하여 비장한 마음으로 결국 몸을 벗는다.

작가는 연필을 깎는다고 말하지 않는다. 연필을 깎는다고 말하면 그것은 글을 쓰는 도구에 불과해진다. 단순히 쓰는 도구로 여긴다면 '연필은 존재한다'는 해석은 거의 불가능해진다. 데카르트는 코기토를 내세웠지만 연필을 존재자로 보지 않았다. 그런데 연필에 "살을 벗는다", "목욕재계한다", "몸을 벗는다"는 의인법과 물활론을 적용하면 연필은 존재하는 것이 된다. 작가라는 타인을 위해 연필이 스스로 몸을 깎고 살을 발라내는 희생을 감수하는 존재자라고 불리면 글쓰기를 둘러싼 모든 행동과 상황은 달라진다.

문화연필을 존재자로 여기면 상표의 파롤이 살아난다. 연필 위에 새겨진 낙타의 형상이 실제 낙타로 변하고 종이가 사하라 사막이 되고 문학은 성스러운 신전으로 세워진다. 연필은 존재자가 되고 종이는 연필에서 나온 낙타가 가야할 사막이 되고 작가는 현존재가 된다. 작가는 "성지를 넘보는 순례자나 불온한 방랑자"가 아니어야 한다. 하얀 잉어나 잡티 없는 흰 소가 아니라 작가 자신을 제물로 바쳐야 문학이 이루어진다는 점도 밝힌다. 그 이치는 사막을 걷는 낙타를 존재자로 여기면 알 수 있다는 것이다.

아직 동이 트지 않았다. 모래 냄새를 맡은 낙타가 연필 속에서 길게 목을 빼고 코를 벌름거린다. 너무도 친밀하고 익숙한 냄새, 낙타는 발굽 밑에서 소금 덩어리가 잘게 부서지던 먼 기억을 회상하며 푸른 울음을 운다.

마침내 연필이라는 목관에 갇힌 낙타가 밖으로 나오면서 산 낙타는 작가로 부활한다. 그는 본능적으로 종이라는 사막으로 고개를 돌리고 발을 딛기 시작한다. 이것은 이성적 상상이 아니다. 정희성은 서두에서 "지금까지 존재하지 않았던 사물들"을 꿈꾼다고 하였다. 그에게 꿈은 문학적 상상이고 원초적 환상이다. '연필과 사막이 왜 존재하지 않는가.'라고 묻는 이면에는 연필과 종이 속에는 이미 사막과 낙타가 있다는 것을 전제로 한다. 이들이 존재자임을 밝히는 그들이 감내한 인내와 고통과 희생을 실제적인 것으로 배려하는 사유가 필요하다. 이것이 그들에 대한 애정이자 예의다.

정희성의 존재에 대한 의식은 '중심'이라는 언어에 모아진다. 연필을 낙타로, 원고지를 사막으로 상상하는 언어 프레임의 한 복판에 '중심'이라는 단어가 자리한다. 연필의 살에 해당하는 목질도, 광물질 연필심도 중심을 향한다. 사랑도 뼈와 살이 아니라 중심을 향해야 한다고 말한다. 작가와 연필과 낙타는 모두 중심을 향하여 가기위해 "버린다, 벗는다, 깎는다, 갈려나간다."라는 희생의 과정도 감수한다. 이것도 오만이 아니라 "겸허한 마음"으로 이루어져야 한다는 점을 강조한다. 사물이 원래부터 지니고 있는 본질에 공감할 때 작가와 서술자가 현존재가 된다는 것이 하이데거의 생각이다. 정희성도 이 점을 놓치지 않았다.

현존재이면서 서술자인 정희성은 글을 쓸 때든 사랑을 할 때든 인위적인 프레임에 갇히는 것을 거부한다. "오로지 중심의 중심, 몸과 언어의 소실점"을 향한다는 의식만으로 글을 쓰고 사랑해야 한다고 조언한다.[1]

---

[1] 정희성 작가의 <낙타표 문화연필>을 전부 소개하지 않고 1장만 '현존재'를 중심으로 다루었다. 2부의 사막론을 언젠가 다룰 기회가 있기를 기대한다. 아무쪼록 독자분들은 2020년 《수필과비평》 7월호에 게재된 전문을 숙독하여 주기를 바란다.

덧붙여

수필의 진지성은 문장이 아니라 소재에 대한 깊이 있는 사색과 그 존재의 본질을 투시하는 사유로 이루어진다. 존재성의 중심에 접근할수록 사물은 존재자로 변하고 작품도 문학 그 자체로 존재할 수 있다. 역으로 말하면 사물을 있는 그대로만 보고 설명하는 데 그친 수필은 수필로서 존재한다고 말하기 어렵다.

석인수의 <풀떼죽>은 생각의 여유가 없이 생존에만 급급했던 시절을 성년이 되어 회상한 이야기로서 생존과 존재가 어떻게 구별되는가를 보여준다. 이정식의 <머물렀던 자리>는 폐지라는 사물을 생각의 프레임 속에 넣을 때 정 노인의 삶이 존재자로서 어떤 의미를 갖는가를 제시한다. 정희성의 <낙타표 문화연필>은 사물을 존재자로 인식하는 현존재가 어떻게 이루어지는가의 과정을 적고 있다.

글쓰기란 인식이 상승통로를 거치는 미학적 해석이다. 작가라면 마땅히 사물의 중심으로 들어가 언어 프레임을 건축해야 한다. 동시에 기존의 언어 프레임을 깰 수 있어야 한다. 언어가 생각과 사유와 행동과 창작을 결정하므로 존재의 중심에 다다를 때 작가의 영혼도 문학 프레임에 정착한다. 작가는 이런 언어의 프레임이 무엇인지를 먼저 인식할 필요가 있다.

| 작품 |

풀떼죽

석인수

아내나 내가 자라던 그 시절 우리나라는 절대빈곤 시대였다. 대부분 사람은 먹을 게 없어 그야말로 초근목피로 연명하는 시대였다. 그런데도 아내는 집안 사정이 부유한 편이었다고 한다. 그래서 여느 사람은 끼니 걱정할 때 아내는 입맛 타령했었는가 싶다. 이웃집에서 형편이 어려워 밥을 못 먹고 죽을 쑤어 먹으면 아내는 그 죽과 자기네 밥을 바꿔 먹곤 했다 한다. 서로 뜻하는 바가 맞은 거다. 그러나 내용을 보면 불공평이 깔려있다. 죽도 입맛 찾아 오만 가지 죽을 끓여 먹었다고 한다. 그러니 밥보다 죽을 더 좋아할 정도로 자주 죽을 먹는다.

나는 아내와는 배경이 너무 다르다. 죽은 말할 것도 없고 밥도 국에 말거나 물에 말아 먹는 것을 싫어한다. 무엇에든 만 밥은 죽을 연상하기에 그렇다. 사실 나는 죽이 질린다. 어린 시절 가난하여 먹을 게 없어서 죽을 먹었기 때문이다. 한 사람 몫의 밥이 있으면 많은 식구가 함께 먹어야 하기에 큰 솥에 물을 많이 붓고 밥을 넣어 끓여서 늘려 먹었다. 맹물 속에 밥을 풀어 양을 늘린 거다. 그건 죽도 아니고 밥도 아니다. 그때마다 흉년에 죽을 끓이면 애들도 한 그릇, 어른도 한 그릇이라고 했다. 허기를 달래기 위하여 물이라도 많이 마셔서 배를 채우는 게 급선무였다. 그마저도 녹록지 않았다. 죽도 끓일 게 있어야 하지 않겠는가. 쌀은 고사하고 보리도 귀했다. 보리라도 늘려 먹어야 하니까 매에 갈아서 가루로 만든다. 이것을 끓는 물에 풀어서 풀처럼 쑨 죽이 풀떼죽이다. 끓을 때 풀떡풀떡 끓어 넘친다고 하여 이름을 풀떼죽이라 붙였다고 한다.

이외에도 밀, 호밀, 옥수수 등도 풀떼죽의 재료가 된다. 그뿐 아니라 궁색할 때면 보리논에 끈질기게 생장력이 좋은 독새풀의 깨 같은 작은 열매를 사용한다. 이것을 채취하던 일이 너무도 생생하다. 보리가 익을 무렵이면 독새풀의 열매도 함께 익는다. 초등학교 시절 학교에 다녀오면 으레 들로 나간다. 왼손에 마대를 들고 오른손에는 바가지를 들고 독새풀 열매를 훑어 턴다. 요령껏 잘해야 한다. 잘못하면 열매가 바가지에 담기지 않고 논바닥에 다 떨어진다. 그렇게 논두렁은 물론 보리밭 사이로 골골 다니면서 종일 털어 담는다. 한참을 하다 보면 그것도 일이라고 온몸이 뒤틀리고 아프다. 2~3일 동안 꼬박 열심히 털어야 양이 몇 식구 먹을 만큼 된다. 거친 잡 티끌을 골라내고 물에 씻어 햇볕에 말린다. 그런 다음 솥에 넣고 적당히 볶는다. 볶을 때 나는 냄새가 상당히 고소하다. 이것을 매에 갈아 가루로 만든다. 역시 이 가루를 물에 풀어 죽을 쑤면 된다. 지금은 아예 못 먹는 것으로 알고 아니 먹을 필요가 없어서인지 이 일이 사라졌다. 전설 같은 얘기로 묻혔다.

어머니와 나는 매 갈기에 상당히 이골 났었다. 그 시절에는 매에 갈 게 많았던가 보다. 가루로 장만하여야 할 것이라면 모두 매를 이용했다. 사흘이 멀다고 매갈이를 했다. 그만큼 죽을 일상으로 먹었다는 반증이기도 하다. 어머니와 나는 서로 마주보며 어처구니를 위아래로 나누어 잡고 반 바퀴씩 번갈아 연속으로 돌린다. 돌리면서 연신 윗돌에 나있는 구멍으로 갈아야 할 재료를 넣는다. 오랜 시간을 갈아야 한다. 무료한 시간을 보내다 보면 저절로 얘기가 나온다. 왜 나는 할머니, 할아버지가 안 계시냐고 하면 어머니도 모른다고 하셨다. 아버지가 어렸을 때 이미 고인이 되셔서 아버지는 고아나 다름없이 자랐다고 하셨다. 지금 생각하면 아버지가 고아처럼 사신 것을 어머니도 모르고 시집오셔서 들은 얘기였다. 외가에서 성장하시다가 아버지와 사촌 되는 큰아버지 밑에서 주경야독도 하셨다고 했다. 받은 것, 가진 것 하나 없이 외아들로 태어나 설움과 고생이 너무 많았다는 얘기가 많았다.

또 내가 어떻게 살아야 하는지 열심히 공부해야 나중에 성공할 게 아니냐는 등의 얘기가 많았다. 맷돌을 돌리면서 어머니와 내가 같이 돌아간다. 아버지도 동생들도 맷돌 위에 올라앉는다. 숙명처럼 짊어진 가난이 온 식구를 짓누른다. 비비고 버틸 언덕이 있어야 하는데 아무리 생각해도 답이 나오질 않는다. 워낙 밑천이 없고 바탕이 일천하니 헤어 나올 도리가 없는 듯했다. 맷돌 구멍에 가난을 몽땅 밀어넣고 갈고 싶어졌다. 궤도를 이탈할 듯하면서도 다시 정상으로 중심을 잡고 맷돌은 돈다. 어머니 얘기를 듣노라면 북받치고 서러워서 눈물을 글썽일 때가 많았다. 어린 나이였지만 속으로 비장한 결심도 하곤 했다. 오른손, 왼손 번갈아 어처구니를 잡는다. 말이 끊길 때면 맷돌을 내려 보며 생각에 잠기기도 한다. 비틀비틀 돌아가는 맷돌 속에 우리 가족의 삶이 묻어났다. 맷돌이 돌면 내 머리도 따라 돌았다. 얼마나 지났을까. 시작이 있으면 끝이 있듯 매갈이가 끝나고 저렸던 다리도 기지개를 펼 수 있다. 풀떼죽은 그렇게 만들어진다.

풀떼죽은 대개 껄끄럽고 맛이 없다. 지금처럼 맛내는 조미료가 있는 것도 아니어서 맛내기 위해 사카린이나 소다를 첨가한다. 단맛으로 미각을 돋운다. 시장이 반찬이라고 허기져 배가 고프니까 그마저도 더 먹었으면 한다. 순쌀밥 생각이 간절했다. 어쩌다 동네 부자로 사는 친구 집에서 점심밥을 먹을 때가 있었다. 그때 먹었던 쌀밥에 자장 소고기와 간장 생각은 지금도 못 잊는다.

춘궁기, 보릿고개는 보리밭을 타고 온다. 봄날 하루해가 지루하기도 하다. 세끼를 다 찾아 먹어도 하루가 긴데 먹을 게 없으니 얼마나 지루하겠는가. 보리라도 빨리 익어 수확을 해야 하는데 때가 있지 마음대로 되지 않는 게 자연의 순리 아닌가. 사방천지 다 둘러봐도 먹을 게 별로 없던 궁핍한 시절이었다. 겨우내 먹었던 고구마도 바닥이 나려고 하면 고구마 한 개에 무김치 한 가닥 냉수 한 그릇으로 한끼를 때운다. 밀가루, 호밀가루로 풀떼죽을 끓여 먹기도 한다. 한창 성장기에 풀떼죽 한 그릇이 가당치나 하겠는가. 그러나 아무리 부엌을 둘러봐도 먹을 만한 게 없었다. 그냥 소금에 절인 희끗한 무청 김치만 한 가닥 입에 넣고 물 한 그릇 벌떡벌떡 마시면 헛배가 쑥 올라온다.

포만감은 쌀밥 먹은 것이나 매한가지다.

　나는 풀떼죽 때문에 모든 죽에 대한 선입견이 좋지 않다. 지금은 많은 사람이 맛으로 죽을 먹는다. 나도 요즈음은 풀떼죽 말고는 종류에 따라 좋아하는 죽도 더러 있다. 그러나 호구지책이 어려웠던 시절에 먹었던 풀떼죽은 싫다. 찌든 가난과 설움이 함께 배어있어서다.

－2020년 7월호《수필과비평》

| 작품 |

머물렀던 자리

이정식

정 노인은 폐지 수집으로 생계를 유지했다. 폐지집하장은 자동차가 왕래할 수 없는 경사진 계단 옆 후미진 곳에 있었다. 집하장 옆 계단 길가에는 수집한 폐지를 가지런히 정리하여 간수하고 있었다.

일이 끝나거나 쉬는 날은 비가 오거나 바람이 불어도 끄떡없도록 비닐 포장을 덮고 밧줄로 정교하게 묶어 놓는다. 계단 길로 왕래하는 보행자의 불편이 없도록 주변을 정리하였다. 가끔 폐전자제품의 동선銅線을 뽑을 때 검은 분말이 날지 않도록 분무기로 물을 뿌리면서 작업을 한다. 폐지 수집으로 생계가 어려울 것으로 짐작되나, 항상 표정이 밝고 그늘진 모습이 띄지 않았다. 모자를 쓰고 있어도 옆으로 삐친 머리칼이 가지런했고, 매일 면도를 하는지 용모가 말쑥하여 결곡한 모습이었다.

남자들은 낯선 사람과 처음 만날 때 습관적으로 인연을 찾는다. 첫 만남에는 나이, 고향, 출신 학교, 군 복무 부대 등을 묻고 일치하면 그때부터 교분이 트이고 유대가 깊어지기 시작한다. 어떤 집단에 자기가 속해야 마음이 편한 속성이 있다. 헬스클럽에 가기 위해 집하장 곁을 지날 때마다 수인사를 나누고 싶었다. 하루는 "노인장, 수고 많습니다." 노인은 하던 일을 멈추고 "아이고, 매일 만나면서 인사를 못해 죄송합니다." "저와 비슷한 연배인 듯합니다." 인사를 하고 보니 나보다 다섯 살 아래다. 정 노인은 새벽부터 하는 일이 운동이라, 별도로 운동하지 않아도 건강을 유지한다는 자랑이다. 곁을 지날 때마다 "오늘은 일거리가 좀 있습니까?" "예. 오늘 일거리는 됩니다." 항상 긍정적인 대답이다.

고향이 경남 남해라고 했다. 내가 젊은 시절 남해군 소재 직장에 근무한 인연으로 집하장을 지날 때마다 주고받는 말수가 늘어갔다. 어부漁夫인 아버지를 풍랑으로 잃고, 삼 형제의 막내로 초등학교 2학년 때부터 담살이로 끼니를 해결했다. 결석으로 띄엄띄엄 다닌 것이 3년도 제대로 다니지 못한 채, 졸업 후에도 같은 집에서 가족처럼 지내다가 군에 입대했다. 군 복무 때 전우들과의 생활에서 삶의 시야를 넓혔다. 전우의 주선으로 제대 후 부산에 진출하여 지금에 이르도록 부산 사람으로 살아오고 있다고 한다. 가구 제작 업소에 취직하였고, 손재주가 있어 급료도 다른 사람보다 고액을 받았다. 가정을 이루어 남매를 두었다. 아이 둘은 건강하게 잘 자랐으나, 아내의 건강이 좋지 못해 늘 쪼들림을 면치 못했다. 남매는 실업계 고등학교를 졸업한 후 직장에서 만나 짝을 이뤄 넉넉하지 못해도 행복하게 살고 있어, 자식복은 있다는 너스레다.

경사진 도로 양쪽은 주거 지역으로 수집할 폐지가 별로 없는 곳이다. 점포가 많은 대로변 지역은 경쟁이 심했다. 어떤 장애인은 이륜차를 개조하여 적재함을 만들어 기동력 있게 수집하기도 한다. 새벽잠을 설쳐야 다른 사람의 손에 넘어가지 않는다. 일흔을 넘긴 나이에 경사진 골목으로 손수레를 끌고 다닐 힘이 있는 것도 다행이란다. 고달픈 삶이지만, 버려진 자원을 재생하는 데 한몫한다는 자부심이 있었다. 폐지들을 반듯하게 쟁여 단단히 묶고, 고물상에 가기까지 정성스레 단을 꾸려 운반한다. 짐을 실은 손수레를 끌고 간선도로를 가로질러 바삐 고물상에 가는데, 건널목 도중에 신호가 바뀔 때는 아찔한 경우가 더러 있다. 밀려오는 차량의 경적에 놀라고, 부라린 눈으로 매섭게 째려보는 운전수의 시선이 두려워 눈을 피해야 한다. 오랜 기간 심한 당뇨로 거동이 불편한 아내의 환상이 떠올라 아찔할 때가 있어도 용기로 버틴다고 했다.

자식 둘이 있지만 자기 새끼 건사하기도 힘겨운 형편이니 부모 돌볼 여유가 없다는 것을 알면서 손을 내밀 수 없었다. 적은 수입이지만 아내와 생선 토막이라도 먹을 수 있는 것이 행복하다는 정 노인의 안분지족安分知足에 고개가 숙어졌다.

전래의 우리 명절인 구정이 임박했다. 집하장에서 정 노인의 손길이 유난히 분주해 보였다. 설날 손주들에게 쥐어 줄 세뱃돈을 마련하려면 바삐 움직여야 한다. 꼭두새벽에 골목을 누벼 얻은 보잘것없는 수입으로 할아버지 노릇을 하는 정 노인에 대한 연민이 흥건하다. 세뱃돈을 얼마라도 보태주고 싶었다. 설이 임박할 때 손주들에게 줄 세뱃돈을 신권으로 바꿨다. 일십만 원을 따로 봉투에 넣고 "손주 세뱃돈에 보태십시오."라고 쓴 후 정 노인의 일터로 갔다.

집하장은 말끔히 치워졌고, 폐전자제품에서 동선銅線을 뽑을 때 나온 검은 가루가 묻었던 길바닥도 깨끗이 씻어 놓고 떠났다. 흔적이 사라진 집하장 자리에는 찬바람이 맴돌고 스산하다. 울컥 짠한 마음이 가슴을 적셨다. 이왕 드리려 했으면 일찍이 드리지 못한 우둔함이 후회스러웠다. 뒷날 정 노인을 거리에서 만나면 준비했던 봉투를 꼭 드리고 싶다.

아침에 해운대 해변으로 산책하러 나가면 먹고 버린 커피통과 비닐포장지가 곳곳에 널브러져 있다. 금연구역 표지가 있지만, 담배꽁초가 여기저기 버려져 있다. 정 노인이 머물렀던 자리와 비교되어 어이가 없다. 폐지 수집으로 빈곤하게 살아도 누굴 원망하거나 불평하지 않았던 정 노인이 머물다 간 자리가 너무 깨끗했다.

－2020년 7월호 《수필과비평》

| 작품 |

낙타표 문화연필

정희승

어떤 사람들은 사물을 있는 그대로 바라보면서 왜 그것들이 존재하느냐
고 묻는다. 하지만 나는 지금까지 존재하지 않았던 사물들을 꿈꾸면서 그것
들이 왜 존재하지 않느냐고 묻는다.

ー로버트 프로스트(Robert Frost)

1.

연필이 백지를 앞에 두고 살을 벗는다. 신성한 백지에 들어서기 위해서는 목욕재계하는 것만으로는 부족하다. 죄악과 탐욕으로 물든 몸뚱이 그 자체를 벗어야 한다. 외로움을 견디지 못하고 그리움을 쓰기 위하여 비장한 마음으로 결국 몸을 벗는다.

아, 관 속에서 얼마나 오랫동안 시체처럼 꼼짝없이 누워 지냈던가. 외롭구나. 정말 보고 싶구나. 짓누르는 어둠 밑에서 사향각시처럼 얼마나 자주 무겁게 탄식했던가. 세상으로 나서지 못하고 몸안에서 맴돌다 결국 살이 되어버린 부질없는 독백과 회한들, 시간이 지날수록 더욱더 싱싱한 날것으로 살아나는 생살들, 그래 이제는 가거라. 죽어도 썩지 않는 향기로운 살점들아.

살을 저밀 때마다 신경들이 심하게 경련한다. 비릿한 근육들이 고통스럽게 꿈틀거린다. 떨어져나간 살점들은 방바닥에서 파닥거리기도 하고 숭어처

럼 허공으로 튀어 오르기도 한다. 얇게 뜬 생살일수록 칼의 푸른 서슬을 경쾌하게 차고 오른다. 간혹 꼬리지느러미를 흔들며 빛의 물살 속으로 가뭇없이 사라지는 것도 있다. 연필은 그렇게 자신의 몸에 갇힌 말parole들을 고통스럽게 썰어서 세상으로 내보낸다.

살을 벗은 자리에는 검고 견고한 중심, 광물질 침묵이 드러난다. 그 광맥에는 문법은 물론 모든 수사가 잠들어 있다. 말할 수 있는 것도 있지만 말할 수 없는 것도, 말해서는 안 되는 것도 있다. 파롤의 원천이 되는 무정형 랑그langue가 모든 빛깔을 갈무리한 채 묻혀 있다.

연필은 자신의 피를 준樽에 담고 살점을 조俎에 올려놓고 물소 뿔잔을 높이 쳐들어 외친다.

사방에 엄정하게 도련을 쳐서 성역을 부동의 의지로 고수하고 있는 백지여. 신성한 공허지여! 이제, 칼날 같은 경계를 넘겠나이다. 그곳에 들게 하소서. 유목의 길을 허용하소서.

그러나 그곳을 지키는 사제는 조급하게 성지를 넘보는 순례자를 결코 환영하지 않는다. 불온한 방랑자가 신성한 땅에 첫발을 내디디는 것을 완강하게 거부한다.

그대는 아직도 요건을 갖추지 않았다. 이곳은 그대의 가쁜 숨결, 거칠고 부르튼 맨발로는 결코 들어올 수 없다. 하얀 잉이나 잡티 하나 없는 흰 소를 희생으로 요구하지 않겠다. 등에 성좌도를 짊어진 천년 묵은 거북을 요구하지도 않겠다. 그대, 진실로 이곳에 들기를 원한다면, 진실로 이곳에서 소멸되기를 꿈꾼다면, 중심의 중심으로 걸어오라. 그곳에 그대 몸을 싣고 오라.

바람이 분다. 사품에 백지 몇 장이 바람에 휩쓸려 허공으로 날아오른다. 그 종이들이 팔랑거리다가 방 여기저기에 두서없이 떨어져 드넓은 사막으로 변한다. 갑자기 책상 위에는 아라비아와 고비사막이, 방바닥에는 사하라사막이 펼쳐진다. 연필은 오릭스나 림 영양도, 심지어 까마귀도 이미 오래전에 발을 들여놓지 않은, 아라비아사막의 어느 한 경계에 선다.

아직 동이 트지 않았다. 모래 냄새를 맡은 낙타가 연필 속에서 길게 목을 빼고 코를 벌름거린다. 너무도 친밀하고 익숙한 냄새, 낙타는 발굽 밑에서 소금 덩어리가 잘게 부서지던 먼 기억을 회상하며 푸른 울음을 운다.

연필은 진실로 갈증의 의미를 안다. 책상 위에는 촛불이 소리 없이 타오르는데 광활한 사막을 앞에 두고 겸허한 마음으로 뼈를 깎는다. 언어의 검은 원형질들이 예리한 칼끝에서 갈려 나간다. 사각사각……. 한 점으로 수렴되도록 언어의 원석을 조심스럽게 깎아낸다. 중심을 날카롭게 벼린다. 연필은 결국 그렇게 심마저 벗는다.

글을 쓴다는 것은 그런 것이다. 사랑하는 것도 마찬가지다. 살로 써서도 안 되고 살로 사랑해서도 안 된다. 그렇다고 뼈로 그렇게 해서도 안 된다. 오로지 중심의 중심, 몸과 언어의 소실점으로 글을 쓰고 사랑해야 한다.

－2020년 7월호 《수필과비평》

03

리샤르의 '총체성을 위한 변증법'과 수필의 테마 구현

문학은 전통적으로 철학과 대립해 왔다. 그러나 낭만주의 시대에 이르러 "문학적 철학적" 대립이 허물어지기 시작하였다. 그 동기는 문학과 철학이 근원적으로 인간과 세계를 이해함에 있어서 인문학을 공유하고 꼼꼼하고 깊이 있게 살피는 사유임을 이해한 데 기인한다. 이것을 촉진시킨 문예사조가 데리다를 중심으로 한 해체론이며 그 일원의 한 사람이 장 피에르 리샤르(Jean Pierre Richard)이다.

리샤르는 프랑스 마르세이유 태생의 작가이자 문학평론가다. 그는 데리다의 해체주의를 원용하여 변증법을 통한 작품의 내적 총체성을 강조하였다. 구조주의란 언어는 그 자체 독립된 구조를 갖고 구조를 이루는 요소들이 글이나 말 속에서 작용·반작용을 거듭함으로써 존재의 가치를 끌어낸다는 의견이다. 반면에 해체주의는 로고스(logos) 중심주의를 비판하는 후기구조주의의 철학 이론으로 사물과 언어, 존재와 표상表象, 중심과 주변 간의 다원론多元論을 내세운다. 리샤르는 구조주의의 원칙에서 벗어나면서 해체론의 다원화를 빌려와 역동적인 총체성을 추구하였다. 이러한 인식은 '총체성을 위한 변증법'으로 요약할 수 있다.

작가는 사물에 대한 인식과 감각을 글로 표현하는 해석자다. 작가는 사물을 볼 때 인식과 감각을 동시에 작동시킨다. 인식과 감각은 일회성으로 끝나는 것이 아니라 끊임없이 반복함으로써 리샤르가 말한 테마를 이루어낸다. 테마를 확장한다는 것은 인식을 반복한다는 의미와 같다. 의미망의 중심점과 친밀한 관계를 유지하는 여러 단위들을 계속 제시함으로써 상위 개념으로 돌아가는 회귀를 리샤르는 작가의 글쓰기로 설명하였다. 그래서 그는 "믿기 위해서는 이해하여야 하고 이해하기 위해서는 다시 믿지 않으면 안 된다."라는 명제를 제시하였다.

리샤르가 풀이한 글쓰기 작업은 '흩어진 것들을 모으고 사물들을 통합하여 우연을 넘어서려는 것'이다. 온갖 감각들이 모여 통일적인 총체성을 이루려면 어떡해야 하는가. 그는 총체성의 성격을 춤으로 설명한다. 춤이란 무희가 몸으로 테마를 표현하는 행위다. 춤은 감각적인 것과 추상적인 것, 실체적인 것과 개념적인 것을 합치고 인격적인 요소와 비인격적인 요소, 철학적인 개념과 예술적 개념도 통합한다. 춤을 출 때 무희의 몸은 기표와 기의를 하나로 통합한 '초점'이 된다. 관객들은 무희라는 인격적인 요소와 춤이라는 비인격적 요소를 동시에 자각한다. 만일 우리가 감각적인 것과 정신적인 것, 물질적인 것과 개념적인 것을 하나로 합치면 기표와 기의는 하나가 된다. 기표와 기의가 합치면 통일된 은유가 생성된다. 리샤르는 사물의 본질을 포착하려는 이러한 은유를 '짝짓기'에 비유하였다. 그 은유가 본질을 붙잡으려는 충동을 일으키고 본질을 증폭시켜 시적인 진리를 구현해낸다는 것이다.

작가는 사물을 통하여 자신을 설명하고 자신의 감정을 표현한다. 사물에 자아를 이입시키면 대상과 작가 사이에 '친밀성'이라는 요소가 이루어진다. 친밀성은 교감과 소통의 조건이다. 우리가 좋은 시나 수필을 읽을 때 얻는 매혹은 리샤르가 말한 친밀성이 총체성을 이룬 결과다.
　작품 중에서 여러 소재간의 친밀성을 대립적 관계가 아니라 총체적 개념으로 구성한 세 편을 골랐다. 이들 작품은 각각 기하학적 곡선, 인용의 유기성, 인간적 친밀성에서 남다른 시선을 보여주고 있다.

최장순의 <굽어지는 것들>

　작가는 지금 천변을 산책한다. 직선으로 이루어진 도심과 아파트 군락 사이를 흐르는 탄천 길을 걷고 있다. 그는 수직과 직선으로 이루어진 도시에 질식한 나머지 곡선이 지닌 기하학적 미학을 천변 산책에서 즐기려 한다. 리샤르가 말했듯이 곡선 이미지를 끊임없이 제시하고 반복적으로 생각하여 온유함과 부드러움이라는 모티프를 설정하고자 한다. 곡선을 이루는 모든 감각적인 사물들이 덩달아 친밀함이라는 상위 개념으로 회귀한다. '굽어지는 소재들'에 통일 노선을 제시함으로써 그의 수필이 내적 일관성을 유지하도록 도모한다. 그가 제시하려는 은유는 곡선은 온유함과 부드러움의 기표라는 것이다.
　처음 그가 만난 곡선은 탄천이다. 탄천을 "물굽이, 휘감아 돌기, 만곡부, 여성의 포옹, 버드나무의 비스듬, 잉어들의 군무, 오리들의 여유"라는 언어들로 묘사함으로써 굽어진 것에 얼마나 많은 애착을 갖고 있는가를 보여 준다. 곡선은 '완만함'과 '여유'와 '아름다움'이라는 기의를 나타내 주는 기표이다. 그는 직선에 무관심하지는 않지만 지금까지 무심코 넘겨버렸던 다양한 곡선을 텍스트 속에 저장하고 열거해 나간다.
　곡선에 대한 최장순의 기하학적 미학은 체험과 사유를 상호 교감시키는 방식으로 나타낸다. 홍천군의 칡소폭포에서 만난 열목어의 곡선은 목숨을 건 산란의 몸부림이었다. "꼬리와 몸통을 힘차게 구부리는 혼신의 반동"이라는 표현이 생에 대한 열목어의 본능을 강조하고 있다. 물고기의 곡선 이미지는 낚시광인 아버지와 저수지에 갔던 과거를 떠올려준다.

먹이를 놓친 줄 알고 미끼를 갈아줄 요량으로 낚싯대를 들어올렸다. 순간, 무겁고 팽팽하게 당겨진 낚싯줄에 흥분과 긴장이 휘청거렸다. 낚싯대가 피라미나 잡아 올리던 곧은 막대기였다면 그 힘에 꺾이거나 부러졌을 것이다. 하지만 대나무 낚싯대의 휘어짐으로 고기의 저항력은 줄어들었고 온전히 고기를 끌어올릴 수 있었다. 팔뚝보다 큰 잉어를 난생처음 잡아 본 중학시절의 짜릿함은 곧장 직선으로 치닫던 사춘기에 느낀 굽어짐의 위력이었다.

최장순에게 낚시는 단순한 오락이 아니라 곡선이 지닌 심적 이미지를 대면하는 계기가 된다. "굽은 골목은 은밀하며 정겹다."라는 담론도 담장 안의 아기 우는 소리와 낮게 널린 빨래와 소박한 화분으로 이루어진 정감 있는 풍경과 조응한다. '곡선은 편안하다.'는 곡선의 본질이 증폭되는 가운데 은유의 짝짓기는 중단되지 않는다. 스마트폰 기기의 둥근 모서리가 사용자에게 편안한 안정감을 준다는 사실과 사람의 뼈와 근육이 이완과 수축을 자유롭게 한다는 사실도 곡선에 대한 관심을 지속하였기 때문에 발견하는 소득이다.

곡선에 대한 기하학적 해석은 삶에 대한 성찰을 강화시킨다. 열목어, 휘어진 낚싯대, 곱게 굽은 골목, 모서리가 둥근 스마트폰 등 안쪽으로 휘어지는 굴절에 이어 여섯 번째 굴절이 등장한다. "머리를 숙일 줄 알고 무릎을 꿇고 상대방에게 대화를 건네는" 인간이 그것이다. 굴신한 모습은 다음과 같이 설명된다.

머리를 숙일 줄 아는 사람이 문틀에 부딪치지 않고, 허리를 구부림

에 따라 정중함이 드러나고, 기쁨과 슬픔에 경배하는 무릎에서 자신
을 낮추는 지혜를 본다.

신체가 보여주는 휘어짐과 굽어짐이 '경배'라는 중심어에 모인다. 팔을 안으로 굽히는 행동을 묘사할 때 작가는 《도덕경》에 있는 '곡즉전曲卽全'의 생활철학을 소개한다. '곡즉전曲卽全'은 곡선의 총체성이 무엇인가라는 질문에 마지막 해답이 된다. 곡선으로의 회귀를 강조하면서 작가는 '곡선 아님'이 갖는 불편도 제시한다.

> 휘어지지 않는 강은 얼마나 불안할까. 굽어지지 않는 열목어가 어떻게 폭포를 차고 오를까. 휘어지지 않는 낚싯대로 어떻게 고기를 낚아 올릴까. 구부릴 수 없는 뼈마디로 어떻게 사람의 구실을 할 수 있을까. 굽은 나무가 선산을 지킨다고 했다. 이치에 맞게 행동함으로써 제구실을 한다는 말. 굽어진다는 것은 굴곡이 많아서 스스로 겸손해지고 예절을 갖추는 것, 거기에 비굴이나 굴종이 끼어들 틈은 없어 보인다.

최장순은 굽어진 탄천 길을 걸으면서 '굽지 않음'이라는 상황이 지닌 불안감과 불안전을 새삼 떠올린다. '굽음'이 편안하고 친밀하고 정겨운 인식에 일치한다는 사실을 강조함으로써 기표와 기의의 결합을 이루어냈다. 이로써 "굽어진다는 것은 겸손하고 예절을 갖추는 것"이라는 중심에 다다랐다.

전일환의 <물처럼 바람처럼>

전일환의 전원생활은 만덕산 아래 자리한 조그만 집터에서 이루어진

다. 그는 철따라 심고 거두는 갖가지 채소와 사방에 펼쳐진 산중 풍경을 즐기면서 자연에 접근한다. 자연과의 친밀을 추구하는 그의 언술은 리샤르가 말한 생동하는 언어구조의 조건인 갖가지 은유로 구성된다. 자연 친화라는 총체성을 달성하기 위하여 자연을 예찬한 옛 문인들의 작품도 다수 인용한다. 리샤르는 시인은 개별적인 언어보다는 전체적인 맥락 속에서 총체성을 파악하여야 한다고 주장하였다. 전일환도 자연을 묘사하는 언어 외에 여러 문인들의 시구를 빌려와 일관성과 객관성을 담보하려 한다. 작가는 자신의 일상을 다음과 같이 소개한다.

> 난 틈만 나면 산속의 이 농장을 찾아 기울어가는 내 삶을 되새김질한다. 정말 난 복이 많은 사람이다. 천복天福과 천복千福을 아울러 타고난 천천복의 주인공인 셈이다. 이 자그만 터이지만 이곳에 오면 우선 마음이 탁 트이고 그 열린 가슴으로 하늘과 산과 바람, 새들과 나무들이 한꺼번에 나를 반기며 몰려든다. 그리고 계절 따라 온갖 풀벌레들이 제각각 어우러져 합창을 한다. 입추, 처서가 지나면 귀뚜라미를 비롯해 이름 모를 벌레들의 울음소리로 어느덧 가을이 오는 것을 알 수가 있다.

위의 예문에서 농장생활의 반복을 발견할 수 있다. '되새김질'이라는 명사名詞와 '계절따라'라는 부사副詞는 그의 자연생활이 일회성이 아니라 지속적임을 강조한다.

작가는 자연과 남다른 친밀성을 유지한다. 자연의 혜택을 가족과 친구들과 공유하고 자연에 귀의하는 모습을 옛 문인들의 시구를 빌려 표현한다. 첫 번째가 이백의 <산중문답>이다. 지인들이 어떻게 사느냐고 물었을 때 "빙그레 웃음만 지을 뿐 대답을 아니 한다."는 행동에는 이백의 삶을 따르려는 문사로서의 의욕과 만덕산 조그만 터를 인간세상과 떨어진 별천지로 간주하겠다는 뜻이 담겨있다.

자연으로의 회귀라는 의미망을 짜기 위하여 열거한 단어도 풍부하다. "산내음, 풀꽃, 나뭇잎, 하얀 꽃잎, 산비둘기, 까치, 꾀꼬리, 장끼, 고라니, 하얀 구름, 실개천" 등은 그의 거처를 자연 친화로 만들기에 부족함이 없다. 나아가 그림 같은 풍경에 옛 시구를 덧붙여 자연에 대한 친밀성을 강화시킨다.

이 산중엔 사시사철 온갖 새들이 모여들고 날아가며, 제 모양을 뽐내고 말도 하며 노래도 부른다. "어지러운 기러기는 무엇을 어르노라/ 앉으락 날으락 모으락 흩으락/ 노화蘆花를 사이에 두고 울어곰 좇니는고."라 노래한 면앙정 송순宋純의 가사 <면앙정가>처럼 이런 새들의 유희遊戲를 사실 그대로 그려낸 절창이 아닐까 싶다.

만덕산을 소재로 한 전일환의 수필과 송순의 <면앙정가>는 새를 도입한다는 점에서 일치한다. 밭농사를 망치는 산비둘기 떼와 까치를 너그럽게 여기고 꾀꼬리를 '진객 중의 진객'으로 대하면서 유리왕의 사랑의 전설을 회상한다. 여름날 큰비가 내려도 '자연스러운 삶'은 그대로 유지된다. 리샤르가 말했듯이 전체가 부분을 통해서, 부분이 전체를 통해서 '물처럼 바람처럼'의 삶을 완성시켜가는 가운데 다다른 결론은 노자사상이다. 작가는 노자의 《도덕경》에서 뽑은 상선약수上善若水를 삶의 중심으로 선택한다.

물은 막히지 않으면 흐르고, 막히면 멈추었다가 차고 넘쳐 다시 흘러간다. 그리고 담기는 용기用器 따라 제 모양이 바뀌더라도 아무런 불평 없이 이내 순응한다. 그런 까닭에 물은 무엇보다 귀하고, 무엇보다 강한 것이라고 톨스토이는 그리 말했나 보다.

전일환의 언어는, 자연은 계절 따라 생동하는 공간임을 밝혀준다. 나아가 작가를 물과 바람을 닮은 인격체로 변화시켜 나간다. 5년이 다 되도록 만덕산 자락에서 농사를 짓는 삶에 더없이 만족하는 것도 자연과 통합되었기 때문이다.
　문학에 있어서 회귀현상이란 단순히 공간적으로 이동하였다고 이루어지는 것이 아니다. 정신적 귀속으로서 친화와 회귀는 리샤르가 말한 총체성이 병행되어야 한다. 이때 작가의 삶은 자연과 분리되지 않는다. 만덕산이 수필적 소재이면서 은유가 된 까닭은 자연과 문학이 일치하는 공간을 지켜냈기 때문이다.

　박범수의 <만남>

　박범수의 <만남>은 앞서 인간과의 만남을 제재로 한다. 최장순이 탄천길을 걸으며 굽어진 자연물의 속성을 추적하고, 전일환이 전원생활에서 상선약수의 풍류를 읊었다면 박범수는 필리핀 골프장의 캐디인 난시라는 여인과의 친밀성을 도출해낸다.
　박범수와 캐디의 만남은 매우 단순하다. 로맨틱하지도 애상적이지도 않음에도 의미심장한 이유는 필리핀 해외 골프장에서 캐디 난시와의 만남에 휴먼드라마 기법을 도입하였기 때문이다. 스토리상으로 리샤르가 말한 반복과 회귀현상이 보이지 않지만 곰곰이 읽어보면 두 번에 걸친 실제적인 만남과 수필 양식으로 설계된 간접적인 만남이 그들의 친밀성을 높여나간다. 작가의 어머니와 난시가 살아온 삶이 비슷하다는 유사성도 모성으로의 회귀를 강화시킨다.
　<만남>은 작가와 캐디 난시와의 만남을 자매애에 근접시킨 점에서 통상적인 해외 골프여행과 다르다. 작가가 소개하는 난시는 한국인 골퍼들

이 좋아하는 젊은 여자가 아니다. 키가 작고 나이도 많고 몸집이 작고 얼굴이 거뭇하다. 그러나 작가는 서글서글한 그녀의 미소와 친절에 감동하여 인간으로 바라보기 시작한다. 존재에 대한 총체적 인식이 여물어간다는 의미이다.

> 그제야 나는 난시를 유심히 보았다. 서글서글한 미소를 머금고 있는 거뭇한 얼굴에서 아주 먼 옛날의 어머니와 이웃 아주머니들의 모습이 떠올랐다. 가족의 생계를 등에 지고, 살아가기 위해서 온 힘을 다하는 성실한 사람들의 모습이. 나는 큰 소리로 얘기했다. "I hope to play with NANSY."

공을 잘 치지 못하는 작가를 묵묵히 도와주었던 난시가 다음날 자신은 젊지 않으므로 다른 캐디를 선택하라고 먼저 제안했을 때 작가는 성실하게 살려는 여인상을 그녀에게서 발견한다. 이 순간은 골프 여행자에서 글을 쓰는 작가로의 변화가 이루어지는 시점이다. 리샤르는 작품의 통일화를 위해서는 믿음과 이해가 필요하다고 하였다. 박범수도 난시의 삶을 이해함으로써 캐디는 '이런 부류의 여자다.'라는 편견에서 벗어나 '난시는 이런 여자다.'라는 진실성에 다다른다.

여기서 캐디와 '옛날의 어머니와 이웃 아주머니'를 통합하는 초점이 형성된다. 초점은 다름 아닌 박범수의 어머니다. 박범수는 5·16 군사 혁명 후 노점 야채상을 했던 어머니를 떠올린다. 그녀는 자식을 교육시키기 위하여 세파에 시달리면서도 항상 밝게 자식을 대하고 시장 노판을 지키는 아주머니들도 따뜻하게 모자를 격려해 주었다. 캐디 난시와 작가의 어머니는 햇볕에 그을린 얼굴과 밝은 표정과 집안 경제를 떠안았던 점에서 일치한다. 그들이 힘든 삶을 견딜 수 있는 것은 자식들이라는 희망이었기 때문이다.

여러 해가 지나 해외 골프를 갈 기회가 다시 찾아온다. 장소가 예전처럼 필리핀의 S골프장이라고 했을 때 작가는 난시를 떠올리고 그녀를 자신의 캐디로 지명하고 싶어 한다. 국경을 너머 이루어진 친밀성으로 회귀하고 싶어서였다. "강렬한 햇살 아래 펼쳐진 푸른 잔디밭"에서 난시를 다시 만났을 때 이번에는 그녀가 누이동생과 닮았다는 친밀감을 느낀다.

그녀는 하나도 변함이 없었다. 어제 헤어지고, 오늘 만난 듯 반가웠다. 난시는 며칠 전에 자신을 지정한 한국 손님이 있다는 말을 듣고 무척 궁금해서 전날 잠을 설쳤다고 했다. 나는 누이동생을 오랜만에 만난 것처럼 아이들의 근황을 들었다. 운동을 하는 내내 난시는 아이들의 얘기를 들려줬다. 큰아이는 직장을 잡았고 작은딸은 대학에 들어갔다고 했다.

한 사람은 골프를 치고 다른 한 사람은 골프가방을 짊어진다. 이때의 골프는 두 사람을 만나게 해주는 매체다. 그들에게 중요한 것은 골프를 치고 도와주는 업무가 아니라 인간적 친밀성을 확장하는 것이다. 박범수는 난시를 통하여 자신이 십대 초반에 겪었던 어려움과 공무원 시험에 합격함으로써 가난에서 벗어날 수 있었던 과거를 회상한다. 가난을 이겨내고 유종의 미를 거두었던 어머니처럼 난시도 행복하기를 바라는 기대 사이에서 발견되는 테마는 성실이 행복을 이루어낸다는 교훈이다. 이것은 두 번째 만남이라는 회귀를 가능하게 한 공통점이기도 하다.

박범수는 세 번째의 만남을 기획한다. 그것은 골프장이 아니라 수필이라는 문학적 공간에서 짜인다. 국경과 직업의 차이를 떠나 인간적 친밀성으로 회귀하고 싶은 작가는 난시와 작별했을 때 다시 만나지 못할지라도 잘 지내기를 기원한다. 그가 <만남>의 중심에 놓고자 하는 상위개념은 진정한 만남은 영원과 관계없다는 것이다. "어떤 인연도 흘러가는 것"이므로 만나는 동안 성실을 다하는 것이 중요하다고 작가는 믿는다. 작가는 숱한 만남을 가졌다. 그중에서 난시와의 만남이 남다른 의미를 갖는 이유는 가난에 좌절하지 않는 "시간에 대한 성실함"을 그녀에게서 발견했기 때문이다.

작가는 인간의 삶 속에서 이루어지는 만남의 본질이 무엇인가를 포착하였다. 두 번의 만남에 그쳤지만 만남이라는 관계를 새롭게 인식시켜준 난시를 소개함으로써 자연에 못지않게 사람도 감동을 줄 수 있다는 사실을 밝혀냈다. 무엇보다 나이 먹고 키가 작고 얼굴이 거뭇한 보통 여성에게서 성실한 어머니의 모습을 찾아냈다는 것이야말로 총체성의 위력을 잘 보여준다.

덧붙여

작가의 역할은 대상과 부딪친 경험이 생성하는 갖가지 감정을 소개하는 것이다. 물론 주제와 소재에 따라 감정의 표현은 달라진다. 기쁨이든 슬픔이든 모든 감정은 아무리 낯설지라도 작가와 일정한 현실성을 공유한다. 그것은 물질세계에서 찾아낸 친밀성을 통일된 언어로 엮는 것이다.

그렇게 풀이하면 리샤르가 말한 "총체성의 변증법을 위하여"라는 역동적인 방법은 수필작법에 매우 유익하다. 최장순은 <굽어지는 것들>에서 곡선의 기하학적 아름다움을 집합하여 편안하고 친밀하고 정겨운 감정을 이끌어낸다. 전일환은 <물처럼 바람처럼>에서 자신의 농장 생활의 총체성을 문학적 은유에 응집시킨다. 박범수의 <만남>은 캐디와 골프 손님간의 관계를 인종과 국적을 초월하는 모성으로 유도한다. 이들이 공통적으로 성취한 것은 대상과의 친밀성이다.

수필이란 작가의 주변에 흩어져 있는 소재를 통합하여 우연을 넘어선 필연적 반응을 조립해 내는 것이다. 수필은 테마를 중심으로 하는 의미망을 구성할 필요가 있다. 수필을 의미화의 산문이라고 말하는 이유도 사물의 본질과 작가의 정서를 중시하기 때문이다. 이처럼 리샤르의 통일화 개념은 문학과 철학 간의 대립을 허물어뜨리고 감성과 지성을 변증법적으로 재통합한다.

| 작품 |

굽어지는 것들

최장순

    수위水位와 수목의 변화와 시절에 맞춰 피는 꽃까지, 눈에 띄는 차이는 아니어도 마음으로 느끼는 변화는 조금씩 달라서, 천변을 걷는 걸음이 가볍다.
    리듬을 타는 것인가. 노인들의 '아다지오'와 아이들의 '알레그로', 수시로 발을 멈춰 호기심을 담아내는 스마트폰의 '라르고'까지, 걸음의 빠르기도 다양하다. 도심과 아파트 군락을 가로지르는 탄천. 절벽 같은 인공물에 철마다 변화를 주는 자연물이 공존하는 것은 얼마나 다행한 일인가.
    탄천 길을 좋아하는 것은 단조롭거나 지루하지 않아서이다. 굽어지지 않은 길이 없듯, 곧게 흐르는 강은 없어 용인 법화산에서 발원한 탄천은 분당 구미동에서 큰 물굽이를 만나 유속을 늦추고, 정자동 쪽에서 다시 휘감아 돌며 한강에 합류한다. 성미 급한 남자를 닮은 곧게 뻗은 물길을 온몸으로 받아주는 물굽이. 그 만곡부는 여성의 포용 같다. 여울진 쉼이 있는 그곳에 비스듬 누운 버드나무는 푸른 잎을 물결에 드리운 채 출렁인다. 일필휘지, 자유로운 필법 같다. 주변으로 잉어들은 군무를 펼치고, 한 무리의 오리들이 여유롭다.
    직선이 아닌 곡선은 완만함과 여유와 아름다움이지만, 그 안을 들여다보면 치열한 몸부림이 있다. 산란기의 열목어가 제 몸길이의 열 배나 되는 폭포를 거슬러 오르는 것을 본 적이 있다. 홍천군 내면의 칡소폭포. 거대한 장벽을 만난 열목어는 평온한 물살을 가르던 지느러미의 힘으로는 뛰어넘을 수 없음을 본능으로 알아챘다. 꼬리와 몸통을 힘차게 구부리는 혼신의 반동으로 폭포를 차고 오르는 것이었다. 산란에 적합한 얕고 잔잔한 여울에 도달하기 위해 목숨을 건 모험이었다. 산란과 맞바꾼 어미 열목어는 굳은 사체로 떠올랐다.

낚시광이었던 아버지를 따라 저수지에서 잉어낚시를 했다. 수면에 솟아 있는 찌에 잠자리만 쉬었다 갈 뿐, 아무런 기척이 없었다. 하품을 쏟을 즈음 찌가 보이지 않았다. 먹이를 놓친 줄 알고 미끼를 갈아줄 요량으로 낚싯대를 들어올렸다. 순간, 무겁고 팽팽하게 당겨진 낚싯줄에 흥분과 긴장이 휘청거렸다. 낚싯대가 피라미나 잡아 올리던 곧은 막대기였다면 그 힘에 꺾이거나 부러졌을 것이다. 하지만 대나무 낚싯대의 휘어짐으로 고기의 저항력은 줄어들었고 온전히 고기를 끌어올릴 수 있었다. 팔뚝보다 큰 잉어를 난생처음 잡아본 중학시절의 짜릿함은 곧장 직선으로 치닫던 사춘기에 느낀 굽어짐의 위력이었다.

굽은 골목은 은밀하며 정겹다. 서촌의 오래된 골목엔 저마다 이야기가 숨어 있다. 계단을 통해 끝인가 싶다가도 새로운 길이 열리고, 동심의 깨금발이 가위 바위 보로 오르내린다. 그것을 따라 걷다보면 가슴이 싸한 오랜 일도 정겨움으로 다가온다. 담장 안 아기 우는 소리가 반갑고 낮게 널린 빨래와 소박한 화분과 나무들까지 정겹지 않은 것이 없다.

통신사들은 왜 휘어진 스마트폰을 만드는 데 경쟁할까? 평평한 기기보다 둥글게 휜 편이 편안함을 주기 때문일 것이다. 스마트폰을 완만한 휘어짐으로 디자인하면 손에 쥘 때 안정감을 주고, 양쪽으로 휜 화면은 성가신 빛의 반사를 줄여 눈의 피로를 감소시키는 효과가 있다고 한다. 약간 휜 것이 통화할 때 얼굴에 밀착하는 느낌도 좋기 때문이다. 굽은 것이 평면인 것을 앞서는 이유가 그럴듯하다.

건물의 주체를 철근과 시멘트벽이라 한다면, 몸은 뼈와 근육이 그 주체다. 딱딱하게 굳은 직선을 떠올리는 뼈. 하지만 경직된 뼈는 몸의 운동과 관계한다. 그러나 신경의 명령을 받은 뼈와 골격근이 수축과 이완을 반복하는 것은 두 뼈를 잇는 관절과 인대가 있기 때문이다. 바깥보다 안쪽으로 휘도록 설계된 몸의 굴절이 없다면 어떻게 걸으며, 어떻게 인사를 나누며, 어떻게 먹을 수 있을까. 눈에 보이는 형상이 감각기관을 통해 보이지 않는 관념에 이르듯, 하나의 구부림에도 의도와 목적이 있게 마련이다.

　머리를 숙일 줄 아는 사람이 문틀에 부딪치지 않고, 허리를 구부림에 따라 정중함이 드러나고, 기쁨과 슬픔에 경배하는 무릎에서 자신을 낮추는 지혜를 본다. 미국에서 가장 존경받는 의사에 한인교포가 선정되었다고 한다. 그는 진료 때마다 환자와 눈높이를 맞추기 위해 두 무릎을 꿇고 대화를 했다. 환자의 고통을 이해하고 동참한다는 마음이 앞섰기 때문이었다. 굽어질 줄 아는 자세는 그렇게 할 줄 아는 마음이 있기에 가능하다.

　두 팔 없이 어떻게 포옹할 수 있을까. 위로와 안식을 주는 포옹은 팔을 안으로 굽힐 수 있어서 가능한 일이다. 손목의 구부림 없이 식탁의 요리는 어떻게 만들 수 있을까. 칼의 손목이라 할 칼자루를 잡고 만들어내는 많은 요리들, 그것은 손목과 팔목의 운동이 서로 협력한 결과이다. 곡즉전曲卽全이라 했다. '굽어 온전하다.'는 것은, 자기 주장을 줄이고 상황에 따라 뜻을 굽혀야 자신을 온전히 지킬 수 있다는 《도덕경》의 말씀이다.

　휘어지지 않는 강은 얼마나 불안할까. 굽어지지 않는 열목어가 어떻게 폭포를 차고 오를까. 휘어지지 않는 낚싯대로 어떻게 고기를 낚아 올릴까. 구부릴 수 없는 뼈마디로 어떻게 사람의 구실을 할 수 있을까. 굽은 나무가 선산을 지킨다고 했다. 이치에 맞게 행동함으로써 제구실을 한다는 말. 굽어진다는 것은 굴곡이 많아서 스스로 겸손해지고 예절을 갖추는 것, 거기에 비굴이나 굴종이 끼어들 틈은 없어 보인다.

－2017년 9월호 《수필과비평》

| 작품 |

물처럼 바람처럼

전일환

　만덕산 아래 자그만 터를 마련해 농사를 지은 지도 벌써 4~5년이 다 돼간다. 이젠 지나는 길손이나 만나는 마을 사람들마다 농사를 잘 짓는다고 말하는 걸 보면 반농부가 다 된 것 같다. 철따라 생산되는 푸성귀나 오이, 방울토마토, 가지, 수박, 참외 등을 아들딸에게 보내기도 하고, 간혹 친구들에게도 맛을 보여주는 그 나눔의 기쁨이 쏠쏠하기 그지없다. 봄철이 되면 고사리를 따러 오는 친구들과 술도 한잔 나누기도 하고, 시시때때로 흐르는 구름을 보거나 바람을 쐬러 나를 찾는 사람들도 있어서 산속의 삶이 외롭진 않다.
　틈만 나면 산속의 이 농장을 찾아 기울어가는 내 삶을 되새김질한다. 정말 난 복이 많은 사람이다. 천복天福과 천복千福을 아울러 타고난 천천복의 주인공인 셈이다. 자그만 터이지만 이곳에 오면 우선 마음이 탁 트이고 그 열린 가슴으로 하늘과 산과 바람, 새들과 나무들이 한꺼번에 나를 반기며 몰려든다. 그리고 계절 따라 온갖 풀벌레들이 제각각 어우러져 합창을 한다. 입추, 처서가 지나면 귀뚜라미를 비롯해 이름 모를 벌레들의 울음소리로 어느덧 가을이 오는 것을 알 수가 있다.
　마치 어찌하여 청산에 사느냐고 물으니 빙그레 웃음만 지을 뿐, 대답은 아니해도 마음은 한가로웠다는 이백의 <산중문답>의 경지가 이런 게 아니었을까 싶다. 때론 안개구름이 산등성이를 감돌아 여기가 인간세상이 아닌 별천지라는 생각이 들기도 한다. 그리고 가끔은 야릇한 산 내음을 실은 바람이 불어와 풀꽃들을 흔들어 춤추기도 하고, 내 살갗을 흘러내리며 세상에서 더러워진 나를 상긋이 씻어준다.

이따금 산속을 흔드는 바람이 갑자기 일어 나뭇잎을 뒤흔드는 통에 산나무들의 잎이 뒤집혀져서 마치 하얀 꽃잎을 피워낸 듯 온 산이 아름다운 화원을 연출하기도 한다. 이를 본 친구는 무슨 하얀 꽃들이 어쩌면 저리도 아름답게 피었냐고 탄사를 늘어놓다가도 이내 그게 아니라는 걸 눈치채고는 머쓱하게 웃기도 한다. 이런 바람이 여름날 반드시 소나기를 몰고 오는 마중물 같은 돌풍이란 걸 마을 사람들에게 들어 깨달은 것은 한참 지난 후였다. 이 모두가 다 내 것이다. 하니 이 세상 그 무엇도 부럽지 않은 가멸찬 마음으로 가슴이 벅차올라 기울어가는 인생일망정 행복스럽다.

이 산중엔 사시사철 온갖 새들이 모여들고 날아가며, 제 모양을 뽐내고 말도 하며 노래도 부른다. "어지러운 기러기는 무엇을 어르노라/ 앉으락 날으락 모으락 흩으락/ 노화蘆花를 사이에 두고 울어곰 좇니는고"라 노래한 면앙정 송순宋純의 가사 <면앙정가>도 이런 새들의 유희遊戱를 사실 그대로 그려낸 절창이 아닐까 싶다. 송순은 을사사화의 시린 가슴을 안고 고향인 담양 기촌에 귀향해 면앙정俛仰亭을 짓고 사계에 따른 자연의 아름다움을 노래하며 아픔을 달래지 않았던가. 글로 그려낸 <면앙정가>가 붓으로 옮겨놓은 화조도보다 더 생생하다는 것을 이곳에 와서 보니 능히 알겠다.

올봄엔 들깨 씨를 두 번씩이나 뿌렸다. 보이지도 않을 작은 들깨 씨들을 온갖 새들이 모두 다 쪼아버려 깨 농사를 망칠 뻔했기 때문이다. 처음엔 산비둘기 한 마리가 날아들더니 순식간에 수십 마리로 늘어나 들깨밭을 싹쓸이 해버렸다. 농사를 망치는 새로 말하자면 산비둘기 외에 까치도 둘째가라면 서러워할 새 중의 하나다. 좋은 소식을 알린다는 길조가 아니라, 아예 농사를 망가뜨리는 못된 망조亡鳥다.

그러나 나를 한없이 즐겁게 해주는 새는 뭐니뭐니 해도 초록과 황금색깔의 아름다운 옷을 곱게 차려입은 꾀꼬리다. 이 새야말로 봄부터 여름철에 이르기까지 나를 반기는 진객 중의 진객이다. 꾀꼬리는 홀로인가 싶으면 어느새 다른 짝이 뒤를 따라 날아간다. 여기선 이런 꾀꼬리를 얼마든 보고 즐길 수 있다. "꾀꼬리는 훨훨/ 쌍쌍이 노니는데, 나만이 외로우니/ 그 누구와 더불어 돌아갈까?"라 노래한 유리왕의 진한 사랑도 저절로 느껴진다.

어디 이뿐이랴? 연미복보다 더 멋지고 날렵한 옷을 입은 장끼가 날아와 나래를 접는다. 그러면 어김없이 수더분하게 차려입은 까투리가 뒤따르며 화려한 장끼를 더욱 멋쟁이로 북돋운다. 앙증맞은 새끼들 서너 마리가 아장아장 걸음마를 하며 엄마 뒤를 따른다. 멀찍이 고라니가 풀을 뜯다가 고개를 들어 이들을 쳐다보고는 자리를 슬며시 내어주기도 한다. 영락없는 한 폭의 풍경화다.

산중의 하루가 이들로 하여 결코 외롭지 않다. 하얀 구름이 온갖 그림을 그려주기도 하고, 산등성이를 감싸고 피어올라 선경을 만들기도 한다. 여름날 큰비가 내리기라도 하면 골골이 흘러내리는 실개천이 제법 아름다운 선율을 만들어 더욱 즐겁게 한다.

소설가 박경리나 박완서가 원주의 산골과 구리의 시골 동네에서 자연을 벗하며 물처럼, 바람처럼 살다 간 까닭을 알 만도 하다. 흐르는 물처럼 앞서거니 뒤서거니 다툴 일 없고, 보이지 않아도 온갖 산의 향기 실어다 가슴에 안겨다 주는 산바람이 있어 세상世相이 부럽지 않다. 하니 산 좋고 물 좋은 산속이 얼마나 좋았을까 싶다.

그래서 노자는 세상에서 가장 아름다운 것은 흐르는 물 같은 것이라야 한다고 했다. 《도덕경》에 담긴 상선약수上善若水! 대문호 톨스토이도 1884년 3월의 일기에서 마땅히 본보기로 삼아야 할 것은 노자가 이른 물이라 했다. 물은 막히지 않으면 흐르고, 막히면 멈추었다가 차고 넘쳐 다시 흘러간다. 그리고 담기는 용기用器 따라 제 모양이 바뀌더라도 아무런 불평 없이 이내 순응을 한다. 그런 까닭에 물은 무엇보다 귀하고, 무엇보다 강한 것이라고 톨스토이는 그리 말했나 보다.

—2017년 9월호 《수필과비평》

| 작품 |

만남

박범수

　난시는 필리핀 여성이다. 40대 나이로 골프장에서 경기 보조원(캐디)으로 일하는 노동자이다.
　몇 년 전 초여름, 오래 알아온 모임 사람들과 필리핀으로 여행을 갔다. 이 골프장에서 저 골프장으로 옮겨 다니며 골프와 관광을 하는 일정이었다.
　여행 둘째 날, 마닐라 남쪽의 S 골프장으로 갔다. 이틀의 일정이 예정되어 있었다. 스페인풍의 클럽하우스는 매우 아름다웠다. 더운 시기여서 그런지 현지인들보다 한국 관광객이 더 많았다. 캐디들이 손님의 골프 가방을 작은 손수레인 카트에 싣고 출발점에서 기다리고 있었다. 내가 번호표를 부르며 찾으니, 키가 작은 여성이 가볍게 목례를 하며 다가왔다. 챙이 넓은 모자에 수건으로 볼 둘레를 감싸고 있어서 얼굴을 보기가 어려웠다. 자신을 난시라고 소개했다.
　잔디가 깔린 넓은 페어웨이는 햇살이 따가웠다. 난시는 옆에서 골프채를 뽑아주고 내가 공을 치고 나면 우산을 건네줬다. 나는 운동 신경이 없어서 공을 못 친다. 빗맞은 공을 따라 난시가 이곳저곳으로 뛰어다녔다. 그날 난시는 별로 운이 없어 보였다. 공을 잘 치는 사람을 만나면 고생을 덜했을 것이다. 말없이 어렵게 경기를 끌고 가는 나를 보고 내일도 운동을 하느냐고 난시가 물었다. 그렇다고 대답을 하자, 내일 다른 캐디로 바꿔달라고 미리 이야기하면 교체를 해준다고 했다. 순간 놀랐다. 그렇게 말하는 이유를 묻자, 자기의 나이가 너무 많아 내가 싫어하는 것 같다고 했다. 한국 사람들은 젊은 캐디를 원하는 것 같다고 하면서.

그제야 나는 난시를 유심히 보았다. 서글서글한 미소를 머금고 있는 거뭇한 얼굴에서 아주 먼 옛날의 어머니와 이웃 아주머니들의 모습이 떠올랐다. 가족의 생계를 등에 지고, 살아가기 위해서 온 힘을 다하는 성실한 사람들의 모습이. 나는 큰 소리로 이야기했다. "I hope to play with NANSY."

십대 초반에 5·16 군사 혁명이 일어났다. 갑자기 좌경으로 몰려 구속되어 버린 아버지를 대신해서 어머니가 집안을 떠맡았다. 사모님으로 불리던 어머니가 시장 노점에서 야채장사를 시작했다. 신문을 돌리고 저녁나절이 되면 시장 모퉁이에서 한참을 서성이다 짐을 싸는 어머니를 도왔다. 어머니는 탁류 속으로 기울어진 현실 속에서도 언제나 밝은 얼굴로 물었다. "오늘도 많이 힘들었지?" 얼굴이 검게 그을린 시장 아주머니들도 따뜻하게 대해 주었다. 어머니는 내가 스무 살에 공무원 시험에 합격하고 얼마 후 동생이 은행에 입사하면서 십수 년의 시장 생활을 마감했다. 그 후에도 시장의 아주머니들이 가끔 집에 놀러 왔다.

아주 멀리 있었던 가파른 이야기가 난시의 얼굴을 보면서 떠올랐다. 골프장의 20대 캐디들 사이에서, 많은 나이에도 힘들게 일하면서 미소를 잃지 않는 난시에게 정이 갔다. 그에게도 자식이 있고, 그들에게 희망을 가진 어머니의 마음이 난시에게 있을 것이라는 확신이 들었다.

다음 날도 난시와 같이 운동을 하고 여러 이야기를 나누었다. 그날 운동이 끝나면 다시 난시를 만날 수 없었다. 가까워진 나에게 그는 한국 사람들의 무례함을 가볍게 지적하기도 하고, 고등학교에 다니는 자식들의 이야기도 자랑스럽게 들려주었다. 헤어지는 시간이 왔다. 나는 그의 손을 잡고 고맙다고 인사를 하고 가지고 간 볼펜을 주었다. 그는 미소를 지으며 주머니에서 필리핀 사탕을 꺼내 나의 손에 쥐여 주었다.

여러 해가 지나갔다. 어느 날 모임 총무의 전화를 받았다. 해외 골프여행을 함께 가자고 했다. 나는 해외 골프는 거의 불참했다. 나이도 있고 젊은 후배들이 불편해 할 것 같아서였다. 이번에는 어디를 가느냐고 물어봤다. 필리핀의 S 골프장이라고 했다. 순간 난시가 떠올랐다. 보고 싶은 생각이 솟아났다. 평소 엄격한 편이라 후배가 이상하게 생각할 수도 있지만, 캐디를 미리 지정할 수 있는지 물어봤다. 여행사에 부탁하면 가능할 것이라고 했다. S 골프장의 난시를 자세하게 이야기해 주고, 그를 만날 수 있다면 동참하겠다고 했다. 며칠 후에 전화가 왔다. 난시는 아직도 그곳에 있었다.

  S 골프장의 풍경은 변화가 없었다. 강렬한 햇살 아래 펼쳐진 푸른 잔디와 야자수의 모습은 여전히 아름다웠다. 잔뜩 긴장한 채 클럽하우스 옆의 출발지점으로 나갔다. 캐디들이 번호표를 가지고 손님들과 만나고 있었다. 두리번거리고 있는데 누가 와서 손을 잡았다. 난시였다.

  그는 하나도 변함이 없었다. 어제 헤어지고, 오늘 만난 듯 반가웠다. 난시는 며칠 전에 자신을 지정한 한국 손님이 있다는 말을 듣고 무척 궁금해서 전날 잠을 설쳤다고 했다. 나는 집안 누이동생을 오랜만에 만난 것처럼 이것저것 아이들의 근황을 물었다. 운동을 하는 내내 난시는 아이들의 이야기를 들려줬다. 큰아이는 직장을 잡았고, 작은딸은 대학에 들어갔다고 했다.

  다음 날의 행사가 끝날 즈음에 나는 난시에게 진지하게 작별 인사를 했다. 그리고 검게 그을린 작고 바싹 마른 난시를 안아주었다. 난시의 꿈인 아이들의 성장을 축하하고 언제 올지 기약이 없지만 잘 지내기를 희망했다. 작은 선물을 그에게 주었다. 나의 나이와 형편이 이곳에 다시 오기는 힘들 것이라는 예감이 들었다.

  어떤 인연도 흘러가는 것. 만남의 시간에 성실함을 다할 뿐, 붙들 수 없는 게 생이라는 생각이 들었다. 잊힌 많은 것을 다시 생각하게 해준 난시와 고별을 했다.

－2017년 9월호 《수필과비평》

04

서사 속의 캐릭터와 초상들

    서사는 인물을 중심으로 사건을 펼쳐 나가는 장르다. 자연만을 다루는 경우가 있지만 자연만 배치하는 서사는 불가능하다. 서사 공간이라면 인물이 등장하고 사건과 갈등이 발생하고 서술자가 나타나야 한다. 소설이든 수필이든 시든 서사로서의 적격성을 갖추려면 인물 창조가 앞서야 한다. 서사 주인공만이 대화와 동작으로 사건 줄거리를 펼칠 수 있기 때문이다.

    서사라는 구조는 서사적 의미와 이미지라는 두 요소를 토대로 삼는다. 서사적 의미는 소재와 인물이 사건의 흐름에서 차지하는 역할을 말한다. 행동의 주체가 주제에 어떤 기능과 효과를 지니는가를 살피는 것으로 예를 들면 정의의 사도인가 악한인가, 전쟁 영웅인가 패배자인가를 가리는 것이다. 서사적 배역이 분명하게 구분될수록 독자는 명확하게 사건 진행을 파악할 수 있다.

    서사적 이미지는 주인공의 동작이나 말보다 소지한 소품이나 의상 등으로 나타난다. 몸짓보다는 옷, 언행보다는 용모가 작품의 추이와 분위기를 결정한다. 영화의 경우 영상 서사는 주인공의 욕망과 행적을 따라가는데 이때 분장이 주인공의 이미지를 결정한다. 이미지는 외적 표현이므로 이목구비를 살려 선명한 입체감을 주기 위해 화장하는 것처럼 주인공의 행동과 감정을 강조하는 것이 필요하다. 외모는 이미지라기보다는 가면에 가깝다. 착한 여성은 우아하고 화사하게 그리고 가부장적이거나 꼰대형 남성에게는 딱딱한 직선을 주로 사용한다. 서술자는 이러한 내적·외적 이미지를 강조하면서 작품 곳곳에 인물을 등장시킨다.

작가 고유의 재해석 방식과 철학적 인식도 서사를 구축하는 데 도움이 된다. 서사는 형상화와 의미화라는 수필 양식의 두 조건 외에, 이미지를 제대로 조성할 때 일상적 인물을 문학적 인물로 격상시킬 수 있다. 그 정도를 핍진성逼眞性이라고 부른다. 핍진성은 '있을 법한'이라는 개연성을 능가하여 생생하게 인물을 창조하고 묘사하는 전략이다. 인물의 표정·어조·옷차림·소도구·시선 등에 대한 세부묘사나 인상을 순간 포착하여 개연성을 초월한 인물을 만들어낸다. 그 점에서 서사적 의미가 담긴 주제를 짜고 핍진성 있는 인물을 이미지로 표현할 때 역동성을 지닌 서사가 펼쳐진다 하겠다.

서사인물의 진실성은 현실적으로 그러한 인간이 있을 수 있다는 가능성보다는 그런 인간이 실재했다는 사실을 보증한다. 독자는 등장인물들이 보여주는 상황이 자신이 처한 현실과 너무나 비슷하다는 점을 확인하는 순간 '이런 문제를 지닌 사람이 나 혼자만이 아니다.'라는 동질감을 자각한다. 문학작품은 인간의 보편적 삶과 의식 세계를 함께 반영하는 것이 아닌가.

조향미의 <풀빛 원피스>

한 인간에게 지닌 한 가지 감정은 오래 지속하기가 참으로 어렵다. 선한 모습이 어느 순간부터 악하게 보이고 기분 나빴던 인상도 시간이 지나면서 우호적으로 바뀌기도 한다. 이런 역작용과 순작용을 일으키는 것은 두 사람 사이의 관계 때문이다. 인간의 관계가 감정 따라 변하는 것은 어쩔 수 없다. 아무리 친밀한 사이일지라도 오해가 끼어들기 마련이고 반대로 과거의 편견이 좋은 인상으로 바뀌기도 한다.

조향미는 <풀빛 원피스>에서 한 여인에 대한 자신의 첫 감정을 섬세하게 묘사한다. 왜 그녀가 자신의 마음속에 오래도록 남아 있을 수밖에 없는가도 살핀다. 그들은 새엄마와 생모의 딸이라는 관계를 맺고 있다. 서술자가 생모의 딸이므로 서사는 일반적으로 계모로부터 받는 부당한 대우와 상처가 중심이 될 것이다. 개연성의 관점에서 보아도 새엄마로 들어온 계모는 위세당당하고 전처의 딸을 교묘하게 때로는 노골적으로 학대할 수 있다. 개연성이 아니더라도 사회에 누적된 계모의 사례를 짐작하여 볼 때 서술자는 불안의 시절을 오래 견뎌야 한다. 이것이 서사의 전통패턴이다.

그러나 조향미의 서사적 의미와 핍진성은 다르다. 핍진성은 등장인물을 집중적으로 묘사하여 그의 특징을 강화하는 것이라 하였다. 조향미는 인상주의적 채색에 가까운 서정성으로 새엄마의 첫 모습을 감성적인 이미지로 표현한다. 완숙한 필력으로 보고 느낀 그대로 묘사함으로써 믿을 수 있는 화자라는 위치도 확보한다. 이렇게 이루어진 핵심적인 이미지는 '우아함'이다.

> 예뻤다. 풀빛 원피스에 하얀 구두를 신고 단아하게 앉아있었다. 창가에 달린 햇살 한 줌이 뽀얀 얼굴 위에 발그스레한 연지처럼 모여 있다. 문을 열고 들어가자 철지난 해풍에 그녀의 머리카락이 가볍게 흔들렸다. 미소를 머금으며 조용히 자리에서 일어났다. 학처럼 부드럽고 우아하였다.

한 여인의 행동이 기품 있게 그려진다. 세세한 묘사에 걸림이 없다. 단아하게 앉아있고 미소를 머금고 조용히 일어서서 남편의 아이들을 맞이하는 자태는 당시 중학생인 작가에게는 경이로웠다. 너무나 인상적이어서 반백년이 지난 지금도 생생하게 기억한다. 그녀를 만난 순간을 잊지 못하는 이유는 당시의 일반 여성과 차림새가 색다르고 무엇보다 병석에 있던 어머니의 모습과 너무나 비교되었기 때문이다. 장차 껄끄러운 관계를 이룰지 몰라도 아이들에게 보여주는 교양미 넘치는 미소는 아버지의 어색한 웃음과 대조되어 그녀의 품격을 높여 나간다.

시간이 지나면서 새어머니의 본성인 개성이 거침없이 드러난다. 그녀에 대한 가족들의 반발이 심해지고 한 번도 가족으로부터 비난과 비판을 받은 적이 없는 아버지에게 공공연히 대드는 그녀를 두고 "요조숙녀 모습은 간데없고 전장의 전위대"처럼 목소리가 커졌다고 작가는 말한다. 모두 조심스러웠고 절제했던 첫 만남때와 달리 집안 분위기는 어둡고 무거워진다.

지금까지의 평온했던 서사가 긴장된 분위기에 의하여 굳어진다. 서사적 의미는 두 흐름으로 나누어진다. 하나는 재혼한 남편 집에 들어온 여자를 주인공으로 삼으면 재취 여인의 삶이 사건의 주흐름이 된다. 딸을 중심으로 사건을 펼치면 생모에 대한 연민과 새엄마의 우아함 사이에서 갈등하는 10대 소녀의 심적 반응이 관심을 끈다. 서술자인 조향미의 입장은 다른 가족과 다르다. 그 점은 "그녀는 교육에 관한 한 시대를 앞선 사고를 가졌다."는 구절에서 살필 수 있다. 새엄마는 아버지의 반대에도 불구하고 미대에 진학하려는 작가를 적극 지원해 준다. 개인의 의지를 존중하고 여자들도 재능을 살려야 한다는 취지에서다. 두 사람은 현대 여성이라는 동일선상에 서게 된다. 작가는 새엄마를 진취적이면서 우아한 성품을 지닌 여성 캐릭터로 설정하려 한다. 서정적인 분위기를 강조하는 서사에서는 인과적인 구성보다 인물의 심리적 반응에 더 치중하기 마련이다. 주인공의 심리를 묘사하려면 집중적이고 여운을 남기는 인상이 필요하다. 시각, 청각, 촉각, 후각, 미각에 초점을 맞춘다는 뜻이다.

새엄마의 후견인은 남편이었다. 남편이 질병으로 세상을 떠나면서 그녀의 입지는 좁아진다. 그 변화는 가족들의 "터지지 못한 휴화산" 같은 반발과 아버지 병세라는 후각 이미지로 이미 예고되었다. 남편이 사망한 후 거처를 친정 쪽으로 옮길 때 그녀는 "시집올 때 큰절 인사 했듯이 할머니에게 마지막 큰절을 하고" 떠나는 우아한 뒷모습을 지킨다. 그녀의 자태는 처음과 다름이 없다. 자신의 삶을 품위 있게 유지하기 위해 상처한 남자에게 시집을 왔고 그 남자가 죽으면서 친정으로 돌아갔다.

서사란 신분은 바뀌지만 신원은 지켜내는 이야기이다. 새엄마는 자신의 존재성을 위해 불운한 주부의 자리를 맡았고 그것을 잃으면서 이전의 자신으로 돌아간다. 그 신원이 유지되도록 화술은 바뀌지 않는다.

새엄마가 떠나간 후의 사건 추이는 매우 빠르다. <풀빛 원피스>의 서사적 의미가 함께 살 때 왜 갈등이 생기고 어떻게 갈등이 해체되는가에 달렸기 때문이다. 당연히 그녀가 떠난 후의 갈등은 줄어든다. 이십여 년이 지난 어느 해 주민센터에서 연락이 온다. 그 여자가 노후 수급 신청을 하여 자초지종을 알려는 주민센터의 전화이다. 누군지 알아차린 서술자는 새엄마의 연락처를 알려 달라 하지만 개인 정보라는 답만 듣는다. 생활한 곳을 떠난 후 경제적으로 어렵고 외로웠을지라도 그녀는 우아하게 보인 자신의 전력을 깨트릴 수 없었다. 그럴수록 서술자는 "뭔지 모를 아쉬움이나 마음의 빚"을 느낀다. 갖가지 인생 시련을 겪는 가운데 나이에 어울리는 삶의 품격을 체득한 것이다.

다시 이십여 년이 지났다. 서술자의 기억회로에는 지금도 "풀빛 원피스를 곱게 입은 그녀"가 고스란히 저장되어 있다. 한 여인으로서, 새엄마로서, 무엇보다 풀빛 원피스로 채택된 우아함, 활력, 개성, 현대적 사고, 쿨한 단호함이 남아있다.

내 기억 속의 어머니는 환자복을 입고 있는데 그녀의 젊고 역동적인 모습이 필름처럼 지나간다. 인생의 한 고비를 같이한 인연으로 아쉬운 마음도 미련도 풀어낸다. 이제는 풀빛 원피스 입은 여자를 보내야 한다. 머물러 있는 젊은 날의 아픈 그늘을 벗어나기 위해.

조항미가 품은 새엄마에 대한 기억은 "인생의 한 고비를 같이한 인연"이라는 단어에 맞추어진다. 그 표상이 작가의 심미적 거울이다. 대부분의 여성은 한때나마 풀빛 원피스 같은 화사한 시절을 누리고 싶어 하고 나이를 먹으면 환자복을 입어야 한다. 인생 시련이라는 서사적 의미에서 보면 옷의 이미지는 누구에게나 적용된다. 조항미가 자신의 시간 안으로 들어온 그녀의 존재를 지금까지 떠나보내지 못한 이유는 마음의 빚을 졌다는 의식 때문이다. 나이를 불문하고 누구나 우아함을 지키고 싶은 욕망도 엄연히 존재한다. 예쁘고 곱고 고상하다는 말을 듣고 싶을지라도 여주인공이 되기 위해서는 '슬픈 우아함'을 감내해야 한다. 그것이 여성의 운명일 것이다.

이성환의 <토큰 지갑>

수필에 등장하는 인물들의 핍진성이 높을수록 독자는 등장인물의 일상을 직접 목격하고 있는 듯한 착각에 빠진다. 완전히 동일시되면 자신의 문제해결의 모델로 간주하거나 삶의 교훈을 그곳에서 얻기도 한다.

<토큰 지갑>의 서술자 이성환은 은행원이다. 은행은 개인이나 기업에게 대출을 해주고 이윤을 남기는 조직이다. 불법대출이나 정치권력과 결탁하기도 하지만 은행과 은행원이 지키려는 이미지는 정직과 정확성이다. 주인공도 은행원으로서 자부심과 신용을, 개인으로는 근검절약을 무

엇보다 소중히 지킨다. 그 인물상을 상징하는 것이 토큰 지갑이다.

이성환이 당면한 문제는 결혼이다. 그는 노총각이고 결혼비용이 부족한 샌님에 신체도 호리한 편이다. 이 모든 문제를 일거에 해결하기 위한 출구 전략이 결혼이다. 일가친척까지 배우자감을 물색하고 있지만 가난이라는 방해물이 중간에 놓여있다.

그가 맡은 서사적 배역을 비유하면 결혼상대를 찾아 나선 모험 기사에 가깝다. 하지만 이성환의 토큰 지갑은 버스를 타고 출퇴근하는 샐러리맨의 현실을 반영한다. 토큰 생활에 익숙한 그는 남이 어떻게 생각하든 자신의 판단과 행동이 올바르다고 믿고 있다. 독자의 시선을 토큰 지갑에 집중시켜 자신의 일면을 이해시키는 방법을 선택한 것이다. 지갑에 모든 존재성을 건 노총각 은행원이 과연 배우자감을 찾는 모험에서 성공을 거둘까.

당시 토큰 지갑은 가난했던 내 삶의 표상이었다. 학창 시절을 보냈던 달동네 허름한 집을 군 제대 후 처분하고, 그동안 모은 돈과 은행대출을 합쳐 그럴듯한 2층 양옥집을 샀다. 그때는 근검절약이 최선의 방책이었다. 당시 나는 혼인 적령기를 넘기고 있었는데, 결혼하려면 추가로 빚을 내야 할 입장이었다. 그러니 어느 여자가 좋아할 것인가. 토큰 지갑은 내 소심증과 궁색함을 드러내는 움직일 수 없는 증거였다.

어찌 보면 작가는 독자에게 자신이 근면한 은행원이며 성실한 남편과 가장이 될 수 있다는 신뢰감을 주어 그를 대신하여 신붓감을 물색하고 그녀를 설득해주기를 기대하는 듯하다. 작가는 결혼 적령기의 남자들과 달리 "소심증과 궁색함"이 자신의 본질임을 떳떳이 밝힌다. 이 소심증과 궁색함을 포용하는 여자만이 배우자가 될 수 있다고 오히려 큰소리친다.

대부분의 결혼 적령기 여성들이 백마 탄 왕자를 기대한다는 것을 알지만 비관적이지 않다. 끝까지 파고든다는 것 자체에 희망이 있기 때문이다.

그에게 알맞은 아가씨가 마침내 나타난다. 그녀도 혼기에 다다른 직장인으로 셋째 딸이다. 그런데 고지식한 주인공은 은행 업무를 처리하느라 매번 데이트에 지각할 뿐더러 자신을 만나기 위해 멀리서 온 그녀를 택시가 아닌 버스에 태워 바닷가 구경을 시켜주었다. 소심하다는 비난을 들어도 데이트에 돈을 낭비하기보다는 결혼한 후 열심히 사는 것이 더 중요하다고 주장한다. 남자는 합리적인 경제관을 중시한다는 명분으로 토큰을 사용한다고 주장하지만 바깥 현실은 다르다. 여자는 감동하기보다는 자신을 무시한다고 여겼다. 전말을 전해들은 그녀의 아버지도 "정신이 있는 놈이냐."고 노발대발하였다. 당연히 만남은 끊어진다.

두 남녀는 속이 좁은 청년들이 아니다. 서사적 흐름에서 보아도 반전은 충분히 가능하다. 결혼이라는 큰일 앞에서 잠시 체면과 자존심을 앞세웠을 따름이다. 여자는 결혼하면 살림하느라 시간이 없을 터이므로 미리 배우자와 행복한 추억을 갖고 싶다. "호텔 커피, 택시, 에스코트"는 물질적 사치가 아니라 평범한 행복일 것이라고 생각을 바꾼 남자는 여자의 입장을 이해하게 된다. 은행원의 시고와 습관을 쉽게 벗어내기 힘들었을 따름이다. 여성도 적절한 상대를 만나기가 쉽지 않으므로 적격자라고 판단되면 마음을 돌릴 참이다.

예측한 대로 반전이 일어난다. 어느 날 작가는 어떤 처자가 한복을 입고 자신에게 절을 하는 꿈을 꾼다. 프로이트의 해석을 따르면 그 꿈은 결혼 욕망을 드러난 잠재의식이다. 꿈에 선녀가 나타났다는 해몽을 스스로 한 그는 배우자를 얻을 수 있다는 믿음과 용기를 얻는다. "용감한 자가 미녀를 얻는다."는 속담처럼 대담한 노력을 시작한다. 그녀의 근무지로 찾아가고 버스터미널에서 몇 시간씩 기다리고 솔직한 심정을 적은 손편지도 보낸다. 성실하게 근무만 했던 은행원이 배우자를 찾는 열혈 기사로 변했다. 변신의 서사에서처럼 토큰 인생론을 종결하고 남다른 발상을 용기 있게 실천한다. 마침내 두 사람은 상대가 자신의 결혼상대라는 데 동의한다.

다시 난관이 닥쳐온다. 상견례 후 그녀는 작가의 집으로 초대받았을 때 살고 있는 생활방식의 차이에 당황한다. 결혼 후 살아야 할 시집의 실상에 좌절한 것이다. 두 남녀의 행동을 살펴보면 2인 실내극 같다는 느낌을 받는다. 여자의 태도에도 연극적 연기가 엿보인다. 그녀는 혼기가 꽉 찼으므로 혼처에 불만스러운 요소가 있다면 가족들의 요청에 밀려 승낙했다는 핑계가 필요하다. 지금까지는 두 사람간의 만남에 불과했지만 혼주들이 동의한 후에는 집안 혼사로 바뀐다. 사돈 관계가 중요시되고 무엇보다 혼주의 뜻이 존중되는 시절이었다.

그녀는 몇 날 며칠을 고민했지만 아버지의 가부장적 체면을 무시하지 못한다. 작가도 신부 측 혼주의 도움을 입은 것을 굳이 부정하지 않는다.

아버지가 친정아버지가 되고 살던 집이 친정집이 되는 선택의 기로에 섰던 여인을 가끔 생각한다. 그때마다 내 눈시울이 붉어진다. 궁핍했던 시절, 감당 못할 빚을 짊어진 나를 받아준 고마운 사람에게 도리는 하고 사는지. 어쩌다 버스를 타면 못난 사람을 선택한 여인의 운명을 떠올리곤 한다.

토큰 지갑의 상징성에 의존해왔던 남자가 승용차로 아내를 지금은 에스코트할지라도 버스를 탔던 당시를 잊을 수 없다. 남성이 주인공이고 여자가 남자에게 의지하는 고전적인 로맨스와 달리 <토큰 지갑>에 등장하는 주인공들은 수동적인 인물이 아니었다. 그녀도 "감당 못할 빚을 짊어진 나(남자)를 받아준" 자세를 보여주었다.

두 남녀는 결혼이라는 목적지에 다다랐다. 명실상부하게 삶의 주인공이 되었다. 다소의 밀당이 없었던 것은 아니지만 서사적 역할을 완수하였다. 아쉽다면 결혼하려는 남자는 왜 대부분 가난해야 하느냐라는 점이다. 이것에 반박이라도 하듯이 <토큰 지갑>은 돈이 결혼의 조건은 아니라는 사실을 강조한다. 누구에게나 토큰 지갑이 적용된다. 왜냐하면 토큰 지갑은 근면 성실의 이미지를 지니기 때문이다.

임정임의 <또 다른 당신>

우리는 자신과 동일한 상황에 처한 사람을 만나면 그에게 측은감과 안도감을 함께 느낀다. 그 둘 사이에 유사성을 찾았기 때문이다. 처음 주인공의 매력을 이해하지 못하여도 이야기를 하다 보면 매력을 찾는다. 멀리했던 누군가도 함께 떠올린다. 냉정한 사람은 부드러워지고, 겁쟁이는 용감해지고, 서로 울고 웃게 된다. 무엇보다 장점과 단점 모두를 가질 수밖에 없는 동료로 간주한다.

서사가 정보 전달을 중심으로 하면 독자는 정보의 진위에 관심을 갖는다. 배경이 중심이 되면 무엇이 사건 해결에 도움이 될까에 관심을 기울인다. 위기에 처한 캐릭터를 만나면 운명이 정해질 때까지 시선을 거두기가 힘들다. 전쟁이나 질병 같은 비참한 배경이 설정되면 질서가 회복될지 멸망할지의 양자택일을 예감한다.

이와 달리 자아가 발전해 가는 서사라면 동일시를 인정하거나 부정하는 시점이 언제 오는가에 관심을 갖는다. 자아와 타자간의 교감을 허락할수록 독자는 주인공의 연기에 상당한 신뢰감을 준다.

보통 사람은 작품에 등장하는 주인공을 인격체로 보지만 유능한 관찰자는 그를 풍경으로 간주하기도 한다. 풍경화 된 주인공은 주변 분위기와 어울리는 이미지를 창출한다. 임정임은 <또 다른 당신>에서 어머니를 애처롭고 그리운 풍경으로 그려낸다. 어머니에 대한 기억을 그려낼 때 후면에 미루나무 신작로와 마른 흙냄새와 순순한 바람결과 아깝지 않은 햇살을 배치한다. 그 길 끝에 큰이모네 집을 세운다. 이로써 어머니와 시골 풍경은 하나의 이미지를 이룬다.

소설 서사는 인물을 등장시킬 때 느슨한 묘사를 택한다. 반면에 짧은 시간 내에 의미화를 이루어내야 하는 수필은 집중적이고 선택적인 핍진화를 택한다. 서술자는 하루 동안의 풍경에 집중한다. 어머니와 유년 시절에 대한 다른 기억들은 "안개 속을 유영하듯" 제거시킨다. 이모네 집에서 바라본 풍경들만 놀랍도록 화사하면서도 순수하게 부각시킨다. 큰이모네 가는 길, 두 사람이 늦도록 이야기를 나누던 어조, 툇마루의 햇살, 골목에서 놀았던 자신의 모습 등으로 어머니의 삶 전반을 떠올려주는 기억 장치로 삼는다. 그녀와 어머니간의 모든 삶이 그 속에 들어간다.

> 밤늦도록 이모와 두런두런 이야기를 나누는 그녀는 이전에 본 적 없는 느른하게 풀린 얼굴을 하고 있었다. 언니에게 마냥 투정 부리던 동생, 눈치 빠르고 발랄한 둘째 딸이었던 어머니.
> 내 좁은 세계의 절대자인 그녀의 다른 얼굴을 그려보기가 쉽지 않았었다. 어쩐지 눈물이 날 것도 같다. 짙은 그리움과 어떤 미련, 사소한 아쉬움의 흔적들, 사라져간 아름다운 한때를 불러오는 어머니 목소리에는 피할 길 없이 쓸쓸한 울림이 묻어났다.

어머니에 대한 모든 기억이 시각과 청각 이미지로 전달된다. 큰이모네 집에 갈 때까지의 풍경과 이모와 어머니가 이야기하는 모습은 그녀가 기억하는 모든 것이다. 두 사람이 나누었던 이야기의 내용은 중요하지 않다. 그럼에도 밤늦도록 이야기를 나누는 두 사람의 목소리는 이해하지 못했던 어머니의 삶을 직감하게 한다. 집에 있을 때 어머니에 대한 기억이래야 기껏 쓸쓸한 목소리와 긴장된 얼굴이 전부였지만 큰이모네 집에 갔을 때의 어머니는 느른하게 풀린 얼굴로 눈물 같은 그리움에 젖은 목소리를 냈다. 이런 시각과 청각 이미지는 어머니의 삶이 순탄하지 않았음을 보여주기에 충분하다.

작가는 어머니에 대한 깊은 기억이 별로 없다. 남편의 무책임 때문에 가족이라는 틀 안에 갇혀 있었던 여자가 어머니라면 작가는 "생의 안간힘을 거부하고 밖을 맴돌"려는 여성이다. 어머니로부터 떨어져 "개별의 존재"가 되려 했다는 것만으로도 두 모녀의 삶과 운명은 다르게 보인다. 딸로서 임정임은 어머니를 '다른 당신'으로 간주하면서 반면교사의 거울로 여긴 것이다.

어머니처럼 되지 않으려고 했던 딸이 어린 시절을 되살리는 동안 심리적 반전이 펼쳐진다. 그 계기는 물론 어린 시절에 갔던 큰이모네 집 풍경이 지닌 이미지다.

> 그럴 때면 마음 한구석이 슬픔으로 조금씩 차오른다. 그리고 오렌지 빛으로 물들던 이모네 툇마루에서 어머니의 무릎을 베고 누웠던 유년의 내 모습이 떠오르는 것이다. 어머니가 가진 것 중에 가장 좋은 무엇이 되고 싶었던, 그래서 아름다운 한때를 지나온 당신에게 서툴게나마 위안을 건네고 싶었던.

작가는 감성적인 회상으로 어머니와 자신 간의 심리적 거리를 좁혀나간다. 어머니와 많은 대화를 나누지 못했지만 정물화 같은 어머니의 잔상과 대화를 나누는 가운데 삶에 대해 몰랐던 부분을 알아차린다. 큰이모네 집은 어머니를 기억하는 몇 안 되는 기억 속의 시공이다. '그곳 그 시간에 묻혀있던 어머니의 삶을 소환하여 현관 신발을 정리하는 자신에게서 어머니와 닮은 모습을 찾아낸다. 결국 "또 다른 당신"임을 인정하게 된다. 그 알싸한 감성이 모녀를 하나의 존재로 합쳐준다. 가정의 울타리를 지키느라 분투하였고, 나이 들면서 쓸쓸한 목소리를 갖게 된 작가도 친정식구를 만나 수다를 떨고 싶어진다. 마침내 두 모녀는 친정이라는 모태를 공유하는 운명체가 된 것이다.

덧붙여

사람은 누구나 심리적 흉터를 지니고 산다. 자신을 그릴 때 아름다운 모습 외에 그 흉터도 빠뜨리지 않아야 진정한 초상을 완성할 수 있다. 세 작품은 강력한 인상미를 가진 소재와 순간을 선택하고 묘사함으로써 대상의 이미지를 작가 자신들의 생에 일치시켰다. 마치 작가와 주인공의 삶 전체가 하나의 끈에 매달려 있는 듯 자각한다랄까.
서사적 캐릭터는 특유의 이미지를 가져야 한다. 조향미는 <풀빛 원피스>에서 여성의 우아함이 부유하고 귀족적인 것이 아니라 굴곡진 삶을 견인하는 기품임을 이야기한다. 이성환의 <토큰 지갑>은 젊은 두 남녀의 신경전을 토큰 지갑에 집중시켜 두 남녀의 연애와 결혼과정을 조명한다. 임정임의 <또 다른 당신>은 어머니의 모습을 풍경화 하여 '다른 당신'과 '또 다른 당신' 사이의 틈을 메운다.
이미지는 때로는 이성적 논리보다 더 설득력을 발휘한다. 수필의 서사가 설득의 효과를 지니려면 행동보다 감정을 드러내는 것이 더 효과적이다. 무슨 동작이냐가 아니라 동작이 일으킨 감정을 이미지화할 때 서사적 충격이 더 강해지고 인내나 포용이나 용서라는 담론을 더 적절하게 담아낼 수 있다는 것이다.

| 작품 |

풀빛 원피스

조향미

예뻤다. 풀빛 원피스에 하얀 구두를 신고 단아하게 앉아 있었다. 창가에 달린 햇살 한 줌이 뽀얀 얼굴 위에 발그스레한 연지처럼 모여 있다. 문을 열고 들어가자 철 지난 해풍에 그녀의 머리카락이 가볍게 흔들렸다. 미소를 머금으며 조용히 자리에서 일어났다. 학처럼 부드럽고 우아하였다.

중학교 일학년 여름 방학이 끝날 무렵이었다. 아버지는 우리에게 중요한 약속이 있음을 알렸다. 동생과 나는 그저 가족 나들이인 줄만 알았으나 언니들의 표정은 밝지 않았다. 송도에 있는 음식점으로 갔다. 바다 풍경이 한눈에 들어오는 잘 꾸며진 이층 별실이었다.

그곳에 들어서자 미리 와 기다리던 그녀는 웃으며 우리를 맞이했다. 처음 본 여인의 반기는 모습이 어색하게 느껴졌다. 저 사람이 누구인지. 왜 우리와 같이 밥을 먹는 건지. 아버지의 헤픈 웃음이 어쩐지 낯설었다.

이듬해 봄. 그녀는 아버지와 재혼을 하고 우리 집으로 들어왔다. 아버지는 쉰하나, 그녀는 마흔이었다. 당시로서는 시대를 앞선 여자였다. 클래식 음악을 즐겨 들었으며 서양요리도 잘했다. 우리가 듣기 거북한 말은 아버지와 일본어로 얘기를 나누곤 했다. 세련되었으나 개성이 강하였다.

고분한 태도는 처음 얼마간뿐이었다. 세월이 흐르자 집안 대소사의 모든 결정권이 아버지에게 있는 것에 그녀의 반기도 만만찮았다. 나는 그때 아버지 뜻에 반대하는 사람을 처음 보았고, 양보하는 아버지도 처음 보았다. 요조숙녀 모습은 간데없고 전장의 전위대처럼 앞서가고 목소리도 커졌다. 한동안 그녀와 아버지의 갈등으로 집안 분위기가 비 오는 그믐밤처럼 어둡고 무거웠다.
  그러나 그녀는 교육에 관한 한 시대를 앞선 사고를 가졌다. 나의 대학 진로에 적극 지지해 주었다. 나는 어릴 때부터 그림 그리기를 좋아했고 대회에 나가기만 하면 제법 굵직한 상을 받아오곤 했다. 자연히 미대에 진학하고 싶었다.
  당시 기성세대는 그림을 그린다는 것은 밥 빌어먹는 일이라고 천박하게 취급하였다. 체면을 중요하게 생각했던 아버지는 딸이 예능 쪽으로 전공한다는 것은 상상도 못할 노릇이었다. 그래도 그녀는 여자들도 재능을 살려 자신의 길을 가야 한다는 입장이었다. 그녀의 주장이 아버지의 편견을 이겼다. 덕분에 나는 원하던 서양화 전공의 길로 들어설 수 있었다.
  고부 관계인 할머니와는 견원지간처럼 좋지 않았다. 가난한 어촌 마을에서 아들을 일본으로 유학 보낼 정도로 강단 있는 할머니와 할말 다하는 그녀는 사사건건 부딪쳤다. 대찼던 아들이 기 센 며느리에게 밀리는 것을 본 할머니는 기함하였다. 착하고 순종적이었던 첫며느리와는 정반대였다. 아버지의 난감하고 불편해하는 낯빛에 할머니는 작은아들네로, 딸네 집으로 몇 달을 유랑하다시피 하고 오시곤 했다.
  집안의 절대 권력인 아버지는 경제권을 무기로 가족의 화합을 강요했다. 아직 학생이었던 우리 형제는 이런저런 불만이 있어도 속으로만 삭였다. 그러나 올곧은 작은언니는 그녀에 대한 거부가 유독 심해 언제 붙을지 모르는 불씨가 되었다. 조마조마한 두 사람의 대립은 아버지의 불호령으로 냉전을 이어갔다. 그럴수록 감정의 골이 깊어지고 터지지 못한 휴화산처럼 모두 불만이 쌓여갔다. 위태위태하던 가족 간의 반목은 아버지의 병환으로 모든 것이 묻혀버렸다.
  이삼 년의 투병 생활 후 아버지가 돌아가셨다. 장례식이 지나고 그녀는 거처를 친정 쪽으로 옮겼다. 자신의 짐을 싣고 난 뒤 시집올 때 큰절 인사했듯이 할머니에게 마지막 큰절을 하고 떠났다. 아마 그녀도 살아서는 만나지 못할 거라는 걸 예감했을까. 아버지의 첫 제사 때도 오지 않았다. 그 후로 연락이 끊겼다. 고모들이나 숙모들은 차라리 그렇게 인연이 끝난 게 서로를 위해서 잘된 일이라 했다. 야속한 어른들이 섭섭했지만 나로서는 아무런 결정권이 없었다.

이십여 년이 지난 어느 해 낯선 동네의 주민센터에서 한 통의 전화가 왔다. ○○○ 씨를 아느냐고 물었다. 너무 오랜만에 듣는 이름이라 기억의 밑바닥에서 그 이름을 떠올리기에는 잠시 시간이 필요했다. 뜨악하기도 하고 이상하게 가슴이 철렁 내려앉았다.

"알긴 아는데 무슨 일로⋯⋯."

사회복지 담당자였다. 수급 신청을 했는데 자녀가 호적에 올려져 있어 조사해야 한다고 했다. 자초지종을 얘기하고 난 후 그분 사시는 주소를 알려달라 하니 개인 정보라 알려줄 수 없다는 대답이 돌아왔다.

헤어져 남남이 되었지만 내게 뭔가 모를 아쉬움이나 마음의 빚이 있었던 것 같다. 나도 그때 그녀 나이를 훌쩍 넘기고 보니 이해될 수 있는 여유와 포용이 생겨서일까. 하지만 이제 그녀에 대한 생각은 접기로 했다. 언니들의 만류만이 이유가 아니다. 인연이 남았다면 언젠가는 만나겠지. 그 후 지금까지 어떤 소식도 없다.

헤어진 지 사십 년 가까이 지났다. 어떻게 사는지. 건강하신지. 살아 있다면 아흔을 바라보는 연세다. 지금도 생각하면 풀빛 원피스 곱게 입은 그녀가 아련히 떠오른다. 내 기억 속의 어머니는 환자복을 입고 있는데 그녀의 젊고 역동적인 모습이 필름처럼 지나간다. 인생의 한 고비를 같이한 인연으로 아쉬운 마음도 미련도 풀어낸다. 이제는 풀빛 원피스 입은 여자를 보내야 한다. 머물러 있는 젊은 날의 아픈 그늘을 벗어나기 위해.

－2020년 11월호 《수필과비평》

| 작품 |

토큰 지갑

이성환

오늘도 지각이다. 그녀와 만나기로 약속한 날마다 매번 일이 생긴다. 오늘도 직속 상사가 퇴근시간에 임박하여 지시한 일을 정리하느라 늦어졌다. 그녀를 처음 만났을 때 차가운 첫인상이 떠올랐다. 두 번씩이나 지각하여 그녀의 차가운 표정이 더 차가울 것 같다. 잘못하여 혼날 걸 예감한 아이처럼 허겁지겁 약속 장소로 뛰었다.

그녀를 두 번째 만나는 날이다. 커피숍에서 기다리다 지친 그녀가 새초롬한 표정으로 나를 맞이했다. 키는 작아도 야무져 보이는 그녀의 건너편 좌석에 겸연쩍게 앉았다. 여름을 제외하곤 후줄근한 양복 한 벌로 세 계절을 버티는 서른 살의 총각. 나는 누가 보아도 꼼꼼한 은행원의 모습에 샌님이었다. 누렇게 뜬 얼굴은 남이 보면 어딘가 병들어 보이기까지 했다. 실제로도 심신의 안정이 필요한 시기였다. 그 대안은 오직 결혼이었다. 그래서였을까? 당시 가족과 일가친척은 내 성혼成婚을 목표로 총력전을 벌였다. 나도 그녀도 배우잣감을 찾는 탐색전을 펼쳤던 시절이었다.

우리는 토요일 오후, 광안리 바닷가로 향했다. 택시를 타지 않고 버스를 이용했다. 문제의 발단은 토큰을 꺼낼 때였다. 당시 나는 버스로 출퇴근하는 때여서 양복 주머니에 토큰만 담는 지갑을 별도로 가지고 있었다. 동전과 다른 소지품이 섞여서 주머니를 혼잡하게 하지 않을 요량이었다. 택시를 태우기는커녕 버스를 타면서 토큰 지갑을 이용하는 모습이 그녀에게 어떻게 비쳤을까? '서울에서 10년 살다 온 인간이 어찌 저리 쪼잔하고 소심할까. 은행원들은 죄다 융통성 없고 고지식한 것인가?' 하는 생각이 들었으리라. 그래도 그녀는 내색하지 않았다.

당시 토큰 지갑은 가난했던 내 삶의 표상이었다. 학창 시절을 보냈던 달동네 허름한 집을 군 제대 후 처분하고, 그동안 모은 돈과 은행대출을 합쳐 그럴듯한 2층 양옥집을 샀다. 명의는 아버지로 하고 나는 대출을 안았다. 객지에서 주경야독하랴, 가족의 주거 안정용 대출이자까지 부담하랴, 그때는 근검절약이 최선의 방책이었다. 당시 나는 혼인 적령기를 넘기고 있었는데, 결혼하려면 추가로 빚을 내야 할 입장이었다. 그러니 어느 여자가 좋아할 것인가. 토큰 지갑은 내 소심증과 궁색함을 드러내는 움직일 수 없는 증거였다.

며칠 후 중매 아주머니를 통해 데이트한 후의 뒷이야기가 들려왔다. 그녀 집안의 반응이 좋지 않았다 한다. 특히 그녀의 아버지가 발끈하셨다고 했다.

'그놈의 총각이 남의 집 귀한 아가씨와 데이트를 하는데 택시가 아닌 시내버스를 태웠다고? 정신이 있는 놈이야, 없는 놈이야?!'

아마도 이런 내용이 아니었을까 짐작이 갔다. 애지중지 키우신 딸을, 그것도 선도 안 보고 데려간다는 셋째 따님이 그런 대접을 받았다는 사실에 역정이 나실 터였다.

그 얘기를 듣고 나는 나대로 할 말이 있었다. '나중에 잘살면 그때는 근사한 자가용을 타고 다닐 수 있게 해 주면 되지, 초반부터 잘 보일 필요가 무어 있을까? 겉치레보다 있는 그대로의 모습을 보여줘야지. 굳이 허세를 보일 필요가 있을까? 인륜대사도 연緣이 닿아야지 억지로 인연을 엮을 수는 없다고 느긋하게 생각했다.

지금 생각하니 오만하고 생각이 짧았다. 현실적으로 결혼한 여자가 호사를 누릴 수 있는 시기가 인생에서 얼마나 되랴. 자녀를 출산하면 아이 키우며 정신없이 사는 데다 살림살이 챙기랴, 아이들 장성하면 출가도 시켜야 하니 알뜰살뜰 살 수밖에 없는 일. 처녀 시절에 잠시 호텔에서 커피 마시고 택시 타고 다니며 대우받는 게 무슨 사치란 말인가. 짧지만 행복한 추억이 힘든 결혼생활을 참고 견디는 동력이 됨을 그때는 몰랐다.

그날 양산에서 나를 만나려고 부산까지 온 아가씨에게 추억은커녕 다리운동을 열심히 시킨 꼴이었다. 정현종 시인이 "사람이 온다는 건 실은 어마어마한 일이다. (중략) 한 사람의 일생이 오기 때문이다."라고 했는데 나를 찾아온 '방문객'을 시내버스에 태우는 우를 범했다. 토큰 지갑을 꺼내 들었던 나는 그녀의 후보 우선순위 목록에서 하위권으로 밀려났다.

나도 여러 명의 후보군을 두고 각개전투를 펼쳤지만 좀체 끌리는 대상이 없었다. 그러던 어느 날, 꿈에 어떤 처자가 한복을 입고 나를 향해 절을 하는 게 아닌가. 이게 무슨 징조인가 싶었다. 휴대전화가 없던 시절이라 버스에 태웠던 그녀를 만나기도 쉽지 않았다. 우연을 가장하여 그녀를 만날 수 있는 방법과 가능성을 생각해 보았다. 그녀가 부산을 왕래하다 조우할 기대를 걸고, 주말에는 양산터미널에서 혼자 몇 시간씩 서성대기도 했다. 평일에는 직장에 거짓말을 하고 그녀 사무실이 있는 군청으로 불쑥 찾아가기도 했다. 때로는 솔직한 심정을 적은 손편지를 우체통에 넣기도 했다. 다른 후보 여성들보다 왠지 마음이 쏠려 몸이 저절로 활동하는 것이었다.

그녀의 마음도 서서히 움직이기 시작했다. 가치관이 비슷한 탓인지 아니면 내 진심이 통했는지 알 수는 없지만, 어쨌든 다시 상위권에 진입하였다. 그 후 몇 번의 만남을 더 가졌고 마침내 그녀의 마음을 얻을 수 있었다. 우리는 자연스럽게 손을 잡는 단계로 이어졌다.

얼마 후에 모친이 그녀를 집으로 초대했다. 그때 결정적인 위기가 찾아왔다. 성의 없는 상차림, 천장에서 쥐들이 활보하며 아우성치는 소리, 정돈되지 않은 세간과 부엌살림, 그리고 생활 방식 모두가 그녀의 집안 모습과 너무도 판이했다. 자신의 결정이 성급했음을 후회하는 얼굴이었다. 그때부터 그녀는 진퇴양난에 빠져 울기만 했다.

이미 상견례까지 했다. 이쯤에서 그만두자니 그녀 아버지의 불호령이 무서울 것이었다. 결혼하자니 병약한 총각 뒷바라지에다 시어머니와 사사건건 충돌할 게 뻔했다. 장차 어찌할 것인가? 당시에는 남의 이목을 중시하는 세

태이니 대충 시집이나 갈까, 아니면 소신대로 독신을 선언하거나 다른 후보자를 찾는 걸로 밀고 나갈까? 그녀는 몇 날 며칠을 밤새워 고민했을 것이었다.

아! 그때 그녀가 절박했던 노총각을 구원한 것은 그녀가 차마 떨치지 못했던 가부장적 이데올로기가 아니었을까. 결혼을 주관하는 주체가 당사자가 아닌 혼주婚主라는 사실에 나는 무척 고무되었다. 만약 그녀가 세상의 절반을 차지하는 여성으로서 당당하게 나갔더라면, 그녀의 페미니즘이 내 정강이를 사정없이 걷어찼을 터였다.

아버지가 친정아버지가 되고 살던 집이 친정집이 되는 선택의 기로에 섰던 여인을 가끔 생각한다. 그때마다 내 눈시울이 붉어진다. 궁핍했던 시절, 감당 못할 빚을 짊어진 나를 받아준 고마운 사람에게 도리는 하고 사는지. 어쩌다 버스를 타면 못난 사람을 선택한 여인의 운명을 떠올리곤 한다.

－2020년 11월호《수필과비평》

| 작품 |

또 다른 당신

임정임

　안개 속을 유영하듯 흐릿한 어린 시절을 되짚다 보면 늘 딸려오는 풍경 하나가 있다. 짙푸른 미루나무가 줄지어 선 신작로를 걷고 있는 나와 어머니의 모습이다. 걸음을 옮길 때마다 콧속으로 훅 끼쳐오던 마른 흙냄새. 순순한 바람결은 나무 꼭대기를 간질이며 지나가고 그리 따갑지 않은 햇볕이 정수리를 덥히고 있다. 드물게 자동차라도 한 대 지나갈라치면 부연 흙먼지가 작은 구름인 양 길 위를 부유한다. 버스에서 내려 그렇게 한참을 걸어가 도착할 곳은 큰이모네 집이다.
　내 손을 잡아끌며 길을 재촉하는 어머니의 얼굴에 성글성글한 미소가 떠나지 않았다. 그 모습이 보기 좋아 나도 모르게 옆얼굴을 자꾸만 힐끔거렸다. 이모네 집에서 어떻게 지내다 왔는지 세세하게 떠오르지는 않는다. 다만 해 질 무렵까지 사촌들과 온 동네를 쏘다니다가 돌아왔을 때, 여전히 마루에 앉아 이야기를 나누고 있던 이모와 어머니의 모습만은 스냅사진처럼 또렷이 기억에 박혀 있다. 맥락 없이 종횡으로 이어지던 수다는 저녁상을 물린 뒤에도 도무지 그칠 줄 몰랐다.
　어머니 무릎을 베고 누워 이야기책을 펼쳐 읽듯 두 여인의 목소리에 귀를 기울였다. 한동안 탄식과 아쉬움을 담은, 낯모르는 등장인물들의 생이 요약되어 둘 사이를 오갔다. 이윽고 이야기는 두 사람이 자매로서 아직 한집에 살았던 시절로 접어들고 밤의 장막 사이로 어머니의 목소리가 퍼져갔다. 밤늦도록 이모와 두런두런 이야기를 나누는 그녀는 이전에 본 적 없는 느른하게 풀린 얼굴을 하고 있었다. 언니에게 마냥 투정 부리던 동생, 눈치 빠르고 발랄한 둘째 딸이었던 어머니.

내 좁은 세계의 절대자인 그녀의 다른 얼굴을 그려보기가 쉽지 않았다. 어쩐지 눈물이 날 것도 같다. 짙은 그리움과 어떤 미련, 사소한 아쉬움의 흔적들, 사라져간 아름다운 한때를 불러오는 어머니 목소리에는 피할 길 없이 쓸쓸한 울림이 묻어났다. 무엇 하나 제대로 책임지는 법 없이 가족의 가장자리를 맴돌기만 하던 아버지 탓일까. 어머니는 당신의 울타리를 지켜내느라 고군분투해야만 했다. 언제 닥칠지 모를 불운에 대비해야 하는 사람처럼 늘 긴장감 어린 얼굴이었다.

어머니와 내가 애틋했던 기억은 그다지 많지 않다. 그렇기에 그날의 이모네 풍경이 오래도록 잊히지 않는 걸까. 자라면서는 당신이 그리는 동심원 바깥을 무던히도 기웃거렸다. 어머니로부터 뚝 떨어져나와 개별의 존재가 되기를 바랐다. 늘 마음을 지금 이곳이 아니라 가본 적 없는 먼 곳에 두었다. 가족이라는 틀을 쉽게 벗어버릴 수 있는 옷가지라 여겼던 시기에는 우연한 풍경 속에 잘못 들어온 사람처럼 굴기도 했다. 어쩌면 지금까지 내 생 전체가 그런 안간힘의 연속은 아니었을까.

요즘 들어 예기치 않은 순간에 어린 시절 이모네에서 보았던 그 저녁의 어머니 모습이 소환되곤 한다. 현관에 들어서면서 당신이 하던 방식대로 신발을 정리하는 내 모습을 발견할 때나 무심코 들여다본 거울 속에서 젊었던 어머니의 흔적을 마주할 때다. 그 순간 나는 순전한 나만의 것일 수 있는가 하는 알싸한 감상에 빠지고 만다. 나는 결국 또 다른 당신, 우리는 이렇게나 이어져 있는 것인가. 그럴 때면 마음 한구석이 슬픔으로 조금씩 차오른다. 그리고 오렌지빛으로 물들던 이모네 툇마루에서 어머니의 무릎을 베고 누웠던 유년의 내 모습이 떠오르는 것이다. 어머니가 가진 것 중에 가장 좋은 무엇이 되고 싶었던, 그래서 아름다운 한때를 지나온 당신에게 서툴게나마 위안을 건네고 싶었던.

―2020년 11월호 《수필과비평》

05

수필의 행간: 무의식 이론과 징후독법

　인간은 늘 의식과 무의식 사이를 오락가락한다. 내가 지금 무엇을 하고 있음을 알다가도 일순간에 까마득한 과거로 돌아가 잊다시피 했던 추억에 빠지곤 한다. 현실에 만족하면서도 삶이 왜 그토록 무의미한가라는 좌절에 어찌할 줄을 모른다. 대부분의 사건을 선명하게 기억하지만 군데군데 모호한 곳이 있어 좌절하기도 한다. 무의식에 함몰된 것이다. 현재라는 시점에서 글을 쓰지만 작가는 어느 순간에 과거로 되돌아간다. 한편의 글 속에 현재와 과거, 성년기의 자아와 유아기의 자아가 공존하게 되는 이유가 이 때문이다.

　라캉도 인간을 이해하기 위해서는 "프로이트로 돌아가자."고 권하였다. 그는 글을 프로이트가 말했던 '정신분석의 집'으로 간주하였다. 자신을 이해하기 위해서는 자신이 쓴 글에 있는 빈틈과 간격을 살펴야 한다고 조언하였다. 이런 주장은 시학, 철학, 언어학, 문화 사이의 벽을 허물었고 모든 지식의 영역을 넘나드는 무제한 비자가 되었다. 라캉이 말한 프로이트의 저서는 《꿈의 해석》(1900)과 《무의식》(1915)으로서 프로이트는 인간의 심리를 이드 외에 의식과 무의식이라는 두 단계로 구분하였다. 라캉은 무의식의 심리학을 빌려와 나름의 정신분석 이론을 체계화하였다.

문학작품으로서 수필을 말할 때 라캉의 무의식 이론을 빌려오면 매우 편리하다. 그 이유는 그의 무의식은 프로이트가 말한 '의식하지 못하는 의식'이면서 라캉 고유의 "언어적 구조"를 가지기 때문이다. 의식이 "언어 속에서, 언어에 의해" 만들어진다는 것과 의식되지 않는 것이 있다는 사실은 상호 모순적이다. 이것은 프로이트가 부딪친 난점이기도 하다. 그런데 라캉은 의식의 흐름 사이에 구멍과 간극이 있다고 설명하여 무의식의 실체를 논리적으로 풀이하였다. 이 방법의 하나가 루이 알튀세르와 피에르 마슈레가 개발한 '징후독법'(symptomatic reading)이다.

피에르 마슈레의 대표저서 《문학생산의 이론을 위하여》는 '징후독법'을 구체적으로 설명해준다. 그는 비평을 작품에 명시된 자의식을 파악하는 행위가 아니라 숨겨져 있거나 진술하지 않은 것을 드러내어 억압, 회피, 자기모순 등을 포착해 내는 '작업'이라 하였다. 징후독법은 텍스트가 '말하고 있는 것'을 해석하기보다는 '말하지 않는 것'을 발견하는 시도라는 것이다. 말하지 않는 것은 텍스트가 의도적으로 은폐한 것이 아니라 비의도덕으로 침묵하거나 생략하거나 축약한 것을 말한다. 행간으로서 구멍과 간극(gap)도 여기에 포함한다. 텍스트에 남겨진 침묵, 생략, 간극을 감추어진 무의식의 흔적으로 간주한다. 정리하면 징후독법은 텍스트가 '말하지 않는 것'으로 작가의 진의와 사건의 진실을 포착하는 방식이다. 이 절차는 정도의 차이가 있지만 프로이트가 무의식을 추적한 방법과 매우 유사하다. 빈 구멍을 들여다보고 균열 사이로 비집고 들어가려는 점에서 보면 프로이트적 원용이라고 말할 수 있다.

무의식의 위치는 문장의 연쇄 고리 하나가 빠진 부분에 자리한다. 앞뒤 문장이 상호 연결되지 않는다는 것을 의식한 작가는 본의 아닌 실수라고 변명하면서 빈 구멍을 메우려 한다. 아이러니컬하게도 그럴수록 이 지점은 무의식으로 나아가는 변곡점이 되어버린다. 의식 주체가 무엇을 축소하거나 왜곡하거나 뒤집어 말하거나 빼거나 지나치게 과장한다면 공개적으로 인정하고 싶지 않은 '변형된 무의식의 표현'이 되는 것이다.

독자가 수행하는 감상은 텍스트에 쓰인 내용을 이해하고 작가와 동일한 정서에 다다르는 것을 목표로 한다. 반면에 비평이란 텍스트의 행간에 숨은 작가의 의도를 찾아내는 거사다. 이것이 비평의 힘이다. 최소한의 문학적 훈련을 받은 사람이라면 라캉이 말한 무의식과 피에르 마슈레가 개발한 '징후독법'이 작품 분석에서 어떤 역동성을 발휘하는가를 간파할 수 있을 것이다.

구활의 <여름 소묘>

구활이 여름철을 보내는 방법은 특이하다. 날씨든 음식이든 계절이든 호불호를 따지지 않을 만득晩得의 나이에 다다랐지만 여름철이 되면 유난스럽게 음식 종류와 가짓수를 챙긴다. 눈물겹도록 어머니의 목소리가 떠오르기 때문이다. 어머니의 목소리가 창세기 첫 장에 등장하는 신의 목소리처럼 여겨진다. 그것은 과거라는 시간을 소생시키고 밥상 음식을 완전히 바꾸어야겠다는 생각이 들도록 강력한 유인력을 발휘한다.

어머니의 음성을 "창세기의 태초"에 비유하는 것은 과장이 아니다. 작가의 의도는 신화적 담론을 소개하거나 기독교 교리를 전파하려는 데 있지 않다. 그는 절대자를 신봉하지도 않고 허풍을 즐겨 구사하는 유머작가도 아니다. 어머니는 "고향 하늘과 산 능선의 윤곽과 강물과 신작로와 고샅에 사람들"을 무의식의 바닥에서 떠올려주므로 신의 창조력만큼이나 경이롭고 경건하게 여길 따름이다. 모성숭배라는 무의식이 창세기라는 독특한 비유를 이끌어낸 것이다. 이런 신성성 덕분에 어머니라는 말은 인간생존에 가장 필요한 '밥'이라는 단어와 연결된다.

> 어머니의 목소리에는 '밥'이라는 화두가 항상 함축되어 있다. 끼니 때가 아니면 그 목소리는 들리지 않는다. 놀이에 한눈팔린 철없는 아들이 제 시간에 집에 들어올 리가 없다. 밥솥에 불을 때다가 뜸 들일 시간이 되면 광목치마 끈을 매면서 동리 어귀로 나와 고함을 지른다. "밥 묵구로 빨리 들어오너라." 딱지치기나 구슬치기가 끝이 나기 전에는 어머니의 목소리를 듣고도 못 들은 척 하기가 예사다. 그래서 고향의 여름은 소리로 깊어간다.

 구활에게 어머니는 밥을 제공하고 말을 건네는 보호자다. 끼니때가 되면 배를 채워주기 위해 자식을 집으로 불러들인다. 어머니가 항상 지켜보고 있다는 사실이 안도감을 준다. "밥 묵구로 빨리 들어오너라."라는 11자의 짧은 말속에 숨어있는 의미는 풍부하기 이를 데 없다. 자식을 깨우고 지키고 먹이고 입히는 수호여신이라는 의미가 그것이다. 끼니 사이가 유난히 긴 여름철의 밥이 주로 보리밥일지라도 "밥 묵어라."는 어조는 신의 음성처럼 각별하다.
 그 소년시절이 지나갔다. 어머니가 세상을 떠났고 나라 경제력이 놀랍도록 향상되면서 더이상 보리밥은 주식이 아니다. 채소 대신에 육류와 생선이 거의 매일 상 위에 차려진다. 그런데 여름철만 되면 어른 구활의 식욕이 뚝 떨어진다. 식욕부진이 변화된 식탁 차림 때문이 아님은 분명하지만 그 연유를 뚜렷이 알 수 없다. 옛날을 이루고 있는 무의식 어딘가에 인식하지 못한 결손 부분이 있는 것이다. 구활은 그 빈 곳을 찾기 위하여 징후독법으로서 <여름 소묘>를 적어 나간다.
 식욕이 있는가 없는가에 대한 논거를 살펴보면 식탁 메뉴와 상관이 없다. 허기는 음식을 먹으면 해결되지만 식욕부진의 근원은 생각보다 뿌리가 깊다. 육체적 허기보다는 음식의 냄새와 색감과 맛에 반응하던 오감이 무뎌졌다는 심리적 무력감이 더 고통스럽다. 이 점을 알아차린 구활은 어머니의 손맛을 재현하기 위해 여름철 밥상을 자신의 구미에 맞도록 꾸미려 한다. 어린 시절의 입맛에 익힌 먹거리를 차려 어머니의 존재를 초청하려는 것이다.

> 의식이 이끄는 대로 따라가는 나의 '여름 향연'은 신나고 재미있다. 밥상을 옛날 그 시절의 것과 비슷하게 차려두고 내가 그 속으로 들어가는 것이다. 갑자기 나의 행보가 바빠졌다. 아내에게 "여름 한철만 보리밥을 먹자."고 제의했다. 여름 밥상의 밥은 보리밥이어야지 쌀밥으로 바뀌면 주연 배우가 잘못 선정되어 연극을 망치는 것과 꼭 같다. 우리 집 식단은 보리밥에 걸맞은 된장찌개와 열무김치를 비롯한 푸성귀들뿐이다. 요즘은 밥상 앞에 앉으면 웃음이 난다. 밥 먹는 동안에 나는 열 살 전후의 어린아이가 되어 목덜미의 땀띠를 쥐어뜯는 시늉을 하며 투정도 부려본다.

구활은 "밥 먹는 동안에 열 살 전후의 어린 아이"로 돌아간다. 어린이가 된 구활은 퇴보된 기억의 간격을 메우기 위해 자기만을 위한 회상의 향연을 베푼다. 보리밥과 푸성귀로 차려진 밥상에 "여름 향연"이라고 붙인 거창한 이름은 플라톤의 《향연》에서 유래한다. 향연은 음식과 술을 먹으면서 사랑에 대하여 논하는 지적 모임이었다. 구활은 그 본을 따라 옛날식 음식과 '밥 묵어라'는 말을 가운데 두고 어머니를 마주한다. 보리밥과 된장찌개와 푸성귀가 차려진 밥상은 가난하지만 행복했던 모자 시절을 되돌려준다. 이 의식은 신기하게도 만성적인 식욕부진을 해소시켜 준다.

여름날 보리밥 밥상은 어른이라는 이유로 억제했던 그리움도 소생시킨다. 그는 가족과 사회가 맡긴 역할과 임무를 수행하는 가운데 유년의 순수성과 천진성을 상실했다. 상실감이 만성화되면서 어머니의 존재성을 잊었다는 죄책감에 빠졌다. 그 심리적 상처를 치유하기 위하여 어머니표 밥상을 차리게 된 것이다.

그는 여름철 밥상을 "옛날 고향에서 어머니가 하던 방식"으로 차린다. 옥상 화분들이 텃밭 구실을 하고 파, 가지, 고추, 들깻잎, 방울토마토는 당시의 나물 반찬 역할을 하며 고추와 가지를 옛날처럼 조리한다. 들깻잎은 양념에 재우거나 익히고 점심으로는 식은밥을 찬물에 말아 콩잎을 얹어 먹는다. 마늘종은 된장에 박아두고 들깻잎 순을 멸치와 함께 조선간장으로 조리면 보리밥 한 그릇쯤은 '마파람에 게 눈 감추듯' 사라진다. 성찬을 차려낼 때의 구활의 언어와 문장은 신명에 실리고 글의 흐름은 비워져 있던 시간을 빈틈없이 메워 나간다. 일순간에 작가는 어른 구활에서 소년 구활로 변신하여 현실에 눌렸던 무의식을 해방시킨다. 소년시절에 질리도록 먹었던 보리밥과 푸성귀가 "밥 묵어라."는 목소리를 떠올려주는 효과적인 식재료가 된 셈이다.

구활이 수행하는 무의식의 복원은 인간 생존에 필수적인 먹거리에 의존한다. 먹는다는 것은 살기 위한 활동이고 그 역할을 책임지는 사람이 어머니라는 점에서 어머니의 말은 작가의 존재를 형성하는 심적 기저이기도 하다. "이 나이에도 어머니가 그립다."는 마감질은 모성의 그리움이 변함없음을 알려주고 어머니는 어떤 존재인가를 보여주는 행간 속의 언어인 셈이다.

양일섶의 <날>

최근 활발한 작품을 펼치는 양일섶이 낯선 수필 한 편을 선보였다. 실험성이 깔린 문제작이라는 라벨을 붙여주고 싶은 <날>은 한 단락씩으로 이루어진 9마디로 되어 있다. 작품을 끌고 가는 동력은 날씨라는 모티프이고 "맑은 날, 흐린 날, 비 오는 날, 눈 오는 날, 더운 날, 추운 날, 태풍 오는 날, 우울한 날, 기분 좋은 날"이라는 소제목이 단락마다 붙어있다. 날씨로써 하루 일정을 엮는 형식이 기존의 수필 형식과 다른 점을 살펴보기로 한다.

1. 맑은 날
나가야 한다.
화창한 날에 집에 있으면 억울한 기분이다. 만날 친구도, 반겨줄 사람도 없지만 가까운 금련산이라도 다녀오면 된다. 눈은 하늘을, 코는 나무를, 입은 열매를, 귀는 새를, 피부는 햇볕을 만나 즐거워한다. 나는 주는 것이 없지만 산은 나에게 무한정 베풀어 준다. 덤으로 왜 이렇게 살았는지, 앞으로 어떻게 살 건지에 대한 문제도 풀어준다. 해가 떠서 산에 갈 수 있는 날, 자연에 감사하고 싶은 날이다.

일지마다 연월일이 적혀있지 않다. '날씨는 맑음'이라고만 밝힌다. 기계적인 시간으로 일지를 작성하는 것이 아니라 자연의 변화에 따라 일정을 짜고 싶다는 무의식이 드러난다. 말하지 않지만 말하는 의식화로서 징후독법의 전형적인 사례라 하겠다.
글을 계속 읽어나가면 문득 초등 저학년의 일기 형식과 흡사하다는 생각이 든다. 자연에 대한 고마움을 갖는다는 어른다운 의식이 깔려있지만 맑은 날에는 밖에서 놀고 싶다는 심리가 아동의 마음에 일치한다. 과제나 업무가 없으면 날이 맑을 때는 밖에서 놀고 날씨가 흐릴 때는 집안에서 소일한다. 그것은 어린이와 자연인이 살아가는 생활방식이다. 어린이의 일기는 '하고 싶다.'는 희망으로 시작하고 저녁에는 '기분이 좋다.'는 반응으로 마무리한다. 작가의 맑은 날 하루치 일정과 기록도 이런 범주에서 크게 벗어나지 않는다.

 일지는 맑은 날에 이어 흐린 날, 비 오는 날, 눈 오는 날, 더운 날, 추운 날로 이어진다. 일정도 변함없이 "나가야 한다."로 언급했다. 나가고 싶은 무의식이 여전히 변함없다. 앞서 소개했듯이 인간을 이해하고 설명하려면 "프로이트(무의식)로 돌아가"야 한다고 라캉은 언급했다. 프로이트와 라캉이 말하는 무의식은 '의식 없음'이 아니라 의식 이전의 전의식으로서 본능적 기저에 가깝다. 양일섶이 '나가야 한다.'고 되풀이하는 말도 심리적 기저를 드러낸 것이다.

 그의 심리적 기저에는 직장에서 은퇴한 작가라는 신분이 깔려있다. 지금껏 집을 나서야 했던 이유가 직장 때문이었지만 이제는 그 현실적 구속이 사라졌다. 그러므로 나갈 명분을 새롭게 마련해야 한다. 그 명분이 날씨다. 흐린 날이면 바다 해무를 바라보는 일감을 만들고, 비 오는 날이면 하다못해 우산에게 비를 가리는 일감을 준다는 핑계를 내세운다. 외출할 당위성이 생긴다. 이것이 무의식을 메워가는 작가의 구실이고 변명이다. 눈 오는 날이면 누군가 자신을 기다리는 듯하고, 덥고 추운 날에는 자신을 위해 바닷가로 나서거나 따뜻한 오뎅 국물이 있는 포장집으로 가야 할 의무감을 느낀다.

 직장에 다닐 때는 이런 내적 욕망과 무의식의 호소를 외면하였다. 살아남기 위해 내적 욕구를 억제하였다. 날씨 탓으로 내면의 욕구를 억누르는 자는 어른들뿐이다. 아이는 비가 오든 눈이 오든 동무가 밖에서 부르면 험한 날씨를 마다하지 않고 밖으로 나간다. 억압된 과거를 떠올릴수록 순수하면서 유아스러웠던 시절에 이끌리고 글도 어린이의 문장체를 닮아간다.

 작가의 무의식은 태풍 부는 날과 우울한 날에 부딪치면서 지금까지 지향해온 방향과 역행한다.

7. 태풍 오는 날

집에 있어야 한다. 아예 나가고 싶지 않다. 군에서 폭풍우가 몰아치던 날, 수색대원들은 임진강에 매복을 나갔다. 빠르게 불어나는 강물에 세 명이 목숨을 잃었고 우리 부대는 그 시체를 수습했다….

8. 우울한 날

집에 들어가야 한다. 고등학교 다닐 때부터 기분이 안 좋은 날, 친구들과 싸웠거나 약속이 취소된 날에는 집에 일찍 들어갔다. 책을 읽거나 영한사전을 보면서 단어를 외웠다. 그러다 보면 금세 기분이 풀렸다….

태풍이 치거나 우울하면 집에 있어야 하고 외출했다면 서둘러 집으로 돌아간다. 전우가 죽거나 친구와 싸운 것과 같은 못쓸 사건이 또 일어날지 모른다는 기우 때문이다. 이런 경험이 의식화되어 날씨에 대한 본능적인 반응으로 점점 굳어졌다. 하지만 이제는 의무가 아니라 예감과 예측으로 일상을 꾸려갈 여유가 있으므로 태풍을 외출을 절제하는 요건으로 삼을 수 있다.

그의 징후독서법은 '기분 좋은 날'에서 종료된다. 그에게 좋은 날은 맑은 날씨가 아니라 작가로서의 보람을 얻은 날이다. 원고청탁을 받으면 전업 작가로서의 인정을 받은 것 같아 웃음이 나고, 술 한잔하자는 친구의 카톡이 오면 "하늘을 날아갈 것 같다." 작가로서의 보람과 여유가 '작가로서의 날'이라는 새로운 하루를 만들어낸다.

<날>을 징후독법으로 읽으면 무의식이 어떻게 펼쳐지는가를 알 수 있다. 아침마다 날씨를 살피는 일은 하루 일정을 가늠하는 것이지만 실제로는 실존적 삶을 유지하려는 의식에서 출발한다. 의식과 무의식의 균형을 취하려는 노력은 자연인으로서 작가의 일면을 반영해준다. 그 점에서

<날>은 작가의 내면을 점검하는 심리분석표라고 볼 수 있다.

배영주의 <당신의 처방전>

배영주가 아플 때 애용하는 응급 처방은 현대의학에 바탕을 두지 않는다. 그 처방들은 어린 시절 양딸로 자랄 때 권 씨 가문 장손의 50대 며느리인 할머니에게서 배운 것이다. '당신'이란 경어는 배영주의 삶에서 할머니가 차지하는 비중이 얼마나 큰가를 보여준다. 안동 풍천에서 이루어진 성장이 배영주의 현 의식을 지배하고 있다는 의미다.

할머니에 대한 작가의 의식과 무의식이 처방전에 묶여있다. 몸이 불편할 때 배웠던 처방을 사용하면 무의식 속에 간직되어 있던 시골 풍경과 할머니 같은 어머니가 의식 위로 떠오른다. 피부에 발진이 돋으면 소금물로 씻고 소화 장애나 급체하면 바늘로 손가락을 따고 동상에 걸렸던 부위가 근지러우면 바늘로 찔러 피를 낸다. 처방이 횟수를 거듭할수록 작가 자신의 처방전으로 자리 잡는다. 이런 의식화 과정이 전개되는 가운데 안동 풍천, 할머니 같은 엄마, 자연 처방전이 상호 엮이면서 기억 담론으로 자리 잡는다.

어린 시절에 대한 회상은 3인칭 소녀의 화법으로 기록된다.

> 저 산 너머에 한 소녀가 살았지. 사방이 처녀 젖가슴마냥 아담한 야산들이 병풍처럼 둘러싸인 마을. 봄에는 앞산에 진달래가 하도 고와 뻐꾸기 울음이 서럽고, 여름엔 실개천에 골부리와 풀들이 지천이고, 가을이면 산허리에 밤알이 붉어 떨어지고, 겨울이면 참새와 다람쥐가 겁 없이 눈 쌓인 앞마당을 차지하던 마을. 나는 그 속에서 시골 소녀로 자랐다.

"한 소녀'가 회상하는 시골마을이 수채화처럼 아름답다. 진달래와 뻐꾸기와 야산과 알밤과 겨울 참새와 다람쥐가 배치된 풍경은 신화의 배경처럼 아름답다. 그곳에 사는 시골소녀는 숲속 요정처럼 근심 걱정이 없어 보인다. 왜 작가는 그 시절의 장소를 이상적으로 그려내는가. 진정 아름답고 평화롭기 때문인가. 결코 아니다. 아름다운 곳일수록 위험한 방해꾼이 있듯이 그녀의 내면에 두려운 무엇인가 자리하고 있다. 그것을 잊기 위해 시골을 아름답게 기억하려 한다.

배영주의 소녀시절은 생각 이상으로 위태로웠다. 어려운 집안 형편 때문에 그녀는 대여섯의 나이에 안동 권씨 가문의 수양딸로 보내졌고 할머니 나이의 여인에 의해 자그마한 "강아지처럼 애지중지" 양육되었다. 산골 시절이 나름 행복했지만 두려움도 적지 않았다. 가기 싫은 제 집으로 돌려보내질지 모른다는 불안은 거의 현실이 되기도 했다. 제사가 있으면 검은 도포 자락을 입고 찾아온 어른들이 저승사자처럼 보였고 어머니가 인근 마을에 나타나면 소녀는 신발도 신지 않고 뒷산으로 줄행랑을 쳤다. 겨울에는 "눈 쌓인 길을 맨발로 도망쳐 발가락이 동상에 걸렸다." 이런 강박의식은 고스란히 지금까지 남아있다. 그 무의식적 간극이 있어 "자신을 길러준 양모가 진정한 엄마"라고 부르고 "당신"이라는 존칭을 사용하게 된 것이다.

배영주가 할머니를 기억하는 방식은 처방전을 잊지 않는 것이다. 할머니가 사용하던 치료법을 모방하는 행동은 할머니를 어머니로 불러들이는 의식이다. 병원이 없는 시골에서 살았던 소녀가 어른이 된 후에도 민간요법으로, 자아 치료를 하는 것은 너무나 자연스럽다. 전수받은 민간치료법 사이에 존재하는 시간이 메워질 때마다 작가는 할머니를 영험 있는 치료사이자 보호자로 신뢰한다. 그래서 배영주는 할머니와 보낸 행복한 소녀기를 처방전을 열거하는 방식으로 구체화한다,

할머니의 응급 처치는 다양했다. 봄날 병아리가 시름시름할 땐 참기름 먹이기, 꿀을 베다가 살점이 툭 잘려 뼈가 허옇게 드러난 내 집게손가락에 탈곡기에 사용하는 시커먼 기름을 바르기, 숨바꼭질 하다 땅벌에게 배와 손바닥을 쏘였을 땐 된장 바르기, 눈이 벌겋게 충혈이 잘되곤 했는데, 그 때마다 이웃집 아낙네 집으로 데려가 젖을 짜 넣어 삭히기, 종기가 나서 벌겋게 약이 올라 퉁퉁 부어오를 때까지 그냥 내버려 두어 어느 날 나무 바늘로 터트려 짜내기, 두드러기는 소금물과 검은 천, 감기엔 알싸한 냄새가 나는 풀잎으로 콧구멍 틀어막기, 배앓이엔 소금과 된장 처방, 할머니의 이런 자연 치유 방법은 나에 대한 사랑의 처방전이었다.

할머니의 처방을 회상할 때의 기분은 신들린 듯, 주문을 외우듯 그려진다. 어린 시절을 회상하여 현실에서 겪은 갖가지 상처를 치유해 나가는 배영주에게 <당신의 처방전>은 다양한 역할을 한다. "당신의 처방전"이 현대의학으로 따지면 "끔찍하고 무지한 방법"일지 모르지만 그녀에게는 심적 안정감을 주는 효험을 지금도 갖는다. 늘 갖고 다니는 옷핀은 응급 치료수단이면서 옛 시절을 재현시켜 주는 마법의 도구다. 배려와 사랑을 베풀어준 "마음 처방전"이면서 감성과 사랑을 되살려주는 '추억 처방전'도 된다. 이렇듯 여섯 살 무렵의 경험은 잊힌 것이 아니라 무의식의 간격을 깨워주는 징후독법이 되어 글쓰기로 구현된다. 그 점에서 할머니와 전통 치료법은 유년시절을 의식화해주는 회상물로 작동한다.

덧붙여

라캉과 프로이트가 언어를 '정신분석의 집'으로 보았다면 문학 중에서 수필만큼 '정신분석의 집'에 가까운 장르는 없을 것이다. 수필가가 자신의 삶을 수필에 담는다는 것은 외적 행동을 복원하는 것이기도 하지만 행동 하나하나마다 그림자처럼 따라다니는 '말하지 않는 것'의 진실을 전하는 것을 뜻한다. 나아가 의식보다는 무의식에 침잠할수록 타자로서 자신을 제대로 보여주려는 작가의식을 지킬 수 있다. 성장기부터 현재에 이르기까지 의식하지 못한 사건을 건져 올리는 글쓰기야말로 징후독법으로서 수필의 진면목을 보여준다고 하겠다. 이것은 수필은 과거 체험을 반영하는 자화상이라는 말을 빌리지 않더라도 무의식과 징후독법은 얼마나 견고한 상관성을 갖고 있는가를 밝혀준다.

구활의 <여름 소묘>는 어머니를 기억하기 위한 여름 밥상을 차려내는 상상을 통해 밥은 어머니라는 징후독법을 구현한다. 양일섶의 <날>은 날씨를 통해 어린이와 동일한 행동을 취함으로써 어른의 동경심과 어린이의 꿈을 일치시킨다. 배영주의 <당신의 처방전>은 할머니가 내린 전통처방을 지켜내며 소녀기의 정체성을 되살린다.

수필가는 자아 반영의 수필을 쓸 때 왜 이런 내용이 심저에서 솟아오르는가를 성찰할 필요가 있다. 무의식에서 우러난 사건과 체험이 글 속에서 의식적인 언어로 표현되지 못한다면 그 글은 작가의 진정한 실존의 표상이라고 할 수 없을 것이다.

| 작품 |

여름 소묘

구 활

고향을 생각하면 아이를 불러들이는 어머니의 목소리부터 들린다. 생각 속에 고향을 띄우면 사방을 둘러싼 산천의 풍경이 먼저 펼쳐질 것 같지만 사실은 그렇지 않다. 고향에 널려 있는 오만 소리 중에서도 어머니의 목소리가 가장 먼저 달려 나온다. 그러고 보니 나의 고향은 <창세기>와 닮은 데가 많다. <창세기> 첫 장을 펼쳐보면 하나님의 소리가 빛을 불러내 이 세상의 삼라만상을 만들기 시작한 것으로 기록되어 있다.

내 고향도 창세기의 태초처럼 어머니의 소리가 들리고 나서야 빛이 산천을 거느리고 나타난다. 빛은 고향 하늘을 떠받치고 있는 산 능선의 윤곽을 그려내고 강에 물을 흐르게 하며 이윽고 신작로와 고샅에 사람들을 웅성거리게 만든다. 그래서 나의 기억 속 고향에는 소리와 빛이 맞물려 있다. 고향에도 지문이 있다면 어머니의 목소리가 바로 그 지문이 아닐까 싶다.

어머니의 목소리에는 '밥'이라는 화두가 항상 함축되어 있다. 끼니때가 아니면 그 목소리는 들리지 않는다. 놀이에 한눈팔린 철없는 아들이 제 시간에 집에 들어올 리가 없다. 밥솥에 불을 때다가 뜸들일 시간이 되면 광목치마 끈을 고쳐 매면서 동리 어귀로 나와 고함을 지른다. "밥 묵구로 빨리 들어오너라." 딱지치기나 구슬치기가 끝이 나기 전에는 어머니의 목소리를 듣고도 못 들은 척하기가 예사다. 그래서 고향의 여름은 소리로 깊어간다.

어머니가 부르는 소리를 듣고도 못 들은 척하는 까닭은 허구한 날 마주하는 보리밥과 나물 반찬이 신물나기 때문이다. 어머니의 목소리만 듣고도 오늘 저녁 반찬이 '맨날 먹는 그것이냐, 아니냐.'를 구분할 수 있다. 그 목소리 속에 기쁨이 묻어 있으면 약간 특별한 반찬이 준비되어 있음이 분명하다. 한 단계 더 올라가 음색이 행복을 느낄 정도로 젖어 있으면 소고깃국을 끓였거나 갈치구이에 갖은 양념을 뿌려두었을 가능성이 아주 높은 것이다.

올여름은 너무 더워 밥맛이 뚝 떨어졌다. 열대야에 시달려 늦게까지 텔레비전을 보느라 잠을 설쳤더니 먹새 좋은 입맛이 어디로 달아났는지 찾아올 길이 막연했다. 이젠 어머니 대신 내가 나서서 나를 찾아와야 할 형편이다. 생각하다 못해 가까운 시골 장터에 나가 어릴 적에 먹었던 몇 가지 반찬거리를 사 왔다. 그러나 그것이 원상복구를 시켜주지는 못했다. 입맛을 회복하는 마지막 방법은 타임머신을 타고 시간여행을 떠나 어린 날 여름 고향의 품에 안기는 수밖에 없다.

의식이 이끄는 대로 따라가는 나의 '여름 향연'은 신나고 재미있다. 밥상을 옛날 그 시절의 것과 비슷하게 차려두고 내가 그 속으로 들어가는 것이다. 갑자기 나의 행보가 바빠진다. 아내에게 "여름 한 철만 보리밥을 먹자."고 제의했다. 여름 밥상의 밥은 보리밥이어야지 쌀밥으로 바뀌면 주연 배우가 잘못 선정되어 연극을 망치는 것과 꼭 같다. 우리 집 식단은 보리밥에 걸맞은 된장찌개와 열무김치를 비롯한 푸성귀들뿐이다. 요즘은 밥상 앞에 앉으면 웃음이 난다. 밥 먹는 동안에 나는 열 살 전후의 어린아이가 되어 목덜미의 땀띠를 쥐어뜯는 시늉을 하며 투정도 부려본다. 사실 행복은 별게 아니다.

"행복이라는 것은 와인 한 잔, 밤 한 톨, 파도 소리, 허름한 화덕처럼 참으로 단순하고 소박한 것이라는 생각이 들었다. 필요한 건 그것뿐이다." 소설가 니코스 카잔차키스가 쓴《그리스인 조르바》에 나오는 한 대목과 무엇이 다르랴.

우리 집은 아파트 맨 꼭대기 층이어서 줄지어 늘어선 옥상 화분들이 텃밭 구실을 한다. 가지, 고추, 파, 들깻잎, 방울토마토가 몇 그루씩 심어져 있어 두 식구가 먹고도 남는다. 아침 밥상 위에는 조연배우들로 분한 나물반찬들이 주인에게 사랑받기 위한 치열한 경쟁을 벌인다. 아내는 갓 따 온 고추와 가지를 옛날 방식대로 밀가루에 무쳐 밥솥에 쪄서 양념간장으로 무친다. 들깻잎은 양념에 재우거나 익혀서 쌈으로 싸먹는다.

점심 반찬으론 스무 장씩 한 묶음으로 묶어 된장단지 속에 박아 둔 콩잎을 꺼내야 제격이다. 식은밥을 찬물에 말아 그 위에 콩잎을 얹어 먹는다. 마늘종도 봄에 된장에 박아 둔 걸 꺼내 썰지 않고 손에 쥐고 그냥 먹는다. 그 맛은 기가 차다.

들깻잎 순은 맛있는 멸치와 함께 조선간장을 붓고 조리면 그것 하나만 해도 보리밥 한 그릇쯤은 후딱이다. 한양에서 돌아온 이도령이 춘향이 집에서 '마파람에 게 눈 감추듯' 밥 한 그릇을 먹어 치우는 것과 같다. 우리 집 옥상농사에서 보충할 수 없는 감자, 호박, 부추, 아욱, 근대, 머위 등은 시장 신세를 지지만 요리 방법은 옛날 고향에서 어머니가 하던 방식에서 크게 벗어나지 않는다.

여름 밥상 앞에 앉아 숟가락을 들 때마다 "야야, 밥 묵구로 빨리 들어오너라."는 어머니의 목소리가 들린다. 이 나이에도 나는 어머니가 그립다.

－2018년 5월호《수필과비평》

| 작품 |

날

양일섶

1. 맑은 날

나가야 한다.
화창한 날에 집에 있으면 억울한 기분이다. 만날 친구도, 반겨줄 사람도 없지만 가까운 금련산이라도 다녀오면 된다. 눈은 하늘을, 코는 나무를, 입은 열매를, 귀는 새를, 피부는 햇볕을 만나 즐거워한다. 나는 주는 것이 없지만 산은 나에게 무한정 베풀어 준다. 덤으로 왜 이렇게 살았는지, 앞으로 어떻게 살 건지에 대한 문제도 풀어준다. 해가 떠서 산에 갈 수 있는 날, 자연에 감사하고 싶은 날이다.

2. 흐린 날

나가야 한다.
집에만 있으면 마음까지 흐려질 것 같다. 차를 몰고 금련산의 청소년 수련원 위에 있는 전망대에 간다. 그곳에 서면 해무에 가려 바다 위에 떠 있는 것처럼 보이는 광안대교와 해운대의 마천루를 볼 수 있다. 동화책에서 보았던 하늘나라의 모양인 듯하다. 어머니가 불쑥 나와 손이라도 흔들어 주었으면 좋겠건만, 너무 많은 시간이 흘러 나를 잊으셨는지도 모르겠다. 내 곁을 떠난 사람들이 보고 싶은 날이다.

3. 비 오는 날

나가야 한다.

집에 있으려니 서랍장에 갇혀 있는 낡은 우산이 구시렁구시렁 중얼거린다. "신발은 매일 나가는데, 나는 오늘 하루만이라도…." 애걸하는 목소리가 귓전을 울린다. 그녀의 손을 잡고 동네를 한 바퀴 돈다. 기분이 좋은지 가벼운 바람에도 몸을 좌우로 흔든다. 근처 학교와 마트를 구경시켜 주고, 집으로 들어가려 하자 그녀의 뼈에서 흐르는 눈물이 내 어깨를 적신다. 짧은 시를 한 편 적고 싶은 날이다.

4. 눈 오는 날

나가야 한다.

집에만 있으면 다른 사람이 다 본 영화를 나 혼자만 못 본 기분이다. 커피숍 창가에 앉아 지나가는 사람들의 표정을 보며 '아다모'의 <눈이 내리네>를 듣고 싶다. 하얀 눈을 맞으며 나를 기다리는 사람이 있었던가. 하얀 눈을 맞으며 누군가를 기다린 적이 있었는가. 없다. 마시던 커피를 남겨 두고 밖으로 나가야겠다. 그냥 호주머니에 두 손 쿡 찌르고 머리를 지붕 삼아 무작정 걷고 싶은 날이다.

5. 더운 날

나가야 한다.

내가 제일 싫어하는 날이지만 나를 위해 나간다. 광안리해수욕장의 종려나무 그늘에 퍼더앉는다. 시원한 바닷바람은 땀을 식혀주고 헝겊 쪼가리 두 장 걸친 젊은 아가씨들의 모습은 눈을 번쩍거리게 만든다. 10여 분을 걷는다. 대학가의 막걸릿집 귀퉁이에 앉아 청춘들의 흥에 겨운 소리를 듣는다. 그들에게는 미안하지만 기氣를 빌려가야만 한다. 더위에 지친 몸뚱이를 활력으로 채우고 싶은 날이다.

6. 추운 날

나가야 한다.

집에 있으면 따끈한 오뎅 국물과 소주가 자꾸 생각난다. 땅거미가 지면 마을버스를 타고 시장통의 포장집에 간다. 그곳에서 노가다, 장사꾼, 놈팡이들이 모여 저마다의 힘든 생활을 하소연한다. 가끔 잘난 척하는 사람도 있다. 시끌벅적하다. 그들의 이야기는 어떤 영화나 드라마, 소설보다 더 재밌다. 만 원짜리 두 장이면 충분하다. 꾸밈없이 살아가는 그들의 애환을 수필로 번역하고 싶은 날이다.

7. 태풍 오는 날

집에 있어야 한다.

아예 나가고 싶지 않다. 군에서 폭풍우가 몰아치던 날, 수색대원들은 임진강에 매복을 나갔다. 빠르게 불어나는 강물에 세 명이 목숨을 잃었고 우리 부대는 그 시체를 수습했다. 제대 후, 복학을 해서 학교에 열심히 다녔다. 큰 태풍이 오는 날, 비를 쫄딱 맞고 2층 강의실에 들어갔다. 아무도 없었고, 아무도 오지 않았다. 휴강이었다. 피할 건 피하면서 살아야 한다. 리모컨만 잡고 소파에 길게 누워 있고 싶은 날이다.

8. 우울한 날

집에 들어가야 한다.

고등학교 다닐 때부터 기분이 안 좋은 날, 친구들과 싸웠거나 약속이 취소된 날에는 집에 일찍 들어갔다. 책을 읽거나 영한사전을 보면서 단어를 외웠다. 그러다 보면 금세 기분이 풀렸다. 친구들은 나에게 이상한 놈이라고 했지만 나는 몸도 마음도 정상이었다. 지금은 그렇게 하지 않는다. 대신 인터넷으로 고스톱을 치거나 바둑을 둔다. 오락에 빠져 우울한 기분을 잊고 싶은 날이다.

9. 기분 좋은 날

당연히 나가야 한다.

오전에 수필 잡지사에서 전화가 왔다. 일전에 제출한 원고를 게재하겠다는 연락이다. 오후에는 수영구청에서 매달 발행하는 신문, <새수영>에 내 글을 실을 거라는 전화를 받았다. 헤죽헤죽 웃으며 돌아다니고 싶다. 저녁에는 막역한 친구에게서 술 한잔하자는 카톡이 왔다. 하늘을 날아갈 것 같다. 오늘은 상대가 누구든 기분 좋은 만남이다. 마음껏 떠들면서 좋은 안주에 소주 한잔 사주고 싶은 날이다.

—2018년 5월호《수필과비평》

| 작품 |

당신의 처방전

배영주

 계절이 바뀌면 소화 장애로 인해 늘 속이 더부룩하다. 마가 위에 좋다기에 오는 길에 서너 개를 사 와서 신나게 껍질을 벗겼다. 그런데 잠시 후 왼쪽 손목 부위가 근질근질하더니 급기야 못 견딜 정도로 가렵기 시작한다. 마를 깎던 손으로 마구 긁었더니 숨구멍마다 발간 표피들이 도돌도돌 돋아 빨간 꽃을 피워댄다.
 웬일인가 몸에 좋다는 마가 무슨 문제라도 있는 걸까. 아마도 장갑을 끼지 않고 껍질을 벗긴 것이 탈을 일으켰던 것 같다. 그 순간 할머니의 응급 처방전이 퍼뜩 떠올랐다. 어렸을 적에 걸핏하면 온몸에 두드러기가 벌겋게 돋아 그놈들이 내 몸 구석구석에서 쟁탈전을 벌이곤 했다.
 할머니의 응급 처방전은 딱 두 가지였다. 나의 옷을 홀라당 벗겨놓고 소금물을 바르고 검은 광목천을 뒤집어씌우는 것이다. 어린 나는 기꺼이 그렇게 몇 시간을 견뎠다. 그리고 나면 신기하게 가려움이 가라앉는다. 현대 의학으론 무식하기 짝이 없을 치료법을 되살려 부풀었던 피부를 소금물로 씻어내고 한참 있으니 괜찮았다.
 어린 시절의 그리움이 서려있는 안동으로의 문학기행, 그날 하루는 온전히 나의 것이다. 내면 깊숙이 잠재해 있던 서정의 탈환을 위해 기꺼이 하루를 빌린다. 옛 안동 양반들이 머물렀던 이곳저곳을 둘러보는 동안 그 고요하고 서정적인 풍경에 매료되었다. 특히 가장 인상 깊은 곳은 사방으로 나지막하고 봉긋한 산이 병풍처럼 둘러싸여 있고, 연둣빛 강물이 내다보이는 안동시 풍천면에 있는 '겸암정사'였다. 이곳은 그날 둘러보았던 다른 건물보다 나지막하고 소담한 곳이지만 왠지 가슴이 설레었다. 안동 '풍천'이라는 지역 이름은 영원히 잊히지 않을 장소다.

일부 문우들이 하회마을을 한눈에 볼 수 있는 하회마을을 보러 부용대로 올라가고 몇몇 문우들은 겸암정사 누마루에 앉아 간단한 차를 마시며 머물렀다. 나는 누마루에 잠시 앉아 있다가 부엌에 계시는 아주머니에게로 가서 내가 살았던 마을이 어디쯤에 있냐고 느닷없이 물었다. 아주머니는 다소 무뚝뚝한 어조로 턱을 쑤욱 내밀며 저쪽 산 너머에 있다고 한다. 다시 누마루에 앉아 생각에 잠긴다. 저 산 너머에 한 소녀가 살았지. 사방이 처녀 젖가슴마냥 아담한 야산들이 병풍처럼 둘러싸인 마을. 봄에는 앞산에 진달래가 하도 고와 뻐꾸기 울음이 서럽고, 여름엔 실개천에 골부리와 풀들이 지천이고, 가을이면 산허리에 밤알이 붉어 떨어지고, 겨울이면 참새와 다람쥐가 겁 없이 눈 쌓인 앞마당을 차지하던 마을. 나는 그 속에서 시골 소녀로 자랐다.

연년생 여동생과 아버지의 무릎 차지 쟁탈전을 벌이던 어린아이는 어느 날 방물장수의 소개로 대여섯 되던 나이에 안동 권씨 가문의 장손집 수양딸이 되었다. 그 장손은 자손 없이 일찍 세상을 떠나고, 며느리 홀로 작은댁의 아들을 양자로 들여와 키우며 집안을 꿋꿋하게 지키며 살았다. 아이에겐 오십 후반의 며느리 할머니가 엄마였다. 할머니는 자그마한 아이를 강아지처럼 애지중지 키웠다.

나는 지금도 기억한다. 갓을 쓰고 검은 도포 자락 펄럭이며 수시로 제사를 지내러 온 열댓 명의 사람들이 혹여 나를 데려가지나 않을까라는 생각에 무서웠다. 그러나 그보다 더 무서웠던 것은 우리 엄마였다. 자식들은 늘어나고 하던 사업도 내리막길로 치닫게 되자 아버지는 잠시 나를 시골에 맡겨 놓으신 것이다. 촌구석에 맡겨놓은 딸을 찾으러 엄마는 해마다 안동에 왔지만 나는 그때마다 신발도 신지 않고 뒷산으로 줄행랑을 치곤 했다. 나에겐 나를 길러준 할머니가 전부였으니까.

그해 겨울, 눈 쌓인 길을 맨발로 도망친 이후부터 내 발가락은 겨울만 되면 벌겋게 퉁퉁 부어 가려움의 극치에 다다랐다. 스무 살 가량 될 때까지 발가락에 박힌 동상이 나를 괴롭히곤 했는데, 그때마다 바늘로 발가락을 모질게 찔러 피를 뽑아내면 신기하게 가라앉았다. 이 방법은 물론 할머니로부터 전수받은 두 번째 응급 처방이다.

그 외에도 할머니의 응급 처치는 다양했다. 봄날 병아리가 시름시름할 땐 참기름 먹이기, 꿀을 베다가 살점이 툭 잘려 뼈가 허옇게 드러난 내 집게손가락에 탈곡기에 사용하는 시커먼 기름 바르기, 숨바꼭질하다 땅벌에게 배와 손바닥을 쏘였을 땐 된장 바르기, 눈이 벌겋게 충혈이 잘 되곤 했는데, 그때마다 이웃집 아낙네 집으로 데려가 젖을 짜 넣어 삭히기, 종기가 나서 벌겋게 약이 올라 퉁퉁 부어오를 때까지 그냥 내버려 두어 어느 날 나무 바늘로 터트려 짜내기, 두드러기는 소금물과 검은 천, 감기엔 알싸한 냄새가 나는 풀잎으로 콧구멍 틀어막기, 배앓이엔 소금과 된장 처방, 할머니의 이런 자연 치유 방법은 나에 대한 사랑의 처방전이었다.

지금 생각해 보면 끔찍하고 무지한 방법이다. 하지만 나 역시 아이들을 키우면서 가급적이면 자연적 치유 방법으로 아이들을 키우려고 노력했다. 지금도 나는 내 몸에 지니고 다니는 응급 용품이 있다. 작은 옷핀 하나다. 어느 날 지나가다 급체한 아이를 위해 옷핀을 구해다 주어 아이를 살린 적이 있다. 그리고 세월이 한참 흐른 어느 날, 큰아이가 급체를 하여 인사불성인 아이를 안고 무작정 밖으로 뛰어나갔을 때, 우연히 지나가던 사람이 옷핀으로 아이의 손가락을 찔러 살아난 적이 있다. 이런 이유로 작은 옷핀 하나는 나에게 안정을 주는 하나의 주술용품이 된 것이다.

세상에는 다양한 방법의 자연적 또는 의학적 처방이 있다. 그러나 여러 치유 방법 중에 가장 좋은 처방전은 배려와 사랑을 담은 마음 처방전이 아닐까 생각한다.

감성과 사랑이 부족하면 추억 처방전은 어떨까!

―2018년 5월호 《수필과비평》

06

글의 플랫폼: 텍스트, 콘텍스트, 그리고 디스코스

　세상의 모든 것은 텍스트다. 사진 한 장, 낙엽 한 잎, 구름 한 조각도 텍스트이다. 작품이나 제본된 책뿐만 아니라 읽고 이해하고 분석하고 해체하여 새로운 의미를 찾아낸 모든 대상을 텍스트로 간주된다. 텍스트로 여기는 순간 그것들은 단순한 자연물이 아니라 무수한 의미와 개념과 이미지를 지닌 활물活物이 된다. 텍스트로서 만물은 사람에게 웃음과 눈물을 자아내고 오래전에 잊힌 기억도 새롭게 떠올려준다.

　텍스트 중의 텍스트는 사람이다. 기호학자들이 사람을 기호 덩어리로 간주하듯 사람은 읽고 해석하고 분석하고 의미를 부여받는 가장 훌륭한 대상이다. 벌집마다 작은 방이 있듯이 인간의 삶 속에는 무수한 작은 텍스트가 들어 있다. 고대부터 미술과 음악과 조각이 인간의 마음과 몸을 예술화하고 상상에 따라 이야기를 만들어낸 사실은 인생이 가장 친숙하면서 복잡한 텍스트임을 보여준다.

　이런 관점은 문학연구와 창작의 대상은 작품(work)이 아니라 텍스트

(text)가 되어야 한다는 뜻이다. 텍스트의 원뜻은 직물이다. 작품을 비평대상으로 삼으면 완결성으로 인하여 해석에 제한을 가져오지만 텍스트로 여기면 무한한 시니피앙들의 유희가 펼쳐지는 곳으로 바뀐다. 새로운 의미망으로 직조하면 이전에 드러나지 않았던 낯선 의미도 발견할 수 있다. 비평에서 구조주의가 탈구조주의로 이행한 이유이기도 하다.

작가가 대상을 텍스트로 간주할 때의 효과는 매우 크다. 역동적인 해석이 가능하고 새로운 존재성을 정립할 수 있다. 롤랑 바르트는 《저자의 죽음》에서 글쓰기를 통해 저자는 자신을 제거하면서 독자수용을 확장시켜 독해를 주도한다고 하였다. 해체와 통섭이 끊임없이 텍스트를 만들어가는 생성 활동도 가능해지며 상징, 은유, 비유의 영역도 넓힐 수 있다. 결국 텍스트는 의미 확장을 강조하는 방식인 셈이다.

텍스트를 해체하는 것만으로는 해석이 제대로 이루어지지 않는다. 글 전체를 타고 흐르는 흐름이 필요하다. 다른 요소들을 하나로 뭉치고 의미라는 물줄기를 엮어가는 것이 콘텍스트(context)이다. 모든 사건마다 맥락이 있고 인간의 삶 속에도 윤리, 감각, 품성, 사회적 실천과 같은 맥락이 있다. 러시아 태생의 미국언어학자인 야콥슨은 의미가 재생산되는 데는 여러 변수가 필요하지만 가장 결정적인 요건은 환경이라는 콘텍스트라고 하였다.

글의 콘텍스트인 맥락은 구성과 다르다. 구성이 단락을 기계적으로 연결하는 것이라면 맥락은 텍스트를 이해하는 데 필요한 상황과 환경을 유기적으로 연결하는 모든 것이다. 텍스트를 제대로 풀어내려면 콘텍스트를 살펴야 한다. 주체와 객체간의 접촉, 전달되는 메시지, 사용되는 코드와 상호 작용하면서 논리를 펼쳐나가는 맥락이 텍스트를 뒷받침하지 못하면 독자는 자의적인 해석에 빠져 작가와 눈먼 괴리감을 만들게 된다.

모든 텍스트는 나름의 콘텍스트를 갖는다. 별 생각 없이 쓴 글은 세련된 문장이나 형식미를 가질지 모르나 현실 문제나 사건에 대한 생각을 가진 바가 없게 된다. 그것은 마치 일반사람의 사진과 사진작가의 사진이 다른 것과 같다. 가령 부유한 차림을 한 어떤 사람이 승용차 안에서 햄버거를 급하게 먹는 장면을 찍었다고 하자. 그 사진은 식사도 제대로 할 수 없을 만큼 바쁘다는 콘텍스트를 숨기고 있다. 작가는 현실을 사진이라는 담론으로 표현한다. 피사체를 등장시킬 때 무엇인가 말하는 것처럼 만들어 내어야 동작은 독특한 몸짓이 된다. 그 동작이 글감이 되고 신사의 흥미로운 이야기를 전해줄 수 있다.

작가가 텍스트를 콘텍스트화 할 때 구사하는 것이 담론이다. 담론은 말하기로서 주제 체계를 세우는 말과 글을 총괄한다. 담화談話, 언술言述, 언설言說이라고도 말하는 담론(discourse)은 말보다 더 큰 말이고 문장보다 더 큰 일련의 문장들을 가리킨다. 누군가에게 어떤 문제를 설명할 때 "말하고자 하는 핵심이 뭐야?"라는 질문을 받으면 내용을 논리에 맞추어 잘 설명하여야 한다. 사실과 진실을 구분하고 추상력과 상상력의 차이를 제시하는 담론은 맞춤법이나 문법에 맞춘 글쓰기와 다르다. 사회구조와 언어시스템을 의미론적으로 재구성하려는 시도가 디스코스다. 디스코스는 사람들의 발언이 단순한 기호들의 집합이 아니라 사회적 집단 내에서 이루어지므로 발화자와 청자 사이에 사회적 층위가 발견된다는 푸코의 상호담론 개념이다.

담론 분석은 문장이 갖고 있는 상대적이고 사회적인 기능을 중시한다. 그것이 대화인가 설득인가, 농담인가 불평인가, 질문인가 협박인가라는 내러티브를 따진다. 담론은 포스트구조주의 이론가인 푸코의 영향이 크다. 푸코는 담론을 권력의 작동까지 포함시켜 누가 특수한 담론을 사용할 권리를 가지는지, 누가 담론의 혜택을 누리는지, 담론이 어떻게 제한되는지를 밝혀 해당 표현의 특수성과 내외적 역할을 이해시켜 준다.

작가는 작품을 쓸 때 텍스트와 콘텍스트와 담론간의 심층적 관계를 인식하여야 한다. 텍스트 대한 해석, 콘텍스트의 함의, 담론이 지닌 사회적 기능을 숙고하고 조직적으로 짤 때 그의 글은 정격正格화 되지 않고 기호 체계와 의미망을 갖추어 간다.

김추리의 <코밑의 가로>

<코밑의 가로>의 해석과 의미 전달은 사람의 입이라는 물상에 집중된다. 입이 수행하는 주기능은 음식 섭취다. 태어난 사람은 입으로 젖을 빨기 시작하고 나이가 들면 입으로 음식을 먹는다. 그 바쁜 입으로 말도 한다. 만일 먹고 말하는 입을 신체기관으로만 간주하면 더이상 의미 부여나 인간다움을 토론할 필요가 없다. 입이 전하는 말의 파급 효과라는 맥락도 거론할 필요가 없다. 단순히 발성기관의 움직임만을 잘 설명해주면 정확하게 발음할 수 있게 된다.

그런데 입을 물상으로 여기면 맥락이 달라진다. 물상物像이 해체되고 재구조화되어 물은 질료로, 상은 모습으로, 숨어있는 의미는 존재이유로 나누어진다. 작가는 왜 조물주가 밥을 먹는 입으로 말하게 하는지를 <코밑의 가로>를 쓰는 첫 단락으로 삼는다. 적게 말하라는 것이다. 코밑에 가로로 뻗은 모양이 아니라 그 역할을 논거함으로써 "말한다"에 새로운 의미소를 첨가해 나간다. 김추리는 입이 '말하는' 기능에 더 큰 의미를 부여함으로써 사람과 사람 사이의 도리를 정하는 기표로 삼으려 한다. 텍스트보다 콘텍스트라는 함축적인 맥락에 중점을 둔다는 뜻이다.

작가가 풀어내는 맥락은 새로운 언술의 밑받침 역할을 한다. 사람은 하루에 2만 개가 넘는 단어로써 대화하고 노래한다고 한다. 입안에 들어 있는 말은 아무리 토해내어도 줄지 않는다. 작가는 말의 장단점을 열거하면서 상대방을 상처내고 목숨을 빼앗는다는 위험성마저 있다는 것을 강조함으로써 입에 인간의 모든 삶이 모여 있다는 점을 설득하려 한다. 이런 맥락과 담론은 경험, 속담, 인용, 반론, 은유 등의 수사법과 동행한다.

말은 생명체다. 만의 얼굴을 갖고서 살아 꿈틀거리고 날개를 달았으며 말(馬)처럼 뛰어 지축을 흔들기도 한다. 그뿐이 아니다. 말에는 씨앗이 있어 싹을 틔우고 무성하게 자라기도 한다. 잘 가꾸면 어여쁜 꽃을 피우고 실한 열매를 맺지만 반면에 돌보지 않는 말은 가시덤불이거나 해악의 뿌리가 될 수도 있다. 그렇다고 입을 막고 살 수 없으니 말이 입 밖에 나가기 전에 조심, 조심할 일이다. 하지만 그게 쉽다면 어찌 입을 가리켜 재앙의 문이라 했겠는가.

위 단락은 "말은 생명체이면서 재앙의 문"이라는 명제에 초점을 맞추고 있다. 이 명제는 말을 어떻게 하느냐에 따라 사람이 살고 죽을 수 있다는 양날을 강조한다. "말(馬)처럼 뛰어 지축을 흔들고"와 "말에는 씨앗이 있어"와 "말은 가시덤불이거나 해악의 뿌리"라는 비유가 중심 맥락인 "조심 조심"에 모아진다. 이것은 말이 경망스러우면 탈을 자초하고 주절거리면 무식을 탄로내고 말을 앞세우면 꼴찌가 될 수 있다는 경고이면서 말 한마디로 천 냥 빚을 갚는다는 조언이기도 하다. 씨부렁대는 사람을 두고 사돈댁에 데려갈까 무섭다 등은 속담이자 아포리즘이다. 열거된 은유와 속담이 말의 신중함을 강조하는 가운데 콘텍스트는 말이란 개인적 문제가 아니라 사회적 시스템임을 밝혀주고 있다.

말의 경박성과 위험성을 극복하기 위해서 신중함이라는 처세술이 도입된다. 말을 신중하게 구사하자는 문맥을 강조하기 위해 들여온 비유가 대나무 매듭이다. 대나무는 마디가 층마다 놓여 쉽게 휘어지지도 꺾이지도 않는다. 이것을 유심히 살핀 작가는 말에도 마디가 있어야 한다고 여긴다. 작가의 기대처럼 말이 생각마디를 가지면 옹골찬 내용과 듬직한 말투를 가질 것이다. 차갑고 냉랭한 말은 상대를 분노케 하거나 주눅 들게 한다는 걱정도 빠뜨리지 않는다. 반대로 이상적인 말은 신뢰, 일치, 진실, 긍정이라는 가치에 일치하는 주제를 갖는다고 덧붙인다.

일생 동안 아름다운 말만 하며 살고 싶은 것이 사람의 소망일 것이다. 믿음직한 말, 행동과 일치하는 말, 책임을 질 수 있는 말을 진실과 정성이 깃든 부드러운 말씨로 표현한다면 세상은 좀더 환해질 거라는 생각이다. 그런 긍정적인 말이야 참을 필요 없이 많이 할수록 좋다.

"코밑의 가로"는 "믿음직한 말, 행동과 일치하는 말, 책임을 질 수 있는 말"을 "진실과 정성이 깃든 부드러운 말씨로 나타낸 형상이다. 그 깨침이 쉽지 않음을 작가는 자신이 했던 실수를 열두세 살 때 《명심보감》을 가르친 훈장을 통해 소개한다. 훈장은 어린아이들에게 '코밑의 가로'를 조심하라고 일렀지만 아이들은 그 비유를 이해하지 못하고 웃기만 했다. 하지만 나이가 들어서는 그렇게 좋은 글귀가 없다고 여긴다. 서양의 신화인 에코와 단테의 《신곡》도 실천이 없는 말의 가벼움을 경고한다고 덧붙인다.

말의 경박함과 진중함을 분별하고 제대로 실천하기는 쉬운 일이 아니다. 오늘날의 사람들도 신체의 일부인 입의 역할이 얼마나 중요한가를 제대로 깨닫지 못하고 있다. 그 현실을 안타깝게 여기는 김추리는 갖가지 아포리즘을 열거하는 방식으로 입이 지닌 텍스트성을 해독해낸다. 마지막으로 "입은 밑 빠진 항아리보다 막기 어렵다."는 속담을 가져와 입이라는 텍스트와 신중함이라는 맥락과 속담 담론으로 입말의 진실성을 주지시킨다.

서민웅의 <메꽃>

서민웅의 <메꽃>은 메라는 텍스트와 어린 시절의 회상이라는 콘텍스트로 주관적인 감성과 객관적인 사실이 균형있게 어울린 작품이다.

　서문에서 소개하였듯이 텍스트는 완결된 산물이 아니라 끊임없이 짜임을 이어가는 미완의 직물이다. 하나의 개념이 다른 이미지를 제기하는 가운데 다양한 글쓰기가 이루어진다. 메와 메뿌리와 메꽃이 무엇인가를 설명하는 원저자는 식물학자다. 식물학자가 정의하였지만 서민웅은 옛 기억을 되살리는 메가 지닌 텍스트성을 확장시켜 간다.

　소재를 베끼는 필사자로서가 아니라 새로운 문맥과 개념을 설정하려는 작가로서 서민웅은 메꽃을 직접 제시하지 않는다. 고향과 아버지의 밭농사와 막걸리와 주전부리를 모두 포용하는 소재가 무엇인가를 생각한다. 그 소재가 메꽃이다. 메는 어린 시절은 물론 시골의 향토성과 배고팠던 가난도 되살려주어야 한다. 그 맥락에 일치하는 것이 농촌 논과 밭둑에서 야생적으로 자라는 메이다.

　메는 땅속줄기로 번식하는 다년생 덩굴식물이다. 이 점은 식물학자는 물론 시골사람이면 누구나 알고 있다. 작가는 메 뿌리에 관심을 집중시킨다. "뽀얀 줄기 뿌리는 봄 싹이 나기 전에는 겨우내 저장해둔 당분과 녹말이 가득하여 통통하게 살이 올라있다."라는 문장은 꽃이나 잎이나 줄기가 아니라 뿌리가 메의 대표 속성임을 밝힌다. "봄 싹이 나기 전"은 농촌에는 먹을 것이 궁핍했음을 암시한다. 당연히 당분과 녹말로 통통하게 살이 오른 메 뿌리는 아이들에게 귀한 간식거리였다. 이로써 "굵기만 하면 마음이 흡족했다."는 문장은 당시 시골의 삶과 환경을 이해하기에 충분하다.

　여기서부터 메에 대한 콘텍스트가 본격적으로 시작한다. 메는 덩굴 식물에 불과하지만 작가는 "자연의 혜택이고 보시"라는 거창한 수식구를 동원하여 이미지와 개념을 강조한다. 도시 아이들에게는 메가 추억이 없는 잡초이지만 시골아이들에겐 자연의 혜택이며 매체로 손꼽힌다. 이것이 메가 지닌 상像이다. 상은 물物과 달리 작가가 처한 상황에 맞추어 맥락을 달리한다. 만일 <메꽃>을 읽는 독자들이 서민웅이 겪은 고달픔과 가족에 대한 그리움이라는 맥락을 이해하지 못하면 메가 지닌 콘텍스트에 동의하기가 쉽지 않다. 그 점에서 메꽃은 어린 시절에 직결된다.

메꽃을 보면 단박에 어릴 때 고향으로 달려간다. 고향의 흙냄새가 난다. 이른 봄 누렁 암소를 앞세우고 지게에 쟁기를 걸머진 아버지가 생각난다. 그때의 아버지는 바짓가랑이를 무릎까지 걷어붙인 모습이다. 아버지가 밭 갈러 들로 나설 때 나는 촐랑촐랑 따라나서곤 했다. 내 손엔 으레 주막거리에서 받아온 시금털털한 막걸리 한 됫박이 든 누런 양철 주전자가 들려 있게 마련이다. 아버지가 밭을 갈다 목이 컬컬하시면 밭둑에 쟁기를 대고 소에게 말한다. "워, 워!" 쉴 참에 짠지 쪼가리를 안주로 대포 한 잔 주욱 들이켜시고 큰 트림을 한다. 이런 그림이 눈에 선하다.

어린 시절의 고향 풍경이 메꽃에 담겨있다. 그는 다른 물상이 아닌 메꽃으로 고향을 그려낸다. 그림 속에는 "흙냄새, 시금털털한 막걸리, 짠지 쪼가리"라는 미각과 후각, "워, 워!, 큰 트림"이라는 청각, "암소를 앞세우고 지게에 쟁기를 걸머진 아버지, 바짓가랑이를 무릎까지 걷어붙인 모습"이라는 시각이 서로 어울려 조용하면서 바쁜 농촌 풍경을 완성한다. 여기에는 굶주림이라는 긴박한 현실이 숨어있다. 아무리 평화스러운 정경과 부지런한 농촌 노동을 계속 묘사한다 하더라도 종래 다다르는 지점에는 주전부리인 메 뿌리다.

메 뿌리는 다채로운 동심을 이어간다. "달착지근하고 아삭아삭 씹히는 메 뿌리는 알싸한 향기가 섞인 맛이 일품"이어서 대충 흙을 털어내고 바로 입으로 가져간다. 아이들은 메 뿌리를 통하여 흙 향기를 깨닫고 환호작약이란 말을 어떤 때 쓰는가도 배운다. 어른이 되어서는 미각과 청각과 후각 이미지를 조합하여 농촌과 고향에 대한 정을 키워간다. 그러므로 메 뿌리는 단순하고 거친 덩굴식물이 아니라 잊을 수 없는 '자연의 혜택이고 보시'인 것이다.

서민웅은 메꽃 향수를 재현할 때 그리움이라는 콘텍스트에만 의존하지 않는다. 그는 노스탤지어라는 분위기를 한껏 제시하기 위해서는 감성적 이미지와 서정적 문장에 의존해야 하지만 자칫 감상적이기 쉽다는 약점도 받아들인다. 정서 과잉이 지닌 문제점을 파악한 것이다. 그 모순을 해결하려는 그는 메꽃을 식물학적으로 설명하고 객관적으로 기술함으로써 주전부리로서만 메를 좋아한 것이 아님을 밝힌다. 즉 지적인 설득을 병행하는 것이다.

후반부는 메꽃에 대한 백과사전식 설명이 대부분이다. 메 식물이 지닌 장점들이 제시된다. 메꽃은 영양소가 풍부해서 식용이 가능하고 연분홍빛 꽃은 아름답고 잎은 쌈 나물 생즙으로 먹으며 뿌리는 죽을 끓여 먹거나 떡을 만들어 먹는다. 꽃과 잎과 뿌리는 약용으로 두루 쓰이며 오늘날에도 민간요법으로 사용된다. 메에는 우리가 본받아야 할 충성심에 얽힌 병사의 일화도 있어 충성과 속박과 수줍음이라는 꽃말로 삶의 지표로 삼을 만하다. 이런 부연 설명은 작가가 메를 좋아하는 이유가 그것의 미덕에 있음을 밝혀 지적 영역을 넓히고자 한다.

글이 전후반부로 나뉘는 가운데 감성과 지성의 균형을 이루고 있다. 머리와 가슴 간의 교감을 넓히는 효과도 거둔다. 작가는 수필이 지적 울타리를 갖추어야 한다는 점을 강조함으로써 감정과잉의 절제가 필요한 글이 수필 텍스트라는 맥락을 완결시켰다. 그러므로 "다시 한 번 아버지를 따라 밭고랑에서 뛰놀며 흙 향기가 밴 알싸한 메 뿌리를 찾던 그 시절로 돌아가고 싶다."는 말은 기억 되찾기이면서 성숙한 정신적 회귀를 보여준다.

박범수의 <마지막 가게>

박범수의 <마지막 가게>는 귀가 중에 지나가는 지하상가를 통하여 개인의 삶이 사회 경제와 어떻게 연결되고 함께 무너져 내리는가를 이야기한다. 그는 개인의 삶을 독립적으로 보여주기보다는 사회 전체의 암울한 분위기를 다루는 고리로 채택하고 있다. 따라서 지하상가는 점주들이 물건을 팔아 생계를 유지하는 장소가 아니라 시대상황이라는 의미를 가진 텍스트로서 등장한다.

작가는 지하상가를 무심히 지나가지 않는다. "거리의 색깔은 세월의 흐름에 따라 수시로 변한다."는 명료한 서두가 글의 방향과 문맥을 결정한다. 작가도 주변 변화에 민감하게 반응하고 그것을 살피고 기록한다. '거리의 색깔'은 특정 장소의 상황과 분위기를 파악하려는 작가의 방식을 받쳐준다. 수시로 달라지는 색깔은 단순히 밤 풍경이나 건물 외벽의 장식을 구분하는 것이 아니라 청년들의 삶과 서민 경제가 어떻게 생성되고 퇴조하는가를 말하는 기호에 일치한다.

작품이 설정한 무대는 경인선 전철과 도시 전철이 만나는 지점이다. 사람들이 오가는 그곳은 경제적 상황이라는 콘텍스트를 보여주기에 적절한 공간이다. 처음 소개될 때 지하 통로는 휑하고 어둡고 노숙자들이 앉아 있는 빈곳에 불과하였다. 불경기 시대의 서민적 분위기 속에서 노점이나 이동식 수레도 집단적 경제상황을 재는 역할을 한다.

작품의 중반부에 "그곳에 큰 변화가 생겼다."는 문장이 깔린다. 일반적으로 새 빌딩이 세워지거나 상가 간판이 새로 달리면 요란을 떤다. 어둑했던 지하도로도 마찬가지다. 좌우에 상가가 만들어지고 이동식 노점 간판이 설치되고 주변 조명은 분위기를 활기차게 돋운다.

손수레의 물건들은 다양했다. 자그마한 사진 액자를 파는 곳, 자잘한 소품들, 프랑스 과자, 액세서리, 꽃가게 등 다채로웠다. 퇴근길에 지하철에 내려 그 통로를 지나며 가게 주인들의 젊고 초롱초롱한 모습을 보는 즐거움이 있었다. 통로 좌우에 음식점과 커피숍까지 들어서자 두 지하철을 연결하는 텅 비고 어둑한 통로는 활기찬 작은 거리로 살아났다. 엄청난 변화였다. 새로운 쇼핑몰이 출발을 했다.

청년들에게 일자리를 제공하고 소득을 높여 주리라는 기대를 전달하는 낙관적 담론이 넘친다. "물건들이 다양했다, 다채로웠다, 젊고 초롱초롱한, 즐거움" 등의 밝고 긍정적인 단어들이 "활기찬 작은 거리로 살아났다."는 디스코스를 형성한다. 새로 생긴 쇼핑물이 행복한 콘텍스트를 만들고 있다.

하지만 <마지막 가게>는 "세월의 흐름에 따라 수시로 변한다."는 맥락에서 쉽게 벗어날 수 없다. 불길한 예감답게 1년이 경과하면서 상황이 악화되기 시작한다. 위축되는 서민 경제와 끝없는 코로나 사태와 부실한 상가 관리가 겹치면서 지하도의 분위기는 이전 상태로 되돌아간다. 이 변화는 '사라진다'라는 동사의 반복으로 강조된다. 발랄한 분위기가 사라지고 손수레 가게가 하나씩 사라지고 마침내 사라졌던 노숙자가 다시 눈에 띄기 시작한다. 마지막까지 버티는 손수레 점포는 꽃가게와 과일가게 뿐이다. 예상하지 못한 이 절망은 "달랑 두 개만 남았다."는 단문으로 표현되지만 단문 이상의 충격을 던진다. 텅 빈 지하상가이라는 텍스트에 절망과 실의라는 콘텍스트가 겹쳐진 것이다.

작가는 남아있는 두 가게를 지키는 주인이 30대 여성과 주근깨 많은 청년이라는 사실에 일말의 희망을 갖는다, 그런 가운데 걱정과 우려도 없지 않다. "두 가게가 살아남아야 그 거리의 생존이 가능하다."는 담론은 '그럼 어떡할 건가.'라는 절박한 심정을 품기 마련이다.

사람들은 무엇인가 생겨나면 단번에 알아차린다. 그러나 사라지는 것에는 무관심하다. 사라지는 것은 대부분 소리 소문 없이 자취를 감춘다. 지하상가의 퇴조는 후자에 속한다. 어느 날부터 가게가 하나씩 문을 닫더니 과일 노점마저 없어졌다. 가게를 지키던 청년이 나타나지 않고 뻥튀기 가게가 대신 차려졌지만 상가의 몰락은 이어진다. 주변에서 들려오는 대부분의 이야기도 '중단 소멸 거리 두기'와 같은 부정적인 말뿐이다. 이 시점에 작가의 심리변화를 알려주는 콘텍스트가 놓여진다. 그들에게 아무런 도움을 주지 못한 것을 자책하던 작가는 조급해지면서 무엇이라도 해주고 싶어진다.

> 봄이 오기도 전에 시원시원하고 활기찬 모습의 뻥튀기 주인도 조용하게, 어느 날 사라졌다. 도대체 그들은 어디로 간 것일까. 입춘이 지나고 퇴근길에 홀로 남은 꽃가게에 들렀다. 더 늦기 전에 무엇이라도 해 주고 싶은 마음이 들었다. 꽃집 주인이 무슨 행사가 있냐고 물어 온다. 없다고 하니 아파트에서 키우기 좋다며 작은 화분을 내놓는다.

박범수는 꽃집에 들러 안시리움 화분 하나를 산다. 화분을 샀다고 하여 가게 운영에 큰 도움이 되는 것도 아니고 지하쇼핑몰의 성쇠에 아무런 영향을 주지도 못한다. 그 사실을 가게 주인도, 행인들도, 작가도 모두 알고 있다. 심지어 독자들도 문맥의 흐름을 오류 없이 독해한다.

그럼에도 불구하고 작가는 화분을 산다. 서민경제를 살려야 한다는 애민정신 같은 거창한 명분이 아니라 뭔가 해야 한다는 절박감 때문이다. 힘든 시절을 함께 견뎌나가고 싶다는 자기 위안이 때때로 거대담론이나 주의보다 다 강하게 사람을 움직인다. 거창한 백화점이나 휘황찬란한 청년몰 같은 전시행정이 아니라 누군가의 마음의 실천이 더 가치 있다는 것이다.

마지막 가게가 남아 있는 한, 희망이 있다. 마지막 가게가 존재하는 한, 인정이 살아있고 살려는 의지가 남아있다. 그렇다면 '마지막 가게'는 단순히 돈을 버는 장소가 아니라 희망과 의지를 표현하는 텍스트로 간주되어야 마땅하다. 작가는 사라짐을 거부하는 마지막 가게에 절망의 시대를 밝히는 등불 하나를 켜고 싶은 것이다.

덧붙여

작품의 내용은 작가의 의도에 따라 유기적으로 변한다. 의미론적 조건이 독해의 생산성을 확장시킨다는 작가의 이해력과 말하기가 얼마나 중요한 문학적 요건인가를 보여준다. 수필을 쓸 때 문법적 문장이 아니라 의미론적 문장을 도입해야 사실에서 진실로, 추상에서 상상으로 도약할 수 있는 폭이 넓어진다. 그렇지 못한 글은 텍스트와 텍스트성과 디스코스 간의 고리를 제대로 구현하지 못했다고 말할 수밖에 없다. 작품성이 아니라 텍스트성이 더 중요하다는 것이다.

의미망으로 연결되면 전달하려는 담론의 강도가 높아지기 마련이다. 김추리의 <코밑의 가로>는 상징적 제목에서 출발하여 입에서 나오는 말이 진실에 일치할 때 입과 인간이 도리를 다한다는 문맥을 완성한다. 서민웅의 <메꽃>은 감성적인 회상과 객관적 자료를 균형 잡히게 제시하여 메꽃을 단순한 시골 잡초가 아니라 흙 향기를 풍기는 향수의 근원으로 발전시켰다. 박범수의 <마지막 가게>는 지하로 몰에 청년의 삶과 서민경제라는 콘텍스트를 부여하여 사회적 주제와 텍스트성의 지평을 넓힌 작품이다.

소재라는 텍스트는 어떤 것이든 텍스트성을 지닌다. 그것을 제대로 읽어내고 올바르게 표현해내는 것이 작가의 의무이므로 아름다운 문장이 아니라 콘텍스트가 담긴 담론을 연마하여야 한다는 점을 기억해 주면 한다.

| 작품 |

코밑의 가로

김추리(춘자)

  입은 탯줄이 끊겨지는 순간부터 생명줄이다. 갓난아기는 탯줄로 이어져 공급받던 어머니의 영양분 대신 입으로 젖을 먹어야 하고 밥을 먹어야 살 수 있기 때문이다.
  그런데, 왜, 하필 밥을 먹는 소중한 입으로 말까지 하는 걸까?
  그것은, 생명을 위해 먹어야 사는 것처럼 입을 통해 하는 말의 중요함을 일깨워주기 위한 것이 아닐까. 사람이 하루에 구사하는 단어가 남자는 약 25,000 단어, 여자는 약 30,000 단어이며 연간 하는 말을 모은다면 400쪽짜리 책 132권 분량이란다. 사람은 엄청나게 많은 말을 하며 인생을 살아간다. 글보다도 앞선 언어로 노래하고 생각을 표출하고 고백과 청원을 하며 사랑의 대화를 나눌 수 있다. 입이 있으나 말을 하지 못하게 한다면 얼마나 힘들까.
  입안에 들어있는 말(言)은 말(斗)로 퍼낸다 해도 줄지 않는다. 말의 힘 또한 놀랄 만치 강하다. 또한 날카로운 칼과 같아 상처를 내기도 하고 때로는 목숨을 앗기도 한다. 웃고 울고 분노하고 슬퍼하며 작은 입으로 쉽게 내뱉는 게 말이지만 말은 이루지 못하는 것이 없다. 천축여행이 하룻길이며 말 한마디로 천 냥 빚도 갚는단다.
  말은 생명체다. 만의 얼굴을 갖고서 살아 꿈틀거리고 날개를 달았으며 말

(馬)처럼 뛰어 지축을 흔들기도 한다. 그뿐이 아니다. 말에는 씨앗이 있어 싹을 틔우고 무성하게 자라기도 한다. 잘 가꾸면 어여쁜 꽃을 피우고 실한 열매를 맺지만 반면에 돌보지 않는 말은 가시덤불이거나 해악의 뿌리가 될 수도 있다. 그렇다고 입을 막고 살 수 없으니 말이 입 밖에 나가기 전에 조심, 조심할 일이다. 하지만 그게 쉽다면 어찌 입을 가리켜 재앙의 문이라 했겠는가. 오죽하면 '차라리 밑 빠진 항아리는 막을 수 있을지언정 코밑에 가로놓인 것은 막기 어렵다.' 하였겠는가.

 듣기를 배로 하고 말하기를 반으로 줄여야지 하는 생각을 늘 하는데도 '코밑의 가로'는 때때로 경망스러워 탈을 자초할 때가 있다. 말을 주절거려 무식이 탄로나고, 말을 서둘러 앞세우다가 도리어 꼴찌가 되는 경우도 있다. 가만히 있으면 중간이라도 간다는 말이 딱 맞는 말이다.

 그렇다고 말을 전혀 안 하고 살 수는 없다. 침묵은 금이라고 하지만 지나치게 말이 뜸하면 상대에게 중압감을 주게 된다. 말없이 거드름을 피우는 사람 앞에서는 저절로 뜨악하게 된다. 또 말도 않고 고집을 부리는 찌락소 같은 사람은 보는 이의 애통을 터지게 한다. 그럴 테면 차라리 출랑대는 편이 나을지도 모르겠다. 할 말, 못할 말을 가리지 못하고 나오는 대로 씨부렁대는 사람을 두고 사돈댁에 데려갈까 무섭다고 한다. 말을 본데없이 씀벅씀벅한다면 실수하기 마땅하기에 생긴 말이다.

 실언을 하지 않으려면 생각을 앞세워야 한다. 단시일에 삼십여 미터까지 자라는 대나무는 키에 비해 굵기는 아주 가늘다. 대나무가 길고 가늘지만 단단한 것은 마디가 있기 때문이다. 사람살이에도 마디가 있어야만 휘어지거나 꺾이지 않는다. 말을 할 때도 대나무처럼 마디를 만들면 어떨까. 생각을 마디 삼아 옹글린다면 진지한 말이 되고 한마디 한마디가 옹골차지 않을까. 말에 자제력이 실릴 때 듬직한 말이 된다. 내뱉듯 툭 던지는 차가운 말에는 냉기가 서리고 살기마저 돈다. 냉랭하게 말을 함으로써 자신의 기세는 세울지 몰라도 그 말 앞에 선 사람은 분노하거나 주눅이 들게 된다. 하고많은 일 중에 말로 원수를 사는 것은 차마 해선 안 될 일이다. 옹골차게 말 한마디 못한다고 등신이란 소리를 들은 적도 있다. 내 실속 다 챙겨 하고 싶은 말

몽땅 지껄인다면 듣는 쪽이 괴로울 것 같아 하고 싶은 말을 꿀꺽 삼킬 때가 더러 있다.

　일생 동안 아름다운 말만 하며 살고 싶은 것은 사람마다 소망일 것이다. 믿음직한 말, 행동과 일치하는 말, 책임을 질 수 있는 말을 진실과 정성이 깃든 부드러운 말씨로 표현한다면 세상이 좀더 환해질 거라는 생각이다. 그런 긍정적인 말이야 참을 필요 없이 많이 할수록 좋을 것이다.

　말은 부메랑처럼 제자리로 되돌아오는 특성을 가지고 있다. 되돌아오는 말에 가슴이 찔리지 않도록 조심해야 한다. 말은 혼자 지껄이는 게 아니라서 조심하려 해도 나도 모르게 하는 수가 있다. 한번 내뱉은 말은 주워 담을 수가 없으니 두고두고 복작거리거나 골칫거리가 되기도 한다. 남의 마음에 아프게 남는 말을 삼가겠다고 곧잘 다짐하지만 때론 툭 던지듯 튀어나가기도 한다. 남에게 좋은 말을 하면 내 마음도 좋아지는 것을.

　열두세 살 적, 《명심보감》 성심 편을 공부할 때였다. 훈장님께서 "코밑에 가로질러 있는 것이 점잖지 못하면 재앙이 따른다." 하시며 코밑의 가로를 조심하라 이르셨다. 학동들은 서로의 입을 손가락질하며 킥킥거리다가 훈장님의 호령을 듣고서야 멈추었다. 오래도록 '코밑의 가로'라는 말을 생각만 해도 낄낄거렸으니 그렇게 좋은 글귀를 제대로 배웠을 리 만무하다. 정숙하게 새기기는커녕 장난스럽게 킥킥대고 말았으니.

　제우스의 사랑을 받던 에코는 말이 많아 제우스의 기분을 상하게 했다. 헤라의 저주로 말하는 기능을 상실하고 누가 말하면 끝 음절만 따라하는 메아리가 되었다. 말이 지나치거나 말로써 누군가의 기분을 상하게 한다면 충분히 안타까운 메아리가 되어 돌아올 수도 있겠다.

　오늘 신부님이 강론 중에 이런 말씀을 하셨다. 어떤 사람이 꿈에 단테처럼 천국을 여행하는데 어느 방에 혓바닥만 가득 놓여 있었다. 놀라 하느님께 여쭈니 그것들은 말로는 착한 일을 열심히 하였지만 말을 행동으로 옮기지 않기 때문이란다. 착한 혀는 천당에, 나쁜 일을 일삼은 몸뚱이는 지옥 불에 떨어져 고통을 받는다고 한다. 오싹 한기가 느껴질 만큼 두려웠다. 말과 행실이 각각일 때가 얼마나 많았던가.

밑 빠진 항아리보다 막기 어렵다는 '코밑의 가로'를 만져보며 깊은 성찰에 젖는다.

-2021년 5월호《수필과비평》

| 작품 |

메꽃

서민웅

메꽃을 보면 단박에 어릴 때 고향으로 달려간다. 고향의 흙냄새가 난다. 이른 봄 누렁 암소를 앞세우고 지게에 쟁기를 걸머진 아버지가 생각난다. 그때의 아버지는 바짓가랑이를 무릎까지 걷어붙인 모습이다. 아버지가 밭 갈러 들로 나설 때 나는 촐랑촐랑 따라나서곤 했다. 내 손엔 으레 주막거리에서 받아온 시금털털한 막걸리 한 됫박이 든 누런 양철 주전자가 들려 있게 마련이다. 아버지가 밭을 갈다 목이 컬컬하시면 밭둑에 쟁기를 대고 소에게 말한다. "워, 워!" 쉴 참에 짠지 쪼가리를 안주로 대포 한 잔 주욱 들이켜시고 큰 트림을 한다. 이런 그림이 눈에 선하다.

쟁기질하는 소는 힘이 들어 숨을 몰아쉰다. 아버지는 가끔 "이랴!, 이랴!" 하며 고삐로 암소의 배 옆구리를 친다. 소가 숨을 쉴 때마다 새끼로 엮은 입마개 사이로 허연 김이 나온다. 밭고랑을 뒤좇아 가면 갈아엎은 이랑에 허연 메 뿌리가 드물게 나타난다. 환호작약歡呼雀躍, 횡재한 기분이다. 사실 밭 갈러 가는 아버지를 따라나선 건 이 메 뿌리에 마음이 더 있었는지도 모른다. 메 뿌리에 붙은 흙을 대충 손으로 비벼 털어내곤 바로 입으로 가져간다. 달착지근하고 아삭아삭 씹히는 메 뿌리는 알싸한 향기가 섞인 맛이 일품이다. 흙에도 향기가 있다는 것은 시골서 자란 아이들은 안다. 주전부리 거리가 없던 시절, 메 뿌리는 칡뿌리와 함께 시골 아이에게는 입을 놀릴 수 있는 자연의 혜택이고 보시였지 싶다.

메는 우리나라 논둑, 밭둑, 야산 들녘 어디서나 잘 자라는 덩굴 식물이다. 뽀얀 줄기 뿌리는 봄 싹이 나기 전에는 겨우내 저장해둔 당분과 녹말이 가득 하여 통통하게 살이 올라있다. 메 뿌리를 캐면 얼마나 깊이 뻗었는지 항상 끊어져 나왔다. 그래도 굵기만 하면 마음이 흡족했다.

늦봄, 가래질한 논둑을 걷다 보면 삐죽 돋아나온 쇠뜨기 옆에 메 싹이 유독 눈에 띈다. 소나무 잎이 솟아나온 듯한 쇠뜨기 옆에 넓적한 메 싹은 눈길을 사로잡는다. 이미 머리에 입력된 달콤쌉싸래한 메 뿌리 맛에 이끌려 논두렁을 꼬챙이로 헤집어 파헤친다. 왜 그럴 때면 논 임자가 삽을 메고 나타나는지? 그는 멀리서부터 소리친다.

"이놈들! 집에 안 가고 또 논두렁 파 놓냐?"

다가온 논 임자에게 멀뚱한 자세로 인사를 한다.

"안녕하세유?"

그리고는 주인의 눈치를 한번 쓱 보고 큰길로 도망치듯 달려 나간다. 집으로 돌아오면 호주머니에 넣어 둔 메 뿌리는 화로로 직행하기도 한다. 구워 먹는 맛은 또 다른 별미이다.

메꽃은 다년생 식물로 땅속줄기로 번식한다. 땅속줄기의 마디에서 발생한 덩굴줄기는 개망초 같은 키 큰 물체를 돌돌 감아 올라가거나 서로 엉키며 자란다. 연홍색 꽃은 여름에 깔때기 모양으로 나팔꽃보다는 조금 작게 핀다. 꽃은 잎겨드랑이에 한 개씩 달리며 긴 화경 끝에 핀다.

메꽃은 여름 밭작물에서 잡초 중 하나이기도 하다. 잡초 취급을 받는 식물이지만, 비타민, 당분, 전분 같은 기초 영양소가 풍부해서 식용하기도 한다. 봄부터 가을까지의 잎은 쌈, 나물, 생즙으로 먹는다. 뿌리는 가을에 캐서 쌀과 함께 죽을 끓여 먹거나 찌거나 말려서 곱게 가루 내어 쌀가루와 섞어 떡을 만들기도 한다. 이런 메 뿌리가 들어간 떡이 먹고 싶다. 그 떡에서도 달콤쌉싸래한 흙 향기가 날까?

메꽃은 잡초 취급을 받는 만큼 흔하다. 그러나 한방에서 약용으로 꽃과 잎, 뿌리 모두를 쓴다. 메꽃의 뿌리 및 전초숲草는 구구앙狗狗秧, 꽃은 선화旋

花, 뿌리는 선화근旋花根, 줄기와 잎은 선화묘旋花苗라 부른다. 구구앙은 여름에서 가을에 걸쳐 뿌리째 뽑아 잘라 햇볕에 말린다. 선화는 여름에 꽃을 채취하여 그늘에서 건조한다. 선화근은 3월이나 9월에 채취하여 햇볕에 말려 쓴다. 민간에서 당뇨병과 오줌소태에는 꽃이나 전초를 물에 달여 빈속에 복용하고, 히스테리에는 잎과 줄기를 물에 달여서 쓴다. 근육이 상한 데는 생뿌리의 즙을 내어 환부에 바른다.

메꽃에도 전해져 내려오는 이야기가 있다. 옛날에 장군이 이끄는 부대가 안전한 길을 갈 수 있도록 연락하는 임무를 맡은 한 병사가 있었다. 그는 장군에게 미처 안전한 길을 알려주기 전에 적의 화살에 맞아 죽고 말았다. 그 틈을 타서 적군은 병사의 표시를 반대쪽으로 돌려놓았다. 장군은 그것도 모르고 표시된 길로 가려는데, 표시 주변에 핏자국이 있고, 나팔처럼 생긴 꽃이 다른 방향을 향하고 있었다. 장군은 병사가 죽어서도 방향을 알려주는 것이라고 여겨 꽃이 가리키는 방향으로 군사들을 이끌고 갔다. 그 덕분에 무사히 임무를 수행할 수 있었다. 이렇게 병사의 충성스러움으로 피어난 꽃이라서 '충성'이 대표적인 꽃말이다.

그 밖에도 '속박'이나 '수줍음'이라는 꽃말도 있다. 나는 이 꽃말이 더 마음에 든다. 메꽃은 옆집에 갓 시집온 수더분한 꾸미지 않은 새색시의 모습 같다. 고향 동네 새색시는 늘 하얀 수건으로 얼굴을 약간 가리고 눈을 내리깔고는 메꽃 같은 미소를 띠고 고향 동네에 있던 공동우물을 길러 다녔다. 어른 밑에서 심리적인 부담 속에서 살며 늘 수줍음을 타던 그 여인이 메꽃의 이 꽃말을 꼭 닮았다.

다시 한 번 아버지를 따라 밭고랑에서 뛰놀며 흙 향기가 밴 알싸한 메뿌리를 찾던 그 시절로 돌아가고 싶다.

-2021년 5월호 《수필과비평》

| 작품 |

마지막 가게

박범수

거리의 색깔은 세월의 흐름에 따라 수시로 변한다. 살고 있는 동네에는 경인선 전철역이 있다. 이 땅에서 가장 오래된 철도이다. 그 경인선 전철과 연결되는 도시 전철이 생겼다. 두 철선을 연결하는 지하 통로는 휑하고 어둑했다. 늦은 퇴근길에는 계단에 노숙자들이 듬성듬성 앉아 있었다.

그곳에 큰 변화가 생겼다. 지하 통로 좌우에 상가를 만들고 사람들이 몰리는 중앙 통로에는 손수레 모양의 이동식 노점 가판이 십여 개 설치됐다. 하얀색의 산뜻한 수레에는 물건을 진열한 좌판이 있고 주인들이 높은 의자에 앉아 손님을 맞이하곤 했다. 손수레의 물건들은 다양했다. 자그마한 사진 액자를 파는 곳, 자잘한 소품들, 프랑스 과자, 액세서리, 꽃가게 등 다채로웠다. 퇴근길에 지하철에 내려 그 통로를 지나며 가게 주인들의 젊고 초롱초롱한 모습을 보는 즐거움이 있었다. 통로 좌우에 음식점과 커피숍까지 들어서자 두 지하철을 연결하는 텅 비고 어둑한 통로는 활기찬 작은 거리로 살아났다. 엄청난 변화였다. 새로운 쇼핑몰이 출발을 했다.

그 후 약 1년이 경과하면서 상황은 반전되기 시작했다. 서민 경제의 하강과 코로나 사태가 겹쳐서 일어났다. 출퇴근길에 무심코 지나가면서 느꼈던 발랄한 분위기가 조금씩 사라진다는 느낌을 받았다. 분식집과 냉면집이 문을 닫고 손수레 가게가 하나씩 사라졌다. 빈 가게가 늘어나면서 생기가 사라지고, 저녁에는 노숙자도 눈에 띄기 시작했다.

여름이 지나면서 이동식 손수레 점포는 달랑 두 개만 남았다. 꽃가게와 과일가게이다. R플로워 꽃 가게의 주인은 30대로 보이는 여성이었다. 항상 다양한 꽃과 작은 화분들이 쌓여 있는 수레 안쪽 공간에 파묻혀 있었다. 어쩌다 얼굴을 보면 차분한 시골 아가씨 분위기가 났다. 과일가게는 꽃 가게 맞은 편으로 십여 미터 떨어져 있었다. 과일가게 주인은 주근깨가 많은 힘이 넘치는 청년이었다. 군대 제대한 지 얼마 안 된 듯했다. 지하의 공간에서 오래 보관을 할 수 없는 과일을 판다는 것이 특이해 보였다. 두 가게가 살아남아야 그 거리의 생존이 가능하다는 생각이 들었다.

어느 날 보니 과일 가게가 텅 비었다. 과일 더미 사이에서 지나가는 사람들을 우두커니 바라보던 청년이 사라졌다. 도움을 주지 못한 미안감이 들었다.

며칠 후에 과일 가게가 문을 열었다. 주인이 바뀐 것이다. 과일은 뻥튀기와 마른 과자로, 주인은 40대로 보이는 키가 훤칠한 여성으로 바뀌었다. 물건을 정리하면서 꽃가게 주인과 이야기를 나누는 풍경이 다정해 보였다. 그렇게 힘든 한 해가 저물어 갔다.

지하상가에도 새해가 왔다. 뻥튀기 가게와 꽃 가게도 새해를 맞이했다. 코로나 사태가 일 년간 지속되면서 주변의 어려운 이야기가 들려오기 시작했다. 가까운 후배의 도산과 모든 모임의 중단, 만남의 소멸, 경조사는 온라인 송금으로 마음을 전하는 전쟁 같은 일상이다.

봄이 오기도 전에 시원시원하고 활기찬 모습의 뻥튀기 주인도 조용하게, 어느 날 사라졌다. 도대체 그들은 어디로 간 것일까. 입춘이 지나고 퇴근길에 홀로 남은 꽃가게에 들렀다. 더 늦기 전에 무엇이라도 해 주고 싶은 마음이 들었다. 꽃집 주인이 무슨 행사가 있냐고 물어 온다. 없다고 하니 아파트에서 키우기 좋다며 작은 화분을 내놓는다.

누군가 만든 모형처럼 보이는 진한 빨간색 꽃과 진녹색의 두꺼운 입사귀가 있는 화초이다. 꽃 이름을 물어보니 안시리움이라고 한다. 검소한 옷차림의 젊은 주인은 들고 가기 편하게 정성껏 포장을 해 준다. 돈을 건네며 꽃말을 물으니 사랑에 번민하는 마음이란다. 꽃말이 마음에 들었다.

화분을 소중하게 가슴에 안고 귀가한 나를 보고 아내는 놀라워한다. 지하철을 공짜로 타시는 분이 무슨 바람이 불어서 평소에 하지 않던 일을 하냐고 크게 웃는다.

거실의 티브이는 L.H 공사 직원들의 토지 투기 사건에 대한 대통령의 사과를 큰 자막으로 내보내고 있다.

－2021년 5월호 《수필과비평》

제2부

푸코의 "자기배려"와 수필적 변용
인지학으로서 수필의 사유
서술자와 상황 속의 인간 심리
변신 모티프와 욕망의 실현
피아제의 인지이론과 수필 자아
라캉의 욕망이론과 수필쓰기

01

푸코의 "자기배려"와 수필적 변용

　책 읽기와 글쓰기는 나를 주체로 인식해 가는 정신활동이다. 독자와 작가는 책을 읽고 글을 쓰는 동안 내가 주체인가, 나는 무엇을 할 때 주체가 되는가, 주체가 됨으로써 자신을 새롭게 할 수 있는가라는 문제들을 생각한다. 그 의식을 가진 사람은 이런 질문에서 완전하지는 않지만 만족할 만한 해답을 찾기를 기대한다.
　그리스 철학자 소크라테스는 "너 자신을 알라."라는 격언으로써 주체에 대한 문제를 최초로 제시하였다. 자신을 안다는 것은 효율성을 추구하는 사회 제도에 굴복당하는 것을 피하기 위해 내적 규율을 정립한다는 의미다. "너 자신을 알라."는 소수의 지식인이 수행해야 할 문제가 아니라 모든 사람이 행해야 하는 삶의 실천 덕목이라는 점에서 인문학적 중심 영역이 된다. 계몽주의 시대의 데카르트도 "나는 생각한다, 고로 존재한다."라는 아포리즘으로 앎의 문제를 주체에 연결시켰다. 그의 논리는 앎을 참과 거짓으로 구별하는 방식이었지만 정신의 중요성만 강조함으로써 '자신을 돌봄'이라는 현실적 문제가 뒷전으로 물러났다. 아무튼 자아에 대한 두 사람의 성찰은 이후에도 부단하게 이어져왔지만 외부세계와 자아의 관계를 설정하는 일은 쉬운 문제가 아니었다.

1980년대에 이르러 소크라테스의 "너 자신을 알라."라는 말에 재해석이 이루어졌다. '알라'라는 말의 진의는 자아인식에 그치지 않는다. 동시대 아테네의 정치가이자 장군인 알키비아데스가 어떻게 하면 무지를 제거하고 훌륭한 정치인이 되는가를 물었을 때 소크라테스는 "너 자신을 돌보라."(epimeleia heautou)라고 조언하였다. 미셀 푸코는 그 말을 바탕으로 <주체의 해석학>이라는 강연원고를 저서로 발간할 때 자신을 안다는 인식은 궁극적으로 "너 자신을 돌봐라."는 자기 배려와 관련이 있음을 밝혔다. 자신을 안다는 것은 자신을 위한 행동과 동일하다는 것이다. 그것을 위해 주체는 "정화, 자기 수련, 포기, 시선의 변환, 생활의 변화 등과 같은 탐구, 그리고 실천경험"(《주체의 해석학》, 58쪽)을 해야 한다고 푸코는 설명한다. 자신을 돌보는 문제를 현대적으로 풀이하면 시대가 만들어낸 책무, 보상의 체계로부터 자아를 해방시키는 것을 의미한다. 푸코는 이처럼 사회적 주체가 아닌, 윤리적 존재로서 주체에 관심을 갖는다.

자기 배려란 자신을 돌보는 행위이며 자신에 몰두하는 행위이다. 요컨대 자신을 잊지 않고 돌본다는 말은 소크라테스가 말했던 "너 자신을 알라."라는 격언과 심층적으로 연결된다. 푸코는 자기 배려의 구체적인 방법으로 수련을 제안했다. 자기 수련은 책 읽기, 글쓰기, 자연을 완상하고 응시하는 것, 요가와 같은 육체적 연마를 포함한다. 사물을 인식하고 행동을 통해 타인과의 관계를 설정하는 것도 배려에 속한다.

배려는 시선의 이동에서 시작한다. 외부로부터 내부로 이동하는 시선은 주체에 대한 해석의 첫걸음이다. 시선이 외부로 향하면 타인에 대한 호기심이 시기와 질투, 경쟁심과 명예욕에 휩쓸려 자신의 문제에 집중하기 어렵게 된다. 분산된 시선을 나에게로 모으고 집중하는 배려가 당사자를 변화시키고 정화해 준다.

자기 배려의 기술 중의 하나는 독서와 글쓰기다. 글을 통한 자기의식에 대한 성찰과 점검은 명상의 일부이기도 하다. 책 읽기가 명상의 준비라면 글쓰기는 사유의 자기화를 위한 훈련에 해당한다. 푸코도 "자신의 사유를 수중에 간직하기 위해서는 그것을 써서 기록"한다는 에픽테토스의 말을 인용함으로써 '글은 나를 무엇으로 만들어 간다.'는 명제를 강조하였다.

소크라테스의 잠언과 푸코의 《주체의 해석학》을 바탕으로 수필이 무엇인가를 생각해보면 자전적 인문학이라는 용어가 떠오른다. 자전은 자신의 삶을 스스로 기록한다는 의미이고 인문학(humanitas)은 인간의 근원에 대한 모색이라는 뜻이므로 자신의 문제를 직시하여 '인간다운 삶을 추구하려는 정신작용이다.'라는 풀이가 가능해진다.

시선을 내면으로 돌려 자신을 돌봐야 한다는 푸코의 해석학은 수필이 무엇이어야 하는가를 재론하도록 해준다. 그 재론은 수필작가로서가 아니라 주체의 해석자로서 자신을 읽고 적고 말하며 돌봐야 한다는 것이다. 자신에 대한 배려가 없는 수필은 치유적 측면에서 보아도 무엇인가 결핍되어 있다. 자기 배려로서 수필은 내면을 성찰하고 채워줌으로써 세상을 향해 행동하기 위한 재출발점을 마련한다. 자신을 성찰하고 채워 나가는 노력의 관점에서 작품을 분석하면 수필작품이 가져야 할 자기 배려의 영역을 더욱 확장시킬 수 있다.

강호형의 <운수 좋은 날>

강호형에게 <운수 좋은 날>은 어떤 날일까. 그에게 운수는 무엇이며 왜 그날을 운수 좋은 날이라고 믿을까. 남성에게 '운수 좋은 날'은 시대에 맞추어 변하는가, 아니면 일정한 유형을 지니는가. 운수 좋은 날은 자의적으로 해석될 수 있는가, 아니면 타자에 의해 결정되는가. 운수와 자기 배려는 어떤 상관성을 가지는가. 이런 문제를 강호형은 '운수 좋은 날'이라는 모티프를 빌려 해학적으로 풀어낸다. 더불어 요즘 갖가지 매체를 달구고 있는 성추문을 함축적인 기법으로 다루고 있다.

독자는 이미 '운수 좋은 날'이라는 개념에 익숙하다. 1920년대 발표한 현진건의 단편 <운수 좋은 날>은 인력거꾼 김 첨지의 하루 삶을 보여준다. 그는 많은 돈을 벌어 집으로 왔지만 진즉 병들어 있는 아내는 죽어버렸다. 현진건의 작품이 말하는 것은 운수와 일진은 인간이 결정할 수 없는 것이므로 인간은 순간순간의 상황에 의해 웃고 울 수밖에 없는 희비극적 존재라는 점이다. 그렇다면 약 100년이 지난 지금 남성에게 운수 좋은 날은 어떤 날인가. 그리고 무릇 사내들은 어떤 운수 좋은 날을 꿈꾸고 있는가.

강호형의 <운수 좋은 날>이 펼치는 스토리를 요약하면 "시내버스에서 얻은 낙원의 순간"이다. 공개된 장소에서 뜻밖에 당한 기분 좋은 봉변이기도 하다. 그 봉변은 늙은이로 간주되는 남성이 은밀하게 이루고 싶은 "늙은이의 로망"을 대변한다.

사무실에 나가기 위해 버스를 탈 때까지 그의 일상은 평이했다. 조간신문에 난 "가정에 기쁜 일이 있고 애정운이 좋다."는 오늘의 운세를 복권당첨처럼 기대하지만 그저 바람일 따름이다. 애정운은 늙은 사람이 자신에게 베푸는 상상의 배려다. 그의 요행수는 그가 앉은 좌석의 옆자리가 비어 있다는 사실에서 시작한다. 늙은 그는 앉은 자리가 운수 좋은 자리가 될 것이라는 망상의 꽃을 피운다.

> 나는 비록 만인의 기피 대상이 된 처지이지만 동행만은 젊은 여성이면 좋고 그중에서도 미인이면 더 바랄 게 없다. 젊고 예쁜 여성은 보기만 해도 기분이 좋아진다. 공부든 일이든 뭐든지 다 잘할 것 같고, 마음씨가 곱고 이해심도 깊어서 어쩌면 내게 호감을 갖게 될지도

모른다는 망상에 사로잡히는 것이다. 여성의 외모와 성품은 내 생각처럼 일치하지 않는 경우가 많아 절망하기 한두 번이 아니면서도 엉큼한 속내가 부끄러워 솔직하게 털어놓지도 못하고 살았다.

강호형의 논리에 따르면 나이가 많든 적든 "무릇 사내들이란 모두가 잠재적 성범죄자. 아름다운 여인을 동경하는 남성은 "젊고 예쁘고 마음씨 곱고 자신에게 호감을 갖는" 여인을 만나기를 원한다. 멋진 남자를 원하고 사귀고 싶은 여성의 심리도 마찬가지다. 그들의 꿈은 환상의 세계에서는 항상 가능하지만 현실에서 이루어지기는 힘들다. 그런데 그 환상이 현실에서 펼쳐진다면 어떨까. 참으로 자신을 배려해 주는 "운수 좋은 날"일 것이다.

수필의 후반부는 서술자의 엉큼한 속내가 어떻게 현실화 되는가로 짜인다. 배려라는 단어가 어떻게 작동하는가는 드라마틱한 사건으로 구성된다. 지금까지 행동의 주체가 강호형이었다면 이후의 주체는 "검은 외투에 꽃무늬 스카프로 멋을 낸 40대의 눈부신 미인"이다. 그리고 그 여인의 행동을 훔쳐보는 강호형은 '자신의 처지를 알라.'라는 현실적 구속으로부터 억압되었던 감정과 내면을 해방시키는, 소위 푸코가 말한 주체 해석의 주인공으로 바뀐다.

그녀의 행동 과정은 다음과 같다. 창가 자리로 안내받은 눈부신 그녀는 미소로 감사의 목례를 보내고 핸드백에서 화장품 튜브를 꺼내어 손등을 바르기 시작한다. 소녀의 손처럼 "작고 희고 예쁜" 손을 힐끗 흘금 훔쳐보는 행위는 엄격하게 따지면 성희롱일 수 있다. 요즘 우리 사회의 각 부문에서 전방위로 퍼져가는 미투운동의 위력을 고려하면 불안한 결과를 빚어 낼 수도 있는 관음증의 일부이다. 작가도 치사스럽다고 여긴다. 성희롱의 대상은 여성뿐만 아니라 남성일 수도 있다는 상호주의를 잠시 잊더라도 미녀와의 동석은 "조물주의 처사가 축복인지 형벌인지" 갈피를 잡을 수 없게 만든다.

강호형이 풀어내는 이야기는 노인 남성과 중년 여인간의 불온한 관계나 불편한 만남이 아니다. 오히려 정반대다. 소위 아저씨와 젊은 아가씨 사이에 벌어지는 관계를 비난하는 여론을 풍자하듯 늙은 할아버지와 중년 여인 간에 이루어지는 호의와 배려의 감정을 승화시키는 것이다. 작가의 의도가 무엇이든 남성은 아름다운 여인의 관심을 받기를 원한다. 달리 말하면, 남성은 여성의 마음과 손길을 필요로 한다. 그것이 어떤 방식으로 이루어지든 "조물주의 처사가 베푼 축복"의 일부로 믿으려 한다.

> 내 도둑 관찰을 눈치 챈 미인이 거리낌없이 먼저 말문을 튼 것이다.
> "이것 좀 발라 드릴까요?"
> 대답을 기다릴 것도 없이 덥석 내 손을 끌어당겨 손등에 튜브 입을 대고 하얀 크림을 짜내는 게 아닌가!
> "아이고! 그 예쁜 손에나 바르시지 이 흉한 늙은이 손에까지…"
> 얼떨결에 아내의 당부도 잊고 기어이 예쁘다는 말을 담고 말았지만 별 탈은 없었다. 미인이 시키는 대로 손등에 얹힌 크림을 양손에 고루 바르고 나자, 셀로판지에 싸인 사탕 두 알을 꺼내 한 알을 내밀며 맛있으니 먹어보라고 했다. 내가 포장지를 벗겨 사탕을 입에 넣자 냉큼 손을 내밀었다. 빈 포장지는 자신이 처리하겠다는 배려에 눈물이 날 지경이었다.

그에게 그날은 참으로 기분 좋은 날이다. 소설 기법인 허구를 빌려온 것이 아닌가 여겨질 정도로 '운수 좋은 날'의 절정을 그려내었다. 그는 크림도 얻어 바르고 사탕을 얻어먹는 낭만을 한껏 누린다. 치사스러움이 호사스러움으로 돌변하였다. 시각과 촉각과 미각이 한껏 자극받게 되는 기쁨을 얻지만 정작 그가 감격한 순간은 빈 사탕 포장지를 처리해주겠다는 중년 여인의 "배려"에 있다. 미셸 푸코가 "너 자신을 돌보라."고 설파한 배려가 떠오르는 이 장면은 여인이 베푼 친절에 초점이 맞춰져 있지만 늙음을 위로하고 노추의 서글픔을 돌보려는 주체적 시간이기도 하다.

이 작품은 남성과 여성, 세대차에 관한 고정관념을 파괴한다. 여성이 베푼 배려의 동작은 불순한 성적 관계가 아니라 적절한 거리를 둔 친절로서 세상 사람들이 생각하는 성추행에 대한 고정관념을 깨트린다. 만일 노인이 젊은 여자에게 크림을 찍어주고 사탕을 준다면 어찌되는가. 경우 없는 짓이 되기 십상이다. 젊은 여성이 호의로 여긴다면 친절이겠지만 불쾌한 성추행이 될 확률이 더 높다. 결국 행위 자체가 아니라 상대의 감정이 윤리적 선악을 결정한다. 엄격한 의미에서 진실과 거짓의 구분이 무의미해진다. 이렇듯 강호형이 설정한 장면에는 버스 안 미담보다는 남녀 간의 행동을 무조건 불온하게 보려는 세상에 던지는 시니컬한 웃음이 숨어 있다.

강호형의 <운수 좋은 날>에 나타난 장면은 웃음을 선사하는 단순한 해학이면서 치명적인 깨침을 주는 위트이기도 하다. 나이 많은 남자와 젊은 여자 사이의 거리는 어느 정도 허용되는가. 배려조차 불순하게 바라보는 사회의 편견을 마냥 두고 보아야만 하는가. 남녀로 구분한 조물주의 처사는 아직도 제대로 이해되지 못하는가. 강호형이 숨긴 '운수 좋은 날'의 진정한 의미는 달리 있지 않다. 그는 한 여인의 친절을 오늘의 운세를 빌려 낯선 사람 사이에 펼쳐지는 배려로 제시할 따름이다. 남녀관계를 힐끔거리며 비난하려는 사회 일부의 편견에 일격을 가한 거사날이 '운수 좋은 날'이 아닐까.

정호경의 <새삼 그리운 것들>

정호경의 <새삼 그리운 것들>에 대한 단상은 푸코가 말한 주체 해석학에 상당히 근접한다. 그가 "새삼 그리운 것들"을 열거할 때 독자들은 "너 자신을 알라."와 "너 자신을 돌보라."와 "너 자신을 돌아보라."라는 시선이 합쳐짐으로써 생기는 시너지 효과를 뚜렷이 살펴볼 수 있다.

그는 끝없이 이어지는 회상과 유연한 문체로 자신을 위로하려 한다. 정치나 역사나 제도가 아니라 자신에 관심을 두는 글쓰기를 택한 이유다. 강호형의 관심이 옆자리의 여인을 향해 있지만 시선은 내면에 숨겨진 자신의 욕망을 들여다보듯이, 정호경도 분당이라는 새로운 환경에 대한 낯설음을 경감시키면서 과거의 어려운 시절을 보듬고 현재 환경에 만족하는 자기 배려에 집중한다. 이런 시선의 이동은 자연스럽게 푸코가 말한 자기돌봄이라는 배려를 구현해낸다.

푸코의 주체 해석학에서 중요한 용어는 '자기통치'와 '자기배려'다. 자기통치란 도덕과 법, 명령이라는 강제구조가 아니라 개인 윤리로 자신을 길들이는 것을 말한다. 후기 푸코의 작업 중에서 흥미로운 언어 중 하나인 '파르헤지아'(Parrhesia)는 고대 그리스어로서 '진실을 말하는 용기'다. 자신이 당할 손해를 감수하고라도 자신보다 지위가 높은 사람들에게 진실을 말하는 것이다. 파르헤지아를 실천한 대표 인물로서는 알렉산더 앞에서 "내 햇빛을 가리지 말고 비껴 달라"고 직언한 디오게네스를 손꼽을 수 있다. 푸코가 말한 용기는 상대자에게 분노를 일으킬 수도 있지만 때로는 자기에 대한 사랑 때문에 진정한 진실을 말하게 된다는 가능성도 강조한다.

정호경은 그리움이라는 언어로써 푸코가 말한 자기 배려와 진실을 말하는 용기를 무리 없이 결합한다. 그는 어린 시절의 과거이든, 여수에서 분당으로 이사 온 현재든, 모두 그때 그곳에 자신이 있었고 있다는 사실을 사실로 받아들인다. 외부의 조건이나 개인의 호불호에 따라 오직 "있음"이라는 상황만으로 그리움이고 정서를 생성한다.

정호경이 새삼 그리워하는 것들은 세 가지로 나누어진다. 첫째는 "옛날 내가 어렸을 적"의 그리움이고 두 번째는 "여수에 살던 때"의 그리움이며 세 번째는 "노년에 다다른 사람이 갖는 원초적" 그리움이다. 그리움을 구분함으로써 정호경은 자신을 배려하는 글쓰기를 한다. 지난 사물을 그리움으로 재인식하고 포용하는 행동을 통해 혼란스러웠던 세상에서조차 티끌 없이 순진무구했던 자신을 떠올린다. 그 시선의 변화가 '새삼 그립다'는 자기배려를 창조하고 있다.

첫 번째 단락은 비 오는 날 어린 시절에 콩을 볶아먹던 기억을 서술한다. 당시는 배를 곯고 간식거리가 없었던 일제강점기 극빈의 시절이었지만 작가는 열흘에 한 번씩 먹는 눈깔사탕과 사탕 대신 먹은 영신환을 "새삼 그리운 것들"의 항목에 포함시킨다. 가난이 빚어낸 수치스런 시절조차 그립게 여기는 것은 애국심 여부를 떠나 노년이 전형적으로 보여주는 관용과 자기 배려의 일부임을 부정할 수 없다.

두 번째 단락부터는 수도권 분당에 살고 있는 현실을 다룬다. 분당이라는 공간은 의식적으로든 무의식적으로든 여수 시절을 함께 떠올려준다. 분당과 여수는 육지성과 해양성의 차이를 갖지만 그는 자신의 삶이 머무는 곳이면 어디든 편안하다는 공간의식을 접수한다.

> 온 천지가 다 내 마음에 듭니다. 하늘도 바다도 삶도 시냇물도요. 나 혼자보다도 마음이 통하는, 수필 쓰는 여러분과 이런 곳에서 이야기하며 산책할 수 있으면 더욱 좋겠네요. 목에까지 차올라와 있는 욕심을 버리면 첫째, 우리의 마음이 편안해서 좋고, 온 세상 모든 곳이 다 아름답게 보여 더 좋을 것입니다. …… 이런 체험을 통해서 글을 쓰는 우리는 스스로 얼굴을 붉히고 반성하면서 바른 삶에 대한

내 자신의 나음을 글에 옮겨 적으려고 고민하기도 합니다. 우리의 결론은 새해나 묵은해나 모두 각자의 마음가짐에 따른, 솔직하고 진실한 결과임을 알고 있습니다.

정호경은 "온 천지가 다 내 마음에 듭니다."라고 말한다. 정치적 상황이 어떠하든 그는 독자적 해석을 통해 자신의 안식을 위한 공간이 글이라는 인식을 보여준다. 그의 앎은 데카르트가 말한 선악의 구분과 차이를 갖는다. 고정관념에서 벗어나 자신을 돌보아주는 곳은 어디든 마음에 든다는 자기 통치를 수행한다. 주변의 억압으로부터 먼저 자신의 존재를 해방시킨다. 거주지가 갖는 효율성보다는 시골이나 도시를 가리지 않고 보편적 공간성을 인정하는 행위로써 자연을 응시하고 글을 통해 진실을 말한다. 작가가 "모두 각자의 마음가짐에 따른, 솔직하고 진실한 결과임을 알고 있습니다."라고 한 말은 푸코가 풀이한 '파르헤지아'에 일치한다.

작가는 마침내 자아와 세계가 어떤 관계를 형성하여야 하는가에 대한 답을 찾아내었다. 일제강점기 시대의 콩 맛도 분당의 작은 식당에서 먹는 쭈꾸미도 그립다는 것, 주변 사람들이 그의 얼굴을 동안童顔으로 불러주는 것도 그립다는 것, 남 보기에 좋은 인상을 주고 싶어 하는 촌티도 그립다는 것. 이로써 독자에게 전하고 싶은 것은 온천지가 마음에 들려면 먼저 "마음속의 지저분하고 어지러운 잡념"을 날려 보내라는 충고임이 밝혀진다.

그에게 그리움은 감사함이라는 개념에 일치한다. 그리워하는 마음이 외적 대상에 치중한 것이라면 감사함은 내적 정조에 바탕을 둔 감정이다. 그 감정은 임플란트 틀니 덕분에 봄동 배추쌈을 먹을 수 있다는 일상적 예로 구체화한다. 다리가 아파 잘 걷지 못하면서도 저녁 밥상에 봄동 쌈을 올린 아내의 수고를 작가는 "우둑우둑 씹어 먹다가 불쑥 그런 눈물 나는 생각을 했습니다."라고 고백한다. <운수 좋은 날>의 강호형처럼 정호경도 <새삼 그리운 것들>에서 거창한 혜택보다는 작고 사소한 배려에 감동한다.

> 바닷가의 '여수'도 내 고향 같은 느낌이 들더니 이곳 '분당'도 그 지명이 주는 정겨운 어감에서 봄날의 암수 개구리들이 연못가에서 '분당분당' 손바닥으로 물장구치며 봄놀이를 하는 소리를 듣습니다. 내가 살러 가는 고장은 어디나 다 정겹고 따스해서 고향 같은 느낌이 듭니다.

<새삼 그리운 것들>은 별스러운 것을 제시하지 않는다. 과거의 여수, 현재의 분당처럼 미래에 살러 가는 곳도 고향처럼 정겨울 것이라고 기대한다. 대형마트의 미역이나 여수 바닷가의 바위에 붙은 미역도 동일하며 분당의 산나물이나 여수의 산나물도 다르지 않다. 이런 여유는 자신을 향해 이루어지는 모든 것을 정감 있게 수용하고 주어진 상황이 만족하다는 자기 배려의 표현이다. 배려는 그리스 이후 헬레니즘과 기독교와 현대의 포스트모더니즘에 이르기까지 긴 역사적 흐름을 갖고 있다고 푸코가 설명하듯 정호경도 일제강점기부터 서울과 여수를 거쳐 분당에 이르기까지의 세월로 풀어내는 것이다.

명상적 글쓰기를 통하여 주체의식을 활성화하는 작가의 모습은 자아와 외부 세상이 어떻게 관계 맺기를 하는가를 보여준다. 작가는 '너 자신을 알아라.'는 명제를 '너 자신을 돌보는 방식을 알아라.'고 말하는 생활의 지혜자라고 하겠다.

덧붙여

수필 화자는 부단하게 일인칭 시점으로 자신의 환경을 의식과 사유에 귀속시키려 한다. 어찌하든 외부 사건이 자아 내에서 이해되고 해석되고 수용되어야 한 편의 수필로 변용된다. 그렇다면 푸코의 주체 해석은 수필에 어김없이 적용될 수 있다. 푸코는 주체해석학을 '사람은 누군가의 도움을 받는 조건에서만 자신을 배려할 수 있고 자기를 돌볼 수 있다.'는 내용으로 설명하였다. 그 역설은 모순이 아니라 정반합이라는 변증법으로서 진실성을 획득한다. 왜냐하면 푸코가 말한 자기배려는 자폐적 실천이 아니라 타자와 맺는 건강한 관계이기 때문이다.

 그 점에서 평설한 두 작품의 배려는 인문학적 속성을 갖는다. 강호형의 <운수 좋은 날>은 개인의 기분 좋은 일신상의 스토리이면서 성적 호기심이 엄연하게 존재하는 사회에서 어떻게 상대를 배려하고 자신을 배려할 수 있는가를 말하고 있다. 정호경의 <새삼 그리운 것들>도 있는 그대로 받아들이는 자세를 통해 자신의 존재에 상처를 주지 않는 방식을 가르쳐 준다. 이처럼 푸코가 말하는 주체 해석과 자기 배려를 응용한 수필 쓰기는 갈등과 화해, 오해와 선의, 배척과 포용에 대한 재논의를 가능하게 해준다.

| 작품 |

운수 좋은 날

강호형

 사무실에 나가려고 버스를 탔다. 늘 출근시간을 조금 비켜 다니는 터라 빈자리가 많았다. 승강구에 비치된 일간지 한 부를 뽑아 들고 자리를 잡았다. 요즘 신문들은 스마트 폰에 밀려 이렇게 공짜로 줘도 읽어주는 사람을 못 만나 하루 종일 실려 다닌다.
 집에서 이미 다른 조간신문을 보고 온 터라 대강 훑어나가다가 오늘의 운세를 보니 가정에 기쁜 일이 있고 애정운도 좋다고 한다. 돈벌이를 하는 처지도 아니고 승진 같은 걸 바랄 일도 없으니 이보다 더 좋은 운세가 어디 있으랴. 버스 안을 둘러보니 그새 빈자리가 다 차고 신기하게도 내 옆자리만 비어 있었다. 하긴 신기할 것도 없다. 전에도 대개 만원을 이루는 마지막 순간까지 내 옆자리는 비어 있기가 예사였고 더러는 내릴 때까지 비어 있기도 했다. 남자 여자, 늙은이 젊은이 할 것 없이 늙은이 옆은 기피하기 때문이라는 걸 알지만, 이쯤 되면 슬그머니 긴장하게 된다. 빈자리가 하나뿐이니 싫어도 옆자리에 앉을 수밖에 없을 동행이 어떤 사람일지가 궁금해지는 것이다.
 나는 비록 만인의 기피 대상이 된 처지이지만, 동행만은 젊은 여성이면 좋고 그중에서도 미인이면 더 바랄 게 없다. 젊고 예쁜 여성은 보기만 해도 기분이 좋아진다. 공부든 일이든 뭐든지 다 잘할 것 같고, 마음씨가 곱고 이해심도 깊어서 어쩌면 내게 호감을 갖게 될지도 모른다는 망상에 사로잡히는 것이다. 여성의 외모와 성품은 내 생각처럼 일치하지 않는 경우가 많아 실망하기 한두 번이 아니면서도 엉큼한 속내가 부끄러워 솔직하게 털어놓지도 못하고 살았다.

하지만 오늘의 운세는 신통하게 적중했다. 버스가 어느 정류장에 멈추고 문이 열리자 나는 하마터면 탄성이라도 지를 뻔했다. 검은 외투에 꽃무늬 스카프로 멋을 낸 눈부신 미인이 성큼 올라서더니 단말기에 카드를 찍으면서 내 옆 빈자리에 시선을 꽂은 것이다. 미인이 다가오기를 기다려 자리에서 일어나 창가로 안내했다.

그녀는 가벼운 미소로 목례를 보내며 자리를 잡더니 핸드백에서 화장품 튜브 하나를 꺼내 손등에 바르고 있었다. 주인공은 40대쯤으로 보이는데 손은 소녀의 손처럼 작고 희고 예뻤다. 이런 장면을 그 손 임자에 걸맞은 젊은 미남이 바라본다면 보아주는 게 되지만, 나처럼 젊은이들의 기피 대상으로 밀려난 늙은이가 흘끔대는 건 영락없는 '훔쳐보기'가 된다.

운세가 좋아 행운을 잡기는 했지만, 오늘 아침 TV에서 본 En 시인의 복면한 모습이 떠올라 처신하기가 사뭇 조심스러웠다. 미국 연예계에서 시작되어 한때 트럼프 대통령까지 곤경에 빠뜨린 여성들의 '미 투' 운동이 태평양을 건너와 정, 재계, 법조계, 교육계, 연예계 할 것 없이 전방위로 번져 동방예의지국 사내들의 체통이 말이 아닌 터에, 급기야 문단으로까지 번져 '노털 상' 후보에 오른 'En 시인'이 궁지에 몰린 것이다.

오래전, 텔레비전에서 어느 기자가 고명한 독신주의 노교수에게, 혼자 사시면서 여자 생각 같은 건 안 하시느냐고 짓궂게 물은 적이 있었다. 대답은, 하루도 여자 생각 안 하는 날이 없다는 게 아닌가. 날마다 여자 생각을 하면서도 추문을 일으킨 일이 없으니 떳떳했을 것이다. 나는 노교수의 거리낌 없는 고백에 크게 안도했다. 그동안 섹스 스캔들이 매스컴의 특선 메뉴가 될 때마다 느끼는 막연한 공범의식이 조금 가시는 기분이었다. 무릇 사내들이란 모두가 잠재적 성범죄자이고 나도 그중의 하나일 뿐이라는 생각이 들던 것이다. 요즘은 남성이 여성에게 성희롱, 성추행을 당하는 일도 있다니 인간의 성을 남녀로 구별해서 점지한 조물주의 처사가 축복인지 형벌인지 갈피를 잡을 수가 없다.

어쨌거나 오늘은 운세가 좋은 김에 내처 좋을 모양이었다. 아침에 스캔들 뉴스를 듣던 아내가 여성들 앞에서는 아무리 예뻐도 예쁘다는 말도 하지 말고 입조심, 손 조심하라던 훈시가 떠올라 예의 크림을 바르고 있는 예쁜 손을 눈으로만 흘끔흘끔 훔쳐보며 처신을 궁리 중인데, 내 도둑 관찰을 눈치 챈 미인이 거리낌 없이 먼저 말문을 튼 것이다.

"이것 좀 발라 드릴까요?"

대답을 기다릴 것도 없이 덥석 내 손을 끌어당겨 손등에 튜브 입을 대고 하얀 크림을 짜내는 게 아닌가!

"아이고! 그 예쁜 손에나 바르시지 이 흉한 늙은이 손에까지…."

얼떨결에 아내의 당부도 잊고 기어이 예쁘다는 말을 입에 담고 말았지만 별 탈은 없었다. 미인이 시키는 대로 손등에 얹힌 크림을 양 손에 고루 바르고 나자, 셀로판지에 싸인 사탕 두 알을 꺼내 한 알을 내밀며 맛있으니 먹어보라고 했다. 내가 포장지를 벗겨 사탕을 입에 넣자 냉큼 손을 내밀었다. 빈 포장지는 자신이 처리하겠다는 배려에 눈물이 날 지경이었다.

이렇게 마음씨까지 고운 미인과의 데이트는 아쉽게도 거기서 끝났다. 이야기 몇 마디 나눌 사이도 없이 순식간에 버스가 전철 환승역에 닿은 것이다. 나는 거기서 내려야 하는데 미인은 종점까지 간다고 했다.

나는 사탕을 보물처럼 물고 버스 쪽을 힐끔거리며 전철역으로 발길을 옮겼다.

운수 좋은 날이었다.

-2018년 3월호 《수필과비평》

| 작품 |
새삼 그리운 것들

정호경

　옛날 내가 어렸을 적에는 비가 오는 날에는 언제나 동생들과 마루에 앉아 콩을 볶아 먹던 기억이 납니다. 이는 특별히 비와 무슨 관련이 있어서가 아니라 그때는 일제 때여서 주전부리 거리가 없어서였을 것입니다. 일제의 강압에 우리가 애써 농사지은 쌀은 모조리 공출을 당해버리고, 쌀을 구하기가 어려웠던 시절이어서 밥의 70퍼센트가 보리였으니 무슨 간식거리가 있었겠어요. 내가 사는 시골 동네 일본인 나카가미中上 상점에서 눈깔사탕을 만들어 팔았지만, 그것도 1주일 혹은 열흘이 지나 한 번씩 만들어 팔기 때문에 눈치와 발걸음이 빠른 꼬마 녀석이나 그 달콤한 눈깔사탕을 맛볼 수 있었어요. 그런데 어쩌다 한 달 이상 그 사탕 맛을 볼 수 없을 때에는 약방에 가서 동글동글 버찌 열매만 한, 배 아플 때 씹어 먹는 은박지의 '영신환靈神丸'을 사서 달콤한 사탕 맛을 대신했어요. 오늘 비 오는 날, 일제의 탄압에 굶주리고 생활이 어려웠던 그 날들이 문득 생각나 아득히 흘러간 옛날의 그 우습고도 가슴 아팠던 일들을 회상합니다.
　최근 이사 온 여기 우리 집 근처에 '2001아울렛'과 그 유명한 '지구촌교회'가 같은 고층건물 안에 들어서 있어서인지 사람들의 왕래가 많아서 크고 작은 식당에도 맛있는 한때를 해결하려는 사람들로 수선스럽네요. 낙지와 주꾸미는 같은 연체동물로 맛이 같은 줄 알았는데, 역시 낙지보다는 주꾸미가 씹기도 힘이 안 들고, 맛도 있어서 먹기가 편했어요. 통영에서 매일 새 굴을 실어온다는 싱싱한 '굴국밥'집에 교회에서 오후 한 시쯤 예배를 마치고 내 가족과 함께 점심 먹으러 들어가면, 언제나 내 옆자리에 앉아 큰 소리로 찬송가를 부르던, 낯익은 중년부부가 먼저 와 앉아 있네요. 우리는 종교도 같고, 입맛도 같습니다.
　내 주변 사람들이 나 보고도 '동안'이라고 하기에 내 얼굴이 그렇게 동글동글하냐고 물었는데, 이제 알고 보니 동안童顏은 얼굴이 동글동글하다는 뜻이 아니라 '늙지 않는 어린아이 얼굴'이란 뜻이네요. 그런데 나는 '어린아이 얼굴'에서 벗어나 '나이에 따른 어른 얼굴'이면 남 보기에 무게도 있고, 점잖게도 보여 좋겠는데, 내 생각이 잘못됐나요? 우리나라에서는 예나 지금이나 한두 살 차이의 나이를 가지고 괜히 형님 대접을 받고자 하는, 촌티 나는 나이 다툼으로 코피를 쏟는 불상사도 종종 보았어요. 교양 있고, 세련된 '동안'이면 정말 좋을 것 같은 생각을 합니다.
　온 천지가 다 내 마음에 듭니다. 하늘도 바다도 산도 시냇물도요. 나 혼자보다도 마음이 통하는, 수필 쓰는 여러분과 함께 이런 곳에서 이야기하며 산책할 수 있으면 더욱 좋겠네요. 목에까지 차올라와 있는 욕심을 버리면, 첫째 우리의 마음이 편안해서 좋고, 온 세상 모든 것이 다 아름답게 보여 더 좋을 것입니다. 하지만 나도 세속을 살아가는 한 점 속물이기에 마음속을 비우기가 참 어렵네요. "나는 매일처럼 뒷간에 가서 많은 것을 깨끗이 비우고 있는데 무슨 소리냐?"고 누구는 말할지 모르겠지만, 이는 누구나가 하는 생리적 배설현상 아닌가요. 우리 마음속의 지저분하고 어지러운 잡념 날려 보내기 말입니다.
　세상을 살아가는 일이 만만치 않습니다. 자칫 철부지한 나의 오만불손 때문에 주변 사람들을 불쾌하게 만들거나 심지어는 인연 단절에까지 이르는 경우를 종종 봅니다. 이런 체험을 통해서 글을 쓰는 우리는 스스로 얼굴을 붉히고 반성하면서 바른 삶에 대한 내 자신의 마음을 글에 옮겨 적으려고 고민하기도 합니다. 우리의 결론은 새해나 묵은해나 모두 각자의 마음가짐에 따른, 솔직하고 진실한 결과임을 알고 있습니다. 하늘은 춘하추동 변함없이 푸르기만 합니다. 다만 구름이 하늘을 가렸을 때 생기는 명암明暗의 차이일 뿐이라는 사실을 나는 늦게야 깨닫습니다.

목욕탕에서 흘러나오는 하수구 물과 함께 쫄쫄쫄 꼴랑꼴랑 소리를 내며 흐르는 세월은 많이 변했어도 나의 입맛은 옛날 그대로입니다. 쇠못 나사를 잇몸에다 마구 돌려 박은 임플란트 틀니 덕택인가요. 이것이 아니었으면, 허리 굽은 마누라가 삼시 세끼 힘들게 쒀주는, 하얀 쌀죽만 떠먹고 지내다가 나는 그만 집사람의 절룩거리는 그 수고가 미안하고, 나아가서는 인생이 서글퍼서 이승과는 벌써 작별인사를 고하고 말았을 것입니다. 그 매서운 겨울 추위를 참느라고 안으로 쪼글쪼글 오그라져 붙은 '봄동' 배추쌈을 '엘에이갈비'보다 더 좋아하는 나는 오늘 저녁 밥상에 오른 '봄동' 쌈을 허기진 멧돼지처럼 우둑우둑 씹어 먹다가 불쑥 그런, 눈물 나는 생각을 했습니다. 그러나 다리가 아파 잘 걷지도 못하고 종일 소파에 드러누워 평화롭게 잠만 자고 있는 집사람을 생각하며, "금실은 구구 비둘기" 어느 시의 한 구절을 다시 기억하며, 백년해로할 것을 결심합니다.

바닷가의 '여수'도 내 고향 같은 느낌이 들더니 이곳 '분당'도 그 지명이 주는 정겨운 어감에서, 봄날의 암수 개구리들이 연못가에서 '분당분당' 손바닥으로 물장구치며 봄놀이를 하는 소리를 듣습니다. 내가 살러 가는 고장은 어디나 다 정겹고 따스해서 고향 같은 느낌이 듭니다. 여기서도 큰 축구장만한 농협 대형마트에 가보면, 섬 변두리 바위에 붙어서 거센 파도에 부대껴 질긴 목숨을 깃발처럼 팔랑거리며 버티는 미역이나 파래도 그리고 굴, 주꾸미, 낙지, 바지락, 꼬막이나 게 등 제각기의 별난 바다 맛을 지닌 해산물도 빠짐없이 보이네요. 여러 가지 싱싱한 산나물도요. 그런데 너구리, 오소리, 족제비, 고라니, 산토끼 등 옛날 내 어렸을 적의 그 순진하고 정겹던 산동네 친구들은 한 녀석도 보이지 않네요. 산에 먹을 것이 없어서 다 굶어죽었는지요. 아니면 사냥꾼들의 산탄에 맞아 온통 씨가 말라버렸는지요. 함께 놀던 내 어린 시절, 그 정겨운 친구들이 자욱한 봄 안개 속에 새삼 그립네요.

－2018년 3월호《수필과비평》

02

인지학으로서 수필의 사유

 인간의 삶은 무지에서 시작하여 앎으로 나아간다. 인식이라는 정신적 여정은 목숨이 다하는 날까지 계속된다. 그 앎과 깨침의 세계는 철학의 공통적인 영역으로서 소크라테스가 "너 자신을 알라."는 횃불 같은 가르침으로 빛을 내기 시작하였다. 그 후 데카르트가 "나는 생각한다."고 부연하였고 베이컨이 "아는 것이 힘이다."라고 설파했다.
 앎과 삶 사이에는 갖가지 방정식이 존재한다. 인간은 태초부터 눈에 보이는 세계와 눈에 보이지 않는 세계 사이에 교량을 놓으려고 노력하였다. 물질적인 의식주, 정신적인 지정의 외에 언어 문자 그림이라는 매개체, 인식 감수성 상상 등과 같은 힘조차 사람과 주변세계를 연계시키려는 노력의 일부로 보았다. 사고라는 문이 매번 지금껏 대면하지 못했던 새로운 정신세계를 활짝 열었다.
 그 문으로 들어가려는 노력 중의 하나가 인지認知다. '인지학'의 뜻은 '인간에 관한 지혜', 즉 '인간에 관한 참된 앎'이다. 사람(Anthropos)과 지혜(sophia)의 합성어인 인지학(Anthroposophy)의 창시자 루돌프 슈타이너(Rudolf

Steiner)는 다음과 같이 설명한다. "인지학은 정신세계에 대한 과학적 탐구다. 이 탐구는 자연에 대한 인식이면서 물질과학이 일깨우지 못한 신비를 꿰뚫어 보고, 잠재된 힘을 계발시키려는 사람을 보다 높은 신세계로 이끈다." 요약하면 인지학은 '인간에 내재하는 고도의 자아가 만들어내는 지식'이다.

"인간에 내재하는 고도의 자아"는 동서양 철학자들이 탐구해온 "나에 대한 앎"에 일치한다. 수필도 의식주와 지정의에 대한 앎을 기술하고 서술한다. 자연을 대상으로 하든, 삶을 소재로 삼든, 수필은 나에 의한 나의 발견을 이야기한다. 그런데 수필을 쓸수록 분명해지는 것은 나 속에는 타자가 가득 차 있다는 사실이다. 가족, 직장, 친구, 빵, 책, 신발, 가방, 자동차, 스마트폰…. 이런 구성원과 구성 물질들이 나에게 어떻게 작용하는가를 살피는 분야가 인지학이고 그렇게 인지한 내용을 기록하는 것 중의 하나가 수필이다.

인지학을 과학적으로 해석한 사람들 중 대표적인 인물이 오스트리아 철학자 슈타이너다. 그가 정립한 발도로프 교육은 직관으로 인간 본성을 대면시킨다. 나아가 사람 안에 있는 정신을 우주 안에 있는 정신으로 끌어올린다.

깨달음에 이르고자 하는 욕망을 관찰하는 인지학은 3단계로 이루어진다. 우선 인간의 성장과 삶의 리듬, 생성과 소멸을 관찰하여 물질적인 자연 환경과의 관계를 살핀다. 두 번째는 영혼(psycho)의 영역 안으로 들어가서 사고, 느낌, 의지와 같은 내면의 삶과 육체와의 상호관계를 인식하고 무의식이 의식적인 삶에 끼치는 영향을 살핀다. 세 번째는 자아와 연결고리로 이어진 초인간계를 통해 자아가 가진 개성적인 정신(spirit)을 파악하는 것이다. 인간 운명에 답하는 인지작용은 개인의 소멸과 상관없이 대대로 반복되면서 인간을 변환시켜 '너 자신을 알라.'는 자아성찰력을 활성화한다.

매번 새로움의 경계선을 뛰어넘는 것이 인지의 본성이다. 자연과학이 외면적이고 물질적이고 육체적인 인간을 연구한다면 인지학은 내면적이고 정신적이고 영혼적인 인간을 구체적으로 분석해낸다. 수필도 일상의 탈일상화, 개인의 탈개체화, 육화의 탈육화를 도모함으로써 존재의 본질을 파악한다는 점에서 인지학과 상당한 연관성을 맺고 있다.

이번 평설에서는 인지학이라는 개념을 수필비평에 도입하기로 한다. 육체적 생멸을 먼저 살피며 인간 영혼으로 들어가 물질과 정신과의 관계를 거론할 것이다. 더불어 초인간계의 스피릿과 접촉하려는 인지 방식의 특징은 무엇인가를 세 편의 작품에서 다루고자 한다.

김길웅 <밥 3>

사람의 생존에 필요한 기본조건은 의식주다. 먹고 입고 자는 것 중에서 가장 현실적인 문제는 먹는 것이다. 김길웅은 밥을 소재로 삼아 인간의 존재가 어디에 있고 그 존재성이 무엇인가를 다루고 있다. 인간은 밥을 먹고 빵을 먹고 국을 먹고 반찬을 먹는다. 이 모든 것이 밥이라는 사물에 포함될 때 밥은 '한 그릇의 밥'이 아니라 '먹는 모든 것'을 지칭하는 대표명사가 된다. 밥이라는 명사가 지구상의 모든 생명이 살아갈 수 있는 최소 조건임을 알고 있는 김길웅은 밥에 대한 지각 활동을 시작한다.

서두는 "별안간 머릿속을 밥이라는 단어가 점령했다."이다 '별안간'이라는 부사에는 '마침내'라는 함의가 숨어 있다. 76세의 그가 비운 밥그릇 숫자는 무려 8만 3220 끼니다. 밥을 못 먹으면 어떤 생명체도 건강을 잃는다. 살아온 수명을 밥그릇 숫자로 계산하는 방식이야말로 사느냐, 아니냐에 대한 체감효과를 좌우한다.

밥이 어떤 의미를 지니는가는 단계적으로 구현된다. 밥이 육체적 생물학적 수명을 유지하게 해주는 것임을 깨닫는 것이 인지의 첫 단계라면 두 번째 단계는 밥이 인간 정신에 미치는 영향에 대한 인식이다. 밥이 만들어지려면 곡물을 심을 토지와 땀흘려 벼를 키우는 농부와 벼를 쌀로 만드는 여러 노동자가 필요하다. 쌀과 농부와 노동자가 있어야 소비자가 먹는 밥이 완성된다. 밥에 대한 그의 인지 작용은 정신과 육체의 합성으로 이루어진다. "요즘 들어 밥통의 밥을 손수 밥그릇에 퍼 담는다."는 동작은 일하는 강도에 따라 밥의 양이 결정된다는 점을 알려준다. 밥에 대한 태도가 물질에서 정신으로 이동했다는 의미이다. 이러한 인지작용이 밥을 소재로 수필을 쓰게 하는 동력이라고 하겠다.

> 축낸 밥만큼 이치에 통달하는지도 모른다. 이제야 밥에 대해 정색하는가. 한 톨 쌀알이 나오기까지 여든여덟 번, 농부의 손을 거친다 하니 웬만한 노고가 아니다. 그 노고란 게 농부가 흘린 땀의 총화— 땀이 쌓이고 쌓여 종당에 남은 축적물이 쌀이란 의미일 것이다. 나는 농촌 태생이라, 수없이 밭을 드나드는 농부의 발걸음 소리에 귀기울여 일찌감치 그 노고란 걸 목도하며 자랐다.

쌀이 나오기까지 여든여덟 번의 손길이 필요하다는 사실은 "농부는 땀으로 양식을 장만하는 위대한 일꾼"이라는 진화된 개념을 만들어낸다. 농부의 땀이 쌀로 바뀜으로써 "우리에게 일용할 양식을 주옵시고…."라는 식사기도는 신과 자연과 농부에게 경건한 존경심을 가져야 한다는 인식을 일깨워 준다.

밥과 쌀에 대한 인지활동은 계속 이어진다. 생각의 시간이 늘수록 쌀에 대한 앎을 인간의 노동과 연계시키려는 노력은 더욱 확장된다. 작가는 쌀을 매체로 인간과 자연을 인지라는 고리로 연결하려 한다. 이런 인지의 3단계는 자아가 고양되는 효과도 낳는다. "농부는 땀으로 일용할 양식을 장만하는 일꾼"이라는 정의는 "농사는 생명을 살리는 성스러운 노역"이고 "농부의 밭은 성지"라는 개념과 합쳐진다. 밥은 땅과 물, 불과 바람, 이슬과 빗물이 스며있고, 공깃밥 한 그릇, 배춧국, 김치 한 접시가 놓인 밥상을 지구와 우주와 인간을 유기적으로 생각할 수 있는 경건한 사유의 무대로 설정한다.

종국적으로 밥의 가치와 본질이 분석 종합된다. 작가는 밥을 사유의 시렁에 올려둠으로써 "나는 생각한다. 고로 존재한다."는 준거를 마련한다.

> 밥은 삶의 준거準據다. 온갖 사고와 행동거지가 밥에서 발원한다. 우리는 밥에 울고 웃는다. 실제 그러면서 궁핍과 혼란 속에서 어둡고 지루한 역사의 터널을 지나왔고, 암울하던 시대의 강도 건넜다. 관념적·철학적 사변을 떠나 실재하는 게 삶이고 현실이다. 때론 단순할 필요가 있다. 얼토당토않아 봬도 살기 위해 먹어야 했고, 먹기 위해 살아야 했다, 밥을.

'밥은 실재하는 현실'이라는 개념이 정점에 이르려면 밥과 관련된 다양한 언어가 합쳐져야 한다. "소식하는 나, 내가 축낸 밥" 외에 "보리밥, 조밥, 고구마밥, 쌀밥, 오곡밥, 톳밥, 수수밥, 메밀범벅"을 열거한다. 퓨전과 하이브리드라는 언어를 빌려와 잡곡밥을 소개하며 어린 시절에 눈물짓게 했던 반지기와 1960년대 베트남에서 수입한 알량미도 빼먹지 않는다. 무엇보다 절집 요사채에서 대접받았던 공양을 경건하게 풀어내어 "밥은 하늘이다."라는 중심 의미를 완성한다.

밥에 대한 김길웅의 인지는 마침내 종교적 세계로 접어들었다. 밥을 생명의 보시로 여기는 인지단계는 "깨달음의 열락"이라는 문구로 구체화된다. 발우공양은 정신과 육체에 미치는 밥의 공덕을 요약한 최종 표현이라고 볼 수 있다.

> 양반다리로 밥을 먹는데 그릇에 수저 부딪는 소리커녕 숨소리도 안 들린다. 밥 먹는 곳까지 따라와 앉은 숨막힐 듯한 산사의 고요. 그 속으로 함께 가라앉은 건가, 낯선 절밥에 끌린 건가. 나는 사뭇 무화해 있었다. 평소 뭘 먹을 때 심한 쩝쩝 소리도 온데간데없었으며 눈으로 공허의 실체를 보고, 그것의 촉감을 만지고, 그것의 향기를 맡고 있었다. 밥티 하나 남김없이 먹고 나서 물로 헹궈 천으로 닦아 시렁에 얹던 발우공양은 색다른 체험이었다.

작가는 살기 위해 밥을 먹는다는 일상적 상식에서 벗어나 자연과 우주와 하나라는 심정으로 밥의 희생을 받아들인다. 일흔여섯 살까지 축낸 8만 3220 끼니가 단순한 숫자가 아니라 가늠할 수 없는 희생과 보시의 무량수임을 자각한 작가는 이제 감사와 깨침의 상징과 물상으로서 밥을 먹는다. "먹는 게 밥을 밥으로 존재하게 하는 것이지."라는 '먹히는 존재'로서 밥은 인간과 자연과 우주를 엮는 사색의 키워드다. 식사를 마친 그는 무엇을 생각할까. 아마 나는 무엇으로 어떻게 존재하는가라는 자문자답이리라 여겨진다.

김지희의 <서킷브레이크>

김지희는 남편의 직장과 가정생활의 변화를 시간대별로 살핀다. 작가는 남편의 직장 사퇴, 새 사업 운영, 실패와 좌절, 가정에 대한 새로운 각오, 새 출발 준비라는 단계를 당사자가 아닌 아내의 시선으로 지켜본다. 그런 다음 서술자로서 목격한 것을 한 편의 작품으로 기록한다.

남편의 심적 변화를 설명하는 모티프는 "서킷브레이크"라는 용어다. 이 용어는 주식 운용에 무리가 없도록 강제로 주식매매를 일시 중단시켜 주식시장이 원활하게 돌아가도록 해주는 일종의 보호장치를 뜻한다. 이 개념을 빌려와 가족의 삶을 서술하는 작가는 남편이 직장 생활을 그만둔 후의 상황과 새 출발을 살펴보면서 그 과정에 나타난 중단의 부정적 긍정적 의미를 찾고 있다.

남편에 대한 첫 인식은 "브레이크를 장착하지 않은 불도저"라는 표현으로 요약된다. 여기에는 남편에 대한 불안감이 깔려 있다. 직장 일에 매진 해온 후유증으로 그의 정신은 피폐해지고 심신의 피로가 누적되어 삶의 의욕을 잃었다. 인생을 재정비하기 위한 쉼의 브레이크가 없었다는 뜻이다. 인지는 자아가 자신을 깨닫는 정신작용이지만 자신과 긴밀한 관계를 가진 상대방을 거울로 여기면서 자신을 살펴보는 것도 인지에 속한다. 특히 상대에 대한 앎은 나에 대한 앎과 상통한다. 김지희도 남편에게서 발견하는 삶의 리듬이 자신에게 미치고 있음을 직감한다.

가장이 직장을 그만둔 부작용은 적지 않다. 남편이 한마디 상의 없이 새로운 사업을 시작하면서 퇴직금과 저축금이 이내 사라진다. 남편은 매일 술에 절어 새벽에 귀가하고 자신에게 짜증을 부리고 가족에게 화를 낸다. 얼마의 시간이 지난 후 문턱이 닳도록 드나들던 친동기조차 찾아오지 않고 몇 명의 옛 직장 동료와 가족만 남는다. 현실이 실타래처럼 엉켜버리고 가족이라는 배가 가라앉겠다는 불안감이 높아진다. 독자도 남편의 방황이 어떤 반응을 일으키는가를 불안스럽게 지켜본다.

인지란 깨달음에 이르고자 하는 욕망이다. 작가는 인지의 순기능을 알고 있으므로 남편의 좌절을 가능한 한 긍정적으로 풀이하고 싶다. 남편의 내면으로 들어가 공감대를 찾으려는 노력은 내리막을 달리다 급제동된 브레이크를 "전화위복이 되었다."고 설명하는 데서 발견된다. 브레이크된 가정이 반드시 나쁜 것만은 아니다. 시부모는 직장에 나가는 며느리의 눈치를 살피고 밑반찬도 챙겨 준다. 집에 있는 남편이 아버지로서의 관심을 자식에게 보여주면서 아이들이 웃는 소리가 집안을 채우고 깊게 파였던 남편과의 골이 점차 메워진다. 화자는 화기애애한 가정이 되는데 걸린 2년 남짓의 멈춰 선 기간을 "호흡을 가다듬는 음악의 간주와 같은 시간"으로 받아들인다. 작가는 브레이크가 지닌 쉼의 개념을 다른 영역으로 확대시킨 것이다.

> 연극이나 희곡에는 스토리를 단절시키는 막이 있다. 그것은 주인공의 운명이 위기이거나 절정, 반전될 때 그 역할을 한다. 무대와 관객을 일시 차단하여 사건을 진전시키기도 하고 주인공의 운명을 완전히 바꿔놓기도 한다. 잠시 쉬는 동안에 배우는 감정을 다듬고 새로운 호흡으로 이어질 장을 준비한다. 가족을 건사하느라 들숨날숨 버겁던 그 배우도 막 사이에서 숨고르기를 하는 중이었으리라.

우리 주변에는 재충전을 위한 휴지休止의 예가 많다. 직장의 안식년, 커피브레이크, 농작물의 해거리, 심지어 운동선수의 슬럼프도 신체가 본능적으로 요청하는 휴식의 일종이다. 브레이크는 물리적 운동의 중지가 아니라 미래를 준비하는 숨고르기인 셈이다.

작가는 그녀 가정에서 일어난 '서킷브레이크'의 의미를 기관차에 비유한다. 만일 가족극의 주인공으로 내세우면 아들과 아버지와 남편이라는 일인다역을 수행하느라 지쳐버린 가장의 심적 상태가 더욱 쉽게 이해된다. 두 량으로 출발한 열차가 두 량을 더한 가족열차의 기관사로서 앞만 보고 달렸다는 비유는 매우 실감나는 비유라고 평할 만하다. "의도치 않게 걸린 브레이크는 탈선 직전 막다른 벼랑 끝"에서 가까스로 멈추게 했다는 해석도 남편의 실직을 전화위복으로 삼겠다는 인식에 속한다. 아내로부터 용기를 얻은 남편도 고양된 인생을 새롭게 설계하려 한다.

남편도 새 삶을 위한 준비를 했다. 매일같이 산을 오르내리며 무엇보다도 여름에 살쪄가는 산처럼 건강이 눈에 띄게 좋아졌다. 주변을 돌아볼 여유가 생겼고 전에 없이 끕끕수에도 처연하게 대처했다.
물속이 훤히 보이는 갠소름한 시냇물에 잔물결만 찰박거려도 가슴 조이면서 어느새 불혹을 넘겼다. 이제 지천명도 지나가려 한다. 흰머리 듬성해지고서야 남편이 말했다. 지금부터 인생 2막의 시작이라고.

남편은 아내의 기대에 부응하여 새 삶의 각오를 다진다. 휴식을 취한 기관차가 다시 달리고 해거리를 한 땅에서 풍성하게 수확하고 겨울잠을 잔 곰이 기지개를 켜듯이 남편도 "인생 2막"을 시작하리라고 작가는 믿고 독자도 그러리라 기대한다. 휴식 후의 정신력(spirit) 회복이라는 생의 변화는 남편과 아내가 수행한 긍정적인 인지임에 분명하다.
앞에서 설명하였듯이 인지란 인간에게 내재하는 고도의 인식이다. 인지는 외면적이고 물질적이며 육체적인 인간의 일면을 보완해줌으로써 내면적이고 정신적인 부분을 더욱 충실하게 만든다. 김지희도 남편의 존재가 가족에게 무엇인가를 긍정적으로 이해함으로써 남편이 스피릿을 소생시키는 데 도움을 줄 수 있었다.

이정자의 <생명>

이정자의 <생명>은 인간은 존재하는 것만으로도 소중하다는 주제를 구현한다. 신체적 정신적으로 완벽한가, 아니면 불완전한가의 여부를 떠나 생명은 귀중하다는 사실을 독자가 인지하도록 서술과 구성을 체계화하였다. 이정자는 여덟 살인 뇌병변 1급 장애아 손자 준엽을 키우는 할머니다. 정신박약아를 키운다는 현실만으로도 가족이 짐 져야 하는 시련의 정도는 짐작하고도 남는다. 그 갈등이 첫 단락부터 고스란히 가시화된다.

> 이제 제법 어눌하게나마 제 마음을 전하는 손주아이를 보면 희망이 솟는다. 하지만 궁금증이 사라진 것은 아니다. 오늘도 이따금 '신은 왜 저 어린 양을 내게 보내주신 것일까'라고 묻고 싶었지만, 아이의 해맑은 얼굴을 보는 순간 금세 그 질문이 온데간데없다. 희한한 일이다.

손주를 지켜보는 시선에 양면가치성이 존재한다. 아이는 "어눌한" 말투와 "해맑은" 얼굴의 모습으로 등장한다. "어눌하게나마"가 부정적인 의미를 지닌 형용사라면 "해맑은"은 긍정적인 이미지다. 이정자도 "신은 왜 저 어린 양을 내게 보내주신 것일까"라는 의문과 "요즘은 손주가 조금씩 발전해가는 모습에 남다른 즐거움을 맛"보는 희망 사이를 오간다. 이런 갈등을 지닌 작가가 병원 입구에 있는 "장애인의 부모는 신이다."라는 문구를 생명의식으로 인지할 수 있는가가 문제라고 하겠다. 장애아를 가진 부모를 신에 비유할 수 있는가. 만일 신이 자비롭고 전지전능하다면 정신박약아를 세상에 보내거나 부모에게 자식으로 줄 수 없다. 뇌병변 1급 장애아를 가진 부모는 이 문구를 쉽게 수용할 수 없다.

이정자는 그럼에도 불구하고 해맑은 얼굴과 어눌한 말투를 가진 아이에게서 희망을 발견한다. 준엽의 가족이 처한 환경을 새롭게 풀이하는 것이 인지의 출발이라면 보호자로서 소임에 최선을 다하는 자세는 인지의 결말이 된다. 만일 길 잃은 양을 찾는 신처럼 아이를 돌본다면 어떤 기적이 일어날 것이라는 희망이 깔릴 것이다.

본격적인 사건은 아이가 여섯 살 되던 어느 여름날 시작한다. 아이의 고관절이 80%나 빠져나갔음을 발견한 의사는 수술을 권한다. 수술을 위해 2번이나 마취를 하였을 때 아이는 빙긋 웃었을 뿐이어서 마취주사를 놓고 수술하던 의료진은 방심한다. 아이는 위급상황에 빠진다. 보호자로서 작가는 당황할 수밖에 없다. 성치 못한 아이가 홀로 생명의 위기를 견디고 있다는 사실에 두려움을 느낄 때 기댈 곳은 신의 도움뿐임을 절감한다. 아이의 목숨이 위태할 때 부모가 할 수 있는 것은 기도이므로 기도의 줄을 놓지 못한다. 기도는 다른 물리적 행동을 할 여지가 없다는 현실을 반영한다. "장애인의 부모는 신이다."라는 표어도 현시점에서는 부정된다.

손주의 생명을 생각하는 이정자의 인식은 극진하다. 아이의 장래를 걱정하는 작가는 갖가지 말로 자신의 감정을 표현한다. "제 새끼가 저러고 있는데 한순간이라도 어찌 제정신으로 살 수 있을까." "그때의 절박한 심정을 어떤 말로 표현할 수 있을까." "지금 생각해봐도 아찔한 상황이었다." "생애를 통해서 홀로 감당하기에는 너무나 긴 밤이었다." 그녀가 토로하는 일련의 자각과 인식은 '생명'과 '희망'이라는 담론에 집중한다. 그 중에서 중심 초점은 '생명'이라는 개념이다.

> 아이에게 중요한 것은 장애가 아니라 생명 그 자체였다. 그날 아이의 생명은 우리의 뜻이 아니라 하늘의 것이라는 깨달음을 얻고 난 뒤 나의 기도는 가슴에서 영혼 쪽으로 옮겨갔다.

작가는 기도가 하늘의 뜻에 좌우된다는 점을 알게 된다. 자식의 생명이 절박해지면 어머니는 평범한 가정주부에서 아이를 지키려는 전사로 바뀐다는 점도 "잠시 숨을 멈추는 듯하다가 의자를 박차고 일어"선 딸을 통해 목격한다. 할머니로서 작가는 다변의 언어로 심정을 표현하지만 자식이 위험에 처한 엄마는 오직 행동한다. 어머니의 태도는 적극적이고 조건반사적이라는 사실을 인지하는 것이다.

부모의 정성스러운 노력은 자식에게 변화를 일으킨다. 언어치료를 꾸준히 받은 아이가 조금씩 말문을 트고 노래를 하고 의사소통이 가능해지면서 부모는 생명의 기적을 목격한다. 이런 발전은 아이와 부모가 상대에게 어떤 존재인가를 서로 인지할 때 가능해진다는 사실은 말할 필요가 없다.

> 어느 날, 딸애가 저희 부부는 준엽이가 있어서 앞으로의 생활이 참 좋을 것 같다며 환한 표정을 지었다. 아이들은 성장하면 부모 곁을 떠나기 마련인데, 제 아이는 늘 우리 곁에서 함께 머물 수 있으니 든든하다는 것이다.
> 이제는 알 것만 같다. '장애인의 부모는 신'이라는 말씀을…. 내가 더 오래 살아야 할 이유도.

모든 가족이 준엽이를 중심으로 생각하고 행동한다. 아이는 살아갈수록 자신이 부모에게 얼마나 소중한가를 깨달을 것이고 부모들도 장애인 자식이 그들의 삶에 어떤 존재인가를 거듭 생각할 것이다. 부모와 자녀 사이에 이루어지는 감격적인 교감을 지켜보는 작가도 자신의 역할이 무엇임을 인지한다. 그래서 작가는 오늘도 신의 뜻을 헤아리며 "묵상에 잠긴다."고 말한다.

이정자가 뇌병변 1급 장애아를 통해 다다른 인지의 내용은 혈연은 소중하고 부모가 맡은 임무는 신성하다는 것이다. 의무를 뛰어넘는 생명의 힘 자체를 깨닫는 것이다. 인지의 3단계는 1차적 인지와 2차적 단계를 포함한다. 삶의 생성과 소멸을 인지하고 내면의 정신과 육체적 조건간의 상호관계를 파악할 때 인간과 신이 사랑의 고리로 맺어진다.

생명은 무엇이든 온전하다. 완전한 것과 불완전한 것 사이의 구별은 무의미하다. 성별과 노소와 피부색과 귀천에도 차별이 없다. 이분법은 인간이 만들어낸 장벽에 불과하다. 이정자의 내적 자아가 인지한 것도 생명 그 자체의 신성함이다. 그 생명의식을 <생명>의 중심에 위치시킨

점이 본 작품을 신인상 수상작 이상의 문학성을 갖도록 하였다.

덧붙여

인지학은 인간의 정신세계를 집중적으로 탐구하는 앎의 세계다. 인지학은 자연과학의 반대개념에 머물러 있는 것이 아니라 자연과학이 설명할 수 없는 부분을 보완해주는 역할을 수행하는 정신과학이다. 문학이든 예술이든 과학이든 종교든 인간이 추구하는 것은 모두 정신과학이다. 어떻게 하면 고차원적인 세계에 도달할 수 있는가. 그 길은 외부에 있지 않고 인간의 내부에 있다. 결국 인지는 인간의 내면적인 변화, "너 자신을 스스로 알라."는 가르침의 하나로 인간에게 작용한다. 우리는 어떤 상황에 부딪히면 끊임없이 문제를 해결하려 한다. 내상을 치유하는 힐링도 자아를 고양시켜 준다는 점에서 인지의 영역 안에 포함된다고 하겠다.

김길웅은 <밥 3>에서 무의미하였던 밥 먹기를 중단하고 쌀과 밥에 대한 새로운 자각을 통하여 "밥은 생명의 육보시"라는 깨침에 다다른다. 김지희는 <서킷브레이크>에서 브레이크를 새 출발을 위한 전화위복으로 풀이하여 가정이라는 기관열차가 순탄하게 달리도록 상황을 반전시킨다. 이정자의 <생명>은 장애의 의미를 긍정적으로 인지하여 신의 섭리라는 문제의식에 다다른다.

세 작품들은 작가 자신들의 내면을 성찰하면서 타자를 깊게 이해하는 글맥을 풀어내고 있다. 각 작품은 밥, 브레이크, 생명이라는 소재의 차이를 보여주지만 인간은 자연과 우주의 일부라는 공통된 진실을 밝혀내었다. 덧붙여 수필은 인간 본질을 해석하는 인지작용의 일부라는 사실을 재확인할 수 있다.

| 작품 |

밥 3

김길웅

　별안간 머릿속을 '밥'이란 단어가 점령했다. 사전 속 수많은 말들이 까무룩 숨고 밥으로 꽉 채운다. 전에 없던 일이다. 왜일까. 뭘 먹다 체한 것도 아니면서 명치끝이 뻣뻣해 온다.
　일흔여섯 살. 그동안 축낸 밥 그릇 수를 대충 셈해 본다. 하루 세끼 곱하기 365일, 곱하기 76을 하니, 무려 8만 3220 끼다. 산술급수 치고 덩치 큰 숫자다. 그럼에도 매끼마다 나는 내가 먹을 밥의 양을 아직도 가늠하지 못한다.
　요즘 들어 밥통의 밥을 손수 밥그릇에 퍼 담는다. 내 밥이니까 내가 푼다는 게 아니다. 날마다 먹을 양이 다를 수 있다는 묘한 셈을 하게 될 때문이다. 왼손에 받쳐 든 밥의 무게가 뇌로 이동하며 뭘 따지는 과정에서, 나는 오늘은 별일이 없으니 이 정도면 돼, 혹은 목전의 일을 해내려면 힘들 테니 밥을 더 먹어야 해, 하는 식으로 간다. 언제부터인가 밥을 공기에 담을 때 주걱을 이용하지 않고 숟가락을 쓰고 있다. 서너 번이면 충분하다. 처음 두세 번은 듬뿍, 마지막은 조금 보탠다고 얄브스름히 떠 얹는 식이다.
　날마다 반복하는 것이라 손이 잘 타기도 하지만, 매번 그 양이 조금씩 줄어드는 추이다. 심중에 잠재했던 소식하자 한 의식이 고개를 들기도 할 테지만, 그보다 밥 자체에 대한 한 가닥 사유가 간여하려는 것 같다. 의식 이전 무의식이 몫을 하려 한다는 것을 느끼며 묘한 기분이 된다.

축낸 밥만큼 이치에 통달하는지도 모른다. 이제야 밥에 대해 정색하는가. 한 톨 쌀알이 나오기까지 여든여덟 번, 농부의 손을 거친다 하니 웬만한 노고가 아니다. 그 노고란 게 농부가 흘린 땀의 총화—땀이 쌓이고 쌓여 종당에 남은 축적물이 쌀이란 의미일 것이다. 나는 농촌 태생이라, 수없이 밭을 드나드는 농부의 발걸음 소리에 귀기울여 일찍감치 그 노고란 걸 목도하며 자랐다.

밭은 땀흘리는 농부의 영지領地다. 토지, 곧 농부들 삶의 본 무대다. 평생을 오로지 씨 뿌리고 거름 주고 김매고 거두는 그들은, 설령 천재로 대가가 주어지지 않아도 절망하지 않고 하늘을 우러른다. '농자천하지대본', 농부는 땀으로 일용할 양식을 장만하는 위대한 일꾼들이다. 농사야말로 생명을 먹여 살리는 성스러운 노역이다. 실로 장엄하다. 농부의 밭은 성지인데 누가 범접하랴. 농부만이 잡초를 내몰 수 있다.

밥을 받아 앉아 성호를 긋는 기독교인 앞에서 수저를 집으려던 손이 멈칫한다. "우리에게 일용할 양식을 주옵시고…." 마음속에서 외우고 있을 것이다. 갑자기 식탁이 경건해진다.

생략되고 절제된 짧은 의식이 밥에 대한 사고의 빌미를 제공한다. 밥은 단순하지 않다. 땅과 물, 불과 바람, 이슬과 빗물이 스며있다. 공깃밥 한 그릇 옆에다 배춧국에 김치 한 접시로 놓인 밥상에서 나는 지구와 우주와 인간을 생각한다. 이제야 철이 드는 모양이다.

문득 어렸을 적 내가 먹었던 밥들이 각각의 얼굴로, 그때의 풍정風情으로 떠오른다. 산업화 이전 농촌이 다 그랬지만, 보리밥, 조밥, 고구마밥, 톳밥, 수수밥, 메밀범벅 따위들이다. 그중 고구마밥과 톳밥은 순수하지 않아 좁쌀에 그것과는 이종異種인 고구마와 톳을 혼합한 것으로 이를테면 요즘의 퓨전이거나 하이브리드다. 좁쌀은 소위 '눈 밝은 닭이나 찾아 먹음직'했으니 딴은 서러운 시대의 고단한 풍경이었다.

반지기란 밥이 있었다. 서속밥 안친 솥 구석에 밭벼쌀 두어 줌 섞어 앉은 그릇에 얹던 그 밥, "오늘, 네 생일이구나, 배불리 먹고 학교에 가거라." 내 생일 아침이면 해마다 어머니는 으레 그렇게 한마디 남기고 잰걸음으로 어둑새벽 집을 나섰다. 순간, 어머니 등 뒤에 가 있던 눈이 촉촉했다. 말 그대로 반반 섞어 지은 밥이 반지기다. 나는 지금도 생일마다 옛날 어머니의 그 밥을 떠올린다. 어머니가 그립다.

1960년대 초였을까. 알량미란 수입쌀이 한국인 밥상에 반반히 오른 적이 있었다. 베트남산인 걸 알게 된 건 세월이 지난 후였다. 베트남의 한자 차자借字가 안남安南이고, 이 말이 활음조로 소리 내기 좋게 변해 알량미였다. 차지지 못해 메조처럼 알알이 따로 놀았다. 조악했다. 그래도 그 밥이 목을 넘었으니, 그래서 한국인의 특성을 끈기라 하는 것인지 모른다.

언젠가 절집 요사채—식소—에서 발우공양을 체험한 적이 있었다. 도톰해 미더운 목제 그릇에 흰밥과 나물국이 시울 그득 담겼지만 반찬이란 건 산나물무침 한둘이 고작이다. 일행 스물 남짓이 양반다리로 밥을 먹는데 그릇에 수저 부딪는 소리는커녕 숨소리도 안 들린다. 밥 먹는 곳까지 따라 와 앉은 숨막힐 듯한 산사의 고요. 그 속으로 함께 가라앉은 건가, 낯선 절밥에 끌린 건가. 나는 사뭇 무화해 있었다. 평소 뭘 먹을 때 심한 쩝쩝 소리도 온데간데없었으며, 눈으로 공허의 실체를 보고, 그것의 촉감을 만지고, 그것의 향기를 맡고 있었다. 밥티 하나 남김없이 먹고 나서 물로 헹궈 천으로 닦아 시렁에 얹던 발우공양은 색다른 체험이었다.

밥이라고 다 밥이 아니다. 때와 곳, 누구와 함께 하느냐 그리고 왜 먹느냐는 화두를 얻고 사색의 실마리를 풀려 할 때 그 맛은 평소와 썩 다르다. 그건 내게 오는 의미와 무게다.

밥은 삶의 준거準據다. 온갖 사고와 행동거지가 밥에서 발원한다. 우리는 밥에 울고 웃는다. 실제 그러면서 궁핍과 혼란 속에서 어둡고 지루한 역사의 터널을 지나왔고, 암울하던 시대의 강도 건넜다. 관념적·철학적 사변을 떠나 실재하는 게 삶이고 현실이다. 때론 단순할 필요가 있다. 얼토당토않아 봬도 살기 위해 먹어야 했고, 먹기 위해 살아야 했다, 밥을.

소박한 식탁이었다. 어느 스님이 손수 삶아 낸 소면에 진한 콩국물을 붓고는 합장해 공양송을 읊었다 한다.

"이 밥은 대지의 숨결과 강물의 핏줄, 태양의 자비와 바람의 손길로 빚은 모든 생명의 선물입니다."

함께하던 사람들, 종교를 떠나 조촐한 밥상에서 작은 감동을 공유했으리라. 그런 목소리라면 단박 공명할 수 있어 사람이다. 종교는 버금 문제다. "밥은 하늘이다. 밥에서 한국인은 이상을 찾는다." 김지하 시인의 말이다. 밥에서 하늘을 보았으니, 하늘인 밥을 허투루 하랴.

점심을 해결해야겠다. 그새 주눅 든 건가. 숟가락으로 밥그릇에 먹을 만큼의 양을 뜨려다 주춤한다. 그냥 흰쌀밥이 아니라 백미에 현미, 팥과 녹두와 콩을 조합한 오곡밥이다. 콩국수 한 그릇을 받아 앉고 공양송을 읊은 스님을 떠올린다. 밥을 이룬 것은 살아있던 수많은 생명의 육(肉)보시로써 가능했다.

생명에 대한 감사의 마음이 샘솟고, 나는 열락의 문턱에 들었다. '뜨자, 먹을 만큼만 요량해 뜨자. 어차피 내 몫으로 와 있으니 먹어야지. 먹는 게 밥을 밥으로 존재하게 하는 것이지.'

해 오던 대로 두세 숟갈을 듬뿍, 마지막 한 숟갈은 얇게 떠 공기 시울에 닿아 변죽만 울리고 있다. 밥에 감사하니, 심신이 평안하긴 한데, 이유는 알 듯 말 듯하다.

-2019년 11월호 《수필과비평》

| 작품 |

서킷브레이크

김지희

 숫자들이 숨쉴 틈 없이 서로 밀고 밀리며 다툰다. 눈 깜박할 새 화살코를 아래로 내리꽂고 온통 파랑이 점령을 한다. 퍽, 전광판이 멎었다. 휴장을 알리는 다급한 사이렌 소리와 함께 개장 삼십 분 만에 휴전상태다.
 서킷브레이크는 주식시장에서 주가가 급락하는 경우 충격을 완화하기 위해 일시적으로 매매를 정지하는 제도이다. 개장 5분 후부터 끝나기 40분 전까지 발동할 수 있다. 당일 한 번, 발효한 후에는 요건이 충족되어도 다시 발동할 수 없다. 전일에 비해 주가가 십 퍼센트 이상 하락한 상태가 일 분 이상 지속되면 거래를 이십 분간 중단시킨다.
 남편은 브레이크를 장착하지 않은 불도저였다. 어떤 일이든 재는 일 없이 저질러 놓고 보았다. 의논 한마디 없이 사업을 하겠다며 직장을 그만둔 남편은 시작도 전에 퇴직금과 쥐꼬리만큼 저축해 놓았던 자금을 여기저기 떼였다. 계획이 버그러지자 일상은 엉클어진 실타래처럼 얽히고설켜 자신감마저 잃고 손을 놓게 되었다.
 "달밤에 삿갓 쓰고 나오더라."라는 속담은 가뜩이나 미운 사람이 더 미운 짓만 함을 이른다. 남편은 거의 매일 오밤중에 나가 온몸이 술에 절어 새벽에 귀가를 했다. 아침이면 술기운 때문에 일어나지 못해 짜증을 달고 살았다. 다른 사람들에겐 한없이 후하게 굴다가도 식구들에겐 일없이 버럭거리기가 예사였다. 어느 땐, 아이가 늦은 밤에 고열로 끙끙 앓아 응급실을 가야 했는데도 짜증부터 먼저 냈다. 남편이 중심을 잡지 못하자 가족이라는 배가 가라앉기 직전이었다. 건전지가 닳아 째각 소리만 내며 멈춘 시곗바늘처럼 삶은 두 해 넘게 매양 제자리에 머물러 있었다.

하루가 멀게 안 보면 큰일날 것처럼 어울려 다니던 남편 친구들도 사업실패 소식에 차츰 연락을 끊었다. 문턱이 닳도록 드나들던 친동기간들조차도 소원해졌다. 평소에 남편은 가족보다는 친구들과 주위 사람을 우선으로 챙겼다. 하지만 정작 힘들고 부대낄 때는 손에 꼽을 수 있는 옛 직장동료 몇몇과 가족만 남았다. 말은 안 했지만 그도 내심 서운함을 감출 수 없는 것 같았다.

친구들뿐만 아니라 오빠 만세를 부르던 동생들조차 연락이 없자 남편은 이빨 빠진 호랑이마냥 풀기가 죽었다. 잔병치레 한 번 없던 그의 건강에도 적신호가 켜졌다. 극심한 스트레스로 머리의 반쪽이 부어올라 며칠씩 병원을 오갈 땐 가슴을 조였다. 그런 남편이 측은했다. 그도 그랬으리라. 아침 일찍 눈이 까만 아이들을 두고 출근을 서두르는 아내가 편치만 않았을 것이다. 그래서일까. 말끝마다 가시를 세우고 밀어내기만 했었는데 그즈음에는 순한 양처럼 수그러졌다.

쉼표 없이 내리막을 삐거덕거리며 달리다 급제동된 브레이크는 전화위복이 되었다. 문밖출입 없이 코 빠져 있으니 세상에 다시없는 아들로 알았던 시부모도 저절로 기가 꺾이었다. 며느리는 군말 없이 아들의 시중을 들어야 하고 시댁의 대소사에는 직장에 월차를 내서라도 참석해야 한다고 생각하던 당신들이었다. 하지만 며느리가 가장이 되고 보니 조심스러워 하는 품이 역력했다. 제철 푸성귀며 밑반찬도 갖추갖추 챙겨 보내주곤 했다.

남편이 미워서 그의 처지는 생각하지도 않고 아예 뭐라 해도 귀를 닫고 들으려 하지 않았다. 오히려 목도리도마뱀처럼 목주름을 쫙 펴고 한 발짝도 다가서지 못하게 위협을 했다. 애당초 대화의 물꼬를 막아버렸던 것이다. 그러고는 적반하장으로 약시약시한데 내 말대로 따라주지 않는다며 남편을 원망하기 바빴다.

어느 날, 아이가 몇 학년인지도 모를 정도로 무심했던 아빠가 눈을 맞추고 장난도 받아주며 같이 놀아 주었다. 집안일이라면 밉살머리궂게 미루적미루적대기만 했던 남편이 그제야 애탄가탄이었다. 내가 직장에 나가고 나면 아이들을 돌보고 집안일도 도맡아했다. 까르르 자지러지는 웃음소리가 집안을 가득 채웠다. 남편과의 사이에 움푹하게 파여 있던 마음의 골이 점차 채워져 갔다. 이 년 남짓 멈춰 선 시간은 호흡을 가다듬는 음악의 간주와 같은 시간이었다.

연극이나 희곡에는 스토리를 단절시키는 막이 있다. 그것은 주인공의 운명이 위기이거나 절정, 반전될 때 그 역할을 한다. 무대와 관객을 일시 차단하여 사건을 진전시키기도 하고 주인공의 운명을 완전히 바꿔놓기도 한다. 잠시 쉬는 동안에 배우는 감정을 다듬고 새로운 호흡으로 이어질 장을 준비한다. 가족을 건사하느라 들숨날숨 버겁던 그 배우도 막 사이에서 숨고르기를 하는 중이었으리라.

남편은 가족이라는 극의 가장 역을 맡은 주인공이었다. 아이들의 아빠이면서 혼자 된 노모의 아들 역할까지 일인 다역에 부대꼈을까. 해겁던 단출내기가 둘이 되고 두 량을 더하여 넷이 된 가족동반열차의 기관사. 조급한 마음에 조절장치 없이 앞만 보고 내달렸을 것이다. 다행히 의도치 않게 걸린 브레이크는 탈선 직전 막다른 피랑 끝에서 가까스로 멈추게 해주었다.

연속하여 작물을 기른 땅은 힘이 떨어져 열매가 튼실하지 않을 뿐만 아니라 수확량도 아주 적어지게 된다. 때문에 경작지도 일정기간 휴지기로 지력을 회복하는 해거리를 한다. 겨울이면 곰, 박쥐, 고슴도치, 개구리 등은 활동을 중단하고 월동을 한다. 동면은 단순한 잠이 아니다. 잠시 활동을 멈추고 최소한의 에너지로 새로운 봄을 맞을 준비를 하는 것이다.

남편도 새 삶을 위한 준비를 했다. 매일같이 산을 오르내리며 무엇보다도 여름에 살쪄가는 산처럼 건강이 눈에 띄게 좋아졌다. 주변을 돌아볼 여유가 생겼고 전에 없이 끕끕수에도 처연하게 대처했다.

물속이 훤히 보이는 갯소름한 시냇물에 잔물결만 찰박거려도 가슴 조이면서 어느새 불혹을 넘겼다. 이제 지천명도 지나가려 한다. 흰머리 듬성해지고서야 남편이 말했다. 지금부터 인생 2막의 시작이라고.

사이렌 소리가 울린다. 서킷브레이크 해제다. 다시 홍군, 청군의 숫자병정들이 화살코를 맞대고 열병식을 시작한다. 전광판이 일순 활기를 띤다.

―2019년 11월호《수필과비평》

| 작품 |

생명

이한나(정자)

 이제 제법 어눌하게나마 제 마음을 전하는 손주아이를 보면 희망이 솟는다. 하지만 궁금증이 사라진 것은 아니다. 오늘도 이따금 '신은 왜 저 어린 양을 내게 보내주신 것일까?'라고 묻고 싶었지만, 아이의 해맑은 얼굴을 보는 순간 금세 그 질문이 온데간데없다. 희한한 일이다.
 서울 Y병원. 재활 병동 입구에 "장애인의 부모는 신이다."라는 글귀가 쓰여 있다. 처음엔 이 문장을 보는 순간, 낯설게도 들리고 화가 나기도 했다. 막내딸이 6개월 3주 만에 1kg도 채 안 되는 아이를 낳았다는 현실 속에서 이 말은 결코 수긍하기 어려웠다. 병원 식으로 말하면 뇌병변 1급 장애아를 낳은 부모가 어찌 신이란 말인가. 말을 하기는커녕 혼자서 앉을 수도 없고 걸을 수도 없는 아이의 부모가….
 이제는 여덟 살이 되었지만, 해마다 서울에 있는 재활병원을 찾아 한 달 정도 입원하여 치료를 받곤 한다. 아이가 여섯 살 나던 해 여름 어느 날이었다. 정형외과 담당의는 아이의 고관절이 80%쯤 빠져나갔다며 조속한 수술을 권유했다.
 "내일 당장 수술을 합시다."
 환자들이 너무 많이 밀려서 서둘지 않으면 몇 개월씩 기다려야 하는 상황이었다. 그날 저녁 급히 수술을 결정한 뒤, 다음 날 제주에 있는 어미를 올라오게 했다. 제 새끼가 저러고 있는데, 한순간이라도 어찌 제정신으로 살 수 있을까 싶었다.

아이는 이미 CT촬영실로 옮겨와 있었다. 수술을 위해 수면제를 먹였으나 의외의 일이 벌어졌다. 아이가 눈을 말똥거리면서 잠을 자지 않는 것이 아닌가. 침대차에 뉘어 주위를 왕복하며 잠들기를 기다렸으나 역시 허사였다. 간호사는 아무래도 안 되겠다고 판단했는지 수면제를 다시 먹여보자고 했다. 나는 어두운 침묵이 감도는 지하 병동 복도에서 아이가 어서 잠들기를 간절히 고대하며 침대차를 밀고 다녔다.

하지만 아이는 잠은커녕 태평한 모습으로 씩 웃고 있었다. 간호사가 울상을 짓자, 의사는 다른 길은 없다고 선언하고는 급히 마취 주사를 놓았다. 그러자 이번엔 아이가 하얗게 질리면서 구토를 하는 것이 아닌가. 긴급 출동한 의사와 간호사들은 아이에게 산소마스크를 씌워 부리나케 다른 병동으로 옮겨갔다. 그때의 절박한 심정을 어떤 말로 표현할 수 있을까. 오직 절대자이신 신께 도움을 구할 뿐이었다. 성치 못한 어린것의 생명이 백척간두에 홀로 서 있다는 위기의식이 전율하듯 온몸을 조여 왔다. 숨을 쉬기도 어려웠다. 그래도 기도의 줄은 놓지 않으려고 안간힘을 썼다.

의료진의 헌신적인 노력 끝에 가까스로 위험한 상황은 벗어났다. 밤늦은 시간까지 의사와 촬영기사, 그리고 간호사들이 합심하여 위기에 대응했던 것이 빛을 보는 순간이었다. 지금 생각해 봐도 아찔한 상황이었다. 어린것이 생사의 경계에서 분투하고 있는 동안, 내가 할 수 있는 일은 수술이나 재활치료는 받지 못해도 좋으니 제발 목숨만 살려달라는 기도뿐이었다. 내 생애를 통해서 홀로 감당하기에는 너무나 긴 밤이었다.

수술은 4시간 만에 끝났다. 수술이 잘되었다는 의사의 말에 외마디 비명같은 안도의 한숨이 흘러나왔다. 한 시간 뒤, 마취에서 깨어난 아이를 바라보며 참으로 귀한 생명을 다시 얻었다는 생각에 두 손을 모았다. 아이에게 중요한 것은 장애가 아니라 생명 그 자체였다. 그날, 아이의 생명은 우리의 것이 아니라 하늘의 것이라는 깨달음을 얻고 난 뒤 나의 기도는 가슴에서 영혼쪽으로 옮겨갔다.

그제야 나는 가슴을 쓸어내리며 지난밤에 일어났던 일들을 어미에게 들려

줄 수 있었다. 그 이야기를 듣는 순간 딸아이는 잠시 숨을 멈추는 듯하다가 의자를 박차고 일어섰다. 그 단호한 표정과 행동 속에서 나는 내 가련한 딸이 아니라 저 아이의 어미를 보았다. 딸은 평범한 가정주부가 아니라, 아이를 지키는 늠름한 용사의 얼굴로 변해 있었다.

아이의 치료는 지금도 계속되고 있다. 언어치료는 물론 미술치료, 승마치료 등을 포함하여 일곱 가지 치료를 함께 받아오고 있다. 이심전심으로 도와주는 장애인 부모회의 살뜰한 지원과 도우미 제도가 없었다면 불가능한 일이라고 생각한다. 이런 따뜻한 마음들이 모여 우리 아이를 일으켜 세우고 있는 것이리라.

언어치료를 꾸준히 계속하다 보니 신기한 일이 벌어졌다. 처음에는 '엄마, 아빠, 안녕?' 하는 정도만 말하던 아이가 여덟 살이 된 올해부터는 말문이 조금씩 트이기 시작했다. 아직은 혀 짧은 소리로 어눌하게 표현하지만 그렇게 고마울 수가 없다. '떴다떴다 비행기'며 '반짝반짝 작은 별'도 제법 그럴듯하게 노래한다. 음정도 비교적 잘 맞추는 편이다. 숫자도 하나, 둘, 셋에서 시작하여 이젠 스물까지 셀 수 있다. 의사소통도 그런대로 되는 편이다. 요즘은 손주가 조금씩 발전해가는 모습에 남다른 즐거움을 맛보며 하루하루를 살고 있다. 기적이란 바로 이런 것이 아닐까 싶다.

아이가 병원을 나온 이후, 나의 일과는 매일매일 또 다른 기적을 소망하며 하늘을 향해 기도를 올리는 일이다. 어느 날, 딸애가 저희 부부는 준엽이가 있어서 앞으로의 생활이 참 좋을 것 같다며 환한 표정을 지었다. 아이들은 성장하면 부모 곁을 떠나기 마련인데, 제 아이는 늘 우리 곁에서 함께 머물 수 있으니 든든하다는 것이다.

이제는 알 것만 같다. '장애인의 부모는 신'이라는 말씀을…. 내가 더 오래 살아야 할 이유도. 모든 만물은 마땅히 존재할 이유와 가치를 안고 태어난다고 하지 않는가. 저 아이를 내게 보내주신 데는 그만한 이유가 반드시 존재한다고 생각한다. 오늘도 새 생명을 주신 그분의 뜻을 헤아리며 긴 묵상에 잠긴다.

나도 모르는 사이에 감사의 눈물이 두 뺨을 타고 흘러내린다.

―2019년 11월호 《수필과비평》

03

서술자와 상황 속의 인간 심리

　문학작품이라는 글맥의 양식은 서사문과 지문으로 구성된다. 서사문은 등장인물이 행하는 행동양상을 적은 것으로 극적 효과를 추구한다. 지문은 서술자나 화자가 등장인물의 행동을 지켜보고 그것에 내포된 의미나 인생관을 덧붙이는 부분이다. 수필이든 소설이든 서술자의 지문과 주인공의 행동으로 이루어지는 것은 이 때문이다.
　서술자는 작중 인물이 아니지만 독자와 관계를 맺고 말하는 역할을 수행한다. 그가 풀어내는 말은 관습적이고 기능적이다. 등장인물의 언행과 모습을 직접 평가하고 주변 상황을 바탕으로 그의 심리를 전달하는 방식으로 작품에 개입한다. 인물과 상황에 대한 평가로써 독자가 서사에 관심을 갖도록 유도하고 삶에 공감하는 기술記述로 자신의 거리와 관점을 조절한다. 그 점에서 수필은 작가와 등장인물과 서술자간에 상호 견제와 균형이 이루어지는 장르라 하겠다.
　수필가는 안목이 뛰어난 증언자다. 눈 밝은 증언자가 될 수밖에 없다. 서술을 할 때 주인공이 행동한 것을 목격하고 그가 품고 있는 고민과 생각을 정확하고 사심 없이 발언하는 것이 필요하다. '서술자'라는 화자를 시대의 목격자로 만드는 조건은 상황을 얼마나 예리하게 관찰하는가에 있다. 등장인물이 처한 주변상황을 건드리지 않는 가운데 보고 말함으로써 서술자는 자신의 역량을 보여준다. 즉, 서술은 누군가가 "버림받을 순간에만" 개입하여 이루어진 말을 일컫는다.

서술자의 개입은 대개 다섯 가지 방식으로 이루어진다. 첫 번째는 상황을 직접 제시한다. 두 번째는 상황이나 등장인물의 감정에 개입하여 의견을 드러내는 경우이다. 세 번째는 서술자의 티를 내고 싶을 때이다. 넷째는 독자에게 말을 건네는 경우로서 '어째서 이런 상상을 하게 됐을까.'라며 끊임없이 자문자답한다. 마지막으로 서술자는 "나는 생각하여 말한다. 그러므로 존재한다."는 명제에 맞추어 자신의 존재를 증명하려한다.

이런 목표를 위해 서술자는 등장인물과 잠재 독자와 삼각관계를 이룬 가운데 사건 구성에 맞추어 독자와의 친근감을 조절한다. 현재 사건을 다룰 때는 독자와의 간격이 좁아지고 과거의 이야기를 전할 때는 멀어진다. 사건 줄거리가 일인칭이라면 내면세계를 쉽게 그려 독자와의 친근감을 높이고 삼인칭인 경우는 단순한 관찰자에 머물러 독자와 상대적으로 소원해진다. 독자가 서술자의 위치를 알려면 서술이 누구의 관점인가를 알아야 한다. 그 다음에 상황을 파악하고 서술자의 어조, 문체, 말투 등을 살핀다. 이런 방식으로 작품이 종료될 때 상황은 '장엄한 결말로 마무리된다.

서사의 출발점에는 항상 두 길이 놓여있다. 인물을 먼저 등장시키는가, 아니면 배경을 먼저 설정하는가이다. 어느 선후이든 유념할 사실은 등장인물이 어떤 심경을 지니고 있는가라는 맥락과 상황을 중시하는 것이다. 등장인물이 직면한 시공에 어떤 반응을 일으키느냐를 제대로 분석하고 설명할 때 서술자의 역할이 돋보인다. 때로는 서술자가 감당하기 어려운 당혹스러운 상황에 직면하기도 한다. 이런 조건에서도 서술자는 객관적으로 지켜보고 삶의 방향을 옳게 제시하려는 노력을 유지해야 한다.

중요한 점은 인간이 한순간에 살고 죽을지라도 그가 처한 상황은 당사자에게 전율과 충격을 일으킨다는 사실이다. 우리가 목격하는 개인의 불행을 사적인 것으로만 돌려서는 안 되는 이유는 많든 적든 그것은 시대적 악몽을 그림자처럼 지니기 때문이다. 등장인물의 현실은 어떤 역사보다 더 역사적이라는 사실을 기억하는 서술자만이 상황극 같은 서사를 구성하고 '나는 그의 사건과 상황에 대하여 이렇게 생각한다.'고 당당하게 말할 수 있다.

이번에는 인간의 정상적인 생활을 방해하고 무너뜨리는 사변에 처했을 때 나타나는 반응의 유형을 살펴보기로 한다. 평상의 질서가 무너진 사태를 '난리'라고 부른다. 이런 위기에 처하면 인간은 적극적으로 수용하거나 본능적으로 거부하거나 무력하게 방임하는 행동 중 하나를 취한다. 이런 상황에 대처하는 인물과 서술자와 작가의 관계를 분석하면 서사수필이 추구하는 행동방향을 보다 분명하게 파악할 수 있다.

박흥일의 <트로트 치맥 파티>

배경은 단순한 물리적 장소에 불과하다. 그 배경에 등장인물이 나타나고 살고 행동하면서 반응을 보이기 시작하면 배경은 상황으로 발전한다. 작중인물은 처음에는 자신의 감정에 맞추어 상황을 조정해 가지만 시간이 지날수록 상황이라는 배경은 주인공의 심리와 행동에 거부할 수 없는 영향을 미치기 시작한다. 인간의 행동도 주변상황에 구속당한다. 상황이 주인공의 심리와 행동을 통제하고 조종하는 적대적 역할을 한다는 의미다. 서술자는 이런 상황 속의 작중인물을 추적하면서 기록해 나간다.

박흥일이 등장시킨 <트로트 치맥 파티>의 서술자는 통닭애호가이다.

작가와 서술자는 물론 작중인물도 그들이 사는 나라가 '통닭 천국'이 된 시대적 변천을 거부하지 않는다. 공감할뿐더러 통닭 천국의 구성원임을 자랑스러워한다. 통닭 천국이 시종 긍정적으로 서술되어 국민들은 다른 모든 걱정은 잊어버린 것 같다.

작가와 서술자 사이에 견해의 틈이 보이긴 한다. 문체가 해학적이고 어조가 지나치게 풍자적이어서 작가가 통닭 천국을 진심으로 원하는지 아니면 풍자하는지 식별할 수 없지만 적어도 서술자는 '한국은 통닭 왕국'이라는 이름에 만족한다. 화려하고 경쾌한 문체는 한국을 통닭 파티장으로 만드는 데 일조한다. 이런 입장은 "나는 통닭 천국에 산다."라는 단문이 입증해 준다.

> 나는 통닭 천국에 산다. 휴대전화를 열어 몇 번만 똑똑 치면 통닭이 바람같이 달려오는 나라에 산다. 하루 24시간, 일 년 365일, 기름솥에서 갓 튀겨낸 바싹바싹한 통닭이 삼천리 방방곡곡 배달되는 나라에 산다. 통닭과 생맥주, '치맥 파티'에 수천 명의 관광객이 몰려오는 나라, 바싹 고소한 프라이드와 달콤 매콤한 양념 통닭을 '짬짜면(짬뽕과 짜장면)' 시키듯 골라 먹는 맛있는 나라에 산다.

통닭 천국에 대한 찬사는 "나는 통닭 천국에 산다."를 반복하는 어법으로 강조된다. "어메이징! 원더풀!"이라는 두 번째 단락의 첫 문장에서 더욱 고조된다. 반복법과 경탄체 수사는 통닭 천국에 대한 서술자의 감각과 감동을 고스란히 전달한다. 그의 감탄은 통닭과 생맥주가 광속으로 배달되고 좁고 비탈진 골목길도 막힘없이 질주한다는 평가와 일치한다. "치맥의 호사를 누리는 통닭 천국, 통닭 사랑의 애정이 하늘을 덮는 나라, 통닭 용병과 통닭 특공대가 지키는 나라"라는 찬사도 통닭을 전국적으로 확산시키는 데 일조한다.

문체는 분위기뿐만 아니라 서술자의 취향과 성격을 드러낸다. 서술의 어조가 낙천적이면 작가의 인생관도 긍정적이다. 주어진 상황과 삶에 비관적이거나 부정적이면 문장도 소극적이고 비관적이 된다. <트로트 치맥 파티>의 서술자는 통닭 천국에 대하여 매우 긍정적이다. 통닭 천국의 대변인으로서 통닭 종류에 대한 지식도 한껏 과시한다. 통닭집 상호는 "꼬꼬 하우스, 닭들의 잔치, 토닥토닥, 아디닭스, 닭크호스, 오빠 닭, 맛있는 까닭, 파닭, 쌈 통닭" 등 작가는 서술자의 지식을 빌려 알고 있는 통닭집 이름을 열거함으로써 직접 끼어들기도 한다.

작가 박흥일은 자신에게 동조하는 서술자를 등장시켜 통닭 공화국의 갖가지 풍경을 묘사한다. '어메이징! 원더풀!'이라는 감탄사와 함께 기발한 통닭집 간판을 열거한다. 통닭과 관련된 각종 신조어도 빠뜨리지 않는다.

다음으로 그는 등장인물을 무대에 세운다. 등장인물은 화자와 서술자처럼 통닭 천국이라는 상황을 발전시켜 나가는 임무를 수행한다. <트로트 치맥 파티>는 누구도 거부할 수 없는 생난리에 가까운 상황이 되어버렸으므로 작중인물도 지배적인 상황을 따를 수밖에 없다.

서술자가 소개하는 등장인물은 세 부류다. 첫째는 한국에 온 해외 유학생으로 통닭집에서 아르바이트를 한 후 '수탉이 그려진 오토바이'와 '빨리빨리' 비법을 배운 다음 자신의 나라로 돌아가 치킨 간판을 걸어 대박을 터뜨렸다. 두 번째는 통닭 배달원이다, 그들은 "빨리빨리" 배달공화국의 수호자답게 마스크, 조끼, 가죽장갑, 휴대전화 등으로 무장하고 신속 배달을 수행한다. 그뿐만 아니라 생일파티가 있는 집에 배달할 때는 닭 분장을 하고 춤까지 추면서 고객의 흥을 돋운다. 통닭가게 주인도 입구에 마이크와 헤드셋을 설치하여 고객이 트로트를 부르도록 하여 호감을 얻는다.

서술자가 집중적으로 주목하는 세 번째 인물은 통닭과 트로트를 합친 새로운 유형의 배달꾼이다. 그는 먹고 마시고 노래 부르는 먹방 노래방을 지키는 수문장으로 묘사된다. 작가도 서술자와 작중인물의 틈을 비집고 들어와 '코로나 19에 지친 일상에 단비를 뿌리는' 주역들을 소개한다.

> '빠라빠라' 용병들도 오토바이를 세우고 '꿍따라쿵짝' 발 박자를 찍었다. 치킨집의 노랑머리 사장도, 통닭집의 꼬꼬댁 사장도, 닭뽂음집 얼큰 아주머니도, 삼계탕집 산삼 할머니도 "꽃피이~는 동백섬에♬"라는 노랫말을 "꼬오끼이호오~ 동백섬에♬"라고 가사를 바꾸고, 트로트 가락으로 꺾어 넘기며 흥겹게 닭을 튀기고 볶고 싶었다. 젖소나 식물에 음악을 들려주면 생육 발달에 좋은 영향을 미친다는 이야기는 들어 봤지만, 트로트를 부르며 튀긴 통닭을 트로트를 부르며 먹는 맛은 어떨지 너무너무 궁금하다.

위 단락에 묘사되는 통닭 소동은 환락적인 난리에 가깝다. 태평천국인지 망국형 나라인지 구별이 모호하여 믿을 만한 서술자가 실종해버렸을 정도이다. 아무튼 작가와 서술자와 주인공은 통닭 왕국의 번영을 꿈꾼다. 살고 있는 상황에 만족할 뿐더러 코로나 사태를 이겨낼 먹거리와 오락거리라고 홍보한다. 작가도 트로트 무대를 점령한 통닭 용병들의 활약이 육지에 한정되지 않는다고 상상한다. 풍부한 상상력을 동원하여 통닭 가게의 진화를 계속 탐색해낸다. 이것은 "한적한 시골 농막에는 무인 자동차로, 외딴섬의 등대는 자동항법 드론으로, 해녀의 바닷속 작업장에는 원격 조정 무인 잠수정"으로 치맥을 배달할 공상세계까지 완성한다.

<트로트 치맥 파티>는 최대한의 즐거움을 주도록 기발한 착상을 동원하고 서술자와 등장인물이 제 기능을 수행하도록 구성을 짠다. 문체와 서술의 조합은 코로나 팬데믹에 시달리고 있는 국민에게 축제 분위기를 베푼다. 그렇더라도 절제성과 신뢰성을 가진 믿을 만한 서술자인가에 대

한 일말의 의문은 떨칠 수 없다.

윤경화의 <난리굿>

인간은 환경의 동물이다. 환경은 인간이나 동식물의 생존과 생활에 영향을 미치는 자연적 조건이나 상태를 일컫는다. 크게는 지구 환경부터 작게는 가정환경까지 다양하다. 물리적 환경으로는 대기, 기후, 지형 등이 있으며 심리적, 사회적, 생태적, 생물적 권역으로 나누어진다. 인간은 자신이 처한 환경이 무엇인가 유리한가 악조건인가에 따라 살아가는 방식과 행동을 달리한다.

인간이 지구상에 태어난 이래로 부딪치는 갖가지 문제는 대부분 환경에서 비롯한다. 그것을 심리학적으로 설명하면 자극과 반응이다. 자극은 외부적이며 반응은 내재적이다. 주인공에 대한 서술자의 설명도 자극과 반응에 대한 기술이며 작가와 서술자와 등장인물과의 상관성도 환경과의 자극과 반응의 일부라고 말할 수 있다. 생활상을 다루는 수필의 경우, 상황과 반응과의 상관성은 더욱 긴밀할 수밖에 없다.

윤경화의 <난리굿>은 환경의 자극과 인간의 반응에 남다른 관심을 보여주는 작품이다. 작가는 주변에서 목격한 상황의 일부가 정상적인 판단의 결과가 아니라고 여긴다. 인간은 불편하고 짜증스러운 환경에 처하면 어쩔 수 없는 상황으로 몰리고 정상적인 상황에서 내렸던 것과 다른 판단을 내린다. 이때 사용되는 용어가 '난리'다. 난리는 인간의 생활을 위협하는 상황이다. 생난리와 난리굿은 혼란스럽고 어지러운 무질서의 상황을 의미한다. 태풍과 지진 가뭄 같은 자연재해뿐만 아니라 질병이나 전쟁이나 폭동 등 무질서도 난리에 속한다. 난리굿 정도가 되면 여러 사태가 동시다발로 발생하여 심리적으로 들볶이는 판국을 말한다.

작가 윤경화의 심사는 불편하다. 마음이 불편한 이유는 변덕스러운 여름 날씨 탓이다. 자연현상으로서 날씨는 어느 정도 예측할 수 있다. 그런데 장마철임에도 땡볕 무더위가 급습하여 장맛비를 기대하던 몸은 천근만근이 되고 땀을 주체할 수 없이 흘리게 된다. 그런데 다시 소낙비나 폭우가 급습하면 심사는 난리를 당한 것처럼 혼란스러워진다. 그런 불안정한 날씨는 "마술 같은 공포"를 발휘하여 사람의 판단까지 흩트려버린다.

전염병이나 전쟁 같은 인재人災가 겹친 난리통 상황에 처하면 사람들은 정상적인 판단을 잃는다. 이때 난리와 상관없는 사소한 사건이나 해프닝이 일어나도 기름을 붓는 사태가 발생한다고 작가는 말한다. <난리굿>에 서술된 상황은 모당의 국회의원들이 웃으며 식사하는 모습을 SNS에 올렸는데 공교롭게도 수해를 방영하는 티브 화면이 배경이 된 것을 언론기자들이 난리감으로 만들어버린 것이다.

> 올 장마철은 상실의 계절이 되어 많은 사람이 슬프고 안타까운 일을 당했다. 매해 되풀이되는 인재와 천재의 경계가 모호한 재해를 보며 피해를 좀 줄일 수도 있을 텐데 하며 아쉬워하다 묘한 반전의 장면을 보았다. 모당의 국회의원들이 무슨 모임을 하다가 화기애애한 분위기에 고무되어 하필이면 물난리 뉴스가 나오는 TV를 배경으로 찍은 사진을 SNS에 올린 것이 난리 속의 난리가 되었다. 아무려면 어떠랴. 그들의 기분을 우리 국민은 눈 딱 감고 또 한 번 이해하면 될 것을. 부지런한 기자들이 그새 국민에게 고자질해서 물난리는 난리도 아니다.

난리는 일반적인 방책으로 수습할 수 없는 상황이라고 하였다. 이런 사태에서는 사람들의 인내심은 순식간에 증발하여 평소와 달리 분노라는 행동을 취한다. 객관적으로 어느 재해지역의 사람들이 피해를 입어도 다른 지역의 사람들은 평소처럼 먹고 자며 살아간다. 이것이 어쩔 수 없는 현실이다. 그렇지만 사회 지도층에 속한 사람들에게는 더 높은 자제심을 요구한다. 만일 사회 지도층이 윤리적 기준에서 어긋나면 날 선 비난을 퍼붓는다. 독자의 관심을 자극하려는 언론은 사건의 경중을 떠나 무분별하게 확대하는 경우가 적지 않다. 이러한 선정적인 기사는 난리통에 시달린 사람들을 자극하여 사회 불안과 불평을 조장하기 마련이다.

<난리굿>에 등장하는 인물도 비슷한 상황에 처한다. 장마철이지만 날씨가 개인 틈을 이용하여 계곡으로 물 구경을 간다. 그곳은 장마철에서 벗어나 평화롭고 아름답기만 했다. 난리통에 찌든 마음이 치유되면서 물길 따라 내려온 나뭇가지와 나뭇잎과 쓰레기까지 자연의 일부로 바라보게 되었다. 그런데 나들이 타이밍이 맞지 않아 소나기를 맞이하면서 어찌할 바를 모르게 된다. 난리가 일어난 것이다. 하지만 작중인물은 경황없이 행동하기보다는 날씨 난리를 이겨낼 방책을 발휘한다. 난리가 일어날수록 삶의 본질을 잊지 않아야 하며, 투덜거린다고 비가 그치는 것이 아니라는 사실을 깨친 것이다. "바뀌지 않을 본질을 두고 마음이 뛰고 있는 모습"이 다름 아닌 난리라는 자기 인식에 다다른다. 그의 논리는 난리의 태반은 사람들의 마음에서 생긴다는 것이다.

이런 교훈을 얻은 작중인물은 집으로 돌아와 동네 아랫집에서 목격한 도시인들의 시끄러운 휴가를 너그럽게 인내하기로 작정한다. 어느 사람에게는 "환상적인 휴가" 놀이지만 다른 사람들에게는 생활리듬을 깨는 난리가 될 수 있지만 생난리로 받아들이느냐, 아니냐의 문제는 심리적이라는 것이다.

작가는 현재의 우리나라를 물난리, 땡볕, 코로나, 정치판 등 갖가지 사건과 해프닝이 혼재된 난리통으로 간주한다. 역사를 살펴보면 크고 작은 난리가 없는 시기가 없었다. 지금도 마찬가지다. 나라가 크든 작든 난리는 사람의 생활을 늘 불편하게 만들고 있으며 이것이 삶의 본질임을 누구나 인정한다. 그래서 작가와 서술자는 가을이 되면 장마와 무더위가 사라지듯이 멀미 같은 난리굿 시대일수록 긴장하면서 살자고 주문한다.

난리는 이미 이루어진 일 사이로 새로운 것이 들어올 때 일어나는 현상이다. 인간의 역사 중에 난리가 없었던 적이 있던가. 큰일 속에 양파처럼 켜켜이 들어앉은 작은 일은 쉼 없이 우리의 일상을 흔든다.

김인호의 <기억 저편>

"난리 났다."는 말이 있다. 이때의 난리는 혼란스럽고 무질서한 상태로서 태풍이나 지진처럼 누구에게나 어려운 상황이다. 난리굿이라거나 생난리가 사람 잡는다는 표현으로 혼돈된 심리 상태를 표현하기도 한다. 시끌벅적한 난리와 달리 사람들이 눈치 차리지 못할 정도로 소리 없이 다가오는 난리가 있다. 그런 무형의 상황은 어느 누구도 피할 수 없는 위력으로 사람을 굴복시켜 꼼짝달싹 못하게 만든다. 그런 상황에 눈먼 사랑이나 불치병이나 죽음이 있다. 아무리 피하려고 애쓸지라도 육체적으로 감정적으로 저항할 수 없게 만드는 난리가 생난리인 것이다.

사람은 경이로울 정도로 환경에 잘 적응한다. 무더운 사막에서 버티고, 냉동고 같은 북극에 살고, 동물이 살기 힘든 곳에서도 생존한다. 인간만큼 끈질기고 살아남는 동물은 찾아보기 힘들다. 그런 인간이기에 저항 불능의 상황에 부딪히면 죽기보다는 적응이라는 길을 택하기도 한다. 피할 수 없는 난리를 만나면 죽더라도 품위 있는 방식으로 자신의 존엄성을 지키려 한다. 이런 태도는 지적으로 높은 인간에게서 더 많이 발견된다.

작가 김인호는 일흔쯤의 노회한 의사다. 얼마 전까지 자신의 건강과 의사로서의 명성과 명석한 두뇌에 긍지를 가졌다. 노쇠와 죽음은 피할 수 없는 인간의 운명이지만 직면할 때까지는 자신과 관계없는 상황으로 간주했다. 그런데 자신의 신체적·생리적·정신적 쇠락을 자각하기 시작한다. 퇴행이라는 운명이 가까이 와 있는 것이다. 즉, 그에게 생사의 난리가 일어났다.

왼쪽 눈에 백내장이 느닷없이 찾아왔을 때에도 긁힌 안경알 손상 정도로 여겼다. 수정체를 갈고 난 후 기억력이 급격히 떨어지며 여러 번호 숫자가 외워지지 않았다. 그러나 슬프고 아름다운 드라마나 연극은 마음속 깊이 쌓여 있었다. 책상다리에서 꿍꿍 대며 무릎 짚고 일어날 때 이미 예측했어야 했다.

김인호에게 지금까지 세월은 그리움과 추억의 시간이었다. 여유롭고 행복하여 노쇠의 징후가 쌓이고 있는 줄은 미처 알지 못했다. 있어도 믿으려 하지 않았을 것이고 노쇠는 의사가 아니라 환자들이나 당하는 난리라고 여겼다.

작가의 이런 심경을 공유하는 서술자는 갖가지 예시로써 그를 변호한다. 유엔 기준으로 아직 중년이므로 생리적 노화를 거부하고 젊은이들과 어울린다. 골덴 청바지를 입고 백팩을 메고 다니면서 꼰대형에서 벗어나려 한다. 헬스장 트레이너로부터 근육교정을 받고 프렌치 디저트 카페에서 라떼 한 잔을 마시며 SNS하려 폰을 잡는 젊은이들을 기꺼이 모방한다. 하지만 서술자는 작가가 진료 때 그토록 익숙했던 전문용어가 입에서 튀어나오지 않아 얼버무리는 순간을 놓치지 않는다. 젊은 척하려는 노력이 외적 상황을 조금은 개선시킬지 모르지만 노쇠라는 근원적 난리를 피하지 못한다는 사실을 안다. 그러므로 서술자는 사실은 충실하게 설명하지만 어조는 작가를 측은하게 바라보는 분위기를 유지한다.

노쇠라는 상황에 처한 반응은 이중적이다. 나이를 먹을수록 퇴행한다는 사실을 인정하면서도 다른 편으로는 기억 메커니즘이 일순간 삐끗했을 따름이라고 합리화한다. "이미 예측했어야 했다."는 탄식처럼 지하철 무료 카드를 받고 오래 살라는 손자들의 생일카드에 고마워하느라 젊은 이들의 유머를 즉시 알아차리지 못하는 등 수차례의 사전 징후를 무시하였다. 그런 징후가 마침내 난리의 단계에 다다른 것이다.

<기억 저편>은 일반인들의 노쇠가 아니라 의사라는 전문직 사람들의 건망증을 다룬다. 일반적으로 의사들은 두뇌가 명석한 사람들로 알려져 있다. IQ 130으로 표시되는 기억력에 대한 그의 자부심은 대단하다. 고령에 나타나는 각종 증세에 남달리 예민하고 사소한 일에 주눅 들고 부질없는 욕심에 스스로 쓴웃음을 짓기도 하지만 자신의 기억력 메커니즘이 어긋난 것은 인정하지 않으려 한다. 다행스럽게 오늘날 진료는 전자식 프로그램으로 입력 처방 출력되는 토털 차트 시스템으로 이루어져 의사의 기억력에 예전처럼 크게 의존하지 않는다. 만일 의사들이 자신이 먹는 약의 처방조차 제대로 기억하지 못한다는 사실을 환자들이 안다면 의료신뢰에 난리가 날 것이다. 작중인물인 의사도 "칠십 노년의 기억 중추는 용량도 줄고 퇴행의 생리에 접어들"었다고 고백한다. 이때 작가, 서술자, 작중인물, 독자 모두가 동의하는 점은 기억력은 리콜할 수 없다는 것이다. 극복 불가능의 상황에 소란을 떨거나 야단법석을 부릴 필요가 없다. 그런 소동보다는 태연하게 처신하여 인간의 품위를 지키는 것이 더 낫다.

세월 탓이라 여기기도 한다. 불안한 것은 젊어 국영수 과목 암기 연산에 지나치게 영민했던 그 두뇌가 늘 쓰던 단어, 이름, 전화번호를 기억해 내지 못하는 장애가 생겼고, 그것이 세월 따라서 신경망 (변연계) 내부의 해마(海馬 Hippocampus)와 두정엽이 위축될 것이고 서서히 인지기능 장애로 가는 길에 설 것이다. 두려운 길, 그 길은 알츠하이머로 가는 길일 수도 있고 미궁 속으로 빠지며 회복되지 않는

길일 수도 있다. 돌아오지도 못하는 슬픔이다.

난리는 누구에게나 불안과 공포를 일으킨다. 전쟁이나 자연재해와 달리 질병과 죽음은 돌아올 수 없는 막장이므로 당사자에게는 '슬픔' 자체가 된다. 누구든 그러한 비극은 혼자 견딜 수밖에 없다. '기억 저편'에 알츠하이머라는 치매가 있든 죽음이라는 막다른 길이 있든 난리를 품격 있게 감내하는 것이 최선의 방책이다.

인간은 그냥 절망상태에 머무를 수 없다. 기억회로가 불량이면 잘못된 부분을 고쳐 "경이로운 환희"를 갖도록 한다. 망각에 좌절하여 한숨짓기보다는 '예방의 길'을 찾아야 한다는 것이 의사와 작가로서의 충고이다. "기억 저편"에는 건망증이나 치매만이 있는 것이 아니라 감정의 뭉치인 추억거리도 있다. 퇴화기를 맞이한 작가는 이 점을 고마워하면서 나름의 예방책을 강구한다. 그의 처방은 신경회로의 퇴행에 대비하여 "따로 보관함"을 마련하는 것이다. 이 방식은 난리를 소멸시킬 수는 없으나 난리굿을 피할 수 있는 방책이라는 점에서 심리적 안정감과 즐거움을 준다고 화자는 말한다.

덧붙여

인간은 사회적 동물이다. 공동체를 이루고 살아가는 동안 인간은 사회체제에 긴장감을 느낀다. 공적 영역과 사적 영역의 균형이 깨어지면 갖가지 마찰이 빚어지고 갖가지 사태, 사변, 사건, 난리를 초래한다. 신발 색깔이 마음에 들지 않는다고 난리치고 세상에 종말이 왔다고 난리친다. 이런 소동과 주변 상황은 언제나 인간의 사고와 행동을 견고하게 지배하고 있다. 난리라는 적나라한 상황에 처할 때 인간은 자신의 감정과 품격을 있는 그대로 드러낸다.

  이것이 상황극 서사의 출발이다. 박홍일의 <트로트 치맥 파티>는 통닭천국으로 불릴 정도로 한국인 입맛을 지배하는 통닭 난리굿 실정을 코믹하게 풍자한다. 윤경화의 <난리굿>은 자연재해와 사회재해가 겹칠 때 난리부리는 경박한 인간심리를 고발한다. 김인호의 <기억 저편>은 불가항력의 상황에 처한 인간의 미묘한 반응을 분석하여 난리에 순응하는 방식을 소개한다.

  문학 서사는 자극과 반응을 그려내는 패러다임이다. 수필은 이러한 패러다임에 깔려 있는 인간상황이 어떻게 과장되고 그들의 반응이 어떻게 왜곡되는가라는 상황론을 염두에 둘 때 진정한 서사 맥락을 유지할 수 있다.

| 작품 |

트로트 치맥 파티

박흥일

나는 통닭 천국에 산다. 휴대전화를 열어 몇 번만 똑똑 치면 통닭이 바람같이 달려오는 나라에 산다. 하루 24시간, 일 년 365일, 기름 솥에서 갓 튀겨낸 바싹바싹한 통닭이 삼천리 방방곡곡 배달되는 나라에 산다. 통닭과 생맥주, '치맥 파티'에 수천 명의 관광객이 몰려오는 나라, 바싹 고소한 프라이드와 달콤 매콤한 양념 통닭을 '짬짜면(짬뽕과 짜장면)' 시키듯 골라 먹는 맛있는 나라에 산다.

'어메이징! 원더풀!' 전화 한 통화로 통닭과 생맥주가 광속으로 배달되는 나라가 있다니! 스페인에서 온 유학생이 통닭집에서 아르바이트하다가 주방에서 수시로 외치는 소리, '빨리빨리'가 통닭의 별명인 줄 알았단다. 바싹하게 튀긴 통닭을 보온통에 싣고 달리는 오토바이, 아무리 좁고 비탈진 골목길이라도 막힘없이 질주하는 날렵한 오토바이에 반했단다. 스페인에서 갓 구운 통닭에 맥주 한 잔을 마시려면 레스토랑 문 앞에서 기다리다가, 지치고 배가 고파서 죽는다는 우스갯소리가 나올 정도인데, 언제 어디서나 '치맥'의 호사를 누리는 통닭 천국의 친구들이 부러웠단다. 그 유학생은 귀국할 때 '빨리빨리'의 마법과 수탉이 그려진 빨간색 오토바이를 가져갔단다. 그는 통닭집 아르바이트에서 얻은 경험을 바탕으로 "우리는 고객이 원하면 언제든지 바싹하게 구운 따끈한 통닭과 시원한 생맥주를 식기 전에 문 앞으로 배달

합니다."라는 생소하고 긴 이름의 간판을 내걸어 대박이 났다는 소문도 나돌았다.

　통닭집 이름만 들어봐도 통닭 사랑의 애정이 하늘을 덮고도 남는다. <꼬꼬 하우스>는 어리광스럽고, <닭들의 잔치>는 예스럽고 점잖다. <토닥토닥>은 오늘도 수고했어, 치맥으로 피로를 풀자. 스포츠용품의 상표를 패러디한 <아디닭스>는 우락부락한 가슴 근육이 부러운 젊은이들이여, 모두 여기 모여라. <닭크호스>야! 당신의 능력을 보여 줘! 오빠가 튀긴 닭이 아니고, 오븐에 빠진 닭인 줄 뻔히 알면서도 형광봉을 흔들며 <오빠 닭>을 외치는 통사모(통닭 사랑 모임)의 목쉰 몸부림. 무엇일까 <맛있는 까닭>이, 궁금하다 시켜 먹자. 통닭과 파무침의 향긋한 궁합, <파닭>도 있고, 상치에 통닭을 싸서 눈을 부라리며 정을 쌓는 <쌈 통닭>까지, 통닭 찬가는 끝이 없다.

　통닭 천국은 통닭 용병이 지킨다. 코로나19의 팬데믹으로 학생들이 집에서 온라인 수업을 하는 바람에 '빠라빠라, 빨리빨리'를 울리며 아파트를 누비는 통닭 용병들은 쉴 틈이 없다. 헬멧, 마스크, 조끼의 앞자락과 등판, 오토바이 연료통, 손가락을 잘라낸 가죽장갑, 휴대전화…. 입고, 타고, 들고 다니는 모든 것에 빈자리만 있으면 수탉의 로고를 붙이고 다니는 통닭 용병이 있다. 수탉 무늬를 날염한 속옷을 입고 다닐 것 같은 그를 나는 통닭 특공대라 부른다.

　오랜만에 엘리베이터에서 통닭 특공대를 만났다. 오늘따라 특공대의 분장이 유별나다. 부엌용 고무장갑에 바람을 불어 넣어 헬멧에다 씌웠다. 생일파티가 있는 어린이의 집에서 통닭을 시킨 모양이다. 고무장갑의 탱탱한 다섯 손가락이 싸움닭의 볏을 닮았다. 목을 길게 뽑아 깃털을 세우고, 날개를 넓게 펴서 초반 기세를 잡고, 닭 볏을 좌우로 흔들면서 목청을 돋우는 '아름다운 꼬끼오 트로트 오디션'에 출전한 수탉을 빼닮았다.

　통닭집마다 문 앞에 마이크와 헤드셋을 설치했다. 누구라도 흥겹게 트로트를 부르고 나서 메뉴 버튼을 누르면, "가수의 소질이 있습니다. 축하합니다. 100점입니다. 통닭을 먹는 행운을 획득하였습니다. 어서 오세요."라는 인사말과 함께 문이 자동으로 열린다. (내가 지어낸 이야기이지만 이 마이크는 음정, 박자, 가사를 무시하고 제멋대로 불러도, 통닭 주문만 하면 100점의 팡파르와 함께 출입문이 열리게 되어 있다.)

　어느 날 통닭 천국에 희로애락 국민 애창곡, 트로트 열풍이 들불처럼 퍼지기 시작했다. '미스 트로트, 미스터 트로트'의 오디션 프로그램이 코로나19로 지친 일상에 단비를 뿌렸다. '빠라빠라' 용병들도 오토바이를 세우고 '꿍따라 쿵짝'발 박자를 찍었다. 치킨집의 노랑머리 사장도, 통닭집의 꼬꼬댁 사장도, 닭볶음집 얼큰 아주머니도, 삼계탕집 산삼 할머니도 "꽃피이~는 동백섬에 ♪"라는 노랫말을 "꼬오끼이호오~ 동백섬에 ♪"라고 가사를 바꾸고, 트로트 가락으로 꺾어 넘기며 흥겹게 닭을 튀기고 볶고 삶았다. 젖소나 식물에 음악을 들려주면 생육 발달에 좋은 영향을 미친다는 이야기는 들어 봤지만, 트로트를 부르며 튀긴 통닭을 트로트를 부르며 먹는 맛은 어떨지 너무너무 궁금하다.

　통닭 천국은 첨단과학으로 무장한 '빠라빠라'특공대들이 통닭 배달의 영토를 장악할 것이다. 한적한 시골 농막에는 무인 자동차로, 외딴섬의 등대는 자동항법 드론으로, 해녀의 바닷속 작업장에는 원격조정 무인 잠수정으로 '치맥'의 환상적인 맛을 배달할 날도 머지않았다. 냉장고에 붙어 있는 통닭집 스티커를 훑어본다. <트로트 닭>이라는 메뉴가 아직 출시되지 않았나 보다. 장맛비가 줄기차게 내린다. 사회적 거리 띄우기로 소원해진 친구를 불러 '트로트 치맥 파티'를 하며 꿉꿉해진 마음을 뽀송뽀송하게 말려야겠다.

－2020년 9월호 《수필과비평》

| 작품 |

난리굿

윤경화

긴 장마에 볕이 그립던 차에 아침과는 다르게 낮이 되자 땡볕이다. 사람들은 그늘로 찾아들고, 한껏 물기를 머금은 대기의 무게는 천근만근이다. 어쩌다 거리에 보이는 사람들의 걸음걸이는 납덩이를 단 듯 무겁다. 온 얼굴에는 여러 군데 샘이라도 솟는 듯 줄줄 흐르는 땀을 연신 짜증스럽게 닦는다.

그것도 잠시고 갑자기 물 폭탄이 쏟아진다. 빗방울과 함께 이리저리 뛰는 사람들의 모습을 보고 있는데 물바다가 된 부산과 영덕, 그리고 대전의 모습이 뇌리를 스쳐간다. 폭우 때문에 지형이 공평해지는 마술 같은 공포의 물난리가 전파를 타자 삽시간에 식당과 사무실, 안방과 거실도 홍수에 휩쓸리는 듯 온 국민이 함께 긴장한다. 올 장마철은 상실의 계절이 되어 많은 사람이 슬프고 안타까운 일을 당했다. 매해 되풀이되는 인재와 천재의 경계가 모호한 재해를 보며 피해를 좀 줄일 수도 있을 텐데 하며 아쉬워하다 묘한 반전의 장면을 보았다. 모당의 국회의원들이 무슨 모임을 하다 화기애애한 분위기에 고무되어 하필이면 물난리 뉴스가 나오는 TV를 배경으로 찍은 사진을 SNS에 올린 것이 난리 속의 난리가 되었다.

아무려면 어떠랴. 그들의 기분을 우리 국민은 눈 딱 감고 또 한 번 이해하면 될 것을. 부지런한 기자들이 그새 국민에게 고자질해서 물난리는 난리도 아니다. 그들 중에 쇠뜨기보다 까칠한 어느 초선 의원이 언론의 악의적인 편집이라며 자신들을 두둔했다. 하기사 요즘은 갑과 을의 개념이 바뀌었으니까. 아무것도 모르는 내가 봐도 의원님들이 생떼를 부릴 만하다 싶다. 그들이 국회의원이 되기 전에도 종종 언론을 달굴 만한 이슈를 제공하지 않았던가. 그렇다 하더라도 기자들의 간이 'GMO간'도 아닌데다 이제 국민을 대신하는 국회의원님까지 되셨으니 감히 그런 무모한 거짓 기사를 생산할 수 있을까. 거짓 기사를 두고 세간에서는 쓰레기라고 하는 것을 기자들도 알고 있다. 더구나 그들의 자존심도 만만치는 않다.

사계절의 준비는 어느 정도 가능하지만 장마철의 날씨를 예측하는 일은 연애할 때 여자의 감정을 이해하는 일보다 어렵다. 며칠간 질척거리던 날씨가 해맑게 웃기에 나는 걸어서 500미터쯤 떨어진 큰 계곡으로 물구경을 갔다. 세상이 온통 반짝거린다. 폭우에 씻긴 돌과 푸른 하늘이며 잎사귀, 새소리마저 맑은 물냄새가 날 것처럼 정갈하다. 이런 날은 풀숲에서 고라니도 참지 못하고 대낮에 소리를 지른다. 세간의 난리통에 찌들어 있던 나는 청량한 기운에 취해 바위에 눌러앉고 말았다. 멀리서 오는 물난리 이야기나 듣고 싶어서다. 물길 따라 내려온 식물의 줄기와 나뭇가지, 상처투성이의 나뭇잎, 심지어 쓰레기까지 저마다 사연을 담고 여기저기 걸려 있다. 혼자지만 혼자가 아니다. 홍수에 밀려온 낯선 인연과 판을 벌이려니 가슴이 설렌다.

하느님도 타이밍에 대한 개념을 우리와 같이 이해하고 계시는 걸까. 곳곳에서는 물난리가 났는데 물 구경을 나온 철없이 늙어가는 사람을 보자 장난기를 참지 못한 것일까. 순식간에 앞이 보이지 않을 정도로 비를 뿌린다. 정신은 계곡에 두고 거처를 향해 가파른 오르막길을 마구 뛰노라니 뜬금없이 경허 스님과 젊은 제자 만공 스님의 요상한 축지법이 생각나 웃어가며 뛰느라 숨이 턱밑까지 찼다. 탁발 나갔던 만공 스님이 무거운 바랑 때문에 불평을 하자 스승인 경허스님은 마침 물을 길어 오던 처녀에게 입맞춤을 하자 난리가 난 것이다. 사제지간에 줄행랑을 치는 모습과 소나기가 오는 중이니 어차피 다 젖고 말 일인데도 뛰고 있는 내 꼴이 겹쳐져 배꼽을 잡게 한 것이다.

투덜거린다고 바랑이 가벼워지거나 갈 길이 가까워질 일도 아니요, 나 또

한 소나기 속에 뛴다고 비를 비켜 갈 수 있는 일도 아니다. 바뀌지 않을 본질을 두고 마음이 뛰고 있는 이 모습이 난리가 아니겠는가. 내가 아무래도 물난리통에 하느님에게 말린 것만 같다.

난리 중에 잠시 정신을 놓아도 수많은 난리가 생겨난다. 사실 요즘 우리나라는 물난리를 넘어서 갖가지 난리통이다. 마치 큰 상처가 낫기도 전에 상처가 또 난 것처럼. 그럼에도 나랏일을 보는 사람들이 물난리 중에 활짝 웃으며 포토타임을 연출하다 또 난리가 난 것이다. 장마 중에는 크고 작은 난리가 더욱 많다. 지나치게 많은 물을 긴 시간 안고 살다 보면 생명은 우울하고 때로는 형체도 없이 녹아내리기도 한다. 그것이 동물이든 식물이든 근원은 나와 무관하지 않다. 당장 위급한 내 일이 아니라고 해도 그 기운은 나에게도 오고간다. 그러니 나와는 무관할 것 같은데 마음이 불편하고 작은 실수가 크게 느껴져 결국 수습이 상그럽다.

코로나19와 물이 많은 장마가 만들어낸 것 중 눈에 띄는 것은 휴가 풍속도도 있다. 내 거처보다 5미터쯤 더 높은 곳에 한 이웃이 산다. 뒷집은 평소와 다르게 낮에는 조용하더니 밤에 대낮같이 조명을 밝히고 정원에 스크린까지 띄워 노천 영화관을 만들었다. 집주인이 어느 가족에게 집을 통째로 빌려준 모양이다. 시골의 집을 빌려 가족이 자연과 함께 내 집처럼 휴가를 보내는 것이란다.

홍수로 물이 불어난 계곡보다 안전하고 코로나로부터도 자유롭고 넓은 자연의 공간, 출근할 걱정 없이 밤을 새워 영화 보고 가족들과 많은 대화를 나누며 쉴 수 있으니 누가 봐도 환상적인 휴가다. 그러나 바짝 붙어 있는 우리 집은 난리다. 큰 난리 때문에 생겨난 작은 난리지만 우리 부부는 생활 리듬이 깨졌다. 거기에다 가끔씩 쓰레기도 날아온다. 쓰레기를 줍고 있으면 속이 부글거린다.

며칠만 있으면 입추다. 목을 빼고 서늘한 바람 한 줄기가 오기를 기다릴 수밖에 없겠구나 싶다. 또다시 저녁이 오고 있다. 아직 휴가 중인 저 가족들, 말 한번 섞어보지 않았으면서도 아는 사람들처럼 오늘 저녁에는 또 무슨 냄새를 풍기려나 궁금해진다. 며칠만 참으면 될 일이지만 오늘 저녁 난리를 참을 일이 막막하다.

　난리는 이미 이루어진 일 사이로 새로운 것이 들어올 때 일어나는 현상이다. 인간의 역사 중에 난리가 없었던 적이 있던가. 큰일 속에 양파처럼 켜켜이 들어앉은 작은 일은 쉼 없이 우리의 일상을 흔든다. 이번에는 멀미가 날 것 같은 난리굿이다. 그 틈으로 들어올 변화에 긴장하고 있다.

－2020년 9월호 《수필과비평》

| 작품 |

기억 저편

김인호

 그곳에는 아득한 그리움이 깔려 있었다. 한 줄 슬픔 같은 것도 섞여 있었다. 선명한 기억으로 생생하게 추억하는 그때의 앨범을 보면 세월이 그렇게 빨리 가버릴 줄 몰랐을 것이다. 왼쪽 눈에 백내장이 느닷없이 찾아왔을 때에도 긁힌 안경알 손상 정도로 여겼다. 수정체를 갈고 난 후 기억력이 급격히 떨어지며 여러 번호 숫자가 외워지지 않았다. 그러나 슬프고 아름다운 드라마나 연극은 마음속 깊이 쌓여 있었다. 책상다리에서 끙끙대며 무릎 짚고 일어날 때 이미 예측했어야 했다. 인생의 가을은 그렇게 멀지 않았다. 돌아보니 너무 쉽게 다가서 있었다. 새치 몇 보이며 백발로 넘어갈 때 "할아버지! 낫게 해주어서 고맙습니다." 할 때라도 깨달았어야 했는데 "애야! 할아버진 무슨 할아버지… 의사 선생님이지…." 기겁하는 젊은 환아 엄마의 표정에 내 황혼은 아직 하고 자위했다. 지하철 무료라는 카드를 받았을 때나 손자 손녀가 생일카드에 "할아버지 오래오래 사세요." 할 때도 속으로 유엔 기준은 아직 중년인데 하며 정신과 영혼은 생리적 노화를 거부했다. 젊은이들끼리 폭소 터트리는 아재 개그를 비록 어눌한 음률로 알아채고 따라 웃기도 하면서 나 자신에게 세월이 흐른 흔적을 애써 지우려 하였다. 불과 서너 달 전까지 세월 탓이라고 하지 않았다.
 "요즘 DM(당뇨)이 말썽이네. 운동하고 야채 위주로 탄수화물 줄이고 약도 먹는데…." "무슨 약을 먹지 요즘?" "그대로 메토포르민과 그, 그…… 약 있잖아? 설포닐우레아 제재 말이야…." 오랜만에 만난 산부인과 친구의사와 식사 중 그 깜박증(브레이크 아웃)이 불쑥 나타났다. 늘 먹는 약인데 그 이름이 머리에 뱅뱅 구르며 떠오르지 않아 50년 전 의대학생 시절 기억시킨 학술성분 명으로 얼버무렸다. 소통은 대화이고 대화는 말을 해야 하지 눈짓으로 할 수 없다. 그 친구는 눈치 채지 못했다. 어제 만난 친구 이름도 퍼뜩 떠오르지 않는, 최근 더 자주 흔히 일어나는 현상이었다. 요즘 외출할 때 골반 청바지에 비비드 티셔츠를 걸치고 백팩을 메고 헐렁한 운동화 접어신고 활기차게 걸으며 꼰대형을 벗어나려 하고 있다. 모임에 가면 "요즘 점점 젊은 패션이야!" 하는 추임새에 젊음은 가꾸기 나름 아니겠냐 하고 으쓱해 왔던 터였다. 애써 허세를 부려 노년기 권위를 벗으려 하나 때로 스스로 썰렁해 당황할 때도 있지만 헬스장 트레이너의 근육을 내려 받으며 내 나이 또래보다 나름 젊어 보였다. 프렌치 디저트 카페에서 라떼 한 잔 마시며 SNS 하려 폰을 잡는데 쓰고 싶은 첫 마디 단어가 튀어나오지 않는다. 적절히 연속되어야 할 상황에서 IQ 130 젊은 노년은 하얀 머리를 감싸며 우울한 샹송 칸초네를 듣게 된다. 92세 노인이 박사학위복을 입으며 "해낼 수 있는지 도전해 보았다."는 아침 토픽 사진은 이런 나를 주눅들게 했다. 그 나이에 부질없는 욕심을 부리다니 쓴웃음을 짓는다. 안다는 것과 기억하는 것, 그리고 그 기억에서 불러오기는 한 스텝이었다. 요즘 그 메커니즘이 삐끗 어긋나 있음은 분명했다.

"구두에 낀 바지 빼시고 바지춤 자크 채웠나요?" 엘리베이터 버튼을 누르며 확인하는 아내의 출근 인사가 일상이 되었다. 어색하지 않게 바로 아래를 점검하는 내 행동은 수차례 창피를 당하고도 반복되는 꼰대의 헛발질 때문이었다. 주차 브레이크를 당기고 시동을 켜 둔 채 점심식사를 한 유능한 외과의사 친구도 최근 예상치 못한 깜박 사고로 곤경에 처한다고 하소연하였다. 그의 건망은 내 마음을 달래 주었다. 진료실을 지키는 소아청소년과 의사는 진찰행위 다음 의학적 지식으로 추론 진단하고 이어 처방하는 치료과정을 거친다. 요즘 진료차트는 전자식 PC 프로그램으로 입력 처방 출력까지 처리하는 토탈 차트 시스템이므로 입력 데이터가 해결해준다. 의사의 기억력은 별 가치가 없는 셈이다. 약명이나 용량의 연산은 클릭으로 하고, 단지 무슨 약물을 처방할 것인가 하는 역할이 내 일이다. 굳이 약명을 외워 둘 필요가 없으니 의사인 내가 복용하는 당뇨 약 이름도 얼핏 떠오르지 않았던 것이다. 거기에다 칠십 노년의 기억 중추는 용량도 줄고 퇴행의 생리에 접어들어 있다. 그러니 기억하기와 리콜하는 신경망 센서가 중복으로 퇴화되고 있는 중임은 틀림없다.

세월 탓이라 여기기도 한다. 불안한 것은 젊었을 때에 국영수 과목 암기 연산에 지나치게 영민했던 그 두뇌가 늘 쓰던 단어, 이름, 전화번호를 기억해 내지 못하는 장애가 생겼고, 그것이 세월 따라서 신경망(변연계) 내부의 해마(海馬 Hippocampus)와 두정엽이 위축될 것이고 서서히 인지기능 장애로 가는 길에 설 것이다. 두려운 길, 그 길은 알츠하이머로 가는 길일 수도 있고 미궁 속으로 빠지며 회복되지 않는 길일 수도 있다. 돌아오지도 못하는 슬픔이다. 이런 면에서 의사는 외롭다. 성격 분석부터 인물 구조까지 들여다보고, 질병이란 질병 모두가 가는 길 그 경과와 예후까지 내다보아야 하니 혼자서 불안과 공포를 동시에 품을 수밖에 없다. 배운 것이 고독한 직업이다.

아무리 애써도 떠오르지 않던 그 단어와 이름이 한순간 딱 떠오르는 경이로운 환희가 일어날 때, 탁한 혈관에 새 피가 스며들듯 전신이 맑아진다. 그토록 뱅뱅 맴돌고 소실(?)되었던 기억이 어떻게 한순간 떠오를까? 언제 깜박했느냐 듯 술술 기억 줄이 연쇄적으로 순환하며 쏟아진다. 기억회로의 접선 불량이 스파이크를 일으켰는지 우회로를 찾았는지 알 수 없다. 신의 작업 같다. 대개 이런 상황을 친구에게라도 쉽게 내놓지 못한다. 망가진 것이 깜박 기억만이 아니라 감정 행동까지 물들어 "사람이 띨해졌어!" 할까 두려워한다. 그래서 진을 뺀 그 순간의 경험들은 은밀하게 나만 알고 있다. 어느 때는 그 망각의 아우라(AURA)가 보이면 에둘러 표현을 변경하여 모면하기도 한다. 그리고 더이상 리콜하기 힘들어 포기할 때도 있다. 그때는 일단 얼버무리고 구글이나 연락처를 뒤지고 뒤통수치며 한숨짓기 일쑤다. 어쩌다 이렇게 되었는지 가끔 단순 행동으로 살아가고 싶을 때도 있다. 특히 글 써야 할 때 미루고 피하고 싶어진다. 원고 청탁서가 날아오면 예전에는 테마 선정에 애를 먹었는데 이젠 어휘 선택으로 갈등한다. 그 많던 어휘들의 창고가 어디로 가버린 걸까. 나 혼자 끙끙거릴 수밖에 없는 문제이기에 요즘은 적극적으로 혼자 예방의 길로 들어섰다. 뉴스 따라 발음하고 큰 소리로 시 낭송하고 사전 단어를 한 페이지 반복하는 어학 실습생이 되어 있다.

 옛 앨범을 뒤적이며 그때의 대화를 회상한다. 특히 아이들의 키득거리던 웃음을 추억한다. 아직도 내 감정의 뭉치들은 전혀 손상되지 않았다. 어머니와 헤어질 때의 아픈 기억도, 손자를 이국 땅 멀리 보낼 때 체취와 그 흐느낌, 아련한 그리움도 가슴 벅찬 행복감도 아직 말짱하다. 우려하는 내 신경회로의 퇴행이 어느 길로 얼마나 빨리 또 다양하게 나타날지는 나 자신도 모른다. 단지 기억 저편의 추억 편린들, 내 기억에서 더 잊히고 사라지기 전에 따로 보관함에 저장해두고 싶다.

-2020년 9월호 《수필과비평》

04

변신 모티프와 욕망의 실현

　인간은 항상 변하고 변신을 꿈꾼다. 신화의 주요 모티프이면서 인간의 욕망으로서 변신은 끊임없이 되풀이된다. 동물이 사람으로 변하고 사람은 동물이나 다른 물체로 변한다. 아름다운 상아 조각상이 처녀로 바뀌고 반인반수와 양성인간이 태어난다. 오늘날 마침내 인공지능이 창조되었다. 왜 인간은 이토록 자아 변신을 꿈꾸는 것일까?
　그리스 신화에는 신, 인간과 동물의 변신에 대한 이야기가 넘쳐난다. 변신은 '몸을 바꾸는 행위'로서 현재의 나를 버리고 새로운 나로 태어나는 것이다. 오비디우스(Ovidius)가 펴낸 서사시집 《변신 이야기(Metamorphoses)》는 고대 그리스 신화에 바탕을 둔 250편 이상의 신화를 담고 있다. 변신은 신화에만 존재하고 인간이 이룰 수 없는 경지가 아니므로 현실이 불만스럽고 미래가 불안하면 인간들은 변신의 힘을 동경한다. 야수와 혈연관계를 맺거나 가죽을 뒤집어쓰거나 짐승의 이름으로 작명하기도 하였다.
　근대에 이르러 변신을 광의의 의미로 해석하기 시작하였다. 변신에 정신의 추상적 변화도 포함시켰다. 최상의 적응과 생존을 위한 진화로서 자신을 타화他化하려는 상상력도 꽉 막힌 현실에서 일탈하기 위한 변신의 방책이다. 그리스 로마의 신화가 인간들의 상상력을 자극하면서 자신의 변신이 신화적 원형에서 유래하고 다른 사람도 동일한 욕망을 지니고 있음을 알게 되었다. 이러한 열망은 새 문명과 맞닿으면서 더욱 다양한 양식을 취하기 시작했다. 무도용 가면을 쓰고, 화장을 하고, 성형을 한다. 인터넷 세상에 들어가 기발한 아이디를 사용하고 애니메이션 아바타를 마련하기도 한다. 이런 다중 자아는 분명 미래의 또 다른 변신의 모습을 예고하기 마련이다.

변신을 꿈꾸는 자들은 유배지에서 자신의 처지를 한탄하던 오비디우스의 목소리를 자신의 목소리로 간주하였다. "이제 본래의 모습을 잃고 다른 형상으로 변신한 자들의 이야기를 읊으려 하노라."라고 한 그의 선언이 이것이다. 강자로부터 도망치거나 징벌의 방법으로 이질적인 형태를 취하는 '하강 퇴행형' 변신은 자신이 희망이 없는 존재라는 점을 자각할 때 이루어지지만 대부분의 변신은 보다 강하고 더 나은 정체성을 갖고 싶은 욕망에서 비롯한다.

책을 읽고 글을 쓰는 방식도 변신 중의 하나다. 책 속의 주인공을 닮거나 원하는 등장인물을 설정함으로써 독자와 저자는 현재와 다른 자아나 세상을 만들려 한다. 글 읽기와 글쓰기는 자신과 다른 아바타를 통해 또 다른 자아를 끄집어내는 행위라 하여도 지나치지 않다. 스토리텔링도 내적 변신의 일부일 수밖에 없다. 그 점에서 의식적으로든 무의식적으로든 자신을 변화시키고 변신시켜 환경에 적응하려는 수필화자의 등장은 불가피하다.

정진희의 <전생이 개라고?>

정진희는 서구적인 개념의 변신을 동양적인 환생이라는 언어로 풀어낸다. 그녀가 말하는 환생은 전생에 사람이었던 존재가 후생에서 다시 사람으로 태어나되 신분이 달라지는 순환을 뜻한다. 하나의 생이 끝나고 다른 생이 시작한다는 점에서 변신의 일부에 속한다. 짐승과 사람 사이의 환생도 가능하지만 그것은 그가 원하는 시종始終이 아니다. 그가 변신과 환생에 궁금증을 품게 된 계기는 개를 너무나 좋아한 데 있다. 전생에 개가 아니었다면 그렇게 개를 좋아할 수 없다는 것이다. 호기심을 견디지 못한 그녀는 전생을 잘 맞춘다는 사람을 찾아가고, 자신이 전생에 무엇인가를 자문자답하는 방식을 취한다.

　인간과 동물 간에 이루어지는 변신은 동서양에서 공통적으로 찾을 수 있다. 우리나라의 건국신화로 단군신화와 환웅설화가 있다면 서양에는 제우스신화가 있다. 이들은 원시적 토템사상에서 유래하지만 전생을 합리화 시켜주는 증언이 된다. 동양인들은 윤회를 믿는다. 착한 일을 하면 다음 생에 사람으로 태어나고 나쁜 짓을 하면 축생畜生의 운명을 맞이한다는 것이다. 사회를 통치하기 위한 정치와 사후를 관리하려는 종교의 지지를 받는 이 믿음은 죽은 인간은 다른 형태로 변한다는 변신을 기반으로 한다.

　정진희가 찾아간 젊은 원장은 뇌파를 감지하여 인간의 운명을 풀이해 내는 방식을 보여준다. 그녀의 말에 의하면 정진희는 전생에 심령술사였다. 더 거슬러 올라가면 인디언 제사장, 그 앞에는 큰 성의 공주, 그 앞에는 인도의 점성술사, 그 직전에는 스코틀랜드의 심령술사였다는 것이다. 현생에서 점쟁이가 되면 크게 성공하리라는 덕담도 한다. 그 말을 들은 작가는 전생에 개가 아니었던 것을 천만다행으로 여기면서 내심 학자였으면 더 나은 삶을 지금 살고 있을 텐데라는 아쉬움을 품는다.

　　　그러나 개가 아니면 학자라든가, 아니, 책 한 권이라도 남긴 문필가였다면 지금 글쓰기에 얼마나 도움이 되겠는가. 그것도 아니라면 세계 최고의 미녀인 트로이의 헬렌은 아니더라도, 뭇 남성들의 연인이었던 루 살로메의 그림자만이라도 닮았더라면 오죽 좋으련만. 미모도 지성도 아닌 웬 심령술사? 성공하려면 점쟁이를 하라고?

정진희는 지금 자신이 변신의 궤도에서 어느 지점에 있는지가 궁금하다. 짐승에서 인간이 되지 않았다는 사실에 안도하고 제사장, 점성술사, 심령술사로서 인간의 운명을 예언해주었다는 데 만족하고 학자나 문필가였다면 더욱 좋았을 것이라고 꿈꾼다. 자신의 삶을 윤회의 궤도 위에 얹는 것이다. 과거 고등학교 시절에 <인생십이진법>을 탐독하고 심리학에 집중했던 때를 떠올리면 윤회가 사실처럼 여겨진다. 글을 쓰는 작가이니 후생에는 유명한 "학자가 아니면 문필가"가 될 기대도 품는다. 그녀는 무엇이었는가 보다 앞으로 어떤 사람으로 태어나고 싶은가에 대한 욕망이 더 강하다. 독자도 운명감정사의 이야기를 진실로 받아들이든 아니든 변신 자체에 호기심을 공유해 간다.

변신은 신화와 문학에서 중요한 모티프로 자리 잡고 있다. 신화는 신들의 이야기이지만 사실은 인류가 살아온 이야기다. 우리가 궁금하게 여기는 모든 것을 해석해주고 미래를 이야기해주는 신화는 인간이 꿈꾸고, 희망하고, 욕망하는 삶의 로망이자 서사다. 그 예는 작가가 예로 든 티베트교의 성자인 달라이 라마가 티베트 사람들에게 최고의 이상체라는 사실에서 나타난다. 티베트인들에게 "살아있는 부처로 숭앙받으며 절대적인 지존이 되어 있는 달라이 라마"는 개인적 해탈을 형상화한 타자가 아닌가.

변신은 단순히 몸의 형태가 사람에서 짐승이나 식물로 변하는 것만이 아니라 하였다. 선인에서 악인으로, 혹은 악인에서 선인으로 변하는 것도 변신이며 신분의 상승과 추락도 광의의 변신에 속한다. 그녀는 어느 시점의 자신의 모습을 환생으로 풀이할 때 달라이 라마의 계승적인 삶을 인용함으로써 환생은 아직 규명되지 않았지만 그 인과를 밝히는 것이 앞으로의 과학과 의학이 수행할 일이라고 조언한다. 그러므로 그녀의 전생 찾기는 단순히 재밋거리가 아니다. 점성술사였던 전생과 작가라는 현생 사이의 거리를 좁히려는 노력의 일환이다. 문학도 예외가 아니다. 문학은 변신의 신화성과 과학성의 거리를 좁히기 위한 자기 노력의 일부다.

  그녀의 충고를 들은 지 10년이 되어 가지만 나는 여전히 글쓰기에 목을 매고 있다. 진작 점쟁이로 진로를 바꾸지 않은 것은 알량한 자존심 때문이다. 무조건 믿자니 바보 같고, 절대 안 믿자니 어리석은 것 같아 글쓰기를 하면서 명리 공부를 같이했다. 양다리를 걸쳐서인가? 별 재미를 못 볼 거라는 그녀의 말대로 죽도 밥도 아닌, 끓다 만 죽, 설익은 밥 신세로 산다.

 그녀는 현재 작가다. 꾸준히 글을 쓰면 후생의 언젠가 대작가로 태어날 것이라 기대한다. 전생과 현생과 후생은 인연이라는 끈으로 이어져 있으므로 지금 펜을 놓아서는 안 된다. "글쓰기를 하면서 명리 공부"를 함께 하는 이유도 "죽도 밥도 아닌, 끓다 만 죽, 설익은 밥"이 될지 모른다는 우려에서 벗어나기 위해서다. 그럼에도 그녀가 지닌 변신에 대한 욕망은 강렬하고 집요하다.

 <전생이 개라고?>의 서술은 반어적이다. 그녀가 바라는 환생은 개에서 인간으로 몸체가 변하는 것이 아니라 보다 높은 지적 인간으로의 진화다. 이런 욕망과 꿈이 인간의 행동 변화를 결정한다. 어찌 보면 짐승과 인간 중에서 하나를 선택한다는 징벌과 포상의 원리보다는 변신의 신화는 인간에게 더 나은 행동을 하도록 촉진한다는 점을 보여주려 했다는 것이 더 설득력을 갖는다.

이용미의 <새엄마, 헌 엄마>

<새 엄마, 헌 엄마>는 계모가 지닌 심적 갈등을 체험적으로 보여준다. 자식에 대한 어머니의 역할은 출산과 양육으로 나누어진다. 일반적으로 생모가 자신의 아이를 양육하는 것이 자연법이고 사회가 여성에게 요청하는 역할이지만 세상만사가 그렇게 뜻대로 이루어지지는 않는다. 자의반 타의반, 낳은 엄마와 기른 엄마가 달라진다. 양모와 전처소생 사이에 빚어지는 갖가지 갈등과 사건이 문학과 설화의 소재가 되고 있는 것이 사실이다.

엄격히 따지면 계모와 서모의 의미는 다르다. 한 번 혼인했던 여자가 재혼하고 재혼한 남편에게 자식이 있다면 그 자식은 재혼해온 엄마를 서모庶母라 부른다. 계모는 처녀의 몸으로 자식 있는 사람에게 시집온 여자로서 그녀가 낳은 자식은 서자로 차별을 받지만 전실 자식은 그녀를 친어머니처럼 예우한다. 일반적으로 계모나 서모는 모두 새엄마로 불려진다.

계모설화는 우리나라의 경우 <장화홍련전>과 <콩쥐팥쥐>가 대표적이고 서양의 경우는 <신데렐라>와 <백설 공주>를 손꼽을 수 있다. 계모는 주로 악인으로 묘사되고 전처 아이는 착한 희생자로 그려진다. 대부분의 줄거리는 고난을 극복한 전처 아이가 행복을 얻는 해피엔딩이다. 계모의 심적 정서적 문제를 다루는 내용은 찾기 어렵다. 있다 하더라도 악한 계모는 인과응보식 징벌로 끝난다. 착한 계모 이야기도 처음에는 전실 자식을 학대하다가 지성으로 섬기는 의붓자식에 감동하여 '개과천선한 계모'가 되거나 처음부터 의붓자식을 친자식처럼 사랑하는 '천성적으로 착한 계모'로 나누어진다.

이용미의 신원은 계모다. <새엄마, 헌 엄마>는 '천성적으로 착한 계모'의 이야기다. 이용미가 TV에 자신의 처지와 비슷한 드라마가 나오면 유난히 관심을 기울이는 이유는. 그 소재들이 자신의 처지를 상기시켜 주기 때문이다. 그녀에게 TV 드라마는 현대식 계모설화라 하여도 지나치지 않다.

> 아직도 하지 않았으면 하는 일에 더 적극적인 딸, 해주었으면 하는 일을 외면하기 일쑤인 아들. 그네들을 끌어안기엔 내 가슴의 넓이가 턱없이 모자란다. 더 많은 세월이 흐른 뒤 아이들을 앞에 앉혀놓고 "너희가 있어서 참 행복했다."라고 말할 수 있을 정도면 얼마나 좋을까. 내가 앞으로 풀어야 할 숙제이며 내 운명이기도 한 새엄마.

계모와 전처 자식간의 거리감은 어쩔 수 없다. 혈육지정에서 보아도 여성은 자신이 낳은 아이가 있든 없든 다른 여성의 몸에서 태어난 아이들을 받아들이기가 쉽지 않다. 배다른 아이들도 새엄마에게 쉽게 다가서지 못한다. 많은 경우, 그들은 서로를 미워하고 불신하고 심지어 증오한다.

그런데 이용미의 경우는 다르다. 그녀는 전처소생을 안쓰럽게 여기고 전처의 아이들도 그녀에게서 모성을 갈구한다. 당연히 이용미는 일반 사람들이 가진 계모에 대한 선입관에 동조하지 않는다. 사람들은 남의 일이 잘못되기를 바라고 계모를 나쁘게 다루는 각종 이야기에 익숙하여 반대의 경우가 있다는 사실을 잘 받아들이지 않으려 한다고 설명한다.

실제 그녀가 결혼을 했을 때의 마음은 보통 계모와 달랐다. 중학교 2학년 때 우연히 시선이 마주친 어느 여인으로부터 "잘살겠지만 재취 자리야." 하는 말을 들었고 그녀의 어머니도 재취한 여인이었다. 새어미의 자리를 숙명으로 받아들인 그녀는 "상처투성이 남편과 순수한 두 아이한테 더이상 상처 주지 않는 것"을 자신이 결혼한 이유와 임무로 간주하였다. 남다른 노력 덕분에 두 아이들은 그녀를 친엄마처럼 따른다. 그런 신뢰관계가 이루어지면서 "날 따르는 이 아이들과 난 전생에 무슨 인연이었을까?"라는 경이로운 감각을 가지면서 더욱 서로 가까워진다.

이용미의 삶과 신분을 추적하면 '변함'이란 한 가지 사실이 나타난다. 여성이라는 생리적이고 생물학적인 실체는 변하지 않지만 그녀는 재취 엄마의 딸, 여중 2학년, 혼기에 다다른 서른두 살의 처녀, 재취 자리로 간 여인, 두 전처소생을 키우는 계모로 거듭 바뀐다는 점이다. 이 변신이 제시하는 공통점이 있다. 그것은 '엄마'라는 의미다. 새엄마로서 그녀가 지향하는 마지막 변신은 키운 자식과 어떤 거리도 두지 않는 '헌 엄마'가 되는 것이다. 헌 엄마는 장성한 자식들로부터 어머니로서 존경을 받는 신분이다.

나는 누구였을까. 정보다 의무에 충실하며 일정한 거리를 두었던 젊은 날의 나, 새엄마는 어디로 갔을까. 계속 곁을 맴돌며 서운한 감정 내뿜다 감추고 다시 뿜어내는 사춘기 아이들은 어디로 숨었을까. 자신들의 진로도 바람도 알 것 없다는 듯 결정 뒤 통보로 일관하던 젊디젊던 아이들은 어디로 사라졌을까. 참고 참는 시늉하던 내 나이를 훌쩍 넘은 아이들은 이제 자칭 보호자가 되어 나이도 위치도 잊은 채 어리광부리는 헌 엄마로 만들어 버렸다.

이용미는 새엄마에서 헌 엄마로 변신하였다. 변신함으로써 행복하게 되었다. "정보다 의무에 충실하며 일정한 거리를 두었던 젊은 날의 새엄마"라는 허물을 벗고 나이 먹은 아이들의 보호를 받는 나이든 여인이 되었다. '서른두 살 새엄마'가 '예순일곱 헌 엄마'가 되는 놀라운 변화는 "정말 고맙다."는 따뜻한 말에 힘입어 애정과 신뢰를 더욱 강조해준다.

이용미는 생사를 건넌 환생이 아니라 살아있는 동안 이루어진 변신의 주인공이다. 35년이라는 세월이 필요했지만 결혼할 당시의 계모라는 부정적인 편견을 성공적으로 벗겨냈다. 자신은 "보호받는 어른"이 되고 자식들은 "보호하는 청장년"이 된 것이야말로 계모와 전처소생 사이에 이루어질 수 있는 바람직한 관계임을 밝힌다. 이용미는 '천성적으로 착한 계모'의 이야기를 체화함으로써 고형화된 계모설화의 편견에서 독자들이 벗어나도록 촉구한다.

김남수의 <아들의 군 생활>

한국에서는 자식들의 군 입대가 온 가족의 관심사가 된다. 자식이 군복무를 하는 동안 부모는 좌불안석이 되어 과연 국가가 자식을 제대로 보호해주는가에 의구심을 품기도 한다. 자나깨나 군대에 있는 자식은 근심의 대상이다. 당연히 군대 생활이 인간에게 어떤 영향을 미치는가, 부모로서 어떤 반응이 일어나는가, 군에 간 자식이 어떻게 변하는가, 무엇보다 제대를 하면 자식이 어떻게 달라질까에 부모 대다수의 관심이 모인다.

인간이란 환경의 동물이다. 낯선 환경에 처한 생물에게 시급한 것은 생존하는 것이다. 무사히 살아남으려면 상대보다 강해지든지, 낯선 환경에 적응하든지, 아니면 상대에게 순종해야 한다. 아무튼 과거의 자신과 다른 무엇이 될 필요가 있다. 이런 조건은 자연스럽게 육체적 정신적 변화를 꾀하도록 만든다.

김남수의 아들이 대학 1학년 때 해병대에 지원했다. 부모로서 자식을 염려하는 심리가 두 방향으로 진행한다. 하나는 해병대는 혹독한 훈련을 하는 군대라는 걱정이며, 다른 하나는 "남자로 태어나면 군대는 갔다 와야 인간이 된다."는 기대다. 그 어느 것이든 "자아를 발전시키는 계기"라는 공통점을 갖는다. 부모라면 대부분 "군대는 조국을 수호하는 성스러운 조직"이라는 거창한 사명감보다는 "청년이 성년으로 발돋움하는 과정"을 배워오는 곳이기를 기대한다. 자아를 발전시키는 동력이 외부에 있다면 극한 상황에서의 생존방식을 가르쳐주는 곳으로 군대만큼 좋은 학교가 없다. 그래서 부모는 훈련을 잘 견뎌낸 자식이 매우 대견스럽다.

번갯불에 콩 볶아먹듯 행동은 민첩해야 하고 가슴속의 불은 죽여야 군에서 살아남는다는 아들의 이야기를 읽고 나니 대어를 낚은 듯 기뻤다.

간혹 성당에서 고해성사하듯 비감에 젖은 글도 보내왔다. 사회에서 나태했던 육신과 정신을 모두 벗어버릴 수 있도록 기도해 달라고 했다. 또 허물을 벗어버리고 깨끗하고, 당당하고, 듬직한 정예 해병으로 태어나고 싶다고 했다.

아들은 자신이 "당당하고, 듬직한 정예 해병"이 되어가는 데 만족해한다. 부모는 아킬레스를 스틱스 강물로 씻어 무적 용사로 만든 그리스 신화 속의 여인 테티스처럼 자신의 아들이 훌륭한 인생의 전사가 되어 돌아오기를 기대한다. 부모가 바라는 아들은 "부모 걱정을 해주고 상대의 의견을 수용하는 겸손과 삶에 대한 인내심과 역경을 헤쳐 나가는 용기와 공존하는 배려의 마음"을 가진 모습이다. 이런 과정은 갖가지 시련과 역경을 이겨내고 어른으로 성숙하는 입문과정에 일치한다. 신화적으로 군대가 어떤 곳인가를 풀이하면 청소년이 성인으로 성장하기 위해 거쳐야 할 시련과 모험의 무대다. 한국의 부모는 그 신화적 관점에서 자식이 성숙할 것이라는 기대를 품는다.

예전에 다혈질인 아들의 얼굴에 함박꽃 얼굴이 겹쳐졌다. 부모가 허심탄회하게 이야기를 나누고 싶어도 차분히 듣질 못했는데 이제는 자신의 주장을 굽히고 한 발 물러선다. 해병의 끈질긴 기질과 과감성을 배워 꿋꿋이 남도 이해하고 배려하는 심성으로 바뀐다면 부모로서 이보다 더한 바람은 없을 것 같다.

당사자와 부모는 군대는 단순히 병역의무의 장소가 아니라 인간을 성숙시켜 주는 곳이기를 기대한다. 만일 국가가 전쟁에 필요한 훈련만 시키거나 개인을 전쟁 소모품만으로 여기면 "아들의 군 생활"을 걱정하는 부모들의 근심을 누그러뜨릴 수 없다.

김남수의 <아들의 군 생활>은 군대의 현실을 낙관적이고 낭만적으로 표현한다. 군대란 적을 죽이는 전투훈련을 강조하는 조직이라는 사실을 일부러 외면한다. 무난하게 적응하는 병사가 있는가 하면 부적응의 실패자들도 있다는 현실도 누락시킨다. 이런 문제를 작가는 모르는 게 아니다. 직설적으로 지적하기보다는 아들의 성공적인 군 생활과 제대 후의 사회적응을 연계시켜 군대의 모순을 함축적으로 축소하고 있다. 그렇다면 이 작품은 아들의 성인화와 군제도의 변화를 동시에 논의하는 모티프로 이루어져 있다고도 볼 수 있다.

덧붙여

인간은 끊임없는 변화 속에 살며 변화는 주변 환경의 영향을 받아 매순간 달라진다. 그러므로 불변의 동일성보다는 정체성이 어떻게 달라지는가를 찾는 것이 더 중요하다. 영원히 변하지 않는 나란 존재할 수 없다. 그 한계와 변화의 불가피성이 신화와 설화와 오늘날의 문학을 구성하는 모티프가 된다.

변신의 현대적 해석은 형태적 변신보다 정체성의 변화에 초점을 맞춘다. 성장소설이나 입문소설이 문학에서 중요한 위치를 차지하는 이유도 변신이라는 모티프를 중요시한 덕분이다. 어떤 작품을 살펴보아도 개인의 정체성은 사회적·문화적·역사적 조건들과 일치함을 살필 수 있다. 가장 보편적인 예라면 자식들이 성장하여 사회 문화로 입문하는 과정이라고 하겠다.

정진희가 <전생이 개라고?>에서 점성술사에서 작가로의 신원의 변모를 추구하고, 이용미가 <새엄마, 헌 엄마>에서 계모의 신분을 벗고 엄마라는 신원을 획득하고, 김남수는 <아들의 군 생활>에서 자식이 제대 후 당당한 사회인으로 출발하기를 원한다. 이런 주인공들의 변화에는 모두 바람직한 정체성으로의 변신이라는 원형이 깔려있다.

변신이란 부정적인 개념이 아니다. 악인으로 추락하는 경우도 있지만 개인의 신원은 끊임없는 변화로써 만들어지고 트랜스폼을 통해 성장한다는 점을 인정할 수밖에 없다. 군대나 직장이나 학교의 생소한 문화를 따르는 것도 자기 발전을 위한 트랜스폼에 속한다. 어쩌면 변신이라는 모티프는 다양한 문학 장르가 생겨날수록 여러 모습으로 우리 앞에 등장할 것이 예감된다.

| 작품 |

전생이 개라고?

정진희

　전생이 궁금해진 것은 순전히 개 탓이다. 개라면 예쁘건 못났건, 알 건 모르건, 잡종이건 순종이건 가리지 않고 좋아하는 나를 심층 분석한 결과, 온 가족이 내린 결론은 '전생이 개'라는 것이다. '전생'이라는 단어가 썩 유쾌하지는 않았지만 개만 보면 혈육을 만난 듯 피가 뜨거워지고 주체할 수 없이 끌리는 나를 이해하기엔 맞는 것도 같았다. 그렇다면 진짜 내 전생은 개였을까?라는 의문이 뒤를 이었다.
　마침 수련하는 친구가 전생을 잘 보는 분이 있다고 해서 찾아갔다. 점집이나 무당집을 떠올린 것과는 달리 넓고 깨끗한 수련도장이었고, 원장이라는 사람은 빛나는 홍안의 젊은 여자였다. 약 1미터를 사이에 두고 나의 뇌파를 감지하여 컴퓨터 자판으로 옮기는 그녀의 분주한 손놀림이 오고간 지 십여 분쯤 후.
　"전생에 주로 심령술사였네요. 오래전엔 인디언들의 제사장이었고, 어떤 큰 성의 공주로도 살았지만 중국과 인도에서는 세력이 큰 점성가였어요. 바로 직전 전생엔 스코틀랜드에서 푸른 구슬을 가진 심령술사였구요. 그러나 마부로 살았던 적도 있으니 분수에 넘치는 사랑은 안하는 게 좋겠어요. 글을 쓴다구요? 그보다 점쟁이가 되면 크게 성공할 것 같네요."
　일단 개가 아니라니 다행이다. 만약 전생이 개였다면 이참에 유기견遺棄犬

농장이나 지으려 했는데 그건 포기하기로 했다. 그러나 개가 아니면 학자라든가, 아니, 책 한 권이라도 남긴 문필가였다면 지금 글쓰기에 얼마나 도움이 되겠는가. 그것도 아니라면 세계 최고의 미녀인 트로이의 헬렌은 아니더라도, 뭇 남성들의 연인이었던 루 살로메의 그림자만이라도 닮았더라면 오죽 좋으련만. 미모도 지성도 아닌 웬 심령술사? 성공하려면 점쟁이를 하라고?

종교 관련 일이나 수련을 통한 상담 혹은 심리학을 공부하든지, 점쟁이가 되면 크게 성공하겠다는 그녀의 충고를 듣고 뒤돌아 나오는 길은 모르고 떫은 감을 씹은 기분이었다. 그리고 보니 고등학생 때부터 《인생십이진법》을 책장에 거꾸로 꽂아 놓고 몰래 읽던 일이나, 국문학을 공부하면서 심리학 과목이 제일 재미있었던 게 우연이 아니었나 보다. 그러나 이제 글쓰기에 한 걸음 내디뎠는데 빼는 게 낫다는 말 아닌가. 아무리 내게 소질이 없다 해도 그건 충고가 아니라 풍선에서 바람 빠지는 소리, 자동차 바퀴 펑크 소리처럼 황당하고 난감했다.

전생이란 자신이 살았던 과거 생을 말하며 과거의 그 사람이 모습을 바꾸어 현생에 태어나는 것을 환생이라고 한다. 환생이라는 단어는 내게 달라이 라마(티베트어로 '위대한 스승')를 떠오르게 한다. 티베트인들에게 살아있는 부처로 숭앙받으며 절대적인 지존이 되어 있는 달라이 라마를 그들은 전생과 환생을 통해 계속 찾아내고 있다. 얼마 전 TV프로그램에서 제14대 달라이 라마를 찾는 과정을 보았다. 2살짜리 사내아이가 탐색 단원들의 이름을 알아맞히고 13대 달라이 라마의 유품을 고르는 등, 모든 테스트 과정을 통과하여 생후 4년 6개월 만에 즉위한 '텐진가쵸'에 대한 내용이었다. 믿기 힘들지만 안 믿을 수도 없는 그것은 내게 분명 '사실'로 다가왔다.

일부에서 전생이나 환생이 더 이상 미신이 아니라고 한다. 의약분야에선 전생요법이 또 하나의 치료요법으로 자리 잡아 가고 있으며 범죄 수사에서도 좋은 결과를 얻고 있다. 국내에선 아직 미비하지만 미국에선 1994년에 처음으로 정신의학회의 진단기준에 '영적인 문제'라는 진단명을 추가하고 활발한 연구 실험에 따른 논문이 발표되고 있다.

요즘엔 손안의 핸드폰에서 '전생'이라는 단어만 쳐도 쉽게 전생으로 가는 길을 안내하고 있다. 명상음악과 이 세상 사람이 아닌 듯한 목소리가 시키는 대로 따라하다 보면, 완전한 집중과 정신적 몰입으로 시공간을 초월하도록 유도한다. 사람에 따라 전생을 보았다는 사람, 무슨 귀신이 사람 홀리는 거냐는 사람, 너나 해보세요~ 라는 사람 등 천차만별이다. 호기심에 나도 따라 해보았지만 전생 입구에서 더이상 진행되지 않았다.

전생이 개였을 것 같은 의문에서 시작된 전생 찾기는 내게 현재의 삶과 나 자신을 이해하는 데 도움이 되었다. 있는 것을 없다고 밝히지 못하면 있는 것으로 여길 수밖에 없다. 또한 있는 것을 있다고 밝힐 수 없으면 미신이 되기 쉽다. 전생요법이 확고히 자리 잡기 위해선 보다 확실한 과학적 근거와 종교적 한계를 벗어난 폭넓은 연구가 필요해 보인다.

그녀의 충고를 들은 지 10년이 되어 가지만 나는 여전히 글쓰기에 목을 매고 있다. 진작 점쟁이로 진로를 바꾸지 않은 것은 알량한 자존심 때문이다. 무조건 믿자니 바보 같고, 절대 안 믿자니 어리석은 것 같아 글쓰기를 하면서 명리 공부를 같이했다. 양다리를 걸쳐서인가? 별 재미를 못 볼 거라는 그녀의 말대로 죽도 밥도 아닌, 끓다 만 죽, 설익은 밥 신세로 산다.

— 2018년 11월호《수필과비평》

| 작품 |

새엄마, 헌 엄마

이용미

 난 TV 드라마를 무척 좋아한다. "아침부터? 유치하게……." 등 옆사람이 온갖 소리를 해도 못 들은 척 빠져서 버스 타고 갈 곳도 택시를 타야 하거나 가끔은 약속 시각을 어기기도 한다. 20여 년 전인가 보다. 그때도 인기리에 방영되던 드라마 주인공인 새엄마 행보에 같이 울고 웃다가 행복한 결말로 끝이 난 뒤 한없이 운 기억이 있다. 그때 끼적여 놓은 것을 보니 "그 역을 맡았던 배우는 홀가분하게 털고 일어나 또 다른 역을 맡겠지만, 극이나 기삿거리처럼 극단적이지 않은 나의 새엄마 역할은 끝나지 않고 계속될 것이다.
 아직도 하지 않았으면 하는 일에 더 적극적인 딸, 해주었으면 하는 일을 외면하기 일쑤인 아들. 그녀들을 극처럼 끌어안기엔 내 가슴의 넓이가 턱없이 모자란다. 더 많은 세월이 흐른 뒤 아이들 앞에 앉혀놓고 "너희가 있어서 참 행복했다."라고 말할 수 있을 정도면 얼마나 좋을까. 내가 앞으로 풀어야 할 숙제이며 내 운명이기도 한 새엄마."라고 쓰여 있다.
 새엄마의 명칭인 계모는 동서양에서 권선징악이 주제가 되는 얘기의 주모델. 어디 옛날얘기뿐인가. 실지 우리 역사의 인물 중에서도 조선 태조의 계비 신덕왕후 강 씨나 그 유명한 조선 중기 중종의 제2 계비 문정왕후 윤 씨 등은 대표적인 계모가 아니던가? 사람은 너나없이 선하기를 바라고 잘되기를 바라는 것 같지만, 내 일 아닌 남의 일은 꼬였다가 풀리고 다시 얽히는 갈등을 은근히 기대하는 본능이 있는지도 모른다. 그래서 이야기 속 계모는 악하면 악할수록, 전실 자식들은 너나없이 착하고 순할수록, 그리고 후처에 빠진 남편은 전실 자식에게는 무심할수록 손에 땀을 쥐고 듣거나 보는 것 아닐까. 다 지어낸 이야기라면 좋으련만, 현실에서도 다를 것 없이 학대받는 아이들 옆 잔인한 계모는 세기를 넘어 지금도 매체에 애깃거리로 드물지 않게 전파되고 있으니. 그래서 흔히 친아들, 딸한테라도 조금 소홀하거나 엄할 때면 '계모인 모양이지.'라는 말을 쉽게 하고 "계모 전실 딸 대하듯"이란 속담도 생겨난 모양이리라.

    전생의 원수가 이승에서 부부연을 맺는다는 말이 있는데 그이와 나는 어떤 악연의 원수였을까? 그런 원수가 선본 지 한 달 반 만에 결혼식을 올렸지만, 깨가 쏟아지는 신혼이 아니었다. 상처투성이 남편과 순수한 두 아이한테 상처 주지 않는 것이 첫째 임무인 새엄마 자리였다. 갸름하니 예쁜 얼굴의 딸애는 유치원 버스를 타고 시내 한 바퀴를 도는 동안 내내 멀미를 했었나 보다. 엄마가 집에서 기다리니 머리가 하나도 안 아프다며 존재를 확인하듯 수시로 내 옆을 맴돌며 방긋댔다. 웃으면 눈이 감기는 네 살 아들애는 신발을 일부러 바꿔 신는 듯 몇 번이고 내게 와서는 바로 신겨주기를 바라며 작은 두 팔을 있는 힘껏 벌려 엄마가 이만큼 좋다는 소리를 몇 번이고 했다. 엄마가 몹시도 그리워서 날 따르는 이 아이들과 난 전생에 무슨 인연이었을까?

    중학교 2학년 때였다. 1학기 기말고사가 끝난 홀가분함에 친구 경자네 집으로 우~ 몰려갔다. 아버지가 안 계시는 경자네 집엔 사람 좋은 어머니가 항상 손님을 끌고 계셨다. 그날도 예외는 아니었는데 그중에서 못 보던 아주머니 한 분과 눈이 마주쳤다. 웃는 것도 같고 쏘아보는 것도 같은 종잡을 수 없는 표정에 괜히 겁이 나서 얼른 시선을 피하는데 "피한다고 되나? 제일 잘살겠어. 그런데 꼭 재취 자리야." 밑도 끝도 없는 그 말에 우리는 서로를 쳐다보았다. 손수건을 들고 있는 애라니 내가 분명한데 어째서 내게? 무슨 말일까? 내가 제일 못생겨서 그런가? 사춘기에 접어들어 외모에 무척 신경 쓰던 시절 그렇게밖에는 생각할 수가 없었다. 부모복에 남편복, 자식복도 많지만, 꼭 남의 자식을 거두어야 하는 팔자라고 했다는 말을 우연히 어머니에게 하자마자 다시 한 번 그따위 소리를 했다가는 가만두지 않겠다는 싸늘한 표정과 협박에 입을 다문 뒤로는 다시 꺼낼 필요가 없었다.

팔자였을까? 세월은 흘러 결혼 적령기가 되었지만 거듭된 선보기만으로 서른두 살이 되었다. 집에서나 밖에서나 골칫거리가 된 것 같은 나를 아무리 부인해도 누구 하나 인정해 주지 않는 분위기였다. 그 무렵 들어온 선 자리 중 아이 둘이 있는 남자라는 말을 듣는 순간 옛날 그 눈빛 이상하던 아주머니가 떠올랐다. 떠올려 보면 그 후에도 비슷한 소리를 몇 번 더 들었던 것 같다. 누군가 내 손금을 보고는 그랬고 재미로 사주를 볼 때도 같은 소리를 들었다. 그냥 무시했을 뿐이다. 선을 본 사람은 운명이란 생각이 억울할 것 없이 지금껏 보아 온 어떤 사람보다 순수하고 진실했다. 다만 어머니의 아쉬움을 다독이기에는 무리였다. 팔자 도둑은 못한다더니만 하필 좋을 것 없는 어미 팔자를 닮았느냐며 통곡에 가까운 소리를 냈다. 그러나 난 담담했다. 아버지와 50년 넘게 좋은 모습으로 해로하셨으며, 성질 못된 막내인 나보다 연배 비슷한 이복언니들과 훨씬 더 가깝게 지내는 듯 보이는 엄마의 삶이 그렇게 힘들거나 안돼 보이지 않았기 때문이었을 게다. 당연히 자신 있게 시작한 결혼생활은 그러나, 어머니 말을 떠올리는 데 그리 오랜 시간이 걸리지 않았다.

공중목욕탕에 가기엔 어중간한 늦여름이었다. 집 한쪽에는 불을 직접 때서 욕조 물을 데우는 욕실이 있었다. 좀 침침한 그곳에서 네 살배기 목욕을 시키는 중이었다. 갑자기 자지러질 듯 할머니를 부르는 아이의 소리에 이어 "누가 그랬냐?"는 좀체 서둘거나 큰소리를 내지 않는 시어머니의 분노에 찬 소리와 함께 욕실 문이 벌컥 열리고 나를 쏘아보는 눈과 마주쳤다.

"……."

옆에서 귀뚜라미가 톡톡 뛰고 있고 아이는 그것을 가리켰다. 말없이 욕실 문을 닫고 나가시는 시어머니를 그저 멍하니 바라보았다.

아이는 급할 때 할머니를 찾았고 날 많이 위하는 것 같은 시어머니는 애가 놀라는 이유가 아니라 왜 놀라게 했느냐고 묻는……. 난 새엄마였다.

그런저런 일들이 꼬이다 풀어지고 다시 꼬이기를 반복하며 큰 사건 사고 없이 흐른 세월 어느새 40여 년이 가까워졌다. 이제는 싫은 것은 싫다고,

귀찮은 것은 귀찮다고 아무렇지 않게 호들갑을 떨며 얘기하는 닳을 대로 닳은 새엄마 아닌 헌 엄마가 되었다. 자랑하기보다 손때 묻어 편한 오래된 가구나 집기같이, 보여주기보다 활동하기 편한 헌옷 같은 헌 엄마. 부딪치고 깨져 멍들고 곪은 상처 감추는 것에 급급했던 나는 누구였을까. 정보다 의무에 충실하며 일정한 거리를 두었던 젊은 날의 나, 새엄마는 어디로 갔을까. 계속 곁을 맴돌며 서운한 감정 내뿜다 감추고 다시 뿜어내는 사춘기 아이들은 어디로 숨었을까. 자신들의 진로도 바람도 알 것 없다는 듯 결정 뒤 통보로 일관하던 젊디젊던 아이들은 어디로 사라졌을까. 참고 참는 시늉하던 내 나이를 훌쩍 넘은 아이들은 이제 자칭 보호자가 되어 나이도 위치도 잊은 채 어리광부리는 헌 엄마로 만들어 버렸다.

 110년 만의 더위에 몸부림을 치던 날 친척 결혼식 하객으로 참석하는 것은 고역이었다. 빠질 수만 있다면 빠지고픈 먼 곳 그 자리에 기꺼이 참석할 수 있었던 것은 떨어져 사는 아이들을 만나는 기쁨이 있어서다.

 보호받는 어른으로, 보호하는 청장년으로 바뀐 역할이 하나도 이상할 것 없는 것은 세월의 힘일까? "너희가 있어 이렇게 좋은 걸, 너희들이 있어 이렇게 든든하고 이렇게 힘이 나는 걸, 고맙다. 정말 고맙다."라는 서른두 살 새엄마가 그리도 하고 싶던 말을 예순일곱 된 헌 엄마가 속으로 수없이 되풀이하고 있었다.

－2018년 11월호 《수필과비평》

| 작품 |

아들의 군 생활

김남수

 지금 아들은 보통사람은 반년도 다니기 힘들다고 말하는 직장에 다니고 있다. 날마다 사고를 수습하고 보상을 하고 가해자와 피해자가 전쟁을 벌이는 곳이다.
 아들은 대학 일학년을 마치고 갑자기 해병대로에 지원했다. 육군, 공군, 해군이 있는데 하필이면 악명으로 소문난 해병대에 가려고 해서 적잖이 걱정을 했었다. 해병대라 하면 혹독한 훈련이 먼저 떠오른다. 얼굴에 검은 칠을 하고 추운 겨울에 웃통을 벗고 바다에 뛰어드는 군대생활의 일면을 TV에서 종종 보고는 군이라는 곳이 만만한 곳이 아니라는 생각을 하게 되었다.
 "남자로 태어나면 꼭 군대는 갔다 와야 인간이 된다."라고 남자들 사이에서도 주고받는 말을 들었다. 그만큼 군대 생활이 어렵고 힘들다는 말도 되고 인생에 도움이 된다는 말로 들렸다.
 흔히들 "귀신 잡는 해병대"라는 말을 곧잘 한다. 그것은 6·25 전쟁 때 생겨난 말이라 했다. 북한군에게 밀려서 낙동강 방어선으로 왜관, 창녕, 남지, 진동이 남아 있을 때 통영 상륙작전으로 마지막 지역을 사수하는 데 해병대가 큰 공을 세워 승리로 이끌었다 한다. 포탄이 터지고 수류탄이 던져지고 총알이 핑핑 날아가는 전투지에서 해병대가 북한군을 상대로 용맹성을 떨치는 것을 보고 미국 종군기자가 그렇게 소개를 했다고 한다.

그때부터 "한 번 해병은 영원한 해병"이라는 말도 나와 해병대의 인기가 높아지면서 지원 입대자가 늘어났다 한다. 해병의 겉모습이 좋아 무작정 해병대를 선택했다면 그야말로 고생의 지름길로 가는 것이고, 나름대로 신념이 있어 결정했다면 자아를 발전시키는 계기가 될 것이라는 확신이 들었다. 매사는 마음먹기에 따라 지옥과 천국으로 갈린다고 하지 않던가.

입대하고 한 주가 지나 아들에게 소식이 왔다. 건강하게 잘 있다는 소식을 기대했는데 악몽 같은 시간이었다는 말에 가슴이 덜컥 내려앉았다. 과연 소문대로 무서운 곳이구나 생각하며 읽어 내려갔다. 어제는 수백 명이 목욕하는데 갑자기 교관이 들어와 "5분 이내 집합"을 하라 해서 머리와 몸에 비누를 잔뜩 칠하고 제대로 씻지도 못한 채 뛰어나갔다 했다.

훈병 생활을 편하게 보낼 수야 없겠지만 물 한 바가지 덮어쓰는 것도 치열한 경쟁 속에서 쟁취해야 하니 이래저래 몸이 고달파 기분이 꽝이 되었다 했다. 번갯불에 콩 볶아먹듯 행동은 민첩해야 하고 가슴속의 불은 죽여야 군에서 살아남는다는 아들의 이야기를 읽고 나니 대어를 낚은 듯 기뻤다.

간혹 성당에서 고해성사하듯 비감에 젖은 글도 보내왔다. 사회에서 나태했던 육신과 정신을 모두 벗어버릴 수 있도록 기도해 달라고 했다. 또 허물을 벗어버리고 깨끗하고, 당당하고, 듬직한 정예 해병으로 태어나고 싶다고 했다. 힘들긴 하지만 해병대에 오길 참 잘했다는 생각이 들다가도 팔꿈치와 무릎이 까져 고름이 생겨 아플 때는 후회가 되었다며, 그것 역시 해병이 되기 위한 과정이 아니겠냐는 의젓한 말도 했다.

부모와 떨어져 힘든 군 생활을 하면서 얼마나 외롭고 집이 그립겠는가. 남자로 태어나 불가피한 과정이라 여기기에는 너무도 힘든 나날이었을 것이다. 애써 웃음 지으며 괜찮습니다, 큰 소리로 대답하지만 괴로움을 이겨내려는 애처로운 몸부림을 부모인들 왜 느껴지지 않겠는가.

자식 귀하지 않은 부모가 어디 있을까? 그렇지만 나이가 차면 부모 곁을 떠나야 하는 것이 인지상정이다. 군이라는 곳은 여물지 못한 자식이 자립을 준비하기 위한 단계를 밟는 곳이 아닐까 생각해 본다. 소년에서 청년이 되듯 성년으로 발돋움하는 과정일 것이다.

아들은 강한 군인이 되어 나라를 지키고 건강은 괜찮은지? 아픈 데는 없는지? 밥은 잘 드시는지? 새로 하시는 일은 괜찮은지 부모 걱정도 해주었다. 가족을 그리워하며 예전에 잘하지 못한 것이 무척 후회된다고도 했다.

매주 일요일엔 종교 활동을 하는데 특별히 한 종교만 고집하지 않고 교회, 절, 성당을 바꾸어 가면서 간다고 했다. 목적이 있어 가지만 좋은 말도 많이 듣는다고 했다. 돌아올 때는 초코파이나 사이다를 받을 때도 있고, 건빵이나 우유를 받을 때도 있다 했다. 밖에서는 흔한 단 음식이 군에서는 담배만큼 좋아졌다 했다. 물론 훈련병은 담배를 피울 수 없게 되어 있어 단 음식이 더 당기게 되는 것 같다고 했다. 초코파이를 맛있게 먹는 자신을 보면 군인이 다 된 것 같다며 편지지에 웃는 얼굴을 그려서 보내기도 했다.

예전에 다혈질인 아들의 얼굴에 함박꽃 얼굴이 겹쳐졌다. 부모가 허심탄회하게 이야기를 나누고 싶어도 차분히 듣질 못했는데 이제는 자신의 주장을 굽히고 한발 물러선다. 해병의 끈질긴 기질과 과감성을 배워 꿋꿋이 남도 이해하고 배려하는 심성으로 바뀐다면 부모로서 이보다 더한 바람은 없을 것 같다.

아들은 천자봉 행군을 마치고 실무배치를 받았다고 했다. 해병대를 상징하는 빨간 명찰 수여식을 했다며 대대장이 직접 달아주어 더 기뻤다고 했다. 빨간 명찰을 달고 나니 어깨가 무거워졌다며 계속 전진하겠다고 했다.

고생을 해봐야 부모 귀한 것도 알고 세상이 호락호락하지 않다는 것을 알게 된다. 자식에게 필요한 자양분이 어떤 것일까 생각한다면 군대에 보내지 않으려고 애태우지 않을 것이다. 아들의 뾰족한 성격이 차돌멩이처럼 동글동글 다듬어진 것은 모두 해병대의 힘이 크다고 말할 수 있다.

군대와 다를 바 없는 직장에서 굳건하게 제자리를 지키고 있는 것도 혹독한 군대 생활이 있었기 때문이 아닐까.

－2018년 11월호 《수필과비평》

05

피아제의 인지이론과 수필 자아

 인간은 자신의 능동적인 행동을 중시한다. 주관적 존재로서 객관적 환경과 상호작용하는 가운데 인지력을 발전시켜 나간다. 행동은 유전적 요인이나 숙명보다는 환경적 자극을 통해 재구성된다는 인지이론은 스위스 태생의 피아제(Jean Piaget)가 정립하였다. 1900년대에 아동의 행동발달을 과학적으로 설명한 그는 자녀들이 주변 환경에서 정보를 습득하는 과정은 연체동물이 환경에 적응하는 과정과 흡사하다는 데 착안하여 1930년대에 인지발달이론을 정립하였다.

 '발달한다'는 명제는 인간이 주변 세계를 지켜보면서 인지구조를 변형시키고 재조직하는 과정을 지칭한다. 개체는 대상으로부터 영향을 받을 뿐만 아니라 대상을 변형시킨다. 대상을 옮기고 결합하고 분리시키는 조작이 내면화될수록 정신적 수행은 원활해진다. 수필의 경우, 행동을 관찰하고 해체하여 재구성할 때 한 편의 기억 완성체가 만들어진다. 어찌 보면 작가는 글을 통해 자신을 새롭게 인지하고 미숙한 행동을 발달시키려는 존재라 하겠다.

피아제는 인간을 성장시키는 인지과정을 네 단계로 나누었다. 첫 번째는 대상을 의식하는 감각 동작기이고, 두 번째는 세계를 인식하는 전 조작적 사고기이며, 세 번째는 논리적 추리력을 가지는 구체적 조작기이고, 네 번째 단계는 실제상황을 넘어 추상적 세계를 인지하는 형식적 조작기다. 나아가 그것을 가능하게 하는 두 기제로서 조직과 순응을 제시하였다. 조직이란 별개의 감각들을 통일된 구조로 결합하는 능력이다. 순응은 동화와 조절로 나누어지는데 동화란 외부 요소들을 유기체의 내부 구조에 통합시키는 것이며, 조절이란 개인의 조직이 수정되는 과정을 말한다. 이것을 수필에 대비하면 네 단계는 착상, 인식, 집필, 외연 확장이고, 조직은 소재를 불러 모으는 것이며, 동화는 주제와 소재를 결속시키는 것이며, 조절은 수필 창작을 통해 이루어지는 자아 발전을 뜻한다. 그렇게 보면 글쓰기를 통한 자아 성숙은 피아제가 제시한 아동의 인지발달과 별다른 차이가 없다.

수필과 피아제의 인지론을 연관지어 수필 읽기를 한다면 어떤 결과를 얻을 것인가. '대상 없음'이 '대상 있음'으로 전환하면 대상이 없어져도 그것이 계속 존재함을 인지한다는 공통점이 발견된다. 실제 상황을 넘은 추상적 개념이 언어화하고 글을 구성하는 도식(scheme)은 한 편의 수필 쓰기와 다름없다. 이번에는 작가 자신의 오류를 정정하여 새로운 인식체계에 다다르는 심적 추이를 추적한 수필을 대상으로 하여 인지와 언어 간의 교합관계를 살펴보기로 한다.

김순경의 <오해>

<오해>는 어떤 행동의 잘못을 인지하고 그것을 교정한 경험을 기록한 수필이다. 대학에 재직하는 김순경은 전문 지식인이 그렇듯이 쉽사리 자

신의 생각과 행동의 한계성을 인정하지 않는다. 대상의 환경이 어떻든 자신이 설정한 기준에 맞추려 한다. 학문적 로고스가 넘쳤던 시절의 그는 학생들이 자신이 정한 규칙을 따라주기를 원했다. 그렇지 않은 학생은 문제 학생으로 여기는 가운데 그들의 정서적 파토스를 고려하지 못하였다. 이런 심적 구조는 서두에서 살필 수 있다.

    그림자 하나가 휙 지나갔다. 누군가 교실 뒷문으로 얼굴을 내밀었다가 사라졌다. 교실 안을 살피다가 고개를 들자 숨어버린 것이다. 나는 모른 체하고 강의를 계속하였다. 잠이 와서 세수하러 나갔나 싶어 자리를 둘러봤지만 빈자리는 없었다.

서두는 '보이지 않는' 학생을 어떻게 다루었는가를 보여준다. "그림자 하나가 휙 지나갔다", "누군가", "사라졌다", "숨어버린", "모른 체", "빈자리" 등은 문제 학생에 대한 그의 무관심이 어떠한가를 보여주는 언어들이다. 달리 말하면 타자라는 대상은 그의 의식 내에 존재하지 않았다.
  피아제가 말한 감각-동작기에서 아동은 행동을 감각한다. 대상을 개별적으로 인식하지 않으면서 자기중심적 행동을 취한다. 김순경도 누군가를 보았지만 그 지각은 순간적이다. 잠시 후 "큰 키에 잘생긴 청년"이 다시 등장하였을 때 비로소 "문제 학생으로 낙인찍혀 졸업을 못할 뻔했던" 학생임을 알아차린다. 그 때에도 그의 의식은 여전히 대상의 처지를 고려하지 못하는 피아제의 제2단계인 '전 조작적 사고기'에 머물러 있다.
  줄거리는 두 사람 사이의 오해가 해소되고 서로를 인식하는 경위를 다룬다. 전개부의 전반부에 등장하는 작가는 교수로서 학생들을 열심히 가르쳐야 한다는 원칙을 세우고 그 명분을 훼손하는 행동은 불손하다고 여겼다. 그의 교육관은 열심히 가르치고 열심히 배우는 것이다. 그때의 "목표달성을 위한 원칙"이 "선무당이 사람 잡는다."는 자만이었음을 늦게나마 뉘우치지만 당시는 자신의 생각이 옳았음을 의심하지 않았다.

초임 교수답게 열정만 앞세우고 좌충우돌할 때였다 … 목표 달성을 위해 원칙만 앞세우는 회사 간부처럼 학생들을 대했다. 조금이라도 더 많은 것을 가르치고 싶은 마음에 쉬는 시간도 없이 강의를 계속할 때가 많았다. 수업시간이 되기도 전에 교실에 들어가 책상부터 정리정돈시켰고 책이 없는 학생은 바로 내보냈다.

그 원칙을 무시하는 학생이 나타났다. 학생은 월요일 첫 시간부터 강의 중에도 잠을 잔다. 밤새 놀며 술을 마셨기 때문이라 여긴다. 학생의 행동은 강의실 분위기를 깨뜨리므로 제대로 혼내 주어야 한다. 자기 집중성의 단계에서 사람은 대상의 한 부분에만 집중하여 다른 가능성을 도외시하는 비가역성에 빠지듯이 작가도 자신의 추측을 합리화하기 위한 여러 명분을 첨가한다. 학생이 매번 담배와 술 냄새를 풍길 뿐만 아니라 다른 교수들도 학점을 주지 않겠다고 한 목소리로 야단을 부리니 편견의 집중성은 더욱 강화된다.

문제 학생에 대한 올바른 인지는 직접 대면하면서 시작한다. 대면은 보이지 않던 대상을 보이게 만든다. 나아가 작가를 단순히 가르치는 교수가 아니라 학생의 문제를 풀어주려는 상담자의 신분으로 바꾸어준다. 달라진 관점으로 인하여 두 사람 사이의 소통은 진지해진다. 자기 중심의 선입관이 무너지고 학생 중심의 인지공간이 마련되었다. 회사에서 노조 대의원과 대화를 한 경험과 "송구하다"는 말만 되풀이하는 학생의 낮은 목소리와 학생시절에 방황했던 자신을 떠올린 기억이 서로 작용함으로써 문제 학생이 처한 환경에 대한 인지력이 발전한다. 마침내 작가는 자아의 탈중심화에 다다르는데 이 단계가 피아제가 말한 3단계이다. 학생도 자기방어기제에서 벗어나 진실을 말한다.

드디어 입을 열었다. 그 학생은 밤에 아르바이트한다고 했다. 아쉬운 것 없이 잘 지내다 외환위기로 회사가 무너지자 부모는 이혼했고 친척집에 얹혀살면서 자신과 동생의 학비를 번다고 했다. 하는 일은 나이트클럽 웨이터였다. 초저녁부터 새벽까지 술시중을 들고 바로 학교로 와 교실에서 자고 있었던 것이다.

학생이 이야기할 동안 김순경은 내내 "천장만 쳐다보"는 반응을 취하는데 그 자세는 자책과 미안함과 동정심의 표현에 해당한다. 가장의 역할을 해야 하는 학생을 문제 학생으로 잘못 본 경솔함과 피곤하여도 학교에 꾸준히 나오는 노력에 대한 감동과 졸업장을 받고 싶어 하는 절박한 현실과 진정한 교수상에 아직 다다르지 못한 후회라는 도식들이 결합하여 앞으로 다가올 갖가지 문제를 조절한다. 상황에 동화하는 인지력도 발전한다. 세월이 지나 문제 학생이었던 그가 중견관리자가 되어 나타났을 때 김순경도 진정한 교수는 누구인가를 제대로 인지하는 단계에 다다른다. 그 인지는 "까맣게 잊은 제자"와 "몇 해 동안 찾아뵙지 못한 선생님"이라고 서로를 부르는 호칭에서 재확인할 수 있다. 작가는 젊은 교수 시절의 성급한 오해를 풀어내면서 올바른 교수상에 대한 인지적 발달을 이루어 내었다. 그 점에서 오해의 수정은 작가의 삶에서 자아를 재점검하는 역할을 톡톡히 해낸다.

백두현의 <간벌間伐>

백두현은 지금 창문 곁에 서서 앞산을 바라본다. 그는 산이 아니라 무성해진 숲을 솎아내는 간벌작업을 지켜본다. 구경하는 동작과 살펴보는 행동은 다르다. 전자가 미적 감상에 젖는다면 후자는 관찰자의 인지력을 촉진시켜준다. 간벌은 불필요한 나무를 베어내어 남은 나무들이 잘 자라도록 일조량과 거리를 조절하는 산림관리 방식이다. 효율성이 강조되다 보니 인위적으로 베어지는 나무와 남겨지는 나무로 나누어진다. 약한 나무는 나무의 의사와 달리 수명이 짧다. 이것에 대하여 작가는 "누가 뭐래도 유익한 행위이다."라고 생각한다. 그런데 간벌작업을 계속 지켜볼수록 회의감이 생겨난다. 이것이 작품의 모티프다.

수필 <간벌>은 8단락으로 구성되어 있다. 한 문장으로 이루어진 마지막 단락을 제외한 7개 단락은 간벌에 대한 작가의 인지가 어떻게 달라지는가를 단계적으로 제시한다. 어린이든 어른이든 사람의 인지는 획득한 정보를 의식에 저장함으로써 생성한다. 처음에는 보이지 않거나 들리지 않는 세계에 무관심하지만 일단 자각하면 대상과 목표물을 향해 오감이 움직여 간다. 작가도 보이는 대로만 간벌이 이런 것이다라고 생각하였지만 간벌의 의미를 인지한 후에는 그것의 장단점을 살피기 시작한다.

인지의 변화는 두 번째 단락부터 일곱 번째 단락까지 이어진다. 매 단락은 작가의 지적 판단을 제시하는 '여는 문장'과 정서적 느낌을 전달하는 '마무리 문장'으로 구성된다. 이런 단락 형식은 인간의 경제적 욕망과 이기심을 첨가하여 못 쓸 나무와 약한 인간에 대한 반생태적 의식을 강조하는 데 매우 효과적이다. 백두현은 간벌이 과연 숲을 위한 것인가, 아니면 인간을 위한 것인가라는 인식의 분기점을 두 번째 단락에 둔다. 도시개발에서 배운 경제론을 숲 개발에 적용하여 "보기 좋고 효율적인 성장"을 꾀하는 것이 간벌이므로 약한 나무에게는 강요된 희생과 다름없다고 생각한다. 정서적 반응도 "그런 의미에서 그게 그거다."라는 애매모호한 입장으로 선회한다. 보이지 않는 대상을 표현하는 피아제의 두 번째 단계에 다다른 백두현의 인지는 계속 수정된다.

참으로 곱씹어볼수록 슬픈 일 아닌가. 힘센 놈만 살아남고 약하고 못난 놈은 먼저 삶을 마감하게 하는 잔인한 행위다. 잘 자라는 나무야말로 내버려 둬도 잘 자랄 것을. 처음부터 햇볕이 적게 드는 불리한 위치에 자리 잡았다고 원죄를 질책하는 꼴이다. 정상적인 위치더라도 장애가 있어 자라지 못한 나무는 이미 힘겹고 서러운 처지인데 꼭 잘라내야 직성이 풀린다는 것인가. 경쟁력을 갖춰 잘 살고 있는 잘난 나무들은 훨씬 더 잘 자라게 하고 소외당한 나무들에겐 죽음을 강요하는 행위가 왠지 나로서는 서글프기만 하다.

세 번째 단락인 위 내용은 간벌에 대한 작가의 인지구조가 어떤가를 밝혀준다, "참으로 곱씹어볼수록 슬픈 일"이라는 표현은 간벌의 개념이 숲에서 사회로 확장되는 순간에 놓여진다. "힘센 놈과 약한 놈"이라는 이분법은 "햇볕이 적게 드는 불리한 위치, 힘겹고 서러운 처지, 원죄를 질책하는 꼴, 소외당한 나무들에겐 죽음을 강요하는 행위"라는 문구들은 냉엄한 경제주의가 세상 약자들을 무시한다는 작가의 생각을 강조한다. 그래서 작가는 "누가 뭐래도 유익한 행위다."라고 말했던 첫 명제를 "왠지 나로서는 서글프기만 하다."는 감정으로 대체시킨다.

이 시점에서 백두현의 인지는 피아제가 말한 제3단계인 구체적 조작기에 다다른다. 도시개발이라는 사례와 간벌이라는 인공조림을 합친 네 번째 단락의 첫 문장 "인간세상의 도시개발도 그랬다."는 간벌은 "가진 자에게 더 유리해 돈이 돈을 버는 세상"을 만들어버린다고 개탄한다. "이렇게 짠한 마음이 드는 것이다."라는 정서적 반응도 뒤따른다.

숲의 간벌과 경제정책을 비교하는 백두현은 자신의 의식 자체를 되돌아본다. 지금까지 숲만 보고 나무 하나 하나에 진지한 관심을 두지 않았던 과거를 "몰염치한 행위"였다고 자책한다. 이 반성은 문제 학생에 대한 오해가 풀렸을 때 천장을 쳐다보았던 김순경의 반응과 비슷하다. 김순경이 그 학생을 무난하게 졸업시켜 사회의 일원으로 만든 것처럼 백두현도 쓰러진 나무가 인간들을 위해 "유용한 목재"가 된 경이로운 회생과 희생을 발견한다. 수필에서 이루어지는 인식은 대부분 서술자의 성찰과 자성의 통로를 거친다. <간벌>에서 작가가 "나무만도 못한 인간"에 불과하다고 자아를 질책한 점은 "얼마나 미안한 일인가."라는 파토스적 표현에서 재확인된다.

지금까지 경제적 이윤으로 사회를 바라보았던 자신을 인지해가는 단계는 피아제가 말한 형식적 조작기이다. 네 번째 단계에서는 주변 대상을 논리적으로 추론할 수 있다. 여섯 번째 단락과 일곱 번째 단락은 그 심적 발전을 제시한다.

> 지난 세월을 돌이켜보자면 돈이 될 만한 아파트에 당첨되기 위해 청약을 한 것이 몇 번이고, 남들보다 잘살기 위해 짧은 머리를 쥐어짠 적이 몇 날 며칠이던가. 철거민들의 아픔을 뉴스로만 보았지 내일처럼 속상해 본 적 별로 없었고 나보다 가난한 사람들을 위해 나의 편리함을 덜어낸 적 또한 결코 많지 않다.

작가는 자아반성을 지향한다. "아파트 청약, 철거민의 아픔, 나의 편리, 부동산 세법"이라는 단어들에서 "인간들은 남보다 잘살기 위해 … 세상에 이로운지 고민한 적이 없다."는 명제를 찾아내어 주변 사람들에게 경종을 울린다.

작품이 끝나도 간벌에 대한 작가의 인지는 중단되지 않는다. 창문에서 비켜서면 잘려나간 나무들의 아픔이 잊힐 것이라 여겨지지만 인간 사회와 자연계에서 "새로운 경쟁은 다시 시작되리라."는 점은 불가피하다고 자각한다. 백두현도 "오늘 간벌의 희생 또한 소중하게 기억되기"를 희망하면서 "또 한 그루의 나무가 힘겹게 눈앞에서 계속해서 쓰러지고 있"는 현실을 불가피하다고 여긴다. 숲이 경제논리에 지배되는 것을 볼 때마다 작가는 도시의 약자가 생각나서 서글프고 짠하고 미안스럽다. 이렇듯 그의 인지는 간벌이 계속되는 한 이어질 수밖에 없다.

이행희의 <어허라 사랑>

어린이의 인지과정은 피아제에 의하면 4단계이지만 성인이라면 개인차에 따라 인지의 단계와 결과가 다소 달라진다. 인지력이 발달하는 순서는 동일하지만 인지적 평형이 어떻게 이루어지는가에서 차이가 생겨난다는 말이다. 그 이유는 성인의 경우 자신의 행위를 인지 대상으로 삼아 그 변화를 살피기 때문이다. 이행희의 <어허라 사랑>은 문제 학생에 대한 대처나 간벌에 대한 인식변화와 달리 노래를 배우는 자신의 학습을 인지 대상으로 삼고 있다.

이행희가 가요를 배우고 있다. 노래를 배우는 동작과 감각은 자의적이고 개성적이다. 배우는 과정을 나름대로 분석하여 노래 잘하는 방법을 찾아내고 대중가요에 대한 태도를 수정하여 앞으로의 방향을 인지해 나간다. "되었다. 마음속으로 무릎을 친다."로 시작한 <어허라 사랑>이 "이왕이면 내가 좋아하는 노래를 부르고 싶다."는 결미로 끝난 것도 학습 단계마다 그의 인지력이 발전하였음을 보여준다.

> 노래를 내 것으로 만들기 위해 밥을 할 때에도 앉아 쉴 때에도 밤낮 듣는다. 노래 안에 풍덩 잠겨 지낸다. 그러다 보면 나도 모르는 사이에 멜로디와 가사가 무의식 속에 각인된다. 어느 순간 내 입에서 저절로 멜로디가 흘러나오면 반 이상은 된 것이다.

그녀가 노래를 배우는 방식은 "무한반복으로 주야장천" 듣는 것이다.

이것은 아동의 인지학습과 상통한다. 신체가 감각적으로 반응할 때까지 가사와 리듬을 반복하는 그녀는 청소기를 돌리면서도 멜로디를 몸으로 익힌다. 마침내 자신감을 얻은 작가는 "이제 시간문제다."라는 자각 단계에 다다른다. 이 활동은 '발달 전 단계'로서 신체가 감각적으로 인지했음을 뜻한다.

지금까지 작가는 노래 부를 차례가 다가오면 주위 사람들의 표정에 예민하게 반응했다. 흥이 넘치는 노래가 필요하건만 동요 <과꽃>을 불러 "딱 저 같은 노래 부르네."라는 심드렁한 반응을 초래했다. 난처한 상황에 다시 처하지 않기 위해 "청중 모드"로 돌아갔지만 그녀에게 청중 모드란 박자를 맞추고 두 손을 높이 들고 "유후"라는 함성을 질러주는 행동에 불과하다. 결국 불편한 심기에서 벗어나려면 청중이 좋아하는 노래를 불러야한다는 점을 자각한다. 청중들로부터 좋은 반응을 얻는 것이 그녀의 인지적 목표가 된다.

그런데 한 곡 더 하란다. 뭘 할까. 뭘 하지. 달아오르는 분위기를 해치지 않는 노래가 무엇일까. 곡명 책자를 열심히 훑는다. 이거다. <단장의 미아리고개>. 빠르고 구성진 트로트로 골라본다. 고저장단을 살려 최대한 꺾어가며 열창을 한다. "쌤이 이런 노래도 하나." 깔깔 웃으며 반응이 좋다. 역시 내 나이에는 트로트를 할 줄 알아야겠군. 아무래도 이런 노래를 하나 더 준비해야겠다.

그녀는 트로트의 효과를 수긍한다. <단장의 미아리고개>를 불렀을 때 보여준 청중의 긍정적인 반응을 논리적으로 추론하여 나름의 사고체계를 세운다. 자아 중심성을 극복하고 분위기에 맞는 흥겨운 노래를 배우고 불러야 한다는 조작기에 다다랐음을 보여주는 노래가 <어허라 사랑>이다.

'어허라 어허라 사랑이 오네/ 나를 나를 울리려고 사랑이 오네.' 시작부터 내 관심을 끈다. "허락도 없이 떠날 사랑 하나가/ 웃으면서 오~고 있네. 흠, 괜찮은데." 이어서 "달콤하고 변하기 쉬운 입술/ 불 내놓고 물 뿌려 본들" 캬, 가사 좋은 걸. 이제 클라이맥스다. "이건 아니야 고개를 돌리려다/ 그리움만 보고 말았네." 아, 쓰러진다. 멜로디가 미묘하게 오르내리며 사람을 밀고 당기다 살짝 놓아버린다. 안타까움을 최대치로 올려버린다. 명곡이다.

노래를 배우는 동작과 서정적 반응이 교차하고 있다. "괜찮은데, 가사 좋은 걸, 쓰러진다."는 평가 문구는 가사 자체에 대한 감탄이 아니라 자신이 부른 음조와 가락에 취한 자기 칭찬이다. "흠, 캬, 아"라는 감탄사도 노래에 점점 익숙해가는 자신에게 던지는 일종의 추임새이다. 작가는 마침내 지속적인 학습만이 목표치에 대한 인지력을 높여준다는 사실을 경험으로 확신한다. '하면 된다.'라는 모토가 그 점을 확신해준다.

'되면 한다.' 요즘 내 모토는 '하면 된다'가 아니라 '되면 한다.'이다. 나이 지긋한 이가 '하면 된다.'며 너무 설쳐도 주위 사람이 피곤하다. '되면 한다.'는 안 한다는 것이 아니다. 일단 해본다. 그리고 할 만큼 다해보는 것을 전제로 한다. '한다'로 끝나지 않는가. 안 한다는 말이 어디 있나. 부정적 체념이 아닌 긍정적 수용이다.

<어허라 사랑>을 배운 과정에서 작가가 인지한 사실은 두 가지이다. 하나는 한 곡을 잘 부를 수 있게 된 성과이고 다른 하나는 '되면 한다.'는 원리를 자신에게 입증한 점이다. 그 연역적 사고는 "계속 '고'"라는 학습 범위를 증가시킨다. 구체적 사물을 초월하여 보편적이고 추상적인 상황을 논리적으로 생각할 수 있는 형식적 조작기라는 네 번째 단계에 다다르

면 실천 가능한 새로운 조합을 만들 수 있다. 인지의 완성 단계에 다다른 이행희는 또 하나의 트로트가 아니라 트로트와 전혀 다른 새로운 영역에 도전한다. 그것은 "조용한 발라드 한 곡"이다. 이제 작가는 분위기 있는 곡을 부를 경우를 대비하여 다음에 배울 곡명으로 이소라의 <바람이 분다>를 정해두었다고 당당하게 밝힌다. 인지를 통하여 배운 체계적인 사고 능력을 입체적으로 해결한 그녀의 확장력은 피아제가 설정한 어린이의 인지와도 다르다. 그 차이는 노래에 내재된 멋과 흥이라는 감성적 반응을 첨가했기 때문일 것이다.

이행희의 문장은 생생하면서도 경쾌한 톤을 유지한다. 노래 가사보다는 멜로디를 무의식 속에 각인시킨 덕분에 수필문장의 톤도 유연한 어조에 맞추어졌다. 그녀가 노래를 배운 방식은 "입에서 저절로 멜로디가 흘러나오면 반 이상은 이루어진다."였다. 그 '되면 한다.'가 이행희의 인지적 평형성에서 남다른 차이를 갖게 하였다.

덧붙여

한 편의 수필은 소재를 인지한 시점에서 쓰이기 시작한다. 착상이라고 부르는 순간에 다다른 작가는 숨겨진 의미를 포착하기 위하여 지금까지와 다른 방식으로 사물이 지닌 의미와 대면한다. 이 단계는 피아제가 말한 인지과정과 흡사하다. 어린이는 처음에는 몸으로 대상을 감각화하고, 새로운 상징을 찾아내고, 논리적 추리력을 갖고 마지막으로 실제적 조작을 넘어 다른 논리를 이끌어낸다.

작가도 착상과 언어적 표현과 의미 발굴을 거쳐 문학이라는 상상의 완성 단계에 다다른다. 김순경이 문제 학생을 다루면서 얻은 교수의 자격, 백두현이 간벌과 도시계획에서 찾아낸 강자의 논리, 이행희가 이루어낸 트로트에서 발라드로 노래가 발전한 것은 모두 자신의 과정을 적은 것이다.

　수필은 감각적 접촉에서 시작하여 추상적 사고로 나아가는 수행이라 하여도 지나치지 않다. 사물이 지닌 가치를 언어로 저장하는 과정에 피아제가 말한 인지발달이론을 차용한다고 하여도 지나침이 없다.

| 작품 |

오해

김순경

그림자 하나가 휙 지나갔다. 누군가 교실 뒷문으로 얼굴을 내밀었다 사라졌다. 교실 안을 살피다가 고개를 들자 숨어버린 것이다. 나는 모른 체하고 강의를 계속했다. 잠이 와서 세수하러 나갔나 싶어 자리를 둘러봤지만 빈자리는 없었다.

조금 일찍 수업을 끝냈다. 흰 와이셔츠에 검은 양복을 입은 청년이 복도에 서 있었다. 큰 키에 잘생긴 청년이 나를 보자 공손하게 인사를 했다. 선뜻 기억이 나지 않아 얼굴을 자세히 보려고 가까이 다가갔다. 졸업생이라면서 자신을 소개했지만 생각이 잘 나지 않았다. 찾아온 제자니까 우선 반갑게 수인사를 하고 내 연구실로 가자고 했다. 발길을 돌리는 순간 아하! 생각이 났다. 그 청년은 오래전 내가 학과장을 할 때 문제 학생으로 낙인찍혀 졸업을 못 할 뻔했던 학생이었다.

회사생활을 하다 학교에 온 지 얼마 되지 않았을 때다. 초임 교수답게 열정만 앞세우고 좌충우돌할 때였다. 선무당이 사람 잡는다고 학생들을 이해하기보다는 다그치고 밀어붙였다. 목표 달성을 위해 원칙만 앞세우는 회사 간부처럼 학생들을 대했다. 조금이라도 더 많은 것을 가르치고 싶은 마음에 쉬는 시간도 없이 강의를 계속할 때가 많았다. 수업시간이 되기도 전에 교실에 들어가 책상부터 정리정돈시켰고 책이 없는 학생은 바로 내보냈다.

내 과목은 전공필수에 3학점이라 모두가 긴장하는 수업이었다. 출석은 회사의 출근처럼 철저하게 관리했다. 지각은 수업 분위기를 흐리기 때문에 결석보다 더 엄격하게 처리했다. 복도에서 뛰어오는 소리가 들려도 기다리지 않고 출석을 불렀다. 나중에 없던 일로 해주는 한이 있어도 수업 시작 전과 후에 반드시 출석을 챙겼다. 자기 이름을 불러주고 눈을 마주치면 대부분 자세를 가다듬었다.

그날도 수업 시간보다 일찍 교실에 들어가 출석을 점검하다 중단했다. 갑자기 교실 분위기가 싸해졌다. 월요일 첫 시간부터 엎드려 자는 학생 때문이었다. 옆사람을 시켜 깨웠다. 겨우 일어났지만 정신을 못 차리고 멍하니 앉아 있었다. 순간 일요일에 친구들과 놀면서 과음을 했거나 밤샘을 하지 않았을까 하는 선입관이 들었다. 수업이 끝날 때까지도 약에 취한 사람처럼 앉아 있었다. 수업하는 내내 신경이 쓰였지만 그날은 그렇게 넘어갔다.

그다음 주에도 똑같이 자고 있었다. 자세히 보니 이미 깊은 잠에 빠진 것 같았다. 복장도 일반 학생들과는 뭔가 달랐다. 까만 정장 바지에 소매가 긴 하얀 와이셔츠 차림이었다. 헝클어진 머리는 물에 젖은 것처럼 착 달라붙어 있었고 옆자리에는 검은색 정장 윗도리가 놓여 있었다. 도대체 뭐하는 녀석이지, 하면서 강의를 시작했다. 강의가 시작되면 또 쓰러져 잤다. 몇 번을 야단쳤지만 소용이 없었다. 가까이 가보니 술과 담배 냄새가 물씬 났다. 그냥 두면 안 될 것 같았다. 제대로 혼을 내야겠다고 마음먹었다.

내 수업시간에 이렇게 대놓고 자는 학생은 처음이었다. 학점을 포기했거나 뭔가 나사가 풀린 학생이 아니면 그렇게 할 리가 없었다. 무슨 사정이 있는지 궁금했다. 쉬는 시간에 반 총대를 조용히 불러 왜 그러는지 물었더니 이름만 알 뿐 신상에 대해 아는 게 없다고 했다. 늘 혼자 다녀 친한 친구도 없었다.

다른 교수들도 말이 많았다. 그 반에 가면 자는 학생 때문에 강의 집중이 되지 않는다고 하소연하는 사람도 있었다. 아무래도 친구들과 어울려 밤새 게임을 하거나 술을 마시고 오는 것 같다고 귀띔을 해주었다. 아무리 타일러도 도무지 개선이 안 된다면서 야단이었다. 어떤 교수는 절대 학점을 주지 않을 거라고 단호하게 말했다. 학과 차원에서 벌을 주거나 조처를 해야 한다는 교수도 있었다.

수업이 끝나고 연구실로 불렀다. 수업시간에 왜 자는지 몇 번을 물어도 고개를 숙인 채 말이 없었다. 슬그머니 화가 났다. 큰소리가 목구멍까지 올라왔을 때였다. 회사 다닐 때 노조 대의원과 대화를 했던 일이 생각났다. 먼저 화를 내면 진다는 것을 체험한 적이 있어 꾹 참았다. 한참 정적이 흘렀다. 학생은 들릴 듯 말 듯 낮은 목소리로 죄송하다는 말만 반복했다. 어떻게 타이르고 조치를 해야 할지 명쾌한 해답이 떠오르지 않았다. 섣불리 나서지 않고 가만히 듣고만 있었다.

내가 대학 다닐 때 깐깐하기로 소문난 노교수님의 말씀이 생각났다. 퇴직하실 무렵이었다. 평생 교직에 계시면서 가장 기억에 남는 일이 무엇이냐고 물었더니, 직장 다니느라 제 날짜에 시험을 치지 못한 학생에게 F 학점을 주었던 일이라고 하셨다. 철야를 하고 찾아와 기회를 달라고 애원했지만 원칙대로 처리했다고 하셨다. 결국, 그 학생은 필수과목 학점 누락으로 대학 중퇴자가 되었고 제때 승진도 못했다고 했다. 융통성 없는 원칙이 평생 후회로 남더라고 하셨다. 그 말이 자꾸 떠올랐다.

나도 학창시절에 방황하던 때가 있었다. 제대로 진로를 정하지 못하고 힘들어할 때 잘 이끌어준 선생님이 계셨다. 가끔 친구들과 함께 찾아뵙다가 요즘은 좀 뜸하지만 학생들과 면담을 할 때마다 보이지 않게 신경 써 주던 그분이 생각났다.

드디어 입을 열었다. 그 학생은 밤에 아르바이트한다고 했다. 아쉬운 것 없이 잘 지내다 외환위기로 회사가 무너지자 부모는 이혼했고 친척집에 얹혀살면서 자신과 동생의 학비를 번다고 했다. 하는 일은 나이트클럽 웨이터였다. 초저녁부터 새벽까지 술시중을 들고 바로 학교로 와 교실에서 자고 있었던 것이다. 그 말을 듣고 나니 술과 담배 냄새의 수수께끼도 풀렸다. 어떻게 해서라도 졸업장은 꼭 받고 싶다고 했다. 할말을 다 한 학생의 눈에는 눈물이 고여 있었다. 나도 이야기를 듣는 내내 천장만 쳐다봤다.

그 때 졸업한 학생이 중견 기업의 관리자가 되어 내 앞에 나타난 것이다.

동생도 학업을 정상적으로 마쳤고 집안도 잘 정리되어 이제는 부러울 것이 없다고 한다. 졸업식 때 고맙다는 말을 전하지 못해 찾아왔다고 한다. 까맣게 잊고 있던 제자가 이렇게 찾아온 것이다.

제자를 보니 마음에만 담아두고 몇 해 동안 찾아뵙지 못한 선생님이 생각난다. 올해도 벌써 가을이 다 지나갔다. 해가 갈수록 마음만 바빠진다.

-2018년 1월호《수필과비평》

| 작품 |

간벌間伐

백두현

사무실에서 바라보는 앞 산 전체가 요즘 간벌間伐로 분주하다. 갈수록 울창해지는 수목을 솎아내는 중이다. 내버려두어도 좋을 것 같은 산이었는데 나무들의 경쟁을 인위적으로 간섭해 보다 순조롭게 자라도록 하려나 보다. 서로의 간격을 확보해 나무들에게 보다 효율적으로 일조량을 확보하게 하고 원활한 바람의 흐름을 보장함으로서 남은 나무가 더 잘 자라도록 하는 것이다. 더불어 나무들 사이, 사이 풀들도 마음놓고 숨쉬게 해 토양을 기름지게 하는 일이라니 누가 뭐래도 유익한 행위다.

그러나 간벌間伐은 산을 보다 산답게 만든다는 의미보다는 아무래도 인간의 잣대에서보다 경제적으로 만드는 행위에 가깝다. 난개발을 막기 위해 도시개발 정책을 실행했던 경험을 자연에도 적용하는 셈이다. 보다 보기 좋고 효율적인 성장을 위해 더러는 희생을 강요하고 더러는 졸부도 만들어주는 도시환경에 익숙해진 사람들의 생각을 산에도 적용하는 게 아닐까. 전문가들이 어련히 알아서 잘할까만 모자란 내가 보기에는 그런 의미에서 그게 그거다.

참으로 곱씹어볼수록 슬픈 일 아닌가. 힘센 놈만 살아남고 약하고 못난 놈은 먼저 삶을 마감하게 하는 잔인한 행위다. 잘 자라는 나무야말로 내버려 둬도 잘 자랄 것을. 처음부터 햇볕이 적게 드는 불리한 위치에 자리 잡았다고 원죄를 질책하는 꼴이다. 정상적인 위치더라도 장애가 있어 자라지 못한 나무는 이미 힘겹고 서러운 처지인데 꼭 잘라내야 직성이 풀린다는 것인가. 경쟁력을 갖춰 잘살고 있는 잘난 나무들은 훨씬 더 잘 자라게 하고 소외당한 나무들에겐 죽음을 강요하는 행위가 왠지 나로서는 서글프기만 하다.

  인간세상의 도시개발도 그랬다. 그 많은 주택정책과 금융정책의 혜택이 경쟁력이 떨어지는 서민들에게 보다 많이 돌아가는 것이라면 얼마나 좋을까. 현실은 정책을 더할수록 가진 자에게 더 유리해 돈이 돈을 버는 세상이 되어버리기 일쑤다. 도시가 보다 깔끔해질수록 원주민은 갈수록 더 변두리로 밀려나고 개발의 이익은 소수 자본가의 주머니를 채워지기 십상인 것이 눈부신 개발과 발전의 폐해다. 그래서 그게 그거라는 생각이 들고 이렇게 짠한 마음이 드는 것이다.

  그런데 간벌間伐을 바라보는 안타까움은 전부 그들의 탓만도 아니다. 나의 생각도 모자라긴 마찬가지여서다. 저렇게 잔인하게 베어내기 전까지 잘린 나무에 대해 언제 내가 관심이라도 가졌던가. 커다란 숲만 보고 위안을 얻었을 뿐, 나무 하나, 하나에는 아무런 생각이 미치지 못했다. 쓰러지는 모습을 본 후에야 비로소 미안하다는 생각 자체가 몰염치한 행위다. 쓰러진 나무들은 쓰러지고 나서도 자신을 쓰러트린 사람들을 위해 저렇게 유용한 목재가 되어 스스로를 내어주는 것을. 나무만도 못한 마음 씀씀이를 가지고 베어낼 자격을 가진 인간이라니 얼마나 미안한 일인가.

  지난 세월을 돌이켜보자면 돈이 될 만한 아파트에 당첨되기 위해 청약을 한 것이 몇 번이고, 남들보다 잘살기 위해 짧은 머리를 쥐어짠 적이 몇 날 며칠이던가. 철거민들의 아픔을 뉴스로만 보았지 내일처럼 속상해 본 적 별로 없었고, 나보다 가난한 사람들을 위해 나의 편리함을 덜어낸 적 또한 결코 많지 않다. 부동산 세법이 어떻고 대출이율이 어떻게 변한다는 고시마다 내게 어떻게 소용되는지 계산에 분주했을 뿐 널리 세상에 이로울지 고민한 적 없었던 것 같다.

  아무러나 간벌이 끝나면 앞산이 시원해지겠다. 잘려나간 나무들의 아픔을 딛고 남은 나무들은 더 잘 클 것이다. 시간이 가면 오늘의 미안함은 곧 잊힐 것이고 새로운 경쟁이 다시 시작되리라. 내일의 숲은 분명 오늘보다 나을 것이고 남는 자의 행복지수는 계속 올라가는 세상이겠다. 그렇더라도 오늘 간벌間伐의 희생 또한 소중하게 기억되기 바란다. 빌딩의 높이가 높아지고 찬란할수록 불편했던 사람들도 많았다는 사실을 기억하는 세상이면 좋겠다.

또 한 그루의 커다란 나무가 힘겹게 눈앞에서 계속해서 쓰러지고 있다.

―2018년 1월호《수필과비평》

| 작품 |

어허라 사랑

이 행 희

 되었다. 마음속으로 무릎을 친다. 청소기를 돌리다가 콧소리로 멜로디를 흘리고 있는 나를 발견한 것이다. 낮은 소리로 계속 흥얼거려 본다. 중간에 재생이 안 되는 블랙홀 부분이 두어 군데 있지만 반나마 따라할 수 있다. 가사도 절로 몇 줄 읊어진다. "허락도 없이 떠날 사랑 하나가 웃으면서 오~고 있네."
 여기까지가 어렵다. 이제 시간문제다. 국민 가수 주현미의 〈어허라 사랑〉을 배우는 중이다. 요 며칠간 시간 날 때마다 무한 반복으로 듣고 있다. 외국어가 입에서 나오려면 먼저 주야장천 들어야 하고 글을 잘 쓰려면 그전에 머리에 쥐가 나도록 읽어야 한다. 노래하는 것도 마찬가지다. 노래를 내 것으로 만들기 위해 밥할 때에도 앉아 쉴 때에도 밤낮으로 듣는다. 노래 안에 풍덩 잠겨 지낸다. 그러다 보면 나도 모르는 사이에 멜로디와 가사가 무의식 속에 각인이 된다. 어느 순간 내 입에서 저절로 멜로디가 흘러나오면 반 이상은 된 것이다.
 얼마 전 지인들과 노래방에 갔다. 가을 초입이라 뒷마당에 소담하게 피어 있던 과꽃이 떠올라 동요 〈과꽃〉을 불렀다. "올해도 과꽃이 피었습니다. 꽃밭 가득 예쁘게…" '딱 저 같은 노래 부르네.' 하는 표정들이다. 반응이 좋지 않다. 무엇이었는지 기억도 나지 않는 노래를 하나 더하고는 내 몫은 다했다 싶어 살금살금 뒤로 물러나 의자에 앉았다.

열정적인 청중 모드로 들어갔다. 못 부르면 듣기라도 잘해야 하니까. 나는 선천적으로 흥이 모자라는 듯하다. 마음은 나도 일어나서 리듬 따라 신나게 흔들며 놀고 싶다. 그러나 흥이란 것이 내 몸속에서 일어나 주지를 않으니 될 리가 없다. 주로 구석에 조용히 앉아 있는 편이다. 그래도 분위기 망친다는 소리는 듣고 싶지 않아 많이 노력했다. 발라드가 나오면 두 팔을 높이 들고 박자 맞추어 오른쪽 왼쪽으로 열심히 흔들어 주었다. 신나는 곡이 나오면 큰 동작으로 박수를 열렬히 쳤다. 곡이 끝나면 유후~ 함성도 질렀다.

그런데 한 곡 더하란다. 뭘 할까. 뭘 하지. 달아오른 분위기를 해치지 않는 노래가 무엇일까. 곡명 책자를 열심히 훑는다. 이거다. <단장의 미아리고개>. 빠르고 구성진 트로트로 골라본다. 고저장단을 살려 최대한 꺾어가며 열창을 한다. "샘이 이런 노래도 하나?" 깔깔 웃으며 반응이 좋다. 역시 내 나이에는 트로트를 할 줄 알아야겠군. 아무래도 이런 노래를 하나 더 준비해야겠다.

버스에서 우연히 들은 노래가 하나 떠올랐다. 가사가 상큼했다. 주현미의 <어허라 사랑>. 양인자 작사, 김희갑 작곡. 양인자와 김희갑은 부부이면서 각자 국내 최고봉의 대중가요 작사가와 작곡가이다. "어라 어허라 사랑이 오네/ 나를 나를 울리려고 사랑이 오네" 시작부터 내 관심을 끈다. "허락도 없이 떠날 사랑 하나가/ 웃으면서 오~고 있네." 흠, 괜찮은데. 이어서 "달콤하고 변하기 쉬운 입술/ 불내놓고 물 뿌려본들." 캬, 가사 좋은걸. 이제 클라이맥스다. "이건 아니야 고개를 돌리려다/ 그리움만 보고 말았네." 아, 쓰러진다. 멜로디가 미묘하게 오르내리며 사람을 밀고 당기다 살짝 놔버린다. 안타까움을 최대치로 올린다. 명곡이다. 밥 딜런이 아니라 양김 부부가 노벨문학상을 받았어야 하는데…. "어라 어허라 눈물이 된 사랑/ 노가리 너댓 축은 죽어나겠네." 마무리까지 완벽하다. 이렇게 멋진 노래가 왜 널리 알려지지가 않았을까. 발표한 지 여러 해 됐다는데.

문제는 멜로디가 따라 부르기 어렵다는 거다. 꽤 높이 올라가는 부분이 있고 음의 흐름이 드라마틱해 따라가기가 상당히 난해하다. 내가 이 노래를 마스터할 수 있을지 의문스럽다. 그래도 도전은 해보자. 열심히 해보고 어느 정도의 성과가 나면 끝까지 간다. 노력했는데도 안 되면 하차하면 되지.

'되면 한다'. 요즘 내 모토는 '하면 된다.'가 아니라 '되면 한다.'이다. 나이 지긋한 이가 '하면 된다.'며 너무 설쳐도 주위 사람이 피곤하다. 되면 한다. 안 한다는 것이 아니다. 일단 해본다. 그리고 할 만큼 다 해보는 것을 전제로 한다. '한다'로 끝나지 않는가. 안 한다는 말이 어디 있나. 부정적 체념이 아닌 긍정적 수용이다. '하면 된다.'며 무작정 덤비는 막무가내 정신은 젊은이들에게 물려준다. 나는 이제 한 발짝 여유를 갖고 '되면 한다.'

아직까지는 되고 있다. 어려운 노래를 반 너머 익힌 것이다. 그러니 계속 '고'다. 이제 좀더 연습하여 다음 기회에 멋지게 부르면 된다. 물론 객관적으로 다른 이들이 보기에 멋진 것은 아닐 수 있다. 노래를 꼭 잘 부를 필요는 없다. 분위기를 망치지 않으면 반은 성공이다.

이 노래가 성공하면 조용한 발라드 한 곡도 내 것으로 만들어야겠다. 때로 분위기 있는 곡도 필요하다. 찍어 놓은 것이 있다. 이소라가 부른 <바람이 분다>이다. 사실은 이 곡이 맘에 들어 전에 연습을 좀 했는데 고음 부분에서 올라가지를 않아 포기했었다. 요즘 좋은 정보를 하나 들은 게 있다. 높은 노래는 노래방 기계에서 키를 낮추어 부르면 된단다. 그래서 다시 연습할 생각이다. 지인들 앞에서 이왕이면 내가 좋아하는 노래를 부르고 싶다.

'어허라 사랑' 프로젝트는 진행 중이다. 나는 '되면 하는' 사람이니까.

―2018년 1월호 《수필과비평》

06

라캉의 욕망이론과 수필쓰기

　인간은 욕망을 품고 욕망을 이루며 살아간다. 욕망을 희망, 꿈, 비전 등에 일치시키면 그것은 인간이 무엇을 하게끔 만드는 생산적인 힘이 된다. 서양철학에서 칸트와 스피노자가 욕망의 조건을 자기 생산성으로 풀이한 이후 문학은 끊임없이 욕망에 대한 해석의 지평을 넓히고 있다. 현대에 들어와 프로이트가 욕망의 기저를 정신분석학적으로 풀이하였다면 라캉은 심리구조와 언어학을 결합한 문학적 해법으로 제시하였다. 그 가운데 욕망에 대한 해석은 리비도에서 기호학으로 바뀌었다.
　인간은 태어나면서 사회생활을 시작한다. 언어학적으로 풀이하면 어린아이의 옹알이는 자신의 사회생활을 표현한 첫 말이다. 성장한 후에는 은유와 환유로써 내재된 욕망을 전달한다. 작가란 라캉이 말한 욕망이론을 기호화하는 사람이며 수필을 삶의 구조라고 부르는 이유도 욕망으로서의 삶을 기록해내기 때문이다.
　수필은 삶과 언어를 결합한다. 수필가를 중심으로 동심원을 그리면 제일 안쪽에 자리하는 타자가 가족이다. 정신분석학에 따르면 가족은 가장 친밀하지만 동시에 갈등과 화해의 연속선상 위에 놓인다. 남자와 여자는 남편과 아내로서 가정을 꾸리고 자식을 갖는다. 가정을 이룬 부부는 원하든 원하지 않든 배우자에게 끊임없이 자신의 욕망을 표현한다. 그 점에서 라캉의 욕망이론은 자아와 타자로 구성된 부부관계의 실상을 설명해주는 효과적인 이론이라고 볼 수 있다.

인간이 영위하는 사회생활을 언어학으로 설명하는 라캉의 욕망이론은 상상계, 상징계, 실재계로 구분된다. 상상계는 한 살 남짓한 어린아이가 거울에 비친 자기 모습을 지켜보면서 즐거워하는 단계다. 상징계는 언어와 문화로 이루어진 질서를 수용하면서 자아를 형성하는 단계다. 실재계는 습득한 언어를 의사소통하면서 사회로 진입하는 단계를 말한다. 상상, 억압, 환유로 정리할 수 있는 세 단계들은 자아를 인식하고 타자를 수용함으로써 수필을 쓰는 담론 과정과 매우 흡사하다.

어떠한 소재와 주제를 선정할지라도 수필은 자신과의 대화라는 체계에서 벗어나지 못한다. 자기를 인식하려는 욕망이 억압된 무의식을 해방시켜 실재적 인간관계를 형성시켜주기 때문이다. 그것이 적나라하게 드러나는 곳을 찾는다면 부부관계이다. 부부라는 사적 관계를 소재로 하여 라캉의 욕망이론이 어떻게 운용되는가를 살펴보기로 한다.

이정식의 <큰방을 차지한 여자>

<큰방을 차지한 여자>는 남편이 은퇴한 후 부부생활이 어떻게 변하고 있는가를 소재로 다룬다. 남자인 남편의 관점에서 자신의 생활을 해학적으로 그려낸 작품은 불간섭주의와 각자도생各自圖生을 두 축으로 한다. 두 부부는 각자의 생활방식을 간섭하지 않으면서 집안의 평화를 지혜롭게 유지해 간다. 라캉의 욕망이론에 빗대면 어린아이가 거울 속에 비친 자신

을 보고 즐거워하는 상상계와 흡사하다.

이정식도 어린아이가 거울 속 자신을 즐기듯이 정년 후의 생활을 편안한 놀이로 간주한다. 일반적인 가장들과 자신 사이에 있는 차이를 수긍하고 아내가 생각하는 남편으로서의 이미지와 친구들이 생각하는 자신의 이미지가 다르다는 점을 인정한다. 이 차이에 화를 내기보다는 "큰방에서 쫓겨났다."는 긍정적인 해학을 빌려와 현실을 그대로 받아들인다. 집의 중심공간이고 가장이 거처한다고 여기는 큰방에서 쫓겨났지만 섭섭해 하지 않는다. 오히려 남녀평등의 사회적 흐름을 받아들여 사회에서 여전히 활동하는 아내의 위상과 권리를 존중해 준다.

상징계를 맞이한 작가는 억압심리를 갖는다. 도시에 정착하기 위해 집을 증축했던 아내가 건축업 CEO가 되었다. 건설현장에 한 번 찾아갔던 작가는 그녀의 당당한 자세에 "식겁하고" 이후 건설 현장에는 얼씬도 하지 않는다. 여성상위시대가 그의 가정에 정착해버린 것을 수용하면서 현실에 맞추어 살려 한다. 소위 자립형 남편이자 각자도생의 남자로서 아내와 적절한 거리를 두는 것이 두 사람에게 유익하고 이것이 자신의 분수라고 믿게 된다.

상상계에서 자신과 타인을 구별하지 못했던 어린아이는 상징계에 다다르면 아버지에게 저항하는 것이 금기라는 사실을 깨닫는다. 이정식도 아내의 존재와 업무에 간섭하는 것을 금기사항으로 받아들이고 기존의 가장이 지닌 이미지를 수정한다. 그는 가정주부가 해오던 역할을 기꺼이 담당한다. 옷을 손질해 입고 세탁기 작동법을 배우고 쓰레기를 분리수거하고 명절 제수를 직접 장만한다. 밀양 박가의 후손이므로 이씨 가문에 시집왔을지라도 영원한 박가라고 아내가 주장할 때조차 반박하지 않는다. 함께 사용하던 큰방에서 두 번씩이나 쫓겨났다는 현실을 수용한 그는 지금까지의 남성중심 의식을 스스로 무화시킨다.

함께 사용하던 큰방에서 두 번이나 건넛방으로 쫓겨났다. 일찍 잠자리에 드는 습관이 되어 어쩌다 한밤중에 잠이 깨면 신문을 보고, 책을 읽는 습관이 있다. 부스럭부스럭하는 것이 안면 방해가 된다는 이유로 처음 쫓겨났다. 다른 방에서 자다가 한기가 들어 큰방으로 갔다. 큰방에는 온수 순환침구라 따뜻하다. 파고들었다가 "잠 좀 자자."라는 일갈에 또 쫓겨났다. 8년이 넘었으니 이제는 야밤에 큰방 출입은 아예 지워버렸다.

아늑하고 비밀스런 내 공간이 더없이 좋다. 일찍 잠자리에 들 수 있고 잠이 깨면 마음놓고 신문과 책을 읽고 간단한 운동도 할 수 있다. 옆 방문을 열면 컴퓨터와 책이 있고 음악을 감상하는 나만의 공간이 있다. 쫓겨난 것이 이렇게 좋을 줄이야.

이정식은 한동안 "큰방을 차지한 여자"로부터 억압을 받았다. 쫓겨난 창피스런 사건이 그의 무의식을 잠시 지배하였지만 "나만의 공간"인 건넛방은 오히려 자유로운 생활에 대한 욕망을 성취시켜 준다. 결혼 초기에는 큰방이 남성의 권위와 위엄을 상징하는 것이라고 여겼지만 은퇴 후 지금은 자유스러운 일상이 더 소중하다는 실재계를 받아들인다. 건넛방을 자유라는 기표와 기의에 일치시킨 것이다. 큰방과 건넛방이라는 각각의 공간을 가진 이들 부부는 과거 어느 때보다 의사소통을 효과적으로 수행함으로써 가정의 평화와 안녕을 유지시킨다. 나아가 티격태격했던 것이 "엇박자의 성격을 타협으로 이끌어가는 첫걸음"이었음을 함께 인정한다. 사유의 세계에 언어구조를 끌어들었던 라캉은 기표가 지닌 기의는 고정된 것이 아니라 수많은 의미를 확산시키는 가운데 환유가 이루어진다고 설명하였다. 이정식과 그의 아내도 부부간의 역할에 따라 '큰방'의 주인이 달라진다는 언어구조를 받아들인다. 작가는 만일 부부의 성격이 볼트의 암나사와 수나사처럼 꼭 들어맞는 찰떡궁합이라면 오히려 숨이 막힐 것이라고도 말한다. 이것은 그의 글쓰기 과정이 라캉의 욕망이론을 따르고 있음을 보여 준다.

결혼 50년이 지난 지금의 욕망은 어떤 형태를 지니는가.

> 50년을 넘게 살다보니 이제는 가사에는 안팎의 구분이 없어진지 오래다. 천생연분이라 자위하고 있다. 돌이켜보면 열심히 살았고, 아내가 "큰방을 차지한 여자"가 되었지만 불만이 없다. 다시 태어나도 지금의 아내를 또 만나고 싶다.

이정식은 내적 대화를 바탕으로 글을 씀으로써 자신뿐만 아니라 아내와 만족스런 의사소통을 이루었다. 그 글쓰기의 주제는 "천생연분"이고 '큰방'이라는 환유가 "다시 태어나도 지금의 아내를 맞고 싶다."는 무의식적 욕망을 인식의 표층 위로 끌어올린다. 라캉이 프로이트의 성본능을 언어학적으로 해석하였다면 이정식은 남성중심 체제에서 벗어난 부부의 불간섭주의를 수필언어로 풀이해냄으로써 작가 나름의 가정관을 완성시킨다.

이옥순의 <장미와 낙지>

이옥순의 <장미와 낙지>는 살얼음판을 디디며 강을 건너는 듯한 부부의 심리를 다룬다. 부부가 싸움을 할 때 드러난 아내의 까칠한 성격과 남편의 온유한 반응을 설명해 주는 비유가 장미와 낙지다. 장미는 남편의 은근한 화해 방식을, 낙지는 아내가 짐작하는 남편의 앙갚음을 표현해준다. 그 미묘한 긴장 관계를 설명하고 묘사하고 해석하고 평가하는 화자는 아내 이옥순이다. 서두에서 "그녀는 요새 잘나간다."라고 뿌듯하게 자신의 정체성을 3인칭 대명사로 설명하듯이 이옥순은 가족에게 비친 자신의 모습에 만족한다. 그것을 작가는 이렇게 말하고 있다.

> 그녀는 요새 잘나간다. 점잖다는 소리를 듣는 남편은 묻는 말 열 중 아홉은 그녀가 원하는 쪽 대답을 한다. 어쩌다 살짝 마음에 걸리는 나머지도 그녀의 위트 넘치는 말솜씨로 얼마든지 돌려놓을 수 있다. 결혼 초반 부부싸움의 원인 제공자였던 아들도 얼마 전 결혼해 서울에 살림을 났다. 명랑 쾌활한 막내딸도 직장에서 일어나는 재미있는 이야기를 미주알고주알 카카오 톡으로 보내온다. 가족들의 그 재미난 일상을 앉아서 보고 듣는다. 시대에 맞게 실시간으로 산다.

이옥순은 집안의 실질적인 가장이다. 가족들은 그녀를 중심으로 대화를 한다. 그녀는 본인 중심으로 이루어지는 가정사를 "앉아서 보고 듣는 것"이 권리이자 의무라고 여긴다. 라캉의 상상계에서 어린아이가 거울에 비친 자기 영상을 보고 매우 즐거워하는 것과 별반 다르지 않다. 가족이 생각하는 주부로서의 이미지와 자신이 생각하는 이미지가 동일하다고 여긴다. 적어도 어린아이처럼 자신의 생각과 타인의 생각 사이에 있는 차이를 인지하지 못하는 점에서 상상계에 머물러 있음은 부인하기 어렵다. 이것이야말로 가족과 자신을 동일시하는 상상적 오류에 해당한다.

나아가 그녀는 가족관계를 조정하려 하므로 때로는 충돌을 빚는다. 사건은 식사 자리에서 숟가락을 흔들며 아들을 혼낼 때 남편의 손이 그녀의 뒤통수를 때린 일이다. 이것은 라캉의 어린아이가 상상계에서 상징계로 옮겨가 타자의 존재를 인식하는 순간에 일치한다. 충격을 받은 그녀는 일주일간 집안일을 그만두는 파업을 벌인다.

그 충돌을 해소시켜주는 것이 장미와 낙지이다. 남편이 사 온 장미가 아내와 화해하려는 매개체라면, 낙지는 화가 난 아내가 남편을 골려주는 수단을 빗댄 비유다. 아내는 남편이 퇴근길에 사 온 장미 다발을 몇 번이고 쓰레기통에 버린다. 그러던 어느 날 이웃의 외식 초대를 받아 나가는 차에 미처 버리지 못한 장미 다발을 발견하고 벽에 거꾸로 건다.

그녀의 남편은 그날도 밖에서 저녁을 먹고 들어왔다. 남편이 방으로 들어가지 않고 거실에서 어슬렁거렸다. 남편의 와이셔츠에 고추장이 묻어 있었다. 집 올라오는 길목에 낙지볶음집이 있다. 낙지를 나라고 생각하고 아주 잘근잘근 씹었느냐고 그녀가 먼저 한마디 날렸다. 본인도 모르게 그 말이 툭 튀어 나갔다. 장미가 나라고 생각하고 거꾸로 매달아버렸냐고 그녀의 남편이 받았다. 메기고 받고 장단이 잘 맞았다.

장미를 두고 신경전을 벌이던 두 부부는 농담 같은 응수로 서로의 흉금을 털어놓기 시작한다. 화합단계로 진입하려면 두 사람은 자기 중심적 상상계에서 타자의 존재를 인정하는 상징계로 넘어가야 한다. 그때의 언어체계도 '장미와 낙지'다. 장미는 화해를, 낙지는 앙갚음을 전달하는 기표다. 화해와 앙갚음이라는 기의는 제자리에 머무르지 않고 다른 기의로 나아간다. 거꾸로 걸린 장미는 그들 부부의 운명으로, 잘근잘근 씹히는 낙지는 강박의식을 해소하는 수단이 된다. 그리하여 상극으로서 충돌하였던 장미와 낙지는 "거리가 좀 있어 보이나 여전히 한집에서 살고 있다."는 실재계를 이루어낸다. 이 점은 위트 넘치는 유머가 터지지 않는 날이 이어지면 낙지를 먹고 싶고 말린 꽃이 생화보다 더 오래 견딘다는 역설을 곱씹는 데서 살필 수 있다.

그녀가 욕망하는 것은 가정의 평온이 아니라 자기 중심이 정당하다고 인정받는 것이다. 자신의 위치가 불안하거나 일상이 지루하다 싶으면 언쟁을 일으켜 남편이 장미를 사오게 만든다. 남편은 장미를 말리는 아내를 바라보면서 "자기를 거꾸로 매달아버리고 싶은" 것이 아니라 '영원한 사랑'이라는 꽃말처럼 "집안 분위기를 바꾸고 싶어"할뿐이라고 여긴다. 집안에 장미꽃다발이 거꾸로 달려있지만 그녀는 "올봄에 이르러 비로소 더 이상의 새로운 장미가 필요하지 않다."는 실재계를 만들어낸다. 그녀의 감정과 병행하고 있는 글쓰기도 상상계와 상징계를 거쳐 실재계에 다다른다.

이옥순은 장미와 낙지를 이야기하는 가운데 부부의 화해와 가정의 화목이 중요하다고 믿는다. 그렇게 하기 위해서는 변해야 할 언어체계가 있다. 그것은 3인칭화 되어 있는 "그녀"라는 타자를 1인칭 "나"로 치환시키는 것이다. "올봄에도 그녀는 장미를 말리면서" 생각한다. 그 담론이 "올봄에도 나는 장미를 말린다."는 담론으로 바뀐다. 이처럼 1인칭이 도입되면서 작품의 결미도 완성된다.

정둘시의 <손빨래>

정둘시는 시아버지, 남편, 아들로 이어지는 3대 가계로 가정애를 다룬다. 서술자로서 그녀가 지닌 정서는 보통 아내들이 원하는 행복과 다소 거리가 있다. 여유롭지 못한 경제사정 때문에 살림살이가 쪼들리지만, 남편에 대해서는 '애잔함'을, 자신에 대해서는 '애달픔'이라는 감정을 갖고 있다. 그녀에게 그것은 개인적인 느낌이 아니라 구성원에 대한 신뢰와 배려로서 가족애다. 정둘시는 자신에게 적합한 언어로 수필 쓰기를 한다. 선택된 언어는 '손빨래'이다. '손빨래'는 부전자전의 자식애를 담담하게, 감격적으로 그려내는 데 도움을 준다.

라캉은 상상계에서 아이는 거울에 비친 자신의 영상을 즐겁게 바라본다고 하였다. 그러나 정둘시는 현실 속의 자아와 대면하지만 즐겁지는 않다. 기대했던 신혼생활과 달리 남편이 제때 취직하지 못함으로써 속앓이를 한다. 남편과 아내는 상대의 얼굴에서 자신의 무력감을 발견하고 상처를 입는다. 다행스럽게 아들이 남편과 달리 취직을 함으로써 두 사람은 그간의 강박관념을 씻어내는 계기를 얻는다. 아들의 취직이 그들을 상상계에서 상징계로 옮겨가는 전기를 마련해준 셈이다.

> 평소 집안일을 나 몰라라 하는 사람은 아니지만, 손빨래까지 할 생각을 하다니. 늦복이 터진 건가. 나도 모르게 입꼬리가 올라간다. 발꿈치를 높이고 살며시 들여다보니 와이셔츠 한 장을 비벼 빨고는 맑은 물이 나오도록 헹구는 중이다. 집 가까운 거래처에 출장 온 아들이 어제 저녁에 벗어둔 옷이다. 고개를 숙인 채 묵묵히 빨래하는 그의 뒷모습은 정성스럽다 못해 숙연해 보인다.

남편이 아들의 옷을 빠는 모습을 본 아내는 "입꼬리가 올라"가고 행복감도 느낀다. 남편의 빨래에서 아내가 발견한 것은 아들을 향한 아버지의 부정이다. 아들에게 보내는 칭찬이면서 부모로서 갖는 안도감의 표현이기도 하다. 아버지에게 손빨래는 취직하지 못했던 한때를 비추는 거울 역할을 한다. 아들의 옷을 빨며 자신의 부끄러운 과거를 씻어내는 남편을 통하여 아내도 애달팠던 과거를 잊고 미소로 숙연한 감격을 공유한다.

정둘시가 상징계에 들어왔을 때 인정해야만 하는 사실은 남자는 밥벌이를 해야 한다는 조건이다. 밥벌이는 책임, 가장, 취직, 결혼, 자기 몫이라는 여러 기의를 함께 지녀 남성에게 의식적 무의식적 억압으로 작용한다. 밥벌이를 하느냐 못하느냐가 남성 자아를 형성하는 분기점이라는 전제를 깔고 있다.

정둘시가 아들의 옷을 빨래하는 남편의 모습에서 떠올린 기억은 신혼집들이를 했을 때 시아버지가 보여 준 배려다. 시아버지는 며느리를 다락방으로 가만히 불러 몇 장의 지폐를 손에 쥐여주면서 "큰애 기죽이지 말거래이."라고 부탁했다. 그의 말에는 취직 못한 남편과 살아가는 며느리를 고맙게 여기는 심정이 담겨 있다. 시아버지가 보여주는 배려는 라캉의 관점에서 보면 매우 중요하다. 행복이라는 추상어로 살림살이를 생각하던 정둘시가 한 집안의 며느리와 아내라는 실재계로 진입한 계기이기 때문이다.

라캉의 욕망 이론은 프로이트의 성본능이 어떤 언어와 기표의 지배를 받는지를 보여준다. 그는 기표와 기의는 1:1 대응이 아니라 새로운 기의를 계속 만들어내어 마침내 환유에 다다른다고 보았다. 집들이할 때 받은 "지폐 몇 장"도 기표로서 시간이 흐를수록 며느리에 대한 시아버지의 배려, 아들에 대한 아버지의 사랑, 나아가 남성들의 밥벌이라는 기의를 생성하고 마침내 손빨래라는 다른 기표와 만난다. 지폐와 손빨래라는 두 기표는 아버지의 자식애라는 동일하고 단단한 기의를 만들어내어 그녀가 처한 실재계를 더욱 공고하게 다져준다.

> 그네들도(아이들) 각자의 눈높이에 주어지는 고통을 감당해야 하거나 절망적인 상황에 맞닥뜨리곤 하였다. 부모가 해줄 수 없는 영역은 점점 늘어갔다. 오롯이 자신의 의지만으로 헤쳐 나가야 할 일이 생길 때마다, 그것을 지켜볼 수밖에 없던 나는 자주 목이 쉬었고 밤을 지새우는 날도 많아졌다. 그런 날이면 긴 밤의 끝자락에서, 아릿함이 배어 있던 아버지의 당부가 어느새 나의 간절한 당부가 되었음을 알게 되었다.

정둘시는 아들이 성장할수록 부모가 책임질 영역이 늘어난다는 점을 알고 있다. 어머니로서 그녀가 할 수 있는 일은 지켜보는 것뿐이다. 그 점은 집들이를 할 때 집에 들렀던 '시아버지의 당부'를 '간절한 기도'로 삶은 데서 알 수 있다. 그녀는 로맨틱한 가정에 대한 동경심을 이겨내고 시아버지와 남편과 아들로 이루어진 심적 삼각 구도 안에서 자신의 자리를 찾는다. 남성 가족들이 물려받고 물려주는 신뢰와 배려를 지켜보는 가운데 '온힘을 다하여 살게 했던 동력'이 무엇임을 깨닫고 가족애라는 욕망을 키워간다.

그녀가 살기를 원하는 남성은 근육질형이 아니다. 그것보다는 자식애를 가진 남자가 더 적합한 반려자라고 여긴다. 이 점은 "고개를 숙인 채 쭈그리고 앉아 아들의 셔츠를 빨고 있는 남편"과 "낮은 천장에 머리가 닿을세라 구부린 채 다락방 계단을 오르내리던 아버님"을 "온 힘을 쏟아 부어 자신의 몫을 다하느라 애쓴 아들"에 일치시킨 세 부자 관계에서 재확인된다. 정둘시의 <손빨래>가 지닌 장점은 '빨래'라는 기표에 '손'이라는 기표를 덧붙여 가족 간의 속 깊은 믿음을 구현하고 다른 편으로는 남성의 책임을 '가정 돌보기'에 의미로 압축시킨 데 있다고 하겠다.

덧붙여

현대수필이 지닌 문제점을 제시할 때 신변성을 종종 예로 든다. 수필다우려면 일상성에서 벗어나 철학과 역사의식에 더 관심을 가지라고 요청한다. 이것이 인문학으로서 수필이 이루어야 할 영역이다. 평자도 옳은 주문이라고 여긴다, 문제는 수필뿐만 아니라 모든 문학과 예술이 작가의 삶에서 결코 벗어날 수 없다는 사실이다. 삶과 동떨어진 창작은 거짓에서 벗어날 수 없다.

이 문제를 해결하려면 작가의 텍스트와 평론가의 콘텍스트가 서로 협조해야 한다. 평론가는 작품이 아무리 신변적일지라도 인문학적 요소를 찾아내어 평가해 주어야 한다. 작가는 신변 소재를 개인에게 한정시키는 것이 아니라 인문학적으로 살펴보려는 원심력을 훈련할 필요가 있다. 소재라는 텍스트에 상황이라는 콘텍스트를 부여할 때 글의 내용과 기능이 합친 디스코스(담론)가 제대로 이루어진다.

부부는 가장 사적이고 신변적이며 일상적인 생활의 주체이다. 부부만큼 오랜 역사성과 인문학적인 내구성을 가진 소재도 없다. 이 두 개념이 결합하면 시대에 부응하는 현대적 주제를 생성할 수 있다. 이정식의 <큰방을 차지한 여자>가 오늘날의 여성상위 시대를 해학적으로 다룬 점에서, 이옥순의 <장미와 낙지>가 여성중심사고의 문제점을 분석한 점에서, 정둘시의 <손빨래>는 취업에 대한 남성의 억압심리를 섬세하게 추적한 점에서, 신변 소재가 인문학적 해석으로 나아갈 수 있음을 증명한 좋은 예라고 할 것이다 .

라캉은 욕망이론은 이런 미묘한 심적 변화를 포착해낸다. 문학은 그 변용을 추적할 수 있는 인문학적 프레임이라는 점에서 부부관계뿐만 아니라 모든 인간관계를 다룰 때도 가능하리라 여겨진다.

| 작품 |

큰방을 차지한 여자

이정식

큰방에서 쫓겨났다. 젊을 때는 그래도 남존여비의 풍조가 조금은 남아있는 시대라 "하늘 같은 남편에게 어디 감히"라는 말로 기를 꺾기도 했다. 그러나 시대가 변하고, 아내가 밖에서 활동을 하더니 서서히 담대하기 시작했다.

큰아이가 초등학교에 입학할 즈음 도시에 정착키 위해 집을 신축했다. 처음엔 내 명의로 건축허가를 받고, 하계방학 때 나를 앞세워 일을 시작했다. 여름은 콘크리트가 얼지 않는 이점도 있지만 방학이 있어 힘이 필요한 일은 나에게 시키기 편리했기 때문이었다. 몇 년간 주택 건축과 매도를 하더니 급기야 법인체를 설립했다. 차츰 주거와 점포를 겸한 건물에서 근린시설과 다세대주택으로 이어졌다. 건설 현장에 한 번 갔더니 약 30여 명의 인부들이 옮기는 철근과 목재들이 마치 흉기처럼 보였다. 그 사이를 비집고 다니는 아내의 모습을 보고 식겁食怯을 하고 얼른 집으로 도망치듯 돌아왔다. 이후 건설현장에는 얼씬도 하지 않고 있다.

밖에서 일을 하더니 가정주부의 역할은 뒷전이 되었다. 일상日常이 나와는 너무 달랐다. 단추가 떨어지고 지퍼zipper가 고장 나면 단추와 지퍼를 다는 것, 옷을 손질해 입는 것은 다 내 몫이 되고 말았다. 어릴 때부터 재봉틀과 가까이한 것이 톡톡히 덕을 보고 있다. 세탁기 작동법과 어떤 세제를 쓰는지도 모른다. 쓰레기분리 배출은 더욱 안중에 없다. 명절이나 기제사의 제수祭

需는 내가 봐주어야 한다. 자기는 밀양 박가朴哥 후손으로 이가李哥 가문에 시집을 왔을 뿐, 영원한 박가朴哥임으로 제수祭需 구매는 내 몫이라 우긴다. 뻔히 알면서 백수인 나를 부릴 요령인 줄 알고 있다. 시집을 오면 시집의 조상으로 대접을 받는데 무슨 생뚱한 소리냐고 타박을 해도 자기 주장을 굽히지 않는다. 서양은 우리의 성姓에 해당하는 패밀리 네임family name이 있어 완전한 가족을 형성하지만, 우리는 전통적으로 남성 위주의 조상 제사를 모시는 것은 남존여비의 잔재라 우기고 있다. 제수 음식을 만드는 것으로 자기 임무는 다했다고 한다.

함께 사용하던 큰방에서 두 번이나 건넛방으로 쫓겨났다. 일찍 잠자리에 드는 습관이 되어 어쩌다 한밤중에 잠이 깨면 신문을 보고, 책을 읽는 습관이 있다. 부스럭부스럭하는 것이 안면 방해가 된다는 이유로 처음 쫓겨났다. 다른 방에서 자다가 한기寒氣가 들어 큰방으로 갔다. 큰방에는 온수 순환 침구라 따뜻하다. 파고들었다가 "잠 좀 자자."라는 일갈에 또 쫓겨났다. 8년이 넘었으니 이제는 야반의 큰방 출입은 아예 지워 버렸다.

아늑하고 비밀스런 내 공간이 더없이 좋다. 일찍 잠자리에 들 수 있고 잠이 깨면 마음놓고 신문과 책을 읽고, 간단한 운동도 할 수 있다. 옆 방문을 열면 컴퓨터와 책이 있고, 음악을 감상하는 나만의 공간이 있다. 쫓겨난 것이 이렇게 좋을 줄이야.

티격태격하면서 살아온 지 어언 오십 년이 됐다. 티격태격하는 것이 소통의 시작이었고 엇박자의 성격을 타협으로 이어가는 첫걸음이었다. 부부란 성姓이 다르고 성장과정과 성격도 다르다. 이것을 서로 조화롭게 가꾸어 가야하고, 자식을 낳고 교육과 출가시키는 것이 부부의 의무이자 삶의 역정이다. 그런데 어떤 사람은 성격 차로 이혼하는 사례들을 본다. 성격 차로 이혼하는 경우는 숙려熟慮의 모자람이 아닌가 한다. 부부의 성격이 볼트의 암나사와 수나사처럼 맞는다면 그 단조로움에 숨이 막힐 것 같다. 평생을 다툼 없이 살았다는 부부도 있다. 어느 한쪽이 천치가 아닌지 의심스럽고, 신기하고 부럽기도 하다.

퇴직한 지 십팔 년이 됐다. 내가 연금을 매월 얼마나 수령하는지 묻지도 않고, 나도 아내의 수입이 얼만지 알고 싶지도 않다. 다만 납세액이 나보다 많을 것으로 짐작만 할 따름이다. 서로가 하는 일에 관여치 않고 신뢰하고 있다. 주거를 여러 번 옮겼지만 아내가 책임지고 옮기기 때문에 밖에서 볼일을 보고 찾아가면 된다. 아이들 셋 결혼의 혼수를 비롯한 결혼식장까지 모두 아내가 맡았고, 결혼식 날 혼주 자리에 앉기만 했다. 50년을 넘게 살다 보니 이제는 가사에는 안팎의 구별이 없어진 지 오래다. 천생연분이라 자위하고 있다.

　돌이켜보면 열심히 살았고, 아내가 '큰방을 차지한 여자'가 됐지만 불만이 없다. 다시 태어나도 지금의 아내를 또 만나고 싶다.

-2017년 5월호《수필과비평》

| 작품 |

장미와 낙지

이옥순

 그녀는 행복하다. 이만하면 됐다. 점잖은 그녀의 남편은 묻는 말 열 중 여덟아홉은 그녀가 원하는 쪽 대답을 한다. 어쩌다 살짝 마음에 걸리는 한두 가지도 그녀의 위트 넘치는 말솜씨로 얼마든지 돌려놓을 수 있다. 결혼 초반 부부싸움의 원인 제공자였던 아들도 얼마 전 결혼해 서울로 살림을 났다. 명랑 쾌활한 막내딸도 직장에서 일어나는 재미있는 이야기를 미주알고주알 카카오톡으로 보내온다. 가족들의 그 재미난 일상을 앉아서 보고 듣는다. 시대에 맞게 실시간으로 산다.
 아들과 딸은 터울이 좀 지게 낳았다. 부러 그런 건 아니다. 시댁의 어려운 조건들을 감당하느라 힘들어서 그랬다고 보는 게 맞다. 아들이 유치원 들어갈 나이가 되어서야 딸을 낳았다. 그 무렵 참 무기력했다. 아들이 유치원 갈 때 소파에 드러누우면 그 자세로 돌아온 아들을 맞았다. 아들이, 엄마는 소파와 일체형이냐고 물었다. 일체형 로봇이 한창 유행할 때였다. 그게 산후우울증이란 걸 나중에 알았다. 지금도 그때를 기억하게 하는 아들의 강력한 한 방이었다.
 그 아들이 말을 잘 듣지 않았다. 말을 잘 듣는 게 더 이상한 나이일 때였다. 그날도 밥 먹는 자리에서 어떤 일로 아들을 혼냈다. 문제는 그녀의 숟가락질이었다. 아들을 향해 숟가락을 흔들면서 나무라는 말을 해대는데 남편

앉은 쪽이 싸했다. 그리고 "지금 뭐하는 짓이야."는 숟가락질보다 강한 한마디가 날아왔다. '짓'이라는 말을 듣고 가만히 있을 그녀가 아니었다. 그녀가 한 짓에 대한 반성은 스스로 할 것이었다. 숟가락을 식탁에 '탁' 놓고 일어섰다. 그리고 안방을 향해 두 걸음쯤 발을 떼었을 때였다. 뒤통수가 번쩍했다. 남편의 손이 그녀의 뒤통수로 날아든 것이었다.

물에 손 넣을 일 없이 일주일이 흘렀다. 그녀의 남편이 퇴근길에 장미 한 다발을 사 왔다. 장미는 곧바로 쓰레기통에 거꾸로 처박혔다. 언제 친정으로 갈까 날을 보는 중이었다. 쓰레기통에 거꾸로 처박힌 장미가 몇 다발이었는지 잊어버린 어느 날이었다. 그날도 남편의 손에 장미가 들려있었다. 장미를 쓰레기통에 던질 새도 없이 외식을 나갔다. 앞집에서 저녁을 먹자고 제안했기 때문이었다. 냉랭한 기운이 앞집까지 전해진 모양이었다. 더 길어지면 안 될 것 같다고 하면서 앞집 부부가 저녁 먹는 내내 분위기 쇄신을 위해 애를 썼다. 쓰레기통에 던질 타이밍을 놓친 장미는 다음날까지 그대로 식탁에 있었다.

장미도 앞집도 그녀의 생각을 돌려놓지는 못했다. 그녀는 남편 퇴근할 시간이 되어서야 장미를 거들떠보았다. 쓰레기통으로 가다가 방문 가운데 붙은 걸고리가 눈에 띄었다. 시들해진 장미 다발을 아주 소극적으로 거꾸로 걸었다. 그녀의 남편은 그날도 밖에서 저녁을 먹고 들어왔다. 남편이 방으로 들어가지 않고 거실에서 어슬렁거렸다. 남편의 와이셔츠에 고추장이 묻어 있었다. 집 올라오는 길목에 낙지볶음집이 있다. 낙지를 나라고 생각하고 아주 잘근잘근 씹었느냐고 그녀가 먼저 한마디 날렸다. 본인도 모르게 그 말이 툭 튀어나갔다. 장미가 나라고 생각하고 거꾸로 매달아버렸냐고 그녀의 남편이 받았다. 메기고 받고 장단이 잘 맞았다.

단서 포착을 잘하는 여자의 눈에 와이셔츠의 고추장이 보였던 건 그렇다 치고, 단서 포착을 못 하는 남자의 눈에 거꾸로 걸린 장미가 보였던 건 운명이었지 싶다. 그 큰 한 건은 참으로 긴 시간 서로에게 효과를 미쳤다. 이후 서로를 잘근잘근 씹거나 거꾸로 매달아버리는 일은 일어나지 않았다. 장미와 낙지는 거리가 좀 있어 보이나 여전히 한집에서 살고 있다.

낙지는 씹는 맛이 일품이다. 쓰러진 소를 일으킬 만큼 영양도 풍부하다. 그녀의 남편은 그때는 낙지 맛도 모르고 먹었다. 차차 그 맛을 알아갔다. 그녀의 위트 넘치는 유머가 터지지 않는 날이 길어지면 낙지가 먹고 싶어진다. 낙지를 먹으면서 쫀득쫀득 씹던 때를 생각한다. 그렇다고 그때로 돌아가고 싶지는 않다. 그녀와 마주 앉아 설겅설겅 씹어 삼키는 지금이 낫다고 생각한다.

장미라면 보통 꽃병에 꽂아두고 즐긴다. 하지만 그녀는 일찌감치 말린 꽃의 매력을 알았다. 꽃병에서보다 더 오래 즐길 수가 있다. 일상이 지루하다 싶으면 그녀는 장미를 말린다. 그녀의 남편은 자기를 거꾸로 매달아버리고 싶은 게 아니라 집안 분위기를 바꾸고 싶을 뿐이라고 해석한다. 그녀의 집안 여러 곳에 장미꽃이 걸려 있다.

올봄에도 그녀는 장미를 말린다.

－2017년 5월호《수필과비평》

| 작품 |

손빨래

정둘시

아침 밥상을 다 차렸는데도 남편의 모습이 보이지 않는다. 출근을 서둘러야 할 사람이 왜 이리 태평이냐고 혼잣말을 하며 이 방 저 방을 기웃거린다. '어머 이게 무슨 일이람.' 당혹스럽게도 남편이 뒤 베란다 세탁실에서 쭈그리고 앉아 손빨래를 하고 있는 것이 아닌가.

평소 집안일을 나 몰라라 하는 사람은 아니지만, 손빨래까지 할 생각을 하다니. 늦복이 터진 건가, 나도 모르게 입꼬리가 올라간다. 발꿈치를 높이고 살며시 들여다보니, 와이셔츠 한 장을 비벼 빨고는 맑은 물이 나오도록 헹구는 중이다. 집 가까운 거래처에 출장 온 아들이 어제 저녁에 벗어둔 옷이다. 고개를 숙인 채 묵묵히 빨래하는 그의 뒷모습은 정성스럽다 못해 숙연해 보인다. 바쁜 시간에 무슨 청승이냐고 재촉하려다 입을 다물고 만다. 오늘따라 한눈에 들어온 희끗희끗한 머리칼과 예기치 못한 행동에 이런저런 생각들이 내 머리를 스치는 까닭이다.

셔츠 깃이 뽀얗게 빛나도록 문지르고 있는 남편의 손길은 단순히 빨래를 한다는 의미만이 아닐 것이다. 먼 객지에서 온 힘을 쏟아부어 자신의 몫을 하느라 애쓴 아들에게, 유난스럽지 않은 아버지의 칭찬일 테다. 아니면, 전쟁이라는 말도 서슴지 않는 취업 경쟁 속에서, 이제는 무거운 짐을 내려놓게 되었다고 안도의 한숨을 내쉬고 있는 것은 아닐까. 그 무엇보다도 말간 빨랫

물 속에 자신의 젊은 날을 투영시킨 채, 가슴 깊숙이 묻어둔 얼룩진 상흔을 꺼내어 맑은 물로 헹구어 내는 중인지도 모르겠다.

예나 지금이나 제대로 밥벌이를 한다는 것이 만만한 일은 아니었나 보다. 학업을 마치고 결혼까지 하였지만, 남편의 취직은 쉽지 않았다. 식구까지 딸린 부실한 맏아들을 바라보는 부모님의 마음은 오죽했으랴. 제때 자기 몫을 다하지 못한 남편 또한, 허리가 휘도록 농사지어 뒷바라지해준 부모님께 면목이 없어 한동안 어깨를 움츠린 채 지내야만 했다.

직장도 없이 결혼을 먼저 했으니, 제대로 살림을 한다고 말할 것도 없던 신혼시절이었다. 어느 주말이었던가, 저녁에 남편의 친구들을 초대하여 집들이하기로 한 날이었다. 마침 그날, 시아버님과 친정아버지가 신혼집을 둘러볼 양으로 함께 오셨다. 단칸방에 두 분을 모시고 조촐한 술상을 차렸다. 옹색한 살림살이를 둘러보며 걱정 그득한 두 분의 눈빛이 지금도 생생하게 떠오른다. 크지도 않은 방을 이쪽저쪽 한참이나 둘러보시던 시아버님께서 다락방을 발견하시고는, 갑자기 계단을 오르며 나에게 말없이 손짓하셨다. 영문도 모른 채 따라 올라갔더니 아버님은 지폐 몇 장을 꺼내어 내 손에 가만히 쥐여 주셨다.

"오늘 친구들 온다며, 이걸로 제대로 대접하고 큰애 기죽이지 말거래이. 그라고 고생시켜서 미안하데이."

사돈이 들을세라 작은 목소리였건만, 그마저도 끝내는 목이 메는지 내 등만 다독이셨다. 오랫동안 마을에서 이장을 맡고 계셨으니 늘 당당한 모습만 보여주시던 아버님. 어머님께는 언제나 불호령만 내리시어 무섭게만 보이던 아버님의 얼굴은 언제 그랬냐는 듯 애잔함만 서려 있었다.

그때는 알지 못했다. 쉰 목소리로 나지막이 당부하시던 당신의 그 깊은 속내를. 나는 단지 못나 보인 내 처지가 부끄럽고 서럽다는 생각만 했다. 시간이 흘러 아이들이 태어났고 한 뼘씩 자랄 때마다, 그네들도 각자의 눈높이에 주어지는 고통을 감당해야 하거나 절망적인 상황에 맞닥뜨리곤 하였다. 부모가 해결해 줄 수 없는 영역은 점점 늘어갔다. 오롯이 자신의 의지만으로 헤쳐 나가야 할 일이 생길 때마다, 그것을 지켜볼 수밖에 없던 나는 자주

라캉의 욕망이론과 수필쓰기 283

목이 쉬었고 밤을 지새우는 날도 많아졌다. 그런 날이면 긴 밤의 끝자락에서, 아릿함이 배어 있던 아버님의 당부가 어느새 나의 간절한 기도가 되었음을 알게 되었다.

아버님이 돌아가셨을 때, 나는 진심으로 오열했다. 장성한 아들이 친구들에게 주눅이라도 들면 어쩌나, 갓 시집온 며느리의 상심은 얼마나 클지 노심초사하셨던 그 마음이 애달파서였다. 지금까지도 남편은 아버님의 가슴을 아리게 한 그 시간에 대해 깊은 회한을 가지고 있다. 더불어, 무뚝뚝함 속에 숨겨진 아버님의 속 깊은 사랑은 자신이 온 힘을 다해 살게 했던 동력이었음도 잘 안다.

오늘 아침, 고개를 숙인 채 쭈그리고 앉아 아들의 셔츠를 빨고 있는 남편의 뒷모습과, 낮은 천장에 머리가 닿을세라 구부린 채 다락방 계단을 오르던 아버님은 그렇게 닮아 있었다.

－2017년 5월호《수필과비평》

제3부

유토피아와 현실속의 작가의식
모방과 인용, 그 변용의 시학
문학의 진실게임: 팩트 너머 상상으로
장소와 비장소의 퍼스펙티브
조건반사의 의식화로서 프레임
나제르시스적 담론과 수필 자화상

01

유토피아와 현실 속의 작가의식

　인간은 꿈꾸는 존재다. 자면서 꿈꿀 뿐 아니라 눈 뜬 낮에도 꿈을 꾼다. 현존하지 않는 것을 상상하는 작업은 인간이 지구상에 존재하는 한 그치지 않는다. 이루지 못한 일, 만나지 못한 사람, 가보지 못한 장소에 대한 소망이 이상향을 통해 이루어진다. 천국은 물론, 에덴동산, 무릉도원, 아틀란티스가 인간이 가고 싶은 불멸의 제국이 된 이유다. 이런 장소는 인간의 열망과 욕망을 바탕으로 하므로 결핍의 시대일수록 더욱 간절해진다.
　그런 장소를 총칭하는 용어가 유토피아다. "어디에도 없는 아름다운 나라"를 지칭하는 '유토피아(utopia)'는 그리스어로 없다('ou')와 장소('topos')를 합친 합성어다. 1516년 토마스 모어가 《유토피아》라는 환상적인 나라를 세운 이래로 현재까지 여러 종교가들과 개혁가들과 개인들은 나름의 공동체 건설을 꾀하였다. 작가들도 글을 통해 "세상 어디에도 없다."는 절망을 "세상 어디엔가 있다."는 희망으로 반전시켰다. 이처럼 꿈이라는 노력에는 이상향에 대한 인류의 비전이 담겨 있다.

문학은 유토피아 건설을 위한 최적의 환경을 지닌다. 그리스 작가 호메로스까지 거슬러 올라가는 유토피아 문학을 살펴보아도 현실사회에 대한 불만, 낙원에 대한 꿈, 미래에 담긴 가능성, 그리고 여행기 유형의 서사가 합쳐 이상적인 사회를 만들어낸다. 플라톤이 창조한 이상국가, B.C. 300년경에 활동한 에우헤메로스의 《신성한 역사》, 캄파넬라의 《태양의 나라》(1623), 베이컨의 《뉴아틀란티스》(1627), 조선의 홍길동의 '율도국', 심지어 현대 개혁가들도 이상사회를 고안해내고 있다. 어찌 보면 작가야말로 누구보다 현실세계의 모순과 갈등을 예민하게 느끼는 만큼 유토피아를 꿈꾸는 시대의 상상가라고 말할 수 있다.

유토피아는 디스토피아에 대한 좌절을 전제로 한다. 시대의 부정적인 부분을 비판하고 고발하는 디스토피아(Dystopia)는 그리스어 '나쁜'(dys)과 '장소'(topos)의 합성어다. '배드 플레이스'(Bad place)를 처음 언급한 19세기 영국의 철학자 밀(J. S. Mill)은 1868년 정부의 아일랜드 토지 정책을 비판하기 위해 의회에서 디스토피아란 말을 처음 사용했다. 이후 인간이 꿈꾸는 살기 좋은 사회의 반대 개념으로 디스토피아는 소설이나 영화, 만화의 배경이 되곤 하였다. 그 예는 스위프트의 《걸리버 여행기》(1726), 새뮤얼 버틀러의 《에러원》(1872), 그리고 조지 오웰의 《1984》에서 찾을 수 있다. 디스토피아도 전체주의, 계급사회, 환경 파괴, 비인간화 등 부정적인 현상이 강해질수록 세를 누리는 시대의 언어인 셈이다.

이상향의 배후에는 실망, 분노, 좌절, 환멸 등의 감정이 자리한다. 행복지수가 떨어지면 유토피아에 대한 욕구는 반비례로 증가한다. 동서고금을 살펴보아도 범죄와 전쟁, 질병과 죽음, 폭정과 부정이 심할수록 작가들은 자신과 이웃을 위해 환경을 개선하는 것을 도덕적 책무로 간주했다. 현실을 다루는 리얼리즘 소설도 유토피아적 꿈을 외면하지 않지만 사실 이상향은 언제나 '지금 여기'에 없다. 그렇다고 늘 좌절할 수도 없다. 유토피아는 한두 사람의 비전보다는 삶의 문제를 현실적으로 고민하는 사람이 많을수록 실현될 가능성이 높아진다. 달리 말하면 집단적 꿈과 공리주의적 문학이 합쳐질 때 조금씩 접근할 수 있는 곳이 유토피아이다.
　다수의 수필은 주로 체험에 대한 의식과 해석이다. 그런 가운데 이상적 세계와 개인적 현실이 맞물린 작품들이 발표되고 있다. 유토피아 담론을 세워보려는 작품에서는 이상세계에 대한 기법과 유토피아를 형성하는 요소가 무엇인지를 살필 수 있다.

강돈묵의 <마당 쓸기>

　작가는 한 편의 수필을 쓸 때 그가 살고 있는 시공을 가공하거나 변용한다. 상상을 동원하여 현실에서 찾을 수 없는 행복한 도시와 마을을 건설한다. 무의식적으로 꿈꾸는 공간에서는 의식세계에서 해결하지 못했던 문제도 풀릴 수 있다고 믿는다. 그 열망이 실제 공간을 멀리 밀어내고 유토피아 세계를 구축해낸다.
　강돈묵은 집 마당에서 자신의 소망을 이룰 명분을 찾고 있다. 마당은 외부 세계에서 집안으로 들어갈 때 거치는 완충지대다. 사람들이 마당에 들어오지 않기를 원하지만 여러 사유로 출입이 잦아지면서 마당이 어수선해지고 더럽혀진다. 그가 지키고 싶은 이상향이 훼손되었다는 뜻이다.
　이것을 안타깝게 여긴 그는 마당을 비질한다. "하루를 열어가는 첫 행위"로서 마당 쓸기에는 출입한 사람들의 흔적과 자국을 지워 깨끗한 마당을 만들어보려는 의도와 계획이 깔려 있다. 사람들의 발자국을 "시간의 앙금"으로 여기며 바람에 쓸려온 쓰레기와 나무 잔가지와 심지어 죽은 새들의 잔해가 "널브러져 있다."는 어조로써 이 점을 지적하려 한다. 평온한 삶을 지켜줄 마당이 잡다한 것으로 어질러졌다는 불만이 디스토피아적 의식에 접근한다. 그 변화는 "지저분한", "널브러진", "앙금" 등의 언어로 표현된다.

강돈묵은 마당을 자신이 바라는 대로 되돌리려 한다. 산만하고 혼돈스러운 오물을 제거하여 누구도 밟지 않았던 것과 같은 신천지와 처녀지로 복원시키려 한다.

> 매일 아침 마당을 쓰는 일로 하루가 시작된다. 물론 지저분하다는 생각이 들면 수시로 빗자루를 든다. 마당 한구석에서부터 시작하여 전체를 쓸어 나간다. 치워야 할 쓰레기가 많건 적건 눈에 설어 마뜩잖으면 습관적으로 비를 든다. 나의 비질 앞에서는 모든 것들이 다 신기하게 도망친다. 한참을 쓸다 보면 다른 사람들의 자취는 모두 없어지고, 내 발자국만이 선명하게 나를 따라오고 있다. 깨끗한 마당에는 여유 있게 걸어간 내 흔적만이 남아 있다.

집주인은 매일, 조금이라도 흠이 보이면 비질을 한다. "다른 사람의 모든 자취"를 제거하려는 행위를 소명으로 간주하는 그에게서 청소 미화원이 떠오른다. 성역을 지키려는 종교인의 자세라고 여기면 아담과 이브가 더럽힌 에덴의 동산을 원래의 장소로 바꾸고자 하는 성경 창세기의 주인공인 신이 연상된다. 아무튼 마당을 자신의 영지라고 여기기 때문에 "비질과 내 발자국"만 남도록 한다. '그의 것'이 되어야 마당은 행복감을 준다. 조물주가 천지를 창조한 후 "내가 보기에도 아름답더라."라고 찬탄했듯이 그는 '내가 보기에 깨끗하더라.'라고 생각한다. "여유 있게 걸어간 내 흔적"을 이루어낸 업적의 발자취라고도 여긴다. 그 희열은 유토피아 세계를 건설한 이상주의자의 만족감을 떠올려주기에 충분하다.

마당은 집안과 집밖의 완충지대라 하였다. 마당이 깨끗할수록 그의 자의식도 견고해진다. 삶이 얼마나 성공적이었는가를 보여주는 비질의 결과에 도취되어 어깨를 펴고 으스대기도 한다. '유토피아'가 토마스 모어의 이상세계였듯이 마당도 그의 이상향의 일부분으로 그려진다.

그런데 내면에서 예상치 못한 갈등이 일어난다. 비질한 마당에 비질의 흔적과 자신의 발자국이 그대로 깔려 있음을 새삼스럽게 발견한다. 심지어 비질 자국이 지금까지 그가 만난 사람과 사물들이 저항하고 있는 모습으로 비치기도 한다.

> 가슴에서 피어오르던 희열이 송두리째 사라지며 회오리바람이 마당을 훑는다. 비질의 궤적은 조금씩 사라지는데 내 발자국은 아직도 선명하게 우쭐대며 남아 있다. 뭣이 그리 잘났다고 남의 것 다 지우고 제 흔적만 남겼는지. 한평생 앞만 보고 비질을 했으니 참으로 우매한 짓만 하였다. 이렇게 살았으니, 내가 기억하지 못하는 보이지 않는 흠집은 또 얼마나 많을까.

관점이 바뀌고 있다. 날카롭게 깎인 땅의 표면이 타인의 비통한 몸부림과 생채기로 보이면서 호기를 부렸던 태도가 우매한 짓임을 깨닫는다. 비질에서 다른 사람들의 상처라고 여기는 인식은 쉽지 않은 성찰이다. 여기에서부터 강돈묵이 진실로 이루고 싶은 유토피아가 형성되기 시작한다.

문학사에서 반복되는 유토피아는 개인의 욕망만으로 이루어지지 않는다. 집단적 이상을 기획하고 건설하려 할 때 유토피아의 현실화는 보다 가능해진다. 다수의 행복을 무시하는 개인적인 욕망은 전체주의 정치제도를 그칠 따름이다. 강돈묵도 비질당한 마당에서 저항의 절규와 원망의 몸부림을 찾아낸다. "비질의 날카로운 선이 화살촉"이라고 말한 은유는 내 것만을 생각했던 "건방진 욕구"를 징벌하는 양심의 바늘에 가깝다.

새로운 비질이 필요하다. 이번에는 뒷걸음질하면서 비질을 하여 자신의 발자국마저 지우려 한다. 비질의 흔적은 남지만 마침내 모든 생명이 함께 살고 모두가 당당하게 공유할 수 있는 공간이 만들어진다.

　인간은 유토피아를 온전하게 이룰 수 없다. 세상은 만들어진 순간부터 온갖 모순과 부정에 의하여 조금씩 더럽혀진다. 세계 개척사를 살펴보아도 유토피아를 건설하려 했던 개척민들은 그들의 처녀지를 구획할 때 무덤과 감옥을 만들 장소를 마련했다. 인간의 삶에서 죽음과 범죄는 피할 수 없음을 일찌감치 자각했다. 인간은 이러한 한계와 제약을 긍정적으로 받아들여야 한다. 비질을 거듭하여도 조만간 또다시 사람들의 발자국과 쓰레기와 나뭇가지들이 널브러지는 것을 감내하여야 한다.

　그럼 비질을 그만 두어야 하는가. 강돈묵은 그 점을 거부한다. 마당을 쓸어도 내일이면 여러 흔적으로 다시 더럽혀지고 무엇이든 제 흔적을 남긴다는 필연성을 받아들이는 그런 마음으로 비질을 계속한다. 독점주의적 소유욕을 비질로 버리고, 이기적인 마음을 지워 모두가 제 존재를 남길 수 있을 때 유토피아적 공간이 조성된다고 믿게 된다. 내면을 도덕적으로 반추하는 마음의 마당 쓸기, 이것이 그의 수필에 깔려 있는 이상세계라고 하겠다.

하정아의 <문학과 독서와 인간혁명>

　유토피아를 꿈꾸는 자는 어떤 사람일까. 어떤 자질과 정신이 요청될까. 앞날을 내다보는 혜안과 역사에 대한 성찰이 필요하겠지만 진정 지녀야 할 것은 인간에 대한 사랑이다. 예수나 석가모니도 종교 창시자이기에 앞서 박애주의적 인간 혁명가였다. 당연히 그들의 설교나 설법은 인간에 대한 연민과 사랑을 바탕으로 한다.

　<문학과 독서와 인간혁명>에 담긴 하정아의 생각도 마찬가지다. 현실에 존재하지 않는 유토피아일지라도 사람의 마음속에는 그것에 대한 갈

증이 깃들어 있다고 여긴다. 서로가 도움을 주고받는 곳, 물질적 시혜보다는 심리적 안도감을 나누는 곳, 무엇보다 삶의 의욕을 서로 북돋아주는 곳. 이러한 이상향을 어떻게 현실화할 수 있는가. 양적으로는 중수필이고 질적으로는 에세이에 가까운 <문학과 독서와 인간혁명>이 그 점을 거론한다.

유토피아는 기본적으로 정치 경제적 개념이라기보다는 계몽주의적 의식에 가깝다. 하층 부류의 사람들은 자아를 개량하려 하지만 실현할 의욕을 갖기 힘들고 구체적인 방법도 잘 알지 못한다. 그런데 안드레 블첵이 쓴 에세이 <시와 라틴 아메리카 혁명>을 읽게 된 작가는 평소에 생각했던 모든 계층과 '더불어' 살 수 있는 이상적 해법을 찾아낸다.

그 해법은 책을 나누는 것이다. 하정아는 책의 힘을 믿는다. 그는 독서, 문학, 교양 등 어떤 도움말로 정의하든 책은 의식을 일깨워 뭔가 실천할 수 있도록 인간을 바꾼다는 사실을 인정한다.

> 문학이 인간의 품성을 바꾸고 삶을 변혁시킨다는 것을 확실히 믿는다. 소설가 김훈 선생님은 문학이 인류에 기여할 수 있다는 환상을 버리라고 했지만 책을 통해 삶을 변화시킨 사람들이 얼마나 많은가. 독서의 힘으로 황폐했던 정신을 추슬러 자신이 소속한 커뮤니티에 적응한 사람이 어찌 나쁘랴. "나는 도서관을 먹어버렸다."라고 선언한 에디슨, 학교 교육을 받은 기간이 총 1년이 안 되지만 끊임없는 독서를 통해 지식과 신념을 쌓은 링컨 대통령, 이 두 위인만으로도 책의 힘은 무궁하다.

"책은 삶을 변혁시킨다."는 하정아의 독서론과 문학론은 공리주의와 계몽주의의 이념을 공유한다. "독서를 통한 삶의 변화"는 이론이 아니라 실증적이므로 작가는 혼자만을 위한 문학이 아니라 "최대 다수의 최대 행복"으로서 공리주의를 따라야 한다고 여긴다. 18세기 말 영국의 벤담은 개개인이 이익을 내면 자연스럽게 사회 전체의 공리도 증가한다고 여겼지만, 산업혁명의 문제점을 인식한 존 스튜어트 밀은 "최대 다수의 최대 행복"을 제안하였다. 하정아도 국민들에게 책을 나누어 줄 때 "우리 모든 사람은 생각하고 느낄 권리가 있고 있어야 한다."는 베네수엘라 정부의 취지에 동의함으로써 독서를 통한 이상적 사회 건설을 꿈꾼다. 독서와 인간 품성간의 상호작용은 <문학과 독서와 인간혁명>의 배경이 어디에 있음을 잘 보여준다.

하정아는 문학인들이 빠지기 쉬운 이기주의를 일찍이 간파하였다. 책을 읽으면 저자와 독자 간의 유기성은 높아지지만 외부 사회와의 관계는 오히려 좁아진다. 이러한 상황이 바람직하지 않다고 여긴 작가는 블첵의 사례로써 한인교포 사회가 당면한 문제점을 환기시킨다. 미국이라는 이 상향을 찾아온 사람이면 누구나 이민자의 문제점에 당면하기 마련이다. 아메리칸 드림이 사라진 이민사회는 암담한 디스토피아라는 사실을 인식하면 누구든 "책으로 돌아가야 한다."는 요청을 거부할 수 없다.

> 책으로 다시 돌아가야 한다. 독서를 통해 타인의 지식과 나의 주체적인 사고가 만나면 해석과 창조의 힘이 형성된다. 신념과 사상이 강화되고 지혜가 자란다. 확장된 의식 안에 긍정적인 생각들이 담긴다. 독서가 깊어지면 어느 순간 의식에 변화가 온다. 쇼펜하우어는 읽으면 느끼고 느끼면 행동한다고 말했다. 한 사람 한 사람의 심적 변화가 모이면 조만간 전체로 확산되는 날이 온다.

작가는 "주체적인 사고, 창조의 힘, 신념과 사상의 강화, 의식의 변화, 전체로의 확산" 같은 담론을 가져와 거듭 책의 중요성을 강조한다. 남은 문제는 실천요강이다. 그것은 블첵이 소개한 방식을 벤치마킹하여 몸과 마음이 필요로 하는 것을 함께 제공하는 것이다. 구체적으로 "은퇴촌, 요양병원, 한인 재소자들이 있는 교도소, LA 인근의 노숙자 집단촌을 찾아가 빵과 책을 함께 주는 것이다." 이때의 잠언 모음집, 시 한 편, 명언 쪽지, 팸플릿 등은 단순히 읽는 자료가 아니라 인간을 바꾸는 마음의 양식인 셈이다.

유토피아의 꿈은 'top down' 방식으로 이루어지지 않는다. 18세기 계몽주의 시대에는 밀이나 다빈치 같은 '유니버설 맨'이 이상향으로 가는 문을 열어줄 수 있었지만 복잡한 현대사회에서는 개인의 노력이 미약하다. 함께 맞물려 돌아가는 'bottom up' 방식이 성공의 가능성을 높여준다. 유토피아를 그림에 비유하면 한 명의 몽상화가가 그린 유화가 아니라 현실적 문제를 해결하려는 여러 사람들이 모여 짜낸 마을 벽화와 같다. 하정아도 "내가 살기 위해서는 상대방을 먼저 살게 해주어야 하고" 그럴 때 "세상은 점차 따뜻하고 희망찬 장소"가 되리라 기대한다.

… 문학의 힘은 어느 곳 어느 상황에서든 그 빛을 발휘한다는 블책의 생각을 신뢰한다. 그렇다. 인간을 변화시키고 사회를 개혁하는 힘은 독서에서 시작한다고 믿는다. 한 사람 한 사람이 자신의 삶을 고전으로 단련시킨다면 이 세상은 어느덧 휴머니즘의 정기로 가득 차게 될 것을 확신한다. 그 증거를 일상에서 늘 대면할 수 있기를 기대한다.

독서의 힘으로 이상사회를 이룰 수 있다는 기대는 결코 판타지가 아니다. 인간혁명은 정치 혁명과 달리 피의 희생이 아니라 사랑의 공유를 요구한다. 힘든 일일수록 꿈을 꾸어야 한다. 우리는 지나가버린 세월을 되돌아보면 한때 어렵다고 여겼던 꿈이 현실로 실현되어 있음을 발견한다. 그때서야 앞선 사람들이 꿈을 꾸었기 때문에 이루어졌구나 하고 경탄하며 우리도 "꿈을 꾸어야 한다."고 다짐한다. 유토피아는 한 명의 몽상가의 '비전'에서 미리 보이기도 하지만 중요한 것은 '꿈은 이루어진다.'는 다수의 계몽의식이다. 이러한 이상적 비전과 실천력을 가지면 언젠가는 유토피아인들을 위한 사회가 만들어질 수도 있다. "그 증거를 일상에서 늘 대면할 수 있기를 기대"하는 작가의 호소에는 결연한 의지가 묻어있다. 무언가 이루려는 집단의식은 늘 꿈으로 계승된다. 하정아의 독서를 통한 인간혁명도 후일 언젠가 꿈에서 기억으로 이야기되기를 기대한다. 그럴 것이다.

최영애의 <용눈이오름>

예술가는 살기 위하여 두 개의 다른 공간을 갖는다. 하나는 살아가는 데 필요한 의식주가 있는 생활 장소다. 다른 하나는 자신의 예술을 위한 작품을 착상하고 구상하고 완성시키는 데 필요한 심미적 공간이다. 전자는 아무리 경제적으로 여유가 있을지라도 불편하고 추하게 보여 한시라도 빨리 벗어나고 싶어진다. 그들은 이런 곳을 자신을 못살게 구는 디스토피아적인 공간으로 여긴다. 반면에 자신의 삶과 작품을 창조하고 보호할 수 있는 장소는 물리적으로 불편할지라도 그가 원하던 유토피아라고 믿는다. 그들은 그곳을 홀로 소유하려 한다. 예술가들에게 그곳은 이상향이다.

최영애는 사진작가 김영갑 갤러리 두모악을 찾아갔다. 그가 찍은 용눈이오름의 풍경에 감동하여 언젠가는 꼭 오르고 싶다는 꿈을 꾸었고 마침내 그곳에 올랐다. 오름은 한라산을 중심으로 흩어져 있는 크고 작은 분화구들이다. 오름마다 모양이 다르고 나름의 개성과 스토리를 지니고 있다. 용눈이오름은 김영갑 작가의 삶과 예술로 이루어진 설화 같은 이야기로 널리 알려져 있다. 최영애가 용눈이오름을 바라보는 시선도 김영갑 사진작가의 관점을 닮아간다.

용이 누워있는 모습으로 보이기도 하고 분화구가 용의 눈처럼 보인다고 하여 '용눈이오름'이라 한다. 김영갑 씨는 그곳에 움막을 짓고 추위와 배고픔을 참아내며 사진을 찍었다. 사계절 비가 오나 눈이 오나, 세찬 바람이 불거나, 뙤약볕이 쏟아질 때도 자연이 연출하는 순간 포착을 기다렸다고 한다.

예술가들은 보통 사람들과 다르게 자연을 바라본다. 풀 한 포기 없는 황무지, 바람이 밤낮 휩쓸고 지나가는 언덕, 뙤약볕이 내리쪼이는 사막구릉…. 황량한 땅조차 예술가들 앞에 놓이면 순식간에 아름다운 곳으로 변한다. 예술가들이 자신의 존재를 그곳에서 발견하기 때문이다. 단순했던, 단순하고 의미 없던 지형이 용의 몸통, 소의 등, 여인의 허리로 바뀐다. 김영갑에게 용눈이오름도 잡풀이 가득한 구릉이 아니라 풍요롭고 경이적이어서 열정적이고 치열한 작가의 작품 배경으로 돌변하였다. 이렇듯 예술적 안목을 가진 사람들은 그들만의 풍경과 인상을 공간화 한다.

최영애도 그러한 분위기에 익숙하다. 미술에 대하여 어느 정도의 안목을 가지고 있으므로 그녀는 완만한 오름의 곡선을 여체의 일부로 상상한다. "부드러운 허리, 엉덩이 능선의 곡선, 여인의 풍만한 누드, 봉긋한 젖가슴"은 관능성과 모성애를 지닌다. 예술가들의 열정에 남다른 이해력과 포용력을 가지고 있는 그녀는 추위와 배고픔을 견디며 사진을 찍었던 김영갑에게 애정과 연민을 품는다. 이런 인상과 반응은 그녀의 삶을 알면 더욱 쉽게 이해된다.

아무튼 예술가들은 그들의 영혼을 자연에 헌정하는 사람들이다. 밥벌이가 되지 않아도 밤낮 작업에 몰두한다. 오직 자신의 삶은 예술을 통해 이어진다는 믿음이 있으므로 그들의 작업실은 본인에게는 유토피아이지만 타인들에게는 공익적이지 않다. 늘 이기적이지만 그들의 예술적 유토피아는 비난의 경계를 넘어선다.

그들은 다른 이상을 위해 꿈꾼다. 그것을 위해 정신적 육체적 고통도 감수한다. 먼저 행동하지 않으면 꿈은 그냥 꿈일 뿐이다. 죽을 때까지 계속해야 이룰 수 있는 궁극의 목적이다. 열정으로 뭔가에 미쳐서 날뛰며 결국 원하는 이상을 이루어 낸다면 생애 최고의 행복이 되겠다. 그 순간을 누리지 못하고 기막힌 세월을 견뎌내다가는 육신이 지쳐 요절한다.

최영애가 묘사하는 용눈이오름에 거주할 수 있는 자들은 제한되어 있다. 대부분 예술가가 그 그룹에 속한다. 사진작가 김영갑, 화가인 그녀의 남편과 아들, 그리고 수필작가인 최영애가 그들이다. 심미적 꿈을 갖지 않은 사람들은 이들 가족의 괴팍한 삶을 이해할 수 없고 "열정, 이상, 꿈, 행복, 요절"과 같은 절절한 언어에 무감각하다. 예술가들이 공유하는 유토피아는 보통 사람들에게는 살기 힘든 디스토피아에 불과하다. 일상적 행복보다는 외로움과 배고픔을 더 의미 있는 가치로 여기는 예술가들만의 유토피아인 셈이다.

예술가의 곁에 있는 사람은 죽을 만큼 힘들 때가 있다. 그것을 그는 알고 있었을까. 오붓한 가정을 꾸리지도 못하고 심지어 부모형제의 사랑까지도 외면했다. 그에게 사진 찍기는 평을 받기 위한 것은 아니었다. 오직 작가의 삶의 반영이었을 뿐이다. 사진에 미친 그에게 세상과의 타협은 없었다. 소중한 생명의 시간도 소모했다. 그러니 당연히 모두가 젊은 나이에 떠난 그를 안타까워하며 슬퍼한다. 그는 제주도의 모든 것을 사랑했다. 특히 바람을. 그의 사진 속에 담긴 제주의 모든 풍경에는 바람 소리가 들린다.

최영애는 화가의 아내였으므로 예술가의 가족이 겪어야 하는 고통을 누구보다 잘 안다. 용눈이오름에 올랐을 때 힘들었던 자신의 과거를 되돌아볼 수밖에 없는 이유가 여기에 있다. 이러한 배타성이 예술가들의 유토피아가 갖는 모순이라고 하겠다.

그런데 그녀도 가족들에게 고통을 줄지도 모르는 글 쓰는 작가가 되었다. 당연히 그녀의 관념은 이상과 현실로 양분된다. 하나는 보통사람으로서 편안한 생활을 누리고 싶은 희망이고, 다른 하나는 자신의 문학을 지킬 수 있는 이상향을 갖고 싶은 꿈이다. 그녀는 현실적 행복을 희생하고 심미적 유토피아로 옮겨갈 수 있는가에 대하여 곰곰이 생각한 끝에 후자를 선택한다. 이 점은 작가가 되려면 "자유로운 일상을 벗어나 보려는 집착"이 필요하고 "글쓰기에 매달리고 또 매달리려 한다."는 각오로 입증되고 있다.

최영애가 용눈이오름에서 발견한 것은 작가로서의 "인간적 고뇌와 예술혼"이다. 그곳에서는 제대로 자라지 못한 한 그루 소나무조차 카메라의 피사체가 된다. 산 사람도 그곳에 오르면 다른 예술가들의 피사체가 된다. 작가는 사진작가 김영갑의 카메라 앞에 서기를 원하고, 그의 피사체가 된 듯한 기쁨을 느낀다. 최영애가 그려내는 용눈이오름은 산 자들의 등산길이 아니라 예술가와 예술 애호가들이 모여드는 심미적 탐색 길이 되었다.

덧붙여

파라다이스의 어원은 신의 은총을 받은 영웅들만이 갈 수 있는 '극락의 섬'에서 유래한다. 이곳을 그리스인들은 '파라데이소스(paradeisos)'라고 불렀는데 본래 '주위에 울타리를 둘러친 뜰'이라는 뜻으로 페르시아 귀족의 정원을 의미했다. '주위를 울타리로 둘러친' 정원으로서 유토피아와 파라다이스는 일반 서민들의 접근을 허락하지 않았다. 낙원다운 낙원이라면 이래서는 안 된다. 오늘날 회원권 소지자에게만 쾌락을 나누어주는 배타적인 클럽이 도처에 생겨나 입장을 허락받지 못한 서민들에게 분노와 절망을 안겨주고 있다. 세상조차 공익을 저버린 디스토피아로 변질되고 있다. 이 점을 환기시키는 시민계몽주의자들이 부족한 현실이 참으로 아쉽다.

유토피아는 문학에서만 존재하는 언어여서는 안 된다. 작가들은 소수가 아닌 다수의 사람이 함께 행복을 누리는 세상을 만들자는 일깨움을 전파할 의무가 있다. 사회가 공존공영하는 정의로운 장소가 되도록 목소리를 높여야 한다.

강돈목의 <마당 쓸기>는 소아주의를 대승적 공유 의지로 승화시킨 줄거리를 견지한 작품이다. 하정아의 <문학과 독서와 인간혁명>은 인간계몽을 통하여 이상적 사회를 건설하자는 강렬한 메시지를 던진다. 최영애의 <용눈이오름>은 예술에 제한하였지만 심미적 이상향이 무엇임을 보여준다.

지구상에 평화로운 사회를 확대하기 위해 노력하는 사람들이 있는 한 유토피아는 "어디에도 없는 아름다운 나라"라는 뜻은 아닐 것이다. 우리가 함께 노력하면 "어디엔가 있는 아름다운 나라"라는 새로운 의미를 가질 수 있을 것이다. 사회가 암담해질수록 희망의 빛이 있어야 한다는 명분이야말로 오늘의 수필이 지켜야 할 도의가 아닐까.

| 작품 |

마당 쓸기

강돈묵

 잠결에 맛본 텁텁한 공기는 서서히 몰려 나간다. 내 안에 자리한 안개들이 밀려나가는 소리가 들리는 듯하다. 밤의 긴 시간을 짙은 안개 속에 갇혀 헤매었다. 지저분한 꿈에 시달린 것이 언제부터이던가. 오래되었지만, 정확히는 알 수 없다. 그러나 눈을 뜨는 순간 구겨진 꿈은 내가 알아채면 아니 되는 것이나 되듯 뿔뿔이 사라졌다. 조금 전에 꾼 꿈도 안개처럼 바람결에 흩어졌다.
 마당에 내려서니 아침 공기가 달다. 마당을 쓰는 게 일상이 된 나는 싸리비를 든다. 하루를 열어가는 첫 행위이다. 언제나 그렇듯 마당은 지저분하다. 지난 시간의 앙금처럼 자국들이 널브러져 있다. 많은 사람들이 오가는 마당에는 온갖 발자국들이 엉켜 있다. 큰 신의 흔적도 있고, 아주 조그마한 것도 함께 따라가고 있다. 분명 큰 것은 어른의 것이겠고, 작은 것은 아이의 것일 게다. 또 볼이 좁은 것은 여자의 자국이고, 넓은 것은 남자의 흔적이다. 그중에는 진중하게 삶을 꾸리는 사람도 있을 것이고, 수다에 능숙할 만큼 가벼이 살아가는 사람도 있을 것이다.
 사람의 흔적만이 아니다. 가끔 새들의 주검이 누워 있기도 하고, 바람결에 날아온 쓰레기가 뒹구는가 하면, 나무들의 잔가지가 널브러져 나를 기다리기도 한다. 어지러이 널려있는 저마다의 자취가 그렇게 못마땅할 수가 없다.

지저분한 흔적들을 지우기 위해 빗자루를 든다. 치워야 직성이 풀리는 내 성격은 남다르긴 하다.

매일 아침 마당을 쓰는 일로 하루가 시작된다. 물론 지저분하다는 생각이 들면 수시로 빗자루를 든다. 마당 한구석에서부터 시작하여 전체를 쓸어 나간다. 치워야 할 쓰레기가 많건 적건 눈에 설어 마뜩잖으면 습관적으로 비를 든다. 나의 비질 앞에서는 모든 것들이 다 신기하게 도망친다. 한참을 쓸다보면 다른 사람들의 자취는 모두 없어지고, 내 발자국만이 선명하게 나를 따라오고 있다. 깨끗한 마당에는 여유 있게 걸어간 내 흔적만이 남아 있다. 자국의 모습은 그리 크지 않다. 두 발 사이가 옆으로 벌어졌다는 것은 누구의 눈치도 보지 않고 자신 있게 걸어 나갔음을 보여준다. 자세히 살펴보면 거만하고 도도하기도 하다.

다른 이들의 흔적이 모두 달아난 깨끗한 마당가 댓돌에 앉으니, 어디에서 찾아왔는지 모를 희열이 옆에 와 쪼그리고 앉는다. 잡티 하나 없이 민낯이 드러난 마당. 싸리비의 자국만이 그들의 가벼운 저항을 암시하고, 그것을 짓밟듯이 성큼성큼 이어진 내 발자국은 마냥 대견스럽다. 그 발자국은 다른 이의 흔적을 송두리째 지우고 나만의 것으로 덮어 버린다. 어쩌면 나는 그동안 이 짓을 즐겼는지도 모른다. 사실 나는 지금까지 다른 사람의 너덧 배는 일을 하며 생을 꾸려왔다고 자부해 왔다. 밤을 쪼개어 잠을 갉아먹으면서 주어진 일을 감당해 왔다. 그런 자신이 자랑스러워 어깨를 펴고 으스대기도 하였고, 다른 사람을 내려다보면서 호기스럽게 웃기도 하였다.

시원하게 쓸어 놓고 아무것도 없는 깨끗한 마당을 바라보면서 얼마나 흐뭇해했던가. 그 누구의 발자국도 없는 나만의 흔적만이 가득한 마당을 바라보며 가슴에서 끓어오르는 희열을 맛보았던 지난 세월. 댓가지가 밀어낸 흔적이 선명한 것을 보면서 그것이 내 힘이라 여기며 스스로 도취되었다.

댓돌에 앉아 바라보니 이따금씩 남은 비질의 궤적선이 선명하다. 선은 마당의 표피를 파고들어 날카롭게 할퀴고 있다. 그것은 마당의 생채기가 아니라 억울하게 지워진 흔적들의 저항하는 절규이다. 생을 다해 쌓아놓은 공덕을 송두리째 무너뜨린 사람에 대한 원망의 몸부림이다. 다른 이들의 공적은 가볍게 여기고, 자신의 것으로 가득 채워 놓은 나에 대한 무언의 함성이다. 비질의 날카로운 선이 화살촉으로 일어선다. 내 것만을 내세우려는 건방진 욕구에 정확히 맞추면서 돌진해 온다.

가슴에서 피어오르던 희열이 송두리째 사라지며 회오리바람이 마당을 핥는다. 비질의 궤적은 조금씩 사라지는데 내 발자국은 아직도 선명하게 우쭐대며 남아 있다. 뭣이 그리 잘났다고 남의 것 다 지우고 제 흔적만 남겼는지. 한평생 앞만 보고 비질을 했으니 참으로 우매한 짓만 하였다. 이렇게 살았으니, 내가 기억하지 못하는 보이지 않는 흠집은 또 얼마나 많을까.

더이상 댓돌에 앉아 있을 수가 없다. 비를 들고 다시 마당을 쓴다. 이번에는 뒷걸음질을 하면서 비질을 한다. 처음이다 보니 생소하다. 한 발 한 발 뒤로 물러서면서 내 발자국을 지워나간다. 선명하게 찍혔던 발자국은 사라지고 싸리비가 할퀸 자국은 아직도 남아 있다. 저들의 억울해 하던 함성은 오랜 시간 후에도 내 가슴에서 지워질 것 같지 않다. 이제 내 발자국은 지웠으니, 저 함성이 사라질 때까지 조용히 시간을 기다릴 일이다. 언젠가 쏴한 바람이 지나면 공기도 단맛으로 다가오리라.

－2019년 3월호《수필과비평》

| 작품 |

문학과 독서와 인간 혁명

하정아

안드레 블첵의 역동적인 문장이 정신을 활짝 깨운다. "만약 한 편의 좋은 시詩가 선홍색 페라리 자동차보다도 더 많은 찬사를 받을 수 있다면, 사람들은 도둑질을 멈추고 시를 쓰기 시작할 것이다." 물질과 정신적 가치에 대한 극명한 대비가 주는 은유가 눈부시다. 나는 지금껏 어느 편을 진실로 추구해 왔던가, 양심에 묻게 한다.

안드레 블첵. 체코계 미국인으로 좌파 성향의 사회주의 세계관을 가진 사상가이자 소설가. 전 세계에서 일어나는 전쟁과 다양한 분쟁 현장을 탐사 취재하여 진보적인 글을 쓰는 언론인. 평등 의식과 정의 구현에 입각하여 서구사회에서는 듣기 힘든 반제국주의적인 내용들을 거침없이 이야기하는 사람. 그가 2015년 미국 정치 전문 뉴스레터 <카운터펀치>에 발표한 6,500자 분량의 에세이 <시와 라틴 아메리카 혁명> 전문을 읽고 벌떡이는 활어 같은 언어의 향연에 나는 완전히 매료되었다.

그는 이 글에서 문학의 힘을 설득력 있게 증명한다. 그가 친구를 만나기 위해 베네수엘라를 방문했을 때 정부는 가난한 사람들과 대중에게 수백만 권의 시집과 세계 명작들을 무료로 나누어주고 있었다. '우리 모든 사람은 생각하고 느낄 권리가 있고, 있어야 한다.'는 국민정신 운동이었다. "빅토르 위고, 세르반테스, 막심 고리키, 톨스토이, 타고르가 쓴 위대한 책들을 읽기 시작한 민중은 그것들을 즐기고 쉽게 이해하기 시작했다."고 그는 적었다.
"독서를 통하여 많은 것을 이해할수록, 그들은 자신을 평등하게 대하는 사람들을 지지했다."는 문장이 눈길을 오래 붙잡는다. 결국 남미 개혁과 혁명은 무력이나 사상이 아닌 문학예술의 힘으로 이루어졌다는 결론 앞에서 격정적인 감동이 몰려왔다. 문학은 나라를 개혁할 만큼 힘이 있구나. 문학은 인간의 삶을 실제적으로 변화시킬 수 있구나.

문학이 인간의 품성을 바꾸고 삶을 변혁시킨다는 것을 확실히 믿는다. 소설가 김훈 선생님은 문학이 인류에 기여할 수 있다는 환상을 버리라고 했지만 책을 통해 삶을 변화시킨 사람들이 얼마나 많은가. 독서의 힘으로 황폐했던 정신을 추스러 자신이 소속한 커뮤니티에 적응한 사람이 어찌 나뿐이랴. "나는 도서관을 먹어버렸다."라고 선언한 에디슨, 학교 교육을 받은 기간이 총 1년이 안 되지만 끊임없는 독서를 통해 지식과 신념을 쌓은 링컨 대통령, 이 두 위인만으로도 책의 힘은 무궁하다.

책을 읽고 글을 쓰는 일이 이기적으로 느껴지는 요즈음이었다. 좋은 문장을 얻기 위해 고심하는 것이 과연 무슨 의미가 있는가, 회의에 빠질 때가 많았다. 내가 문학을 하는 일이 지구 한쪽을 아름답고 따뜻하게 만든다고 자신할 수 없었다. 이제 블첵의 글에 큰 위로를 받는다. 예술가 한 사람 한 사람이 진지하게 자기 몫의 예술과 문학을 할 때 공동체를 위해 큰일을 이룰 수 있다는 그의 생각에 깊이 공감한다.

내가 소속되어 있는 공동체가 앓고 있다. LA 한인 타운에서 활동하는 정신과 의사 친구는 남가주 한인 교포사회가 겪고 있는 정신적인 문제를 심각하게 진단한다. 사실이라고 믿기 어려울 만큼 암담한 현실에 처한 사람들이 많단다. 밖으로 드러내지 못하고 이중삼중의 고통을 안고 살아가는 이민자들의 일상이 어찌 남의 일일까. 작년 한 해 엘에이 카운티에 거주하는 한인 교포 사망 원인의 33퍼센트가 자살이라는데 무엇이 잘못되었을까. 어디서부터 문제를 풀어야 할까.

독서가 답이다. 청년기의 뜰을 생각한다. 우리는 그때 많은 순수를 꿈꾸었다. 시에서 영감을 얻고, 세계고전명작을 읽으면서 삶의 가치와 아름다움을 발견했다. 따뜻한 인간애에 눈시울을 적시며 자유와 평등을 동경했다. 슬프게도 그 순수와 꿈이 어느새 어디론가 모두 사라져버렸다.

　책으로 다시 돌아가야 한다. 독서를 통해 타인의 지식과 나의 주체적인 사고가 만나면 해석과 창조의 힘이 형성된다. 신념과 사상이 강화되고 지혜가 자란다. 확장된 의식 안에 긍정적인 생각들이 담긴다. 독서가 깊어지면 어느 순간 의식에 변화가 온다. 쇼펜하우어는 읽으면 느끼고 느끼면 행동한다고 말했다. 한 사람 한 사람의 심적 변화가 모이면 조만간 전체로 확산되는 날이 온다.

　한인 교포 사회에 고전읽기 운동이 확산된다면 얼마나 좋을까. 문학작품을 들고 은퇴촌, 요양 병원, 한인 재소자들이 있는 교도소, LA 인근의 노숙자 집단촌을 찾아가는 것이다. 그들을 찾아가 빵과 책을 함께 주는 것이다. 책의 무게와 내용이 버겁다면 발췌한 소책자도 좋으리라. 삶의 존엄성에 대한 명언들을 적은 쪽지. 그들의 상처를 어루만져주는 따뜻한 사랑의 시 한 편. 정신과 육신의 건강을 유지하는 비결과 삶에 도움이 되는 내용이 담긴 팸플릿. 고된 삶을 위로하는 잠언. 평범하지만 깊이 있는 지혜를 주는 금언 모음집. 나아가 일반인들을 위하여 한인 도서관과 마켓과 식당에도 책을 비치하는 것이다. 한인 문학 단체들이 이 운동에 힘을 모은다면, 교포 언론들이 홍보하고 지원한다면, 정신적 풍요가 한인 타운에 가득 차지 않겠는가.

　LA 다운타운에는 교포 단체와 모임이 많다. 각 모임의 목적이 다르지만 시나 산문 낭송으로 행사를 시작한다면 얼마나 격조 있는 분위기가 형성되겠는가. 고전 명구는 어떤가. 미국 인디언 추장들의 마지막 연설문에도 영감적인 내용이 많다. 문학계에도 때맞춰 자성의 목소리가 확산되고 있다. 이제 우리의 문학은 개인적인 차원을 너머 교포 사회를 위해 행동할 때라고. 문학으로 우리 커뮤니티를 살리는 방안을 모색해야 한다고.

　한국에서도 2012년은 독서의 해였다. 문학이 대접 받는 고국이 된 것 같아 기뻤다. 너그럽고 성숙한 사회는 깨어있는 시민정신이 만들고 품격 있는 시민정신은 독서를 통해 형성된다. 어느 문화인은 국회 회기 시작 전 아름다운 시나 산문을 한 편씩 낭송하자고 말했다. 제안에 그치지 않고 실행이 된다면 얼마나 긍정적인 결과를 불러올까, 상상만으로도 즐겁다. 아니 그러한 제안을 할 만큼 문학적인 분위기가 조성된 것 같아 반갑다.

한국은 정신적이고 내면적인 가치를 중요하게 여기는 나라다. 어느 연령대든 공부할 수 있는 기회의 장이 활짝 열려있다. 역사와 철학과 문학과 예술을 아우르는 인문학 강좌가 붐을 이루고 있다. SNS와 온라인 시스템으로 사람을 직접 대면하는 기회가 줄어 인정이 삭막해질수록 문학 강좌는 관계의 역학을 경험하게 하는 기회를 부여한다. 다양한 강좌를 통한 의식의 깨달음이 독서읽기 운동으로 확장되기를 바라는 마음이 크다. 인간혁신의 진정한 촉매제는 독서 아닌가.

독서. 상대방을 열린 자세로 받아들이게 하는 마음의 그릇. 독서는 내면의 가치에 눈을 뜨게 하고 내가 살기 위해서는 상대방을 먼저 살게 해주어야 한다는 깨달음을 준다. 책을 읽을수록 책 밖의 현실을 더욱 잘 이해할 수 있게 된다. 자신이 처한 현실을 진실한 눈으로 바라보는 용기를 얻게 되고 그 환경을 건강하게 바꿀 수 있는 힘이 생긴다. 그렇게 충만한 마음으로 고통받는 이웃을 찾아가면 세상은 점차 따뜻하고 희망찬 장소가 되지 않겠는가.

나는 꿈꾼다. 철학과 문학이 현실을 지탱하는 힘이 되는 세상. 장미와 여우를 길들이는 어린 왕자가 사는 별을 방문하고 싶다는 사람의 말을 진지하게 받아들이는 사회. 우리는 왜 어린 왕자를 만나고 싶어 하는가. 왜 어린 왕자와 같은 인물을 찾을 수 없는가. 왜 이 지구를 어린 왕자 같은 사람들이 사는 곳으로 만들 수 없는가. 문학을 진지하게 하면 어디서든 어린 왕자와 같은 인물을 만난다. 참된 문학의 힘은 어린 왕자 같은 인간에게도 갈등과 고통이 있고 눈물과 슬픔이 있다는 것을 깨닫는 것이다. 그가 왜 죽어야만 하는지 인문학적인 해석과 시대적인 적용을 하는 것이다.

미국이나 한국이 안고 있는 문제들은 남미와 다르다. 안드레 블첵의 말처럼 남미인의 감성 코드에 맞는 방식을 전 세계에 적용할 수는 없다. 하지만 인간은 어디에 있든 인간이라는 이유로 공통점을 갖는다. 그중의 하나가 자유와 평등이다. 문학을 통해 이를 이루어내는 것이 문학인들의 의무이고 권리가 아닐까.

날마다 혼란스러운 지구촌이다. 나라와 나라가, 나라 안의 각 단체들이, 개인과 개인의 관계가 한 치 앞을 예측할 수 없을 만큼 첨예하게 대립하고 있다. 그럼에도 불구하고 문학의 힘은 어느 곳 어느 상황에서든 그 빛을 발휘한다는 블첵의 생각을 신뢰한다. 그렇다. 인간을 변화시키고 사회를 개혁하는 힘은 독서에서 시작한다고 믿는다. 한 사람 한 사람이 자신의 삶을 고전으로 단련시킨다면 이 세상은 어느덧 휴머니즘의 정기로 가득 차게 될 것을 확신한다. 그 증거를 일상에서 늘 대면할 수 있기를 기대한다.

－2019년 3월호《수필과비평》

| 작품 |

용눈이오름

최영애

몇 해 전이다. '김영갑 갤러리 두모악'을 찾았다. 용눈이오름을 파노라마처럼 담아낸 사진에 감동했다. 이후로 사진작가가 수없이 올랐다는 용눈이오름은 내 그리움을 불러내는 또 하나의 자리가 되었다.

이번 제주 여행을 떠나기 전에 마음을 정했다. 올 때마다 계획과 달리 올레길에 빠진 발길이 쉬 돌려지지 않아 용눈이오름은 다음으로 미루곤 했다. 오름은 용이 누워있는 모습으로 보이기도 하고 분화구가 용의 눈처럼 보인다고 하여 용눈이오름이라 한다. 김영갑 씨는 그곳에 움막을 짓고 추위와 배고픔을 참아내며 사진을 찍었다. 사계절 비가 오나 눈이 오나, 세찬 바람이 불거나, 뙤약볕이 쏟아질 때도 자연이 연출하는 순간 포착을 기다렸다고 한다. 그의 열정적인 생을 느껴보고 싶은 건 나만이 아닐 것이다.

오름의 낮은 곳에는 무덤들이 즐비하다. 현무암으로 쌓은 담들은 어릴 때 보았던 조각 밥상보 같다. 순환버스에 탑승한 해설자는 공동묘지가 명당이라고 소개했다. 그 말을 증명이라도 하듯 여기저기 삶과 죽음이 가까이하고 있다. 양지바른 곳에서 편안한 휴식을 취하고 있다. 게다가 이곳을 찾아주는 많은 관광객들은 망자가 외롭지 않도록 시시때때로 찾아온다.

가파르게 보이는 것과 달리 완만하게 오를 수 있다. 입구에서 올려다본 오름은 나무가 없다. 부드러운 허리에서 엉덩이로 이어지는 노출된 능선의 곡선이 매혹적이다. 마치 옆으로 누워 있는 여인의 풍만한 누드 형상 같다. 사진작가의 예리한 눈길이라면 충분히 육감적인 여인의 몸매에 홀렸을 것이다. 정신없이 카메라 셔터를 눌러댔으리라. 또 다른 방향으로 본다. 오름의 두 봉우리가 젖이 불어있는 봉긋한 젖가슴 같다. 외로움에 지친 작가는 이곳에서 포근한 엄마 품에 안긴 듯 편안함도 누렸는지도 모른다.

밥벌이가 되지 않는 일에 매달려 영혼을 바치는 사람들이 많다. 보통 사람들은 그런 괴짜를 이해하지 못한다. 그들은 다른 이상을 위해 꿈꾼다. 그것을 위해 정신적 육체적 고통도 감수한다. 먼저 행동하지 않으면 꿈은 그냥 꿈일 뿐이다. 죽을 때까지 계속해야 이룰 수 있는 궁극의 목적이다. 열정으로 뭔가에 미쳐서 날뛰며 결국 원하는 이상을 이루어 낸다면 생애 최고의 행복이 되겠다. 그 순간을 누리지 못하고 기막힌 세월을 견뎌내다가는 육신이 지쳐 요절한다.

그리 가파르지 않은 용눈이오름의 정상에 선다. 환상적인 풍광이 아득하게 펼쳐있다. 사방으로 탁 트인 곳들이 한눈에 들어온다. 멀리 보이는 한라산이 엄마라면 가까이 보이는 작은 오름들은 한라산의 어린 자식들이다. 오름들이 엄마의 치맛자락을 잡고 평화롭게 놀고 있는 듯 장관이다. 먼저 다녀왔던 성산 일출봉과 우도가 보인다. 멀리서 바라보니 경이롭기만 하다.

용눈이오름에서 김영갑 작가의 시선을 탐닉한다. 순간 포착을 위해 치열하게 생을 살았던 곳이다. 그가 많이 걸었던 길을 따라 걷다보면 행여 내 발이 작가의 발자국 위에 포개질지도 모른다. 어디쯤에서 카메라를 세우고 작품의 각도를 조절했을까. 외로움과 배고픔을 참아내며 순간포착을 기다렸던 자리는 어디쯤일까. 작품으로 잡아내었던 거친 바람은 지금은 어디에서 이리로 오고 있을까. 이곳저곳의 피사체가 되었을 풍경을 찾아 두리번거린다.

한순간도 같은 풍경을 보여주지 않는 오름이다. 철따라 조석으로, 방향과 날씨에 따라 달라진다. 변덕스러운 여자의 마음 같다. 그러기에 작가는 더욱 요사스러운 여인에 집착하듯 했나 보다. 놓칠까 하는 조바심도 있었을 게다. 원하는 순간을 잡으려는 다급한 마음에 숱한 애간장도 태웠으리라.

예술가의 곁에 있는 사람은 죽을 만큼 힘들 때가 있다. 그것을 그는 알고 있었을까. 오붓한 가정을 꾸리지도, 심지어 부모 형제의 사랑까지도 외면했다. 그에게 사진 찍기는 평을 받기 위한 것은 아니었다. 오직 작가의 삶의 반영이었을 뿐이다. 사진에 미친 그에게 세상과의 타협은 없었다. 소중한 생명의 시간도 소모했다. 그러니 당연히 모두가 젊은 나이에 떠난 그를 안타까워하며 슬퍼한다. 그는 제주도의 모든 것을 사랑했다. 특히 바람을. 그의 사진 속에 담긴 제주의 모든 풍경에는 바람 소리가 들린다. 그러기에 사람들은 그의 작품세계에 매혹 당하는지도 모른다. 오래도록 그는 예술혼으로 살아서 내색할 것이다.

한때는 주어진 삶의 조건이 힘들어 느긋한 일상을 원했다. 이제 그런 일상이 주어졌건만 느긋함도 지나치니 습관이 된 듯하다. 한편에는 내 글에 시간을 축낸 게을렀던 문장들이 여기저기 보인다. 자유로운 일상을 벗어나 애써 보는 집착이 필요하다. 글쓰기에 매달리고 또 매달리려 한다. 오늘 '용눈이오름'에서 김영갑 작가의 포기 없는 정신을 배운다. 바람도 그런 생각이었을 것이다.

용눈이오름에는 작가의 인간적 고뇌와 예술혼이 머물고 있다. 풍경마다 절절하고 애틋하다. 오름길은 지금도 소소한 찬 기운이 느껴진다. 거친 제주 바람을 견뎌내느라 키를 키우지 못한 한 그루 작은 소나무를 본다. 저 나무도 작가의 몇 컷의 작품이 되었던 멋진 날들을 기억하고 있을까. 늦가을, 바람에 춤추었던 억새들도 이미 힘을 잃었다. 루게릭병마로 야위어진 작가의 모습처럼 처연하게 보여 애잔하다. 겨울로 치달으며 슬슬 찬 기운을 풍겨낸다.

용눈이오름에 바람이 헤집고 지나간다. 그는 죽지 않았다. 바람으로 살아 있다. 그의 긴 머릿결이 야생마의 갈기처럼 바람에 휘날린다. 무거운 사진기를 어깨에 메고 오름의 등선 길로 걸어오고 있는 그가 보인다.

용눈이오름 바람 앞에 서서 한 컷의 피사체가 되어 본다.

−2019년 3월호 《수필과비평》

02

모방과 인용, 그 변용의 시학

　그리스의 아리스토텔레스는 "시는 자연의 모방模倣"이라 말했다. 그는 "연극演劇은 인생을 거울에 비추어 보이는 일"이라고도 했다. 오늘의 문학도 모방과 모사에서 벗어날 수 없다. 그가 말한 시는 모든 문학을 지칭하며 언어는 자연 현상을 옮길 뿐이라는 것이다. 엄격하게 따지면 작가가 구사하는 말과 글은 자신이 창조했다기보다는 자연에서 빌려 왔다고 말하는 것이 더 타당하다. 그만큼, 모든 작품은 자연과 인생을 모방하고 반영反映한다.
　모방은 우주 만물의 신비한 모습에서 느낀 감응을 글로 나타내려는 욕망이다. 감응은 사물의 본질에 스스로 접근하여 나의 속성과 사물의 본질적 속성에서 일치점을 찾아내는 것이다. 가을 풀벌레를 보고 슬프다면 자신의 슬픔이 풀벌레의 비애와 교감한 것이고, 시인이 노래하는 백합은 도처에 핀 백합보다 더 아름다운 백합이 된다. 셰익스피어의 《햄릿》은 덴마크 궁중의 화려함과 남녀의 사랑을 보여주지만 사실은 모략과 음모와 배신이 판을 치는 비극이 실체임을 보여준다. 이처럼 실체를 꿰뚫어 본성을 전달할 때 작품은 모방론의 지지를 받는다. 예술적 모방이 단순한 모사가 아니라는 말이다.

　모방론을 언어표현에 한정시키면 표절과 인용이라는 문제에 당면한다. 이것들은 작가를 시종 괴롭히는 바이러스와 같다. 표절 논란이 일어날 때마다 그 불가역성을 변호하는 문구에 영국시인 T. S. 엘리엇이 말한 "미숙한 시인은 흉내 내지만 성숙한 시인은 훔친다."가 있다. 그의 말은 표절을 합리화하려는 것이 아니라 어떤 '독창적인' 표현도 이전의 작가들이 쳐둔 언어망에서 헤어나기 어렵다는 한계를 지적한 것이다. 어쩌면 작가는 기껏 잘 훔치는 작가가 되는 것에 만족해야 할지도 모른다. 훔침으로써 모방은 훔친 것이 더 낫도록 만들거나 원래와 판이한 감정에 녹여내는 심미적 진화라고 보면 된다. 작가가 살아남으려면 새로운 전략으로 변종을 낳는 것이 그나마 허용될 수 있는 방도가 아닐까. 이것은 예술적 차용으로서 패러디가 무엇인가를 보여준다. '공공연함과 명백성'을 드러내는 '패러디'에서 중요한 것은 재해석과 재구축으로 표절이 아님을 인정받는 것이다.

　모방의 요체는 언어에 있다. 언어는 문학의 성격을 규정하는 알파이자 오메가다. 언어가 존재하는 사회에서 태어난 작가가 문장을 만들 때 사물에서 받은 감응을 어떤 언어로 나타내느냐는 매우 중요하다. 작가는 자연과 사물로부터 받은 의미를 이미 알고 있는 언어로 표현하는 가운데 이전 작품의 일부 구절이나 표현을 빌려오기도 한다. 오스틴 워렌(Austin Warren)이 "문학은 전달매체로서 사회에서 만들어진 언어를 사용한다."라고 하였듯이 문학어가 사회적 산물이라는 사실은 불가피하다. 그런 만큼 작품을 비평할 때 작가의 언어를 거론하면서 어떻게 하면 표절의 덫에서 벗어나고 단순한 인용이 아니라 아리스토텔레스가 말한 모방, 엘리엇이 말한 좋은 모방에 다다르는가를 설명해줄 필요가 있다.

　그러므로 타인의 문장이나 문구를 인용한 작품을 선정하여 어떻게 자신의 문학세계를 효율적으로 확장하고 있는가를 살펴보고자 한다.

박기옥의 <가까이도 멀리도>

박기옥은 자신의 여성론을 설명하기 위하여 공자의 《논어》와 중국 성현들의 말을 모은 《명심보감》의 한 구절을 인용한다. 작가는 여성에 대한 자신의 화술과 내용이 독자에게 전적인 신뢰를 주지 못할 거라는 점을 잘 안다. 이미 결혼을 하고 한때나마 어긋난 경험을 했기 때문에 여성에 대하여 객관적으로 서술하여도 독자들이 자신의 견해를 제대로 받아들일지에 대하여 우려한다. 미국의 문예비평가 웨인 부스(W. Booth)는 화자와 서술자의 신뢰에 대하여 '믿을 수 있는 화자'와 '믿을 수 없는 화자'로 구분했다. 믿을 수 있는 화자는 그의 이야기가 신뢰할 만하여 공감을 주는 권위를 가진(authoritative) 화자라면, 믿을 수 없는 화자는 신뢰할 수 없는 조건을 갖추어 공감을 일으키지 못하는 경우를 말한다. 그러므로 박기옥은 여성은 누구며 어떠한가에 관하여 나름의 견해를 갖고 있지만 객관성과 신뢰도를 높이기 위하여 남성중심사회에서 여성의 지위를 거론한 권위자의 말을 빌려오는 방식을 택한다. 공자의 말을 빌려 인용이라는 수사법을 동원하는 것이다.

> 공자가 말씀하시기를 오직 여자와 소인은 다루기 어려우니 가까이하면 교만하고 멀리하면 원망한다. 《논어》의 양화편陽貨篇에 나오는 말이다. 《논어》 전편을 통해서 공자의 여성관을 언급한 곳은 거의 없다. 이것을 미뤄볼 때, 공자도 남존여비 사상을 따랐다는 것이 일반적 정석이다.

박기옥이 공자의 말에서 인용한 것은 "여자는 다루기 어렵다."는 서술어다. 이 표현은 남존여비라는 사회문화보다는 여성의 까탈스러운 성격을 지적한 성격론에 더 접근한다. 박기옥은 여성 비하를 자신의 견해로 간주하기를 주저하므로 박애정신을 실천한 공자조차 여성에 대한 편파적인 생각을 갖고 있었다는 사실을 인용하여 자신의 여성론을 옹호하고 서술한다.

박기옥이 《논어》의 '양화편'에 나오는 말을 가져온 것은 표절이 아니다. 표절이란 출처를 밝히지 않고 말을 고스란히 훔치는 것이다. 금융기관에서 돈을 그대로 이체하는 것과 같다. 작가는 출처를 정확하게 밝힘으로써 권위 있는 사람의 견해를 일반화하고 독자들의 동의를 구하는 효과를 얻는다. 그는 공자의 생각을 모방하고 형태론적으로 적확하게 옮겨 자신의 여성론의 기초로 삼고 있다.

실제 <가까이도 멀리도>에 나타난 박기옥의 여성론을 분석하면 공자의 견해와 다소 차이가 있다. 그는 공자와 맹자의 여성론을 동일시하여 '불경이부不更二夫칠거지악七去之惡'이 공맹의 영향을 받았다고 해석하고 《명심보감》에 부행편婦行篇은 있으나 부행편夫行篇이 없다는 논거로써 여성의 도리를 주장한 공맹의 인용은 오늘의 시점에서 보면 합리성을 지니지 않는다고 말한다. 윤리적 가치는 시대적 상황에 따라 달라진다는 사실을 인지한 작가는 남녀관계에서 여성의 정체를 밝히는 또 하나의 고전을 인용한다.

그것은 《명심보감》에 제5편 14행 <양생법>에 나오는 말로서 "여색 피하기를 화살 피하듯 하라."는 문장이다. 원래 이견지夷堅志의 원문은 "여색 피하기를 원수 피하는 것과 같이 하고, 바람기 피하기를 날아오는 화살 피하는 것 같이 하며, 빈속에 차를 마시지 말고, 밤중에 밥을 많이 먹지 말라."(避色 如避讐 避風 如避箭 莫喫空心茶 少食中夜飯)(소식중야반)다. 작가는 그것을 재인용하되 "여색 피하기를 화살 피하듯 하라."고 낱말을 줄이는 형태를 취한다.

여기에 권위자의 말과 작가 자신의 생각과 경험이 합친 언어적 변용이 이루어진다. 그것은 "원수"가 "화살"이라는 단어로 바뀐 형태소이다. 여성을 원수로 인유하든 화살로 상징하든 여성은 위험하여 가까이 접근해서는 안 된다는 내용은 변하지 않는다. 그 위험성의 강도도 개인차를 갖는다. 의문점은 왜 작가는 핵심 단어를 바꾸었는가이다. 단순히 착오를 일으켜 단어 사용에 혼동을 일으켰다면 인용의 정확성에서 미흡함을 보여주는 것이고 자의적이었다면 작가의 체험이 빚어낸 무의식적인 수정이라 하겠다. 평자는 전자보다는 후자가 더 타당한 설명이라 여긴다.

그는 한때의 로맨스를 숨기지 않는다. 그 때의 여자는 "학창시절 문학소녀"였고 그들은 밀어의 편지를 교환하면서 문학이 갖는 절절한 감성에 젖었다고 고백한다. 꽃뱀 같은 여자에게 홀린 것이 아니라 큐피드의 화살을 맞은 셈이다. 당연히 그 여자는 원수가 아니라 여색을 일으킨 여인이다. 그래서 작가는 《명심보감》에 나오는 원수라는 비유를 거부하고 화살이라는 언어로 지난 시절을 감미롭게 회상하는 것이다. 물론 현실 속의 그는 아내 이외의 다른 여성과 안전거리를 지키지 못했음을 자책한다. 이것도 모든 것에 "가까이도 멀리도" 하지 말라는 처신의 가르침이 된다. 그리하여 작가는 '불가근불가원'을 일반화하고 여성론에 한정되었던 인용의 한계에서 벗어난다.

> 가까이도 멀리도 못할 일이 어디 인간관계뿐이랴. 세상의 일, 닮은꼴이 많을 터다. 멀리 있는 산이 장엄하여 범접치 못할 위엄이 서렸어도 가까이 하면 대수롭지 않듯 사람도 비슷하지 않겠는가. 멀리서 바라볼 때는 고상하게 보이지만, 속내가 드러나면 실망이 크기 마련이다.

작가는 자신의 여성론을 자신의 언어와 체험으로 말하겠다는 독립성을 확보한다. 고전을 자신의 삶에 맞추고 인용된 문구 속에 숨어 있는 의미의 본질을 일반화하여 중요지덕을 내세우는 데 성공한다. 여성론을 처세론으로 확대함으로써 고전에 나타난 여성편견을 수정하기도 한다. "가까이도 멀리도"라는 말에는 "하지 말라."는 경계의 뜻이 함축되어 있지만 사실은 적절한 거리를 두라는 긍정의 강조법이기도 하다. 그 점을 밝혀냄으로써 박기옥의 수필은 무난하게 평설의 저울대에 안착하였다.

김정화의 <울게 하소서>

김정화의 수필 <울게 하소서>는 단지 다섯 글자만으로 음악과 영화에 나타난 비극적 상황을 수필에 차용해 내었다. 단어라는 문학적 형태소를 인용하면서 성악가 카스트라토의 운명과 영화 <서편제>의 소리꾼 송화의 삶을 원용하여 자신의 삶을 토로하는 방식을 밟아나간다.

수필은 작가의 감정을 진솔하게 토로한다는 점에서 시나 소설보다 더 효과적이다. 어쩌면 수필은 음악의 악기나 인간의 음성보다 더 감동적으로 전달할 수 있는 독특한 장르일지도 모른다. 자신의 감정을 표현할 때, 그리고 작가가 남다른 아픔을 지니고 있을 때, 동일한 상황을 가진 성악가가 더 절절하게 표현할 수 있듯이 인용되는 문장도 강력한 호소력을 가질 것이다. 김정화는 단락이나 문장이 서술하는 내용만 빌려오는 것이 아니라 인용 어절에 담긴 소리 이미지와 음운의 파장과 운율의 시적 효과를 함께 차용한다. <울게 하소서>의 전편에 흐르고 있는 것은 청각 이미지다. 언어가 지닌 의미소보다도 내재되어 있는 톤과 음소의 효과를 극대화 한다는 뜻이다. 이로써 자신의 삶에 드러난 '잃음'과 '얻음'을 밝히는 효과를 이루어낸다.

<울게 하소서>에 깔린 긴장미를 고조시켜 나가는 것은 '거세'라는 모티프다. 이 작품에는 세 개의 거세가 예시된다. 하나는 남성가수 카스트라토의 남성성을 거세하여 중성화하는 것이며, 두 번째는 판소리 소리꾼의 두 눈을 멀게 하는 것이며, 세 번째는 작가의 삶에서 사라진 '잃음'이다.
　김정화는 헨델의 오페라 <리날도>의 제2막에서 카스트라토가 부르는 '울게 하소서'를 자신의 삶의 선율로 삼는다. 동시에 한꺼번에 말하지 않고 음절을 분리하여 음소로 떼어내어 그것을 새롭게 짠다. 그 결과 이루어진 문장이 "울·게·하·소·서"라는 변이된 형태소다. 그것은 마치 남성성을 거세하여 얻은 카스트라토의 미성美聲과 비슷하다. 미성가수는 정상적인 방법으로는 이룰 수 없는 음성을 얻기 위하여 성을 거세한 후 오페라 가사에 자신의 운명을 겹쳐 노래함으로써 고난도의 음악적 성취를 이루어내어 청자들에게 비장미를 전달하였다. 작가는 영화 <파리넬리>의 마지막 장면을 인용하여 가사보다는 음률이 지닌 찬란하리만큼 비통한 통절을 전달해준다.

　　눈을 감는다. 바이올린 줄을 휘감은 애절한 소리가 들려온다. 울게 하소서, 날 울게 하소서…. 남자인 그가 여자의 목소리로 노래한다. 전율이 흐른다. 잔인한 운명을 내버려 달라는 노랫말이 슬프다 못해 비통하다. 영화 <파리넬리>의 마지막 장면이다.

　작가는 <울게 하소서>에 담긴 카스트라토의 절망과 슬픔에 한탄하면서 그의 거세 상황에 공감한다. "오직 노래로써 존재를 인정받는" 카스트라토가 애인을 형에게 빼앗기는 대신에 얻는 것이라고는 황금 가면과 순간에 불과한 관객들의 환호뿐이다. 귀부인들이 목걸이를 바치고 왕의 불면을 고쳐줄 정도로 예술적 성취를 이룰지라도 온몸으로 노래할 수 있는 동력은 자신의 운명에 대한 저주다. 잃음과 얻음의 틈에서 생성되는 미성은 빙원의 크레바스 사이를 휘모는 냉기의 전율과 다를 바 없다. 이것을 김정화는 "울·게·하·소·서"라는 음절 사이의 틈을 찾아내어 "울음이란 언어와 몸짓으로도 다다를 수 없는 영혼의 말"로서 점을 찍는다.

작가는 작품의 전반부에서 카스트라토가 등장하는 오페라의 한 소절을 인용한다. 인용한 문장의 최소 형태소는 '울음'이다. 울음은 웃음과 더불어 인간의 가장 원초적인 몸말이다. 인간은 울음과 웃음으로 감정을 표현하고 생각을 소통한다. 그 점에서 울음과 웃음은 모든 문학이 도용하고 표절하고 싶은 언어라 해도 지나치지 않다.

두 번째 울음은 영화 <서편제>에서 소리꾼이 득음을 위해 두 눈을 제거하는 것이다. 맹인이 되어 봄(見)의 기능을 상실한 한은 판소리 고유의 아우라를 극대화한다. 예술을 위해서는 개인의 삶을 희생할 수밖에 없는 상황을 판소리로 설정할 때의 효과가 소리꾼(가수)이 내는 운율과 문학이 표현하는 음절의 차이를 효과적으로 설명해준다. 형태소가 눈으로 읽은 글자라면 시 창작에서 중요한 것으로 간주되는 운율은 사람뿐만 아니라 짐승들이 내는 발성까지 포함한다. 그것이 음운音韻이다. 소리의 장단강약은 눈이 아니라 청각에 미친다. 그 결과 두 눈을 잃은 송화는 마침내 "한의 목청"을 얻었다고 작가는 말한다. <서편제>에서 송화는 판소리의 순음純音을 얻기 위해 보아야 한다는 기능을 상실한다. 두 눈을 상실함으로써 음성에 상실의 한을 실어낼 수 있다.

세 번째 기술되는 거세는 작가에게로 회귀한다. 수필이 상실의 미학을 다룬다면 작가의 자아에게 그 음파가 미치는 것은 불가피하다. 작가가 겪는 거세라는 형식은 집과 가족의 소실이다. 이것은 소리를 얻기 위한 자해적인 상실은 아니지만 항거할 수 없는 운명에 의하여 거세당함으로써 문학이라는 예술적 보상 외에 홀로 섦이라는 존재론적 대가도 습득한다.

우리는 잃고 나서야 스스로를 알기 시작한다. 나는 어릴 때 큰물로 집이 잠기고 나자 철이 들었고 열 살 때 아버지가 쓰러진 후부터는 더욱 의젓해졌다. 가족을 잃었을 때도 침착하였고 혼자 남겨졌을 때는 냉정하리만큼 단단해졌다. 요즘도 무시로 길을 잃지만 크게 두려워하지 않는다. 내가 길을 잃었을 때도 그 후에도, 강과 나무와 하늘은 늘 그 자리에 있다는 것을 알기 때문이다. 그럴 때마다 어느 시인의 '가만히 서 있어라'는 말을 떠올린다.

헨델의 <아리아>와 <서편제>의 판소리는 한이 무엇이고 울음이 무엇인가를 보여준다고 하였다. 그렇지만 음악 속의 울음이라는 화려한 언어에는 은폐된 비극적 몸말이 있다. 헨델과 남성성을 상실한 카스트라토와 소리꾼 송화와 아버지는 울음이 가장 효과적인 성악의 도구라고 믿지만 작가는 더 처절한 언어를 인용해온다. 그것은 '가만히 서 있어라.'라는 침묵이다.

미국 시인 데이비드 웨고너(David Wagoner)는 <길을 잃으면(Lost)>이라는 시의 첫 행을 "가만히 서 있어라/ 네 앞의 나무들과 네 옆의 관목들은/ 길을 잃지 않는다"(Stand still/ The trees ahead and bushes beside you/ Are not lost)로 시작한다. 당황하지 말고 울지도 웃지도 말라는 부동不動은 몸이 표현할 수 있는 가장 엄숙하고 장엄한 언어다. 이 언어는 울음 이상으로 모든 것을 잃고 무언가를 얻는 순간을 나타내는 실존적 몸말일지도 모른다.

<울게 하소서>에 등장하는 성악가, 소리꾼, 그리고 작가의 공통점은 인용에서 벗어나 자신의 말을 갖는다는 것이다. 그 변환은 "잃고 난 자리는 언제나 새 출발이 된다."는 변증법적 부활이다. 상실과 얻음과 한을 함께 찾아낸 미학적 구조 또한 문학이 지닐 수 있는 창의성이라고 말할 수 있다.

인용은 문장이나 단어에만 한정되지 않는다. 타자의 삶과 영화나 음악

이나 미술에서 찾을 수 있는 동일한 사연을 빌려오는 것도 넓은 의미에서 인용이다. 자연은 단순히 지리적 공간이 아니라 인간의 삶이 처해져 있는 운명 그 자체다. 그 점에서 아리스토텔레스가 말한 "시는 자연의 모방이다"라는 의미는 재생산되고 재해석 될수록 개념을 넓혀간다.

김미자의 <곰탕 한 그릇>

흔히 작가는 앞서 발표된 시인이나 작가의 단어나 문장을 빌려오는 경우가 많다. 대표적인 것은 장소나 사건을 빌려와 그것에 내포된 의미를 재현하는 것이다. 때로는 사회 저명인사의 회고록이나 자서전에 나타난 문장으로 자신의 심정을 강조하기도 한다. 이것은 신분의 고하를 떠나 인간본연의 심성은 동일하기 때문이다.
  김미자는 어머니에 대한 그리움을 <곰탕 한 그릇>에 담기 위해 전직 대통령 이○○가 쓴 <어머니>의 시 일부를 빌려온다.

     나중에 돈 벌면 고운 옷 한 벌 사드려야지./나중에 취직하면 맛난 거 사 드려야지/ 나중에 부자 되면 비행기 태워 드려야지/ 그 때는 몰랐다. 나중에는 어머니가 없다는 걸….

부모에게 효도하고 싶지만 하지 못한 안타까움을 토로하는 키 워드는 "나중에"라는 부사와 "…드려야지"라는 동사이다. "나중에"와 "드려야지"는 현실에서 이루지 못한 것에 대한 한탄과 죄의식을 나타낸다. "나중에"는 미래의 어느 한 때라는 시간을 나타내는 부사로서 특정 시점을 지정하지 않는다. 오늘의 나중은 내일이고, 내일의 나중은 모레이며, 모레 이후의 "나중"은 불확실한 어느 날이다. 모레 이후에 시간의식에 익숙하지 않은 아이들은 "나중에"라는 부모의 약속을 본능적으로 신뢰하지 않는다. 어른들도 "나중에"를 "지금 당장"이라는 확정적 시간과 판이하게 다르다고 여긴다. 청자도 그런 여지를 가감하며 듣는 경우가 많다. "…해드려야지"라는 동사도 발화자의 감성적 소망을 드러내지만 방해하는 어떤 사건이 있을지 모른다는 불안감을 예감케 하는 동사다. 그래서 "나중에"라는 부사와 "…해드려야지"라는 부사가 겹쳐지면 불확실성은 더욱 심해질 수밖에 없다. 그 심적 상황을 <어머니>의 시인과 <곰탕 한 그릇>의 작가는 함께 심정적으로 공유한다.

 어머니와 소원했던 시절을 아픔으로 기억하는 김미자는 <어머니>의 한 구절을 대하는 순간 충격을 받는다. 자신의 절절한 비애를 이토록 간결하고 강력하게 나타낸 단어를 본 적이 없기 때문이다. 설혹 과거에 있었다하더라고 지금처럼 절절하게 다가오지 않았다. 어머니와 제대로 한 자리를 갖지 못했다는 후회가 봇물처럼 터져 <곰탕 한 그릇>을 쓰면서 "나중에"가 지닌 모순에 갇힌 자신을 돌이켜본다. 그녀는 자신을 "'나중에'만 철썩 같이 믿어온 바보"로 여긴다. 언젠가는 모녀가 못다 한 정을 나누며 살 기회가 '반드시' 올 것이라 확신하였지만 그들은 모두 '나중에'라는 불확실성에 잡혀있었다.

 작가는 중학교 입학 시절부터 "나중의" 허상에 빠져있었다고 고백한다. 집에서 오십리 밖 면소재지에 있는 중학교에 다니기 위해 열세 살 무렵부터 "남의 집 외진 방 한 칸"에서 자취를 했다. 사춘기의 외로움은 "두 다리가 후들거리도록 밤길을 걸어 어머니가 차려준 따뜻한 밥을 먹고 싶었다"로 표현된다. 그럴 때면 "나중에 언젠가는" 어머니와 함께 살 것이라는 최면을 자신에게 걸면서 마음의 쓸쓸함을 풀어냈다. 하지만 고등학교에 입학해서도, 부산에서 직장생활을 할 때도 "따뜻한 밥"은 모녀 앞에 놓이지 않았다. 결혼을 한 후에 "나중에"라는 약속은 더더욱 멀어졌다. 결혼을 한 후 명절이 다가와도 20여 년간 친정에 가지 못한 심정은 '고향 천릿길이 삼팔선을 넘어야 하는 실향과 다름없었다. 이런 시간적 괴리감을 인식하면서 작가는 '나중에'는 핑계이며 "진정성보다는 난처한 상황을 잠시 피하기 위한 립서비스"임을 깨닫는다.

작가는 <어머니>라는 시를 쓴 전직 대통령의 처지와 자신의 상황을 일치시킨다. '나중에'로 핑계를 대며 얼마나 많이 하여야 할 일을 지체시켰고 잊어버렸는가. 그 기회를 떠나보냈는가. 이러한 탄식이 있어 작가는 타인의 문구에 자신의 절절한 감정의 옷을 입힌다.

작가에게 '나중에'의 대상은 어머니다. 어머니라는 말은 시공을 초월하는 개념이지만 중요한 것은 현실 속에서도 함께 사는 어머니가 되어야한다는 점이다. 삶의 시원始原인 어머니와의 만남을 이산가족처럼 이십여 년 간 미루었던 작가는 마침내 '나중에'가 지닌 허구성을 파괴해나간다.

어느 해 명절, 시댁의 일을 마다하고 "이판사판의 심정으로 친정으로 차를 몰고"간다. 명절날 고향 가는 길은 복잡하고 시골의 모든 가게와 음식점은 문을 닫는 만큼 무언가 해야 하는 심정은 더욱 절박해진다. 마침내 명절이 지난 심야에 집에 도착한 그녀는 맨발로 뛰어나온 엄마와 대면한다.

> 방에 앉자마자 어머니를 낚아채듯 읍내로 나왔다. 당장 뭐라도 해야 했다. 고운 옷을 사 드리던지, 맛난 음식을 대접하든지, 비행기는 아니라도 내 승용차 옆자리에 앉혀 드려야 했다. 명절 끝이라 식당도 옷가게도 문을 닫았다. '나중에'의 불모가 영원히 될지도 모르는 상황이었다. 땅거미가 내려앉는 읍내를 몇 바퀴를 돌면서 속죄를 만회할 곳을 눈이 빠져라 찾아 나섰다. 결국 시외버스터미널 옆에 자리한 옹색한 곰탕집으로 들어갈 수 있었다.

'속죄를 만회할 곳'을 찾아 읍내를 돌아다닌 끝에 두 모녀는 옹색한 곰탕집으로 들어간다. 그곳으로의 이동은 동사로 소개된다. 서두에서 나타난 "…드려야지"라는 희망은 "당장 뭐라도 해야 했다."는 절박감을 거쳐 "곰탕집으로 들어갈 수 있었다."는 안도감으로 마무리된다. 작가는 비로소 안도하고 독자들도 덩달아 가슴을 쓸어내린다. 독자도 자신의 "나중에"가 언젠가는 현실이 될 것이라는 일말의 가능성을 믿기 때문이다.

"나중에"라는 불확실성이 "뭐라도 한" 결실을 가져왔다. 그렇지만 작가가 어머니에게 갚을 수 있었던 것은 "옹색한 곰탕집에서 뚝배기에 담긴 곰탕 한 그릇"뿐이다. 그 곰탕을 어머니는 바닥이 훤히 들여다보이도록 다 드셨다. 뜨거운 눈물의 그릇. 부모와 자식 간의 관계를 작가는 그렇게 <곰탕 한 그릇>에서 고해하듯 적는다. 나라를 호령하던 잘난 대통령도 부산에서 가게를 하는 딸도 어머니에 대한 절실한 마음에서는 질량의 차이가 없다. 작가가 말하는 것은 잘나든 못나든 자식은 '나중에'라는 덫에 갇혀 부모가 돌아간 후에야 그 덫의 잔인한 실체를 깨닫는다는 사실이다.

덧붙여

문학은 분명 작가의 정신적 결과물이다. 문학은 정서, 감정 등 내면세계의 구체적이고도 자연발생적 표현물이라는 워즈워드의 말은 독창적 창의성을 예찬한 정의에 속한다. 그러나 모든 문학작품은 직간접적인 모방에서 벗어나지 못한다. 문학이 인간의 행동을 비추는 거울이라고 부르는 한, 이미 사용하고 있는 언어를 빌리는 한, 언어라는 랑그에 파롤이라는 낯선 의미를 부여할지라도, 어떤 작품도 메타언어라는 시조어始祖語에서 결코 벗어날 수 없다. 그래서 원형비평에서는 표절과 모방을 논란의 잣대로 두지 않기도 한다.

그렇다면 작가의 역할은 제한적인가. 아무리 창의력을 발휘할지라도 저작권과 표절에서 벗어날 수 없는가. 아리스토텔레스가 말한 모방론에 글의 처지를 맡겨야 하는가. 문학창작이 대중화되는 오늘날, 표절과 모방이 경계가 불분명한 현실에서 작가는 과연 어떤 기준에 의지할 것인가.

해결점은 표절의 타성과 단죄에 있지 않다. 인문학에서 표절은 '6단어 이상 동일한 단어가 연쇄적으로 표현되어 있을 때'로 판정한다. 이것은 표현에 제한된 경우다. 그런 제한으로 작가의 창작의욕을 좌절시키는 마녀재판을 해서는 안 된다. 그것보다는 유사한 표현이나 인용을 가져와 얼마나 다채롭게 변용하는가를 함께 논의하는 건설적 해결책이 바람직하다. 문학에서는 6개의 단어가 유사하거나 동일하다 할지라도 문학의 우수성을 판단하는 여타 기준이 너무나 많다. 책으로 인쇄되는 시점이 늦어 유사표절로 오해받는 경우도 적지 않다. 사방으로 뻗은 가지가 하나의 나무둥치에 모이듯 문학의 모든 표현은 하나의 메타언어로 모인다. 타인의 작품에 표절이거나 인용했다고 비난하기에 앞서 자신의 작품은 얼마나 독창성을 갖고 있는가를 겸허하게 살필 필요가 있다.

| 작품 |

가까이도 멀리도

박기옥

  공자가 말씀하시기를 오직 여자와 소인은 다루기 어려우니 가까이하면 교만하고 멀리하면 원망한다(唯女子與小人難養也 近之卽不遜 遠之卽怨).《논어》의 양화편陽貨篇에 나오는 말이다.《논어》전편을 통해서 공자의 여성관을 언급한 곳은 거의 없다. 이것으로 미뤄 볼 때, 공자도 남존여비 사상을 따랐다는 것이 일반적 정설이다.

  공자는 남자가 전권을 휘두르고 여인은 의무만을 부담시켰던 것을 묵인했다는 비난을 받았다. 공자는 백성의 생활에 관심이 많았고 박애정신을 실천한 성인이다. 그러한 분이 여성에 대하여 인간적인 이해와 애정을 등한시했을 리는 없지 않았을까. 공자의 가정생활은 행복하지 못했다고 전해 온다. 군자가 지켜야 할 도리는《논어》전편에 걸쳐 골고루 실려 있지만, 여성관에 대해서는 몇 구절밖에 없다. 부인과의 관계가 원만하지 못했기에 여성에게 던지고 싶은 말은 머뭇거리지 않았을까.

  불경이부不更二夫 칠거지악七去之惡 등 부녀자에게 족쇄를 채운 말들이 공·맹의 정신에 영향을 받았다고 볼 때, 인의예지를 실천철학으로 삼은 공자의 사상과는 모순이다. 요즘 세상에 부녀자의 인권을 건드리는 발언을 했다면 여성운동가의 뭇매를 맞을 것이다.《명심보감》에 부행편婦行篇은 있어도 부행편夫行篇은 없다. 여성에게만 의무를 강조하고 남자가 지켜야 할 도리에 관련한 언급은 인색하다. 《맹자》의 오륜에서 부부유별 정도로 남녀의 경계를 지었지만, 남녀 차별화에 무게 중심이 실렸다고 본다.

얼마 전까지만 하더라도 남자는 하늘, 여자는 땅이라고 일컬었다. 지난날, 졸부들은 스스로 하늘이라 지칭하며 땅을 향해 횡포를 부렸다. 태풍과 호우, 눈보라와 진눈깨비를 가살궂게 퍼부어 댔다. 여인을 상징한 땅은 하늘의 투정을 치마폭으로 감싸는 것을 부녀자의 덕목이라 생각했다. 가정의 평화를 엮는 것은 여인네의 당연한 몫이라며 여권을 한마디로 무질러버렸다. 세월이 흘러 주객이 바뀌었다. 하늘의 가치가 곤두박질쳤다. 지구의 온난화로 오존층은 파괴되고 갖가지 미세먼지가 푸른 하늘을 뒤덮었다. 자고 나면 뛰어오르는 것이 땅값이다. 흙덩이가 금덩이로 변했다. 상전이 벽해된 형국이다.

"여색 피하기를 화살 피하듯 하라." 《명심보감》에 나오는 글귀다. 나는 이 말은 읽을 때만 마음에 담았을 뿐, 연방 수증기처럼 증발했다. 지난날의 회관과 카바레는 요즘 노래방처럼 거리마다 촘촘했다. 블루스, 탱고, 왈츠, 육박자를 밟으러 무던히 쏘다녔다. 그즈음에 독버섯처럼 자라난 것이 제비족이다. 영국신사처럼 말끔하게 차려입고, 선량한 가정을 파괴했다. 이에 질세라 꽃뱀이 등장했다. 혓바닥을 날름거리며 껍죽거리는 제비를 삼켜댔다. 먹고 먹히는 싸움이 지금도 벌어지고 있다. 이러한 사실을 공자님이 아신다면 저승에서 어떤 말을 던졌을까. '가까이도 멀리도'라는 말을 여자에게도 똑같이 던졌으리라.

'불가근불가원'을 실천하지 못해 낭패를 본 적이 있다. 사업을 핑계 삼아 유흥가를 내 집처럼 드나들었다. 아내에겐 거래처 관리란 명분을 내세웠다. 적당한 안전거리를 지킴이 마땅한데 한 여인을 향한 나의 마음이 지나쳤는가 보다. 시중을 든 종업원은 학창시절 문학소녀였다. 모아둔 편지들이 아내에게 들켜 나눴던 밀어들이 들통나버렸다. 내용은 구구절절 사무쳤다. 말보다는 글로 옮길 때 더 적나라하지 않은가? 심각한 사태까지 번져 법원까지 갈 뻔했다. 아내는 다툼이 있을 때면 그 사건을 비장의 무기로 꺼내든다. 냉동실에 쟁여놓는 곰국을 시나브로 우려먹듯. 그때마다 축나는 지갑이 울상이다. 그러나 어쩌랴! 불가원不可遠을 실천하지 못한 자업자득인 것을.

   가까이도 멀리도 못할 일이 어디 인간관계뿐이랴. 세상의 일, 닮은꼴이 많을 터다. 멀리 있는 산이 장엄하여 범접치 못할 위엄이 서렸어도 가까이하면 대수롭지 않듯 사람도 비슷하지 않겠는가. 멀리서 바라볼 때는 고상하게 보이지만, 속내가 드러나면 실망이 크기 마련이다. 철로가 일정한 간격을 지켜야만 기차가 안전하게 굴러가듯 남녀 사이도 안전거리를 두어야 할 일이다.

   말로는 이렇게 외치지만, 미색 앞에 손사래 칠 자신 없다. 불가근불가원不可近不可遠, 정말 어렵다.

－2017년 7월호《수필과비평》

| 작품 |

울게 하소서

김정화

  눈을 감는다. 바이올린 줄을 휘감은 애절한 소리가 들려온다. 울게 하소서, 날 울게 하소서…. 남자인 그가 여자의 목소리로 노래한다. 전율이 흐른다. 잔인한 운명을 내버려 달라는 노랫말이 슬프다 못해 비통하다. 영화 <파리넬리>의 마지막 장면이다.
  파리넬리는 전설적인 카스트라토로서 실존 인물이다. 중세 교회에서 "여자는 잠잠하라."는 성경 구절로 교황은 여성들의 음악 활동을 금지했다. 당연히 성가대는 남자들로 구성되었다. 카스트라토는 소년 시절 목소리를 유지하도록 변성기 전에 거세를 한 가수이다. 높은 음역까지도 남자들이 맡아야 했는데 그 역할을 카스트라토가 해냈다. 그들은 어른이 되어서도 맑고 힘찬 소프라노나 알토의 음역대를 넘나들었다. 당시 정상급 카스트라토는 요즘 영화배우나 아이돌 가수를 능가할 정도로 인기를 끌었다.
  남성의 목소리라고 믿기 어려운 미성으로 아리아를 부르는 파리넬리. 그는 소년 성가대원 시절 작곡가인 형의 야심으로 거세를 당하는 비운을 맞는다. 천부적인 재능으로 형과 함께한 유럽 순회공연 이후에는 엄청난 명성을 얻었다. 그러나 온전한 남자가 아니었으므로 연인과의 잠자리마저 형에게 양보해야만 했다. 형 리카르도 또한 파리넬리를 자신의 곡만을 노래할 악기인 양 더욱 집착한다. 마침내 형과의 결별은 음악 인생의 전환점에 이른다.

처음으로 헨델의 곡을 무대에서 부르게 된 것이다.

황금빛 가면 위로 붉은 깃털이 흔들린다. 소름 끼치도록 비장한 고음과 강렬한 눈빛이 관객의 심장을 찌른다. 남성도 여성도 아닌 그. 오직 노래로써 존재를 인정받는 삶이다. 그는 늘 관객들에게 열광적인 환호를 받았다. 여인들이 탄식의 눈물을 흘리며 실신하고, 독서로 외면하던 백작 부인도 음색에 취해 목걸이까지 풀어 바쳤으며, 스페인 국왕은 그의 노래를 들으며 불면증을 치료했다. 울게 하소서, 날 울게 하소서…. 화면을 뚫고 아리아가 울려 퍼진다. 자신의 처지를 한탄하듯 절망과 슬픔을 쏟아낸다. 카스트라토의 목소리가 자연을 거스른 속임수라며 비난하던 헨델마저 전율을 느끼며 쓰러진다.

모든 것을 가지려는 사람은 아무것도 가질 수 없다. 파리넬리는 신체를 잃고 목소리를 얻었다. 그가 그토록 열창하는 이유는 무엇인가. 성性을 포기하면서 노래에 몰입하는 것은 부와 명예와 인기만을 위한 일은 아닐 터이다. 그는 노래로써 뜨거운 울음을 토해내는 것이다. 그 소리가 들리는 사람이라면 함께 눈물을 흘리지 않을 수 없다. 울음이란 언어와 몸짓으로도 다다를 수 없는 영혼의 말이니까.

영화 <서편제>에서도 소리꾼 송화가 두 눈을 잃고 한의 목청을 내었다. 한국 역사에는 거세된 남성들이 원나라 환관이 되는 것을 출세의 첩경으로 여긴 적도 있다. 조선시대 북포 직조 기술자들이 자식의 팔을 비틀어버린 봉비封臂도 마찬가지다. 고달픈 일을 대물림시키지 않으려는 눈물의 고육책이었다. 이렇듯 가혹한 희생을 빌려 인생을 바꾸기도 한다. 하지만 그러한 삶을 선택한 자는 스스로 눈물을 흘리지 않는다. 오직 몸으로 울 뿐이다.

우리는 잃고 나서야 스스로를 알기 시작한다. 나는 어릴 때 큰물로 집이 잠기고 나자 철이 들었고 열 살 때 아버지가 쓰러진 후부터는 더욱 의젓해졌다. 가족을 잃었을 때도 침착하였고 혼자 남겨졌을 때는 냉정하리만큼 단단해졌다. 요즘도 무시로 길을 잃지만 크게 두려워하지 않는다. 내가 길을 잃었을 때도 그 후에도, 강과 나무와 하늘은 늘 그 자리에 있다는 것을 알기 때문이다. 그럴 때마다 어느 시인의 "가만히 서 있어라"는 말을 떠올린다.

인생의 길도 다를 바 없다. 잃고 난 자리는 언제나 새 출발점이 되어 준다. 잃는다는 것은 곧 얻는 것이니까.

한때 오페라계를 쥐락펴락했던 파리넬리의 목소리는 역사 속으로 사라졌다. 카스트라토가 법적으로 금지되면서 이들을 대신하는 카운터테너들이 새로 등장했다. 남성성을 상실한 몸은 아니지만 카스트라토의 발성법을 연습하여 고음을 노래한다. 헨델의 오페라 리날도의 제2막 <울게 하소서> 역시 유명 카운터테너들의 애창곡이 되었다. 그들이 부르는 동영상을 몇 번이나 되돌려 들어본다. 하나같이 세련된 기교와 화려한 음색이 고품격 오케스트라의 연주와 잘 어우러졌다. 그러나 그들이 부르는 노래는 더이상 애절하지도 슬프지도 않다. 희생을 감내한 몸의 울음이 들리지 않아서일까. 덤덤하고 무심하기만 하다.

번번이 길을 잃다가 낯선 길을 단번에 찾을 때가 있다. 잃는 것에 익숙해지면 찾은 것이 오히려 낯설다. 삶이 버거운 사람은 눈물 같은 건 잊은 지 오래다. 나에게도 울음이란 속으로 꾹꾹 누르는 것이다. 그러나 때로는 울고 싶다. 더이상 슬프지 않은 일이 슬퍼지도록 나를 울게 해 주소서….

-2017년 7월호 《수필과비평》

| 작품 |

곰탕 한 그릇

김자련(미자)

 이명박 전 대통령은 자신의 어머니에 대한 그리움을 개정판《어머니》의 서문에서 이렇게 쓰고 있다.
 "나중에 돈 벌면 고운 옷 한 벌 사드려야지/ 나중에 취직하면 맛난 거 사드려야지/ 나중에 부자 되면 비행기 태워드려야지/ 그때는 몰랐다. 나중에는 어머니가 없다는 걸……."
 내 심정을 그대로 대변한 시였다. '나중에'란 말에 시선이 머무는 순간 얼굴이 붉어졌다. '나중에'만 철석같이 믿으며 살아온 허수아비 바보처럼 보였다. 계절이 순리대로 돌아오듯이 모녀간에 못다 한 정을 나누며 살 기회가 오리라 확신까지 했다. 제집 드나들듯 하는 친구들의 친정나들이가 나에게도 응당 있을 줄만 알았다. 하지만 어머니와 나는 그 '나중에'라는 허깨비 같은 시간을 두고 줄다리기만 하다 세월의 신호탄에 맞춰 한쪽이 주저앉고 말았다.
 겨울이 기세등등하던 어느 날 저녁이었다. 문우 이 선생과 시외버스 터미널에서 만났다. 언제 밥 한번 같이하고 싶다는 이 선생을 염치없이 부산에서 양산까지 그것도 저녁때 오시라 했다. 이제나 저제나 기다리던 선생은 숨 가쁘게 도착한 나를 보더니 손뼉까지 쳤다. 아이가 따로 없었다. 낯선 곳에서 배고픈 저녁을 맞이하는 것은 어쭙잖기 마련이다. 주변 식당에서 웬만해서는 먹지 않는 곰탕을 주문했다.

내가 '나중에'의 쇠사슬에 묶인 건 중학교를 입학하면서부터였다. 학교는 집에서 오십 리 밖 면소재지에 있었다. 도리 없이 열세 살에 남의 집 외진 방 한 칸을 얻었다. 수업을 마치면 친구들은 단발머리를 찰랑거리며 어머니가 기다리는 집으로 돌아갔다. 나는 아무도 반겨주지 않는 자췻집으로 향했다. 썰렁한 빈방은 언제나 무섭도록 싫었다. 차라리 막차를 타고 두 다리가 후들거리도록 밤길을 걸어서 어머니가 차려주는 때늦은 밥을 꿀물처럼 먹고 싶었다. 중학교는 나와 어머니를 무정하게 갈라놓은 첫 앞잡이가 되고 말았다. 하나를 얻으려면 하나를 놓아야 되는 얄궂은 이치에 일찌감치 승복해야 했다.

주말쯤 반찬이 떨어지면 신이 났다. 집으로 돌아가 식구들과 밥상머리에서 머리를 맞대는 것만으로 행복했다. 난 딸이었다. 막내딸이었다. 방학이 다가오면 뛸 듯이 기뻤지만 화살처럼 날아가 버리다시피 하는 시간 때문에 두렵기도 했다.

사람의 마음은 변하기 마련이다. 여고시절에는 친구에게 빠져 고향은 안중에 없었다. 용돈이 궁해져서야 집으로 갔다. 중학교를 다닐 때만 해도 모녀 사이가 다시 가까워질 줄 알았지만 그건 엄청난 착각이었다. 부산으로 와서는 직장이 나를 옭아맸다. 간신히 일 년에 두 번 명절에만 어머니를 만날 수 있었다.

결혼을 하고는 아예 명절에도 가지 못했다. 그러나 평일에 시간을 내어 고향에 와도 친척집처럼 겉돌다가 하룻밤만 묵고 왔다. 고향 천릿길이 38선을 넘어야 하는 실향처럼 갑갑했다. 그때에도 '나중에'라는 부푼 꿈을 붙들고 언젠가 참아낸 덕을 보리라 견뎌왔다. 나중에가 영원한 후회의 씨앗인 줄도 모른 채 말이다.

우리는 시간이 허락되어 지금 할 수 있는 것도 미루는 경우가 많다. 그때 '나중에'라고 핑계를 댄다. 진정성보다는 난처한 상황을 잠시 피하기 위한 일종의 립서비스여서 듣는 사람도 종종 흘려보낸다. 이런 아귀가 맞지 않으면 서로에게 상처를 주거나 배신감마저 느낀다.

그런데 보다 중요한 건 자신에게 하는 '나중에'이다. 일이 잘 풀리지 않을 때, 상대방의 잘못을 위로해주려 할 때, 힘든 시련을 이겨내려고 안간힘을 쓸 때, 혼잣말처럼 '나중에'라고 자신을 위로한다. 그 말은 지금의 실망과 상처가 언젠가는 아물겠지라는 자기 위안으로 치환된다. 그 기대와 좌절이 눈처럼 쌓이면 마음의 생채기가 깊게 파인다.

'나중에'라고 말하면 생각지도 못한 돈방석에 앉는 줄 착각한다. 당장 해주지 않아도 '나중에 해줄게.' 하면 은근히 기대를 갖는다. 아무튼 듣는 사람은 마력에 이끌리듯이 신중하게 듣는다.

남에게는 체면 때문에 마지못한 척 다 해주면서 왜 어머니에게는 무심했을까. 어머니라는 이름이 편해서, 만만해서, 나를 배신하지 않을 것 같아서, 겁도 없이 무례함을 저질렀는가 보다. 멋대로 행동하고도 입을 열댓 발 내밀고 있을 때 등을 토닥이며 먼저 손을 내민 편도 어머니였다. 버릇없고 급한 성미도 어머니 앞에서는 문제가 되지 않았다. 언제나 잘되라고 빌어주셨다. 살아 보니 그 무조건적인 사랑을 베풀기가 얼마나 어려운가를 알게 되었다. 철을 들게 해준 것이 '나중에'이지만 어머니가 세월 따라 아주 가버린다는 사실을 일러준 것도 '나중에'였다. 시간이 쓸모없음을 안 때는 이미 늦은 뒤였다.

어느 해 명절이었다. 시댁에서 일만 하고 집으로 돌아온 나는 화가 났다. 식구들을 앞세우고 친정에 온 시누이들의 도우미가 되었다는 생각만 들었다. 이판사판의 심정으로 친정으로 차를 몰았다. 이러다가는 부모형제가 남이 되겠다 싶어 두려웠다. 어머니는 강산이 세 번 변해도 오지 못했던 막내딸이 명절 끝날에 나타나리라고는 꿈에서도 생각지 못했다. "엄마!" 하고 부르는 내 울멍울멍한 목소리를 알아듣고는 안방에서 마당까지 맨발로 뛰어나왔다. 버스 정류소에서 만세를 부르며 손뼉까지 치던 이 선생처럼 내 두 손을 꼭 붙잡고 아이처럼 좋아했다.

'나중에'는 없다는 절박감이 온몸을 휘감았다. 방에 앉자마자 어머니를 낚아채듯 차에 태우고 읍내로 나왔다. 당장 무어라도 해야 했다. 고운 옷을 사드리든지, 맛난 음식을 대접하든지, 비행기는 아니더라도 승용차 내 옆자리에 앉혀 드려야 했다. 명절 끝이라 식당도 옷가게도 모두 문을 닫았다. '나중에'의 볼모가 영원히 될지도 모르는 상황이었다. 땅거미가 내려앉는 읍내를 몇 바퀴나 돌면서 속죄를 만회할 곳을 눈이 빠져라 찾아 나섰다. 결국 시외버스 터미널 옆에 자리한 옹색한 곰탕집으로 들어갈 수 있었다.

평소에 나는 어머니만 곰탕을 안 드시는 줄 알았다. 못 먹는 것이 많은 사람인 줄 여겼다. 그 어머니가 뚝배기 바닥이 훤히 드러나도록 곰탕 한 그릇을 다 비웠다. 내가 시킨 곰탕을 먹을 줄 안다는 사실이 기뻤다. 그저 슬펐다.

내 나이 이순이 가까워온다. 아무리 기억을 더듬어 봐도 그나마 해 드린 것은 싸락눈 내리던 밤, 마주앉아 먹은 곰탕 한 그릇뿐이다. 한 나라를 호령하던 잘난 대통령도, 나처럼 못난 딸도 자신의 어머니에 대한 절절한 마음만은 너나없이 같다. 모두 '나중에'만 믿었던 바보들에 불과하다. 모두 그런 건 아닐까.

나에게 곰탕 한 그릇은 어머니를 향한 사죄의 뜨거운 눈물이다.

－2017년 7월호 《수필과비평》

03

문학의 진실게임: 팩트 너머 상상으로

　문학세계에서 가장 중요한 것은 '진실'을 수호하려는 노력이다. 현실적 세상을 바라보면 사람과 사람 사이, 세계와 개인 사이에는 늘 틈과 빈 공간이 있기 마련이다. 보아도 제대로 본 것이 아니고 들어도 옳게 들은 것이 아니게 된다. 그때쯤이면 문학이 무엇이며 그 가치를 어떻게 정의 내릴까를 다시 고심하게 된다. 사실과 진실이 다르다는 것을 자각한 것이다.

　사실과 진실은 다르다. 사전적 의미에서 사실事實은 실제로 있었던 일을 뜻하지만 진실眞實은 초시간적으로 거짓이 없는 사실을 지칭한다. 사실은 확인 가능하지만 반드시 진실에 일치한다고 말할 수 없고 때로는 진실을 가리기도 한다. 진실은 사실을 전제로 하되 객관적이고 직관적인 검증을 요청한다. 인간은 평소에는 개인의 이익에 따라 사실만을 보려 하지만 문학을 통해 삶을 정관할 때는 진실에 귀를 기울인다. 태양이 동쪽에서 서쪽으로 넘어가는 것은 사실이지만 지구가 움직이고 밤이 지나면 낮이 온다는 것은 진실이다.

사람들은 확증된 증거와 경험을 과신하여 눈에 보이는 팩트만을 절대시한다. 사실에 함몰되어 진실 자체를 망각한다. 무엇보다 사실만으로 본 삶이 나에게 그다지 친절하지 않다고 여기고 원하지 않은 일을 해야 하고 부당한 상처와 고통을 받았다고 여긴다. 그러나 진실의 눈으로 보면 새로운 의미와 가치를 발견할 수 있다. 그것이 사실 너머에 있는 진실을 추구하는 데 도움을 준다. 언어와 문자가 지닌 한계를 수긍하면 진실의 의미와 상징이 보인다. 건조하고 칙칙한 삶에 활력과 생기를 불어넣는 행위가 문학이 아닌가.

우리의 사고는 언어로 구성된다. 소쉬르는 문자는 추상적인 기호에 불과하여 올바른 세계를 보여주지 못한다고 지적하였다. 반면에 문학어는 언어의 한계를 뛰어넘어 세계를 재인식하는 방식을 제공한다. 상투적인 생각과 타성화된 사실을 뒤엎고 진실을 발굴하기 위하여 문학은 사실 자체에 갇히지 않으려 한다. 문학적 정의는 예술적 기법을 빌려 사실에 내포된 보편성을 직관으로 파악한다. 이때 예술적 기교는 상상으로 연결된 진실을 맞이한다.

아리스토텔레스는 시적 진실을 역사적 진실과 과학적 진실 위에 놓았다. 그는 스승 플라톤과는 달리 문학의 진지성과 철학성에 무게를 두었다. 《시학》 9장에서 그는 이렇게 말한다.

"시인은 앞으로 일어날 수 있는 일, 추정이나 필연성에 의거하여 일어날 가능성이 있는 일을 이야기한다. 시인과 역사가가 다른 점은 각자 산문이나 운문으로 글을 쓰는 데 있는 것이 아니라, 역사가는 일어났던 사건을 적고 시인은 일어날 수 있는 일을 이야기하는 데 있다. 따라서 시는 역사보다 훨씬 진지하고 철학적이다. 왜냐하면, 역사가 개개의 사실 그 자체를 다룬다면 시는 세상 사물의 일반성을 다룬다. 사물을 일반성으로 다룬다는 이야기는 어떤 사람이 어떤 말을 하거나 어떤 일을 행할 때, 추정이나 상상 가능한 방법, 혹은 그 일이 그렇게 일어날 수밖에 없는 당위성의 입장에서 풀어나간다는 의미다……."

요지는 "시는 역사보다 훨씬 진지하고 철학적이다."에 있다. 그는 문장의 법칙을 '변증법'과 '수사법'으로 구분함으로써 '수사법'과 상관이 있는 모든 말과 글을 '시'에 귀속시켰다. 여기서 '시'는 서사시, 희극, 비극, 서정시, 낭독, 연설까지 문예적인 글 모두를 가리킨다. 즉 보도식 언어 이외의 모든 표현물이 시이고 문학이라는 것이다.

문학은 "일어날 수 있는 일을 말한다." 예언자적 예지를 지닌 문학은 과거는 물론 상상 가능한 미래 세계까지 모두가 수긍하는 형태로 그려진다. 문학이 미학과 철학의 속성을 지니는 이유도 이 때문이고 팩트를 초월하는 이유이기도 하다.

어떻든 아리스토텔레스는 문학이 가진 독특한 진리를 쉽게 설명하였다. 시인과 작가는 어떤 사실을 사실보다 더 사실처럼 보여주는 데 관심을 기울인다. 다르게 표현하면 '실감나게', '그럴듯하게', 사실보다 더 '사실스럽게(verosimil)'라고 말할 수 있을 것이다. 《시학》 25장은 그것을 '모방'이라는 용어로 풀어낸다. "시인은 모방하는 사람이다. 시인은 항상 사물의 세 가지 측면 중 하나 정도를 모방한다. 하나는 사물이나 사건의 과거나 현재의 모습 그대로를 모방하는 것이고, 다른 하나는 사람들이 그렇다고 한 말대로 모방하는 것이며, 나머지 하나는 당연히 그랬으리라 생각되는 방향으로 모방하는 것이다. 그때의 모방은 남이 한 말이나 은유를 사용함으로써 예술적 진실을 이루어낸다. 시인이 그럴듯하게 그려내는 목적은 단순히 감동을 주기 위해서가 아니라 예술적 성찰을 드러내기 위해서다.

그 예술성은 "진실스러움"을 우선으로 한다. 예술이 사실과 어긋난다고 할지라도, 더 깊은 진실을 제시하려는 방향에서 보면 어긋나지 않는다. 사물의 묘사가 부조리할지라도 사람들이 그렇지 않다고 생각하고 말하면 그렇게 된다는 것이 아리스토텔레스의 주장이다. 짐작했던 것과는 정반대로 일어나는 일이 세상에 얼마든지 있으니까. 아인슈타인은 "창조적인 일에는 상상력이 지식보다 더 중요하다."라고 단언하고 피카소도 "예술은 사람들이 진실을 깨닫게 만드는 거짓말"이라고 했다. 지금도 많은 예술가들은 상상력이 팩트를 왜곡하는 것이 아니라 진실을 '이룬다'고 생각한다.

　수필이 궁극적으로 추구하고 구현해야 하는 것은 사실을 복제하는 일이 아니다. 팩트 너머에 있는 진실에 다다르기 위해 필요한 감각적이고 정서적이며 직관적인 인식을 발굴하는 것이 필요하다. 수필을 하는 이유는 있는 대로 찍어대는, 기능인이 되는 데 있지 않다. 팩트를 소재로 하되 진실을 규명하는 창조력을 발휘할 수 있는 장인이 되기 위해서 글을 쓴다. 그 노력의 성취가 이루어질 때 외적 경험과 내적 상상이 하나가 된 진실의 반지를 낄 수 있다.

김삼복의 <화촉>

　<나와 나타샤와 흰 당나귀>는 백석 시인의 대표시다. 이 시는 눈 내리는 밤중에 사랑하는 여인과 함께 흰 당나귀를 타고 산골로 숨어들어 살고자 하려는 낭만을 펼쳐낸다. 현실을 초월한 사랑에 덧붙여 감미로운 서정성이 물씬 풍겨난다. 이 해석이 <나와 나타샤와 흰 당나귀>에 대한 팩트이다. 동시에 백석의 연정은 몽환적 사랑을 꿈꾸는 모든 연인들에게 감동과 공감을 일으킨다. 이것이 <나와 나타샤와 흰 당나귀>가 지니고 있는 진실이다. 진실은 사실이라는 팩트를 외양으로 갖고 사실은 진실을 내장할 때 무한대의 상황을 설정할 수 있다.

　김삼복은 백석 시를 원용하여 <화촉>이라는 운문체의 산문을 만들었다. 백석 시의 제재가 흰 눈과 흰 당나귀라면 김삼복은 흰 자작나무를 배경으로 삼고 흰 당나귀라는 동물을 시적 인식자로 간주한다. 당나귀는

말할 수 없으므로 의인화하여 생각하고 상상하고 사유할 수 있도록 한다. 당나귀는 말하는 화자話者는 아니지만 눈 내리는 산골에서 두 연인이 살아가는 광경을 지척에서 지켜보고 관조하고 음미하면서 자신의 처지도 생각할 수 있는 사념思念의 존재라 하겠다. 이렇듯이 흰 당나귀는 자연스럽게 작가 김삼복에게 이입된다.

> 하루 종일 서러웠다. 눈이 푹푹 내려 다리까지 빠진 날, 하필 내 등에 여자를 업었다. 무조건 깊은 산골로 나를 이끄는 사내의 눈매가 서늘하다. 들어온 산속은 온통 자작나무다. 흰 빗줄기가 야무지게 꽂혔을까, 흰 눈발이 발목을 잡혀 뿌리를 내렸을까. 나무는 두고 온 하늘에 미련이 남아 고개 쳐들고 하루 종일 목을 젖혔다. 백옥 같은 목덜미 사이로 설움이 파고들어 검은 키스 자국을 남겼다. 사내의 긴 목도 고고하고 단단한 것이 자작나무를 닮았다.

흰 당나귀는 "하루 종일 서러웠다."고 토로한다. 눈 깊은 험한 길을 여자를 업고 왔다. 흰 당나귀는 목이 긴 사내의 눈매, 흰 자작나무, 인적이 끊어진 산속 등 다감하고 육감적인 이미지를 통해 가슴 아픈 인상을 공유한다. 그때의 서러움은 가난하거나 적적해서가 아니다.

무엇 때문에 서러운가. 당나귀는 한 남자와 한 여자의 사랑을 성사시켜 주기 위해 눈발 산길을 헤쳐 왔다. 지나치는 자작나무 그루터기마다 산짐승과 사람들이 새긴 숱한 사랑의 언약도 보았다. 등 위에 얹힌 여자도 당나귀 등에서 내려 사내의 이름을 자작나무에 새겼다. 그럴더라도 흰 당나귀는 인간들의 사랑놀이에 끼어들 수 없고 그것을 빼앗을 수도 없다. 짐승이라는 이유로 낭만적인 사랑에서 제외되었다. 이 모든 상황을 작가는 상상의 세계에서 빼놓지 않는다. 설상가상, 백석 시인의 시세계와 사랑 일화를 잘 알고 있는 자신을 <화촉>의 무대에 등장시킬 수 없다. 오직 흰 당나귀와 흰 자작나무만으로 시인과 나타샤의 진실한 사랑을 전달하려한다. 연복을 갖지 못한 서러움을 당나귀의 감정에 실어야 한다. 이것이 자작나무숲에서의 팩트이다. 그러므로 흰 눈, 흰 자작나무, 흰 당나귀라는 백색 이미지와 자작거리는 음향과 몽환적인 문체만으로 상상의 영역을 구현하는 것이다.

사건을 서술하는 존재는 흰 당나귀다. "눈이 푹푹 내려 다리까지 빠진 날, 하필 내 등에 여자를 업었다."는 첫 문장은 폭설 가득한 산골에서 남녀 사랑이 어떻게 이루어지는가 보여준다. 말을 할 수 없는 당나귀는 오직 투명한 눈으로 지켜볼 뿐이다. 그것의 시선은 시인과 한 여자의 사랑을 최대한으로 은밀화하고 순결화시킨다. 인간의 어떤 편견과 간섭이 끼어들지 않음으로써 순애든 불륜이든 치정이든 윤리적 도덕적 범주와 상관없이 사랑의 정조를 극대화하는 효과를 거둔다.

당나귀의 시선은 산골 오두막에서 펼쳐지는 두 사람의 삶을 카메라 렌즈처럼 둘러본다. 이 부분은 첫 단락에서처럼 "여자는 흰 눈이 푹푹 내리는 날 내 등을 타고 숲으로 왔다."는 문장으로 시작한다. 나타샤는 '자야'라는 실재 여인으로, '사슴'이라는 별호를 지닌 남자는 실재인물 백석이라는 정체성을 갖는다. 그들은 달옹배기에 자작 숯을 담아 감자를 구워 먹고 숯불에 구운 가재미를 고추장에 찍어 사이좋게 나누어 먹는다. 화촉 불 밝힌 방에서 시인은 시를 쓰고 자야는 소리를 뽑는다. 밤톨 같은 이마를 가진 아이들이 태어나 아버지의 시를 외울 것이다. 밤이 깊어질수록 시인은 더이상 서럽지 않고 외롭지 않다.

그런데 흰 당나귀는 하루 종일 서럽다. 왜 그런가에 대한 해석은 두 가지다. 시인 중심으로 살피면 시인은 낮 동안 서러웠지만 나타샤가 찾아온 밤에는 서럽지 않게 된다. 애인이 있고 자작나무 숯불이 있는 방에서는 가난조차 행복거리가 된다. 반대로 당나귀를 중심으로 서러움을 살펴보면 짐승은 사람이 사는 방에 들어갈 수 없고 구운 감자와 가자미도 먹을 수 없다. 인간이 아닌 당나귀라는 엄연한 현실만 있을 뿐이다.

　　나는 왜 흰 밥과 가재미를 먹을 수 없는가. 정답고 미더운 반찬을 맛볼 수 없는가 말이다. 밤낮 비쩍 마른 여물이나 질겅질겅 씹을 일 이 세상 서럽다. … 화촉 밝힌 봉창에 눈발이 스친다. 나타샤와 둘이 앉아 오구작작 이야기를 나누는데 그 이야기판에 나도 들어 밤을 같이 밝히고 싶다. 하루 종일 울밖에 매여 킁킁 콧방귀나 뀌는 내가 이런 생각을 하고 있는지 시인은 모르리라. 자작나무 숲을 들며 날며 내 등에 나타샤를 태워 장에 가는 것과 백화나무를 실어 나르는 일로 나는 소임을 다한 것이다.

　지금껏 <화촉>의 목격자로서 김삼복을 대신했던 흰 당나귀의 상상력이 급격하게 무화된다. 그는 밤낮 여물만 씹고 추위를 견뎌야 할 뿐 따뜻한 방에 끼어들 수 없다. "시인은 모르리라."라는 처지는 사실이다. 사랑에 취한 시인은 애인을 태워준 당나귀의 수고로움을 알 턱이 없다. 그래서 더욱 서럽다. 하지만 당나귀는 '흰빛'을 지닌 당나귀이므로 그들의 사랑을 감싸주는 거룩함을 발휘한다. 그들의 사랑이 지고지순하려면 당나귀의 무조건적 봉사가 필요하고 당나귀도 시인의 여자를 오두막까지 실어다 준 것으로 소임을 다했다고 여긴다. 만일 흰 당나귀가 없었다면 어찌 그들의 사랑이 이루어지고 <나와 나타샤와 흰 당나귀>라는 시가 태어났을 것인가. 백석 시인에게 성스러운 흰빛 당나귀라는 매체가 있어야 함에 김삼복도 동의한다. 백석이 제목에 '흰 당나귀'라는 글자를 덧붙여 <나와 나타샤와 흰 당나귀>로 하였기 때문에 당나귀의 존재성을 더욱 확장하여 동물의 시선으로 화촉의 밤이 그려질 수 있었다.
　<화촉>은 작가가 백석 시인과 자야와 만난 팩트에서 시작한다. 백석의 연애에 이미지와 은유가 가미되어 아름다운 사랑의 산문이 만들어졌다.

작가가 어느 겨울날 자작나무 숲을 찾았을 때 들었던 당나귀의 울음이 환청일지라도 "백화 숲에서 평생 외롭고 쓸쓸했지만 한없이 높았던 이"를 생각하기에는 조금도 부족함이 없다. 백석의 연애사가 과거에 정말 있었는가 아닌가는 중요하지 않다. 상상을 통해 사실보다 더 진실한 실화를 창조할 수 있고 그 진실의 타당성은 《시학》에서 연유한다는 사실이 더 중요하다. 문학적 상상은 그렇다면 그런 것이다. 김삼복은 백석의 <나와 나타샤와 흰 당나귀>와 그의 <화촉>을 뫼비우스 끈과 같은 진실로 묶어 사랑의 원형을 추구하였다. 그것만으로도 그는 남다른 미적 상상을 수확하였다.

권유경의 <흔적>

흔적은 어떤 것이 있다가 사라진 부재를 전제로 한다. 방금까지 있었던 사람이나 사물이 사라졌지만 그것이 있었다는 증거로서의 자취를 흔적이라고 부른다. 무엇인가 남은 흔적이 팩트이면 그 흔적이 무엇인가를 생각하는 과정은 상상이다. 그때의 상상은 조금 전까지 존재하였던 대상에 의미를 부여함으로써 사물이 있었던 과거와 상상하는 현재를 묶는다. 육하원칙이 토대가 된 스토리가 되는 것이다. 그 점에서 흔적은 단순히 무엇인가 있었다는 기억이 아니라 사물의 실존적 총체라고 하겠다.

권유경이 서술하고 있는 <흔적>은 골목길을 어지럽히는 쓰레기를 한밤에 치우는 노파의 존재와 부재를 다룬다. 그 노파는 환경미화원이 아니고 동네 주민도 아니다. 그럼에도 골목 쓰레기를 치우는 행위로써 자신의 존재를 드러낸다. 비닐봉투, 종이 나부랭이, 나뭇조각, 흙 묻은 낙엽으로 그녀의 작업이 작가에게 인상 깊게 다가온다. 작가도 그런 노파를 주시함으로써 자신의 인지력을 강화시킨다. 두 사람 사이의 상호성은 부정할 수 없을 만큼 팩트로 자리한다.

<흔적>이 가진 사실성과 실재성은 골목 안 풍경에 모인다. 배경이 된 골목엔 '사각사각' 눈이 내린다. 땅에 닿기도 전에 녹아버리는 "사각사각 내리는 눈"은 존재의 허무를 일찌감치 은유한다. 얼굴에 닿는 매운 바람은 맵싸한 인생을, 패딩 코트 깃을 세우고 양손을 주머니에 넣은 동작은 "인정 봐주고 사정 봐주면 굶어 죽기 쉽다."는 냉혹한 현실을 강조한다. 도시 골목에서 벌어지는 일상은 서로에 대한 무관심이다. 누가 지나가도 아무런 흔적이 남지 않는 시대에 강한 인상과 흔적을 남기는 한 여인이 등장한다.

> 자정이 가까운 시간인데 허연 커트머리에 활처럼 굽은 허리를 하고 어기적어기적 골목 여기저기를 뒤적이는 그녀가 보였다. 한밤에 환경미화원이 골목의 쓰레기를 치우지도 않을 뿐더러 미화원의 복장도 아니었다. 벙벙한 바지에 덧저고리도 아닌 낡은 스웨터를 입고 있었다. 추위가 시원하기라도 한 듯 골목을 쓸고 있는 손은 장갑도 끼지 않은 채 어둠을 쓸어 담았다.

노파는 골목에 하루 동안 사람들이 버린 일상의 흔적을 줍는다. 지나가는 사람도 그녀를 의식하지 않고 그녀도 행인의 왕래에 무심하다. 그 노파는 주변의 무관심과 밤의 어둠에 의하여 '보이지 않는 사람'이 되었다. 미국의 소설가 랄프 엘리슨이 쓴 소설《보이지 않는 사람들》에 등장하는 흑인 소년들처럼 존재성을 인정받지 못하는 —흔적을 남기지 않는— 존재가 그녀다. 이 점을 두고 권유경은 "밤의 성녀는 낮이 버린 너덜거리는 아픔을 쓸어 담을 뿐이었다."고 말한다. 오직 작가만이 '골목에 그녀가 있었다'는 팩트를 자각하면서 흔적의 진실을 탐구한다.

작가는 이태 동안 매일 그 노파와 마주친다. 마주침은 서로의 존재를 의식하고 관계를 맺기 시작하는 행위다. 인식이라는 행위가 있어 겨울 골목에 흩어진 갖가지 나부랭이는 단절이 아니라 관계를 강화시켜 준다.

    그녀는 어떤 사람이었을까. 어디서 왔고 어떻게 살았을까. 그녀에게도 젊음이, 곱고 아름다운 시절이 있었을 텐데. 기약 없이 어둠에 묻혀 걸으며 오히려 홀가분해 보이던 노파. 그녀가 사라질 때까지 망연히 바라보노라면 허무함으로도 허기진 배가 불러온다는 것을 깨달았다. 그녀가 쉬지 않고 쓸어 담는 것은 그냥 골목의 나부랭이였을까. 낮의 부스러기들 속에서 온몸으로 지켰던 사랑의 부스러기를 찾고 있었을 것도 같다.

    위 단락에 적시된 관심은 두 가지다. 하나는 그녀가 누구일까라는 궁금증이며 다른 하나는 낮의 부스러기들은 무슨 의미를 갖는가이다. 작가는 그 노파가 한때는 젊음과 아름다움을 한껏 지닌 여인이었지만 지금은 골목 쓰레기를 줍는 여인이 되었다고 짐작한다. 그녀가 누구인가보다는 어떠한 존재로 변하였나를 상상하는 것이다. 골목 쓰레기도 처음에는 도시인들의 피곤한 삶을 덜어주는 사랑의 원소였지만 무관심의 대상으로 변용된다.

    문제는 실재와 부재의 주체가 누구인가이다. 매일 그 노파가 골목을 청소하더라도 지나가는 사람들은 그녀의 존재를 의식하지 않았다. 그녀는 보이지 않는 사람이었다. 이것이 골목에서 일어난 부조리다. 하지만 문학의 시선에서 보면 보이지 않는 사람은 노파가 아니라 행인들이다. 왜냐하면 아침 골목길이 매번 깨끗해진 것을 보면서도 그것이 그녀가 다녀간 흔적임을 알아차리지 못하기 때문이다. 이처럼 현대인들은 사실에만 고정되어 이면에 있는 맥락과 현상을 상상하지 못한다. 상상하지 못하므로 진실을 알 수 없고 진실을 알지 못하므로 하이데거가 말한 현존재로 존재하지 않는다.

그런데 올겨울에 그 노파가 보이지 않는다. 그녀가 앉았던 담 모퉁이가 휑하게 비어있다. 작가는 그 노파로 이루어졌던 골목 흔적을 상기하면서 흔적의 개념을 전복시킨다. 노파의 흔적이 남은 것이 아니라 흔적으로서 노파가 사라진 것이다. 노파는 마치 사람들이 "상쾌한 아침 공기를 마시며 왕자가 되고 공주가 되어 하루를 시작"하도록 만드는 마법사 같은 존재로 등장하였다가 사라진 것이다.

우리 주변에는 남몰래 '흔적'을 치우거나 남기는 사람들이 많다. 역설적인 사실은, 숨겨진 행위는 그가 사라졌을 때 비로소 뚜렷해진다는 것이다. 어디든 고단한 삶을 편안하게 만들거나 불필요한 것을 치워주는 보이지 않는 손이 적지 않다. 하지만 우리가 남을 위해 쓰레기를 꾸준히 치우는 노파 같은 존재를 발견하고 의미를 부여하려면 팩트를 건너 상상의 세계로 진입하여야 한다. 이런 존재성을 구현함으로써 <흔적>은 진실의 영토 안으로 들어섰다.

최숙미의 <국지성 호우>

레바논계 미국인으로 예술가이며, 시인, 작가인 칼릴 지브란은 "상상력은 실재의 전부"라고 말했다. 작가가 체험의 중심점에 서서 방사선으로 펼쳐내는 상상이 작가의식과 문학세계의 수준을 결정한다. 상상이라는 공간에서는 소재를 무한대로 실험할 수 있고 체험을 새롭게 정의하고 유추할 수 있다. 팩트가 공상이 아닌 상상으로 승화하면 상황은 한결 유연하고 탄력 있는 의미를 지니게 된다. 최숙미도 지브란처럼 자신이 당면했던 인생의 시련을 날씨와 기상 상태라는 은유를 통해 극대화한다.

<국지성 호우>의 전반부는 호우에 대한 상상으로, 후반부는 삶의 현실

이라는 팩트로 짜여있다. 인간의 삶에서는 사실이 은유를 앞서므로 대부분의 작가들은 사실을 은유에 앞세우는 서사 구조를 선호하면서 상상적 은유를 후반부에 배치한다. 하지만 최숙미는 일반적인 기법을 거부하고 국지성 호우가 어떻게 발생하고 그 피해가 얼마나 심한가를 먼저 이야기한다. 그렇게 함으로써 독자는 예기치 않은 인생의 시련을 자연 현상에 결부시켜 삶을 보다 긍정적으로 수용하게 된다.

호우의 돌발성과 피해 규모를 강조하는 첫 단락은 자연재해인 만큼 불편한 심기로 시작한다.

> 성질머리 한번 고약하지. 예기치 않은 순간에 들이닥쳐 당황케 하다니. 당하는 건 하늘 아래 있는 것들이네. 홍수가 나서 재해를 입거나 사망자가 생기기도 해. 좀 전에만 해도 맑았는데 느닷없이 쏟아부어버려. 국지성 호우라는군. 국지성 호우를 품은 구름이 고약한가. 구름을 몰고 다니는 바람이 고약한가. 구름을 비껴선 해가 고약한가. 구름도 만드는 세상인데 종잡을 수 없는 국지성 호우의 성질머리 손봐 줄 과학은 없으려나.

작가는 국지성 호우의 피해를 '성질머리'라는 비유로 고발한다. "성질머리 한번 고약하지."라는 담론은 인간의 힘으로서는 어찌할 수 없는 자연의 무원칙과 무질서를 표현하기에 더없이 직질한 비어이다. 작가가 구사하는 "것들이네, 부어버려, 고약한가, 없으려나" 등의 문체도 구어체다. 성질머리라는 비어와 구어체 문장은 작가가 살아가면서 당한 호우 피해라는 팩트에 연결된다. 단감나무가 부러지고 닭들이 피해를 입고 아버지의 적삼이 젖고 동네는 홍수와 산사태를 당하였다. 이런 자연재해는 국지성 호우에 대한 두려움을 심화시킨다. 마침내 "국지성 호우의 성질머리 손봐 줄 과학은 없으려나."는 탄식까지 하게 된다.

후반부는 국지성 호우와 같은 삶의 시련을 서술한다. 국지성 호우와 인생 시련과 언어적 파장은 부정적인 이미지를 심화시켜 나간다. 실제 국지성 호우는 지형적인 특징과 강우전선의 조건에 의하여 스스로도 어찌할 수 있는 자연재해를 일으킨다. 홍수나 산사태와 같은 재해의 원인을 굳이 찾는다면 구름과 바람과 해의 영향이지만 인간이 훼손시킨 환경 탓이기도 하다. 인생 시련도 사람의 의지와 달리 주변 환경이나 인간관계에 의하여 일어나거나 사라지기도 한다.

후반부는 예기치 않게 부딪힌 작가의 갖가지 역경과 이에 따른 극복을 국지성 호우에 비유하는 내용이다.

> 기습적인 게 어쩜 그리도 닮았는지. 하늘 한번 쳐다볼 겨를도 없이 들이닥치거든. 로또 같은 국지성이면 오죽이나 좋으랴마는 대부분 생채기 나는 날벼락이야. 국지성 환난은 국지성 호우만큼 순간적이지가 않아. 금방 해가 쨍하니 나면 오죽이나 좋으련만 그렇지 않은 게 삶이더구먼. 다행히 삶은 제자리에 머무는 게 아니라서 환난의 진창에서 허방을 디딜지라도, 한발 한발 걸음을 옮기다 보면 마른 땅을 밟는 날도 오겠지.

그녀에게 닥친 가정적인 시련은 예측하기 어려웠고 반복적이었다. 국지성 호우와 너무나 닮아 놀라울 지경이다. 가정에서 일어나는 시련은 순간적인 국지성 호우와 달리 지속적이고 복합적이어서 더 가혹하고 참담할 때가 적지 않다. 남편 사업이 부도나고 교통사고와 가족 병마까지 닥쳐왔지만 그녀는 좌절하지 않는다. 언젠가는 시련이 국지성 호우처럼 사라진다고 믿기 때문에 시련을 이겨내겠다는 믿음을 지켜냈다. 이러한 낙관적 상상은 "호랑이 굴에 물려가도 정신만 차리면 산다."는 믿음에 반영되어 있다. 그 반어법적 상상은 "우주의 어떤 기운이 내게 뿌려 준

은가루"라는 비유로 거듭 강조된다. 자신에게 찾아와 위로해준 지인들이 "부도의 원인을 찾아주겠다."고 치대는 간섭을 감내하고 "빵도 사 먹네."라는 조롱에도 좌절하지 않을 수 있었던 것은 '모든 시련은 곧 지나간다.'라고 국지성 호우가 가르쳐 준 교훈 덕분이다.

작가가 삶과 호우를 연관 지어 내린 일차적 결론은 "인생은 녹록지 않다."는 사실이다. 이것은 자신의 경험이나 타인들의 사례를 보아도 부정할 수 없는 팩트다. 이차적 결론은 인생의 진실로서 국지성 호우처럼 국지성 사건도 지나간다는 상상이다. 문학적 진실로 해석한 인생은 진실의 힘에 의하여 더욱 탄탄해진다. "고만고만한 행복에 만족하고 사는 일"이 인간의 순리임을 깨우치는 것. 작가는 이것이 <국지성 호우>에 담아야 할 진실임을 자각하였다.

덧붙여

문학세계에서 진실 찾기를 지향하는 글은 작가가 추구할 중요한 목적 중의 하나다. '진실'을 인식하려는 노력을 시작하면 사실이라는 팩트는 무의미해지기 시작한다. 팩트가 가변적이고 한정적이라면 진실은 본질적이고 항구적이다. 그럼에도 불구하고 인간은 항상 현실로서 세상을 바라보려는 유혹에 빠져있다. 진실은 거추장스럽고 상상은 환상에 불과하며 문학은 아무런 생산성을 가지지 못한 시간낭비라고 여긴다.

사람과 사람 사이에는 불신이 생겨나면 세계와 개인 사이에 절망과 허무의 그림자가 끼어든다. 폭력적이고 비인간적인 사회일수록 인간은 삶의 무력감을 절감한다. 작가는 이러한 허무주의를 극복해야 한다. 김삼복의 <화촉>에 등장하는 흰 당나귀는 두 연인의 사랑을 위해 희생의 짐을 졌다. 권유경의 <흔적>은 남은 것이 아니라 사라진 것의 진실을 뒤늦게 찾아냈다. 최숙미의 <국지성 호우>는 인내의 진실을 호우가 아니라 인생에서 찾아냈다.

  문학을 대하면 사람은 무엇인가를 인식하게 된다. 시가 왜 필요하며 산문을 왜 읽어야 하는가를 자각한다. 상상의 가치도 비로소 인정한다. 그제서야 인간은 살고 있다는 사실보다 삶의 진실에 목말라 있는 자신을 성찰한다. 생활의 발견이 이루어진 것이다. 사실과 진실이 다르다는 것을 자각하는 것. 이것이 문학의 첫 단계라고 한들 가벼운 명제라고 할 수 없다.

| 작품 |

화촉

김삼복

하루 종일 서러웠다. 눈이 푹푹 내려 다리까지 빠진 날, 하필 내 등에 여자를 업었다. 무조건 깊은 산골로 나를 이끄는 사내의 눈매가 서늘하다. 들어온 산속은 온통 자작나무다. 흰 빗줄기가 야무지게 꽂혔을까, 흰 눈발이 발목을 잡혀 뿌리를 내렸을까. 나무는 두고 온 하늘에 미련이 남아 고개 쳐들고 하루 종일 목을 젖혔다. 백옥 같은 목덜미 사이로 설움이 파고들어 검은 키스 자국을 남겼다. 사내의 긴 목도 고고하고 단단한 것이 자작나무를 닮았다.

부드럽고 매끈한 그루터기에 이빨 자국이 선명하다. 간밤에 산짐승 하나가 그리움에 몸부림 친 흔적이다. 사랑하지만 사랑하지 말아야 할 사람을 떠나보내고 짐승 같은 시간이 백화 숲에 널브러져 있다. 여자가 내 등에서 내려 사내 몰래 그의 이름을 새긴다. 누군가 왔다 갔는지 나무 등걸 여기저기 몰래 새긴 사랑의 맹세들이 숨어 있다. 백화 껍질에 사랑을 약속하면 이루어진다는 낭설을 믿는 연인들의 인장이다.

산골 오두막집은 대들보도 기둥도 문살도 자작나무다. 울타리도 자작나무요, 단물이 솟는 우물도 자작나무에 싸여 있다. 아궁이에서 자작자작 소리 내며 타는 나무다. 여우가 울고 승냥이가 어슬렁거리는 이곳은 온통 하얀 나라다. 백화를 다듬어 집을 짓고 우물을 파고 그 옆에 흰 당나귀인 나를 매어 둔 콧대 높은 사내는 시인이다.

백화를 잘게 쪼개 밥을 짓는 여자는 흰 눈이 푹푹 나린 날 내 등을 타고 숲으로 왔다. 동그란 얼굴에 뽀얀 가루분을 발랐던 여자다. 머리카락 휘날리며 숲으로 들어온 시인은 그녀를 나타샤라 불렀다. 평안도 정주 땅에서 제법 이름난 시인은 '사슴'이라는 별호로 여자들에게 인기가 좋은 사내라는데 어딘지 쓸쓸한 냄새가 온몸을 감싸고 있다. 분명 이 숲으로 애인을 데리고 도피한 것이리라.

이전에 내 갈기를 훑으며 시인은 나에게 넋두리를 했었다. 바람 맛도 짭짤하고 물맛도 짭짤한 남쪽 통영에 굴 껍데기처럼 마른 란이라는 여자 하나를 사모했단다. 친구의 혼인식에서 처음 만난 란이는 수선화를 닮았다고 했다. 허리가 호리낭창하고 가슴에 병을 얻은 가엾은 여자였다. 새끼 오리나 헌 신짝이나 더부살이 아이 심지어 새끼 거미까지, 약하고 천한 것들을 사랑하였던 시인의 성정이 명정골에 홀어미와 사는 여자를 연민하지 않을 수 있었을까? 나타샤는 란이를 닮지 않았다.

시인은 눈이 푹푹 내리면 달옹배기에 자작 숯을 담아 아랫목에 놓고 감자를 구워 먹었다. 가재미를 좋아해 숯불에 구워 고추장에 잘도 찍어 먹었다. 낡은 밥상에 흰밥과 가재미를 놓고 친구처럼 사이좋게 밥을 나누는 시인은 착하다. 착하디착해서 가시 하나 없는 가재미를 놓고 그것만 있으면 가난해도 서럽지 않고 외롭지 않다고 했다. 흰밥과 가재미 반찬만 있으면 세상 밖에 있어도 좋다는 시인의 허풍에 나는 고개를 절레절레 흔들었다. 나는 왜 흰밥과 가재미를 먹을 수 없는가. 정답고 미더운 반찬을 맛볼 수 없는가 말이다. 밤낮 비쩍 마른 여물이나 질겅질겅 씹을 일이 세상 서럽다.

오늘밤은 큰 눈이 오실 듯싶다. 여물을 한가득 내 여물통에 집어넣어 준 시인은 겨드랑이에 손을 넣고 하늘을 쳐다본다. 고향에 계신 어머니를 생각할까, 아니면 따뜻한 감주를 생각하는 것일까, 아니면 지척에 나타샤를 두고도 개포가 난이의 얌전한 가르마를 떠올리는 것일까. 머루 빛 밤하늘을 보며 시인의 눈가가 젖었는지 슬쩍 닦는다.

화촉 밝힌 봉창에 눈발이 스친다. 나타샤와 둘이 앉아 오구작작 이야기를 나누는데 그 이야기판에 나도 들어 밤을 같이 밝히고 싶다. 하루 종일 울밖에 매여 쿵쿵 콧방귀나 뀌는 내가 이런 생각을 하고 있는지 시인은 모르리라. 자작나무 숲을 들며 날며 내 등에 나타샤를 태워 장에 가는 것과 백화나무를 실어 나르는 일로 나는 소임을 다한 것이다.

깊은 산속 오막살이에 가난한 시인이 화촉 불 밝히며 시를 쓴다. 모처럼 나타샤가 소리를 뽑는지 오늘밤은 창가가 뜨겁다. 더러운 세상 같은 것은 버렸다고, 산골로 가는 것은 세상에 지는 것이 아니라고 큰소리 쳤던 시인이 오늘만은 서글프지 않으리라. 이제 밤톨 같은 이마를 가진 아이들이 태어나 산길을 쫄래쫄래 따라다니며 아버지의 시를 외울 것이다. 밤도 자리를 편다. 그날처럼 함박눈이 내리기 시작한다. 마침내 봉창에 화촉불이 꺼지고 시인의 이마는 눈빛에 푸르스름할 것이다. 나도 오늘 밤이 좋은 듯 응앙응앙 운다. 이제 무릎을 꿇고 갈기에 머리를 묻고 눈꺼풀을 감아야겠다.

자작나무 숲에 왔다. 갑자기 흰 당나귀의 목소리를 들었다. 지금은 그들 모두가 사라진 백화 숲에서 평생 외롭고 쓸쓸했지만 한없이 높았던 이를 오래 생각한다.

-2020년 3월호《수필과비평》

| 작품 |

흔적

권유경

 마지막 전철에서 내려 밖으로 나왔다. 사각사각 눈이 내렸다. 그러나 땅에 닿기도 전에 사라져 갔다. 나의 하루도 그렇게 사라지고 있었다. 얼굴에 닿는 매운바람 때문인지 낮의 일들이 떠올랐다. 맵싸한 바람보다 더 아렸던 하루였다. 인정도 눈물도 없다는 소리에 아팠고 인정 봐주고 사정 봐주면 굶어 죽기 쉽다는 소리에 씁쓸했다. 패딩 코트의 깃을 세우고 양손을 주머니에 넣으며 아직도 아린 가슴을 감쌌다. 헛헛한 하루를 코트 속에 묻었다. 마음을 채워야 할지 비워야 할지 늘 해왔던 고민을 하며 터벅터벅 무거운 걸음을 옮겼다.
 자정이 가까운 시간인데 허연 커트머리에 활처럼 굽은 허리를 하고 어기적어기적 골목 여기저기를 뒤적이는 그녀가 보였다. 한밤에 환경미화원이 골목의 쓰레기를 치우지도 않을 뿐더러 미화원의 복장도 아니었다. 벙벙한 바지에 덧저고리도 아닌 낡은 스웨터를 입고 있었다. 추위가 시원하기라도 한 듯 골목을 쓸고 있는 손은 장갑도 끼지 않은 채 어둠을 쓸어 담았다. 그 어둠은 낮이 남긴 것들이었다. 시커먼 비닐봉투들과 너덜거리는 종이나부랭이와 거칠게 부러진 나뭇조각 그리고 아직도 흙이 되지 못한 낙엽들이었다. 그것들을 줍다 담 모퉁이에 기대앉은 그녀는 누군가에게 말을 하고 있었다. 아무리 둘러봐도 골목엔 그녀와 나뿐이었다. 잠시 후 일어선 그녀는 시간이 부족하기라도 한 듯 주섬주섬 이것저것들을 쓸어 담았다. 그 사이 두 명이 더 그녀 곁을 지나갔지만 골목의 일부로 생각했는지 그녀의 존재를 의식하는 것 같지 않았다. 그녀 역시 그들을 향한 어떤 미동도 없었다. 밤의 성녀는 낮이 버린 너덜거리는 아픔을 쓸어 담을 뿐이었다. 그 겨울의 골목에서, 그런 그녀의 모습을 열 번도 더 보았지만 그 누구에게도 관심을 보이지 않았다.

이태 동안이나 겨울밤이면 그녀와 마주쳤다. 마주쳤다는 것은 나만의 생각일 뿐 그녀에겐 해당되지 않는다. 그녀는 마주친다거나 아는 사이라든가 하는 것들엔 관심조차 없어 보였다. 단절, 무심의 평정 상태에 있었다. 오직 밤의 고요와 어스름한 어둠을 입고 현실로 돌아오지 않아도 될 평온한 걸음을 마냥 걷고 또 걸어가는 듯했다. 그녀는 어떤 사람이었을까. 어디서 왔고 어떻게 살았을까. 그녀에게도 젊음이, 곱고 아름다운 시절이 있었을 텐데. 기약 없이 어둠에 묻혀 걸으며 오히려 홀가분해 보이던 노파. 그녀가 사라질 때까지 망연히 바라보노라면 허무함으로도 허기진 배가 불러온다는 것을 깨달았다. 그녀가 쉬지 않고 쓸어 담는 것은 그냥 골목의 나부랭이였을까. 낮의 부스러기들 속에서 온몸으로 지켰던 사랑의 부스러기를 찾고 있었을 것도 같다. 캄캄한 심연에 가라앉았던 그것들이 고즈넉한 밤만 되면 스멀스멀 별별 형상이 되어 다가왔으리라. 그중 그녀가 청소차에 던진 나부랭이는 아픈 기억일 것이었다.

영영 펴지지 않을 구부정한 허리로 휘이휘이 모퉁이를 돌더니 다시 비질을 했다. 그녀가 지나간 골목엔 낮에 뒹굴던 벽돌 한 장이 제자리를 잡았고 이리저리 흩날리던 낙엽이 한쪽 모퉁이에 쌓였다.

그녀가 골목을 치우는 모습을 본 행인은 여럿 되겠지만 그녀의 존재에 의미를 둔 사람들이 있는지 알 수 없다. 골목과 담 모퉁이와 낮 대신 밤을 살아가는 미물들과 그녀의 숨소리까지 비춘 가로등이 안다 해도 밤의 고요를 닮은 그것들은 침묵에 속하는 것들이었다. 아침이 되면 제자리를 잡은 벽돌과 차곡차곡 쌓인 낙엽더미와 깨끗해진 골목이 그녀가 다녀간 흔적이란 것을 알 수 있었다. 그러나 한낮이 부산해진 골목 어디에서도 그녀를 볼 수 없었다.

그녀가 앉았던 담 모퉁이 집 대문 앞을 지난다. 나는 오늘도 사람들과 부대끼다 상처를 안고 귀가 중이다. 그런데 올겨울엔 아직 그녀를 만나지 못했다. 골목을 지나는 많고 많은 사람 중에 기억나는 단 한 사람. 자신의 뜻인지 아닌지도 모르면서 밤새 골목을 쓸어 담던 노파. 그녀가 지난 거리마다 사람들이 상쾌한 아침 공기를 마시며 왕자가 되고 공주가 되어 하루를 시작했다는 사실을 나는 안다. 밤의 일을 그녀가 기억하는지 알 수 없지만 그녀를 지켜본 골목은 맑은 숨을 쉬며 감사했으리란 것도.

내 속을 찌르는 가시를 토했을 때도 그녀가 내 곁을 쓸고 있었을 것만 같다. 그런 그녀는 나로선 도저히 용기를 내거나 흉내 낼 수 없는 거룩함이었다. 전에 없이 고양이가 울고 낙엽은 여전히 뒹구는데 그녀 없는 골목은 텅 빈 듯 허허롭고 적막하다. 천형처럼 무거워야 할 어둠을 너무도 편안히 입고 걷던 그녀. 낯달로 살지 않아도 될 곳으로 영영 떠나버린 것은 아닌지. 그녀가 보고 싶다.

—2020년 3월호《수필과비평》

| 작품 |

국지성 호우

최숙미

 성질머리 한번 고약하지. 예기치 않은 순간에 들이닥쳐 당황케 하다니. 당하는 건 하늘 아래 있는 것들이네. 홍수가 나서 재해를 입거나 사망자가 생기기도 해. 좀 전에만 해도 맑았는데 느닷없이 쏟아부어버려. 국지성 호우라는군. 국지성 호우를 품은 구름이 고약한가. 구름을 몰고 다니는 바람이 고약한가. 구름을 비껴선 해가 고약한가. 구름도 만드는 세상인데 종잡을 수 없는 국지성 호우의 성질머리 손봐 줄 과학은 없으려나.
 우리 엄니는 국지성 호우를 성질 고약한 딸구비라고 하더군. 급작스레 들이닥치면 무 허벅지가 허옇게 드러나고 단감나무 가지가 부러져 버린다고 싫어했어. 제비초리처럼 젖은 우리도 닭들도 오들오들 떠니 불쌍했겠지. 아버지의 젖은 적삼에서 나던 김은 김이 아니라 열병이었다고. 허약한 몸으로 겨우 일군 농사가 국지성 호우의 패악질에 속절없이 망쳐지게 되었으니 어찌 병이 안 나고 말까.
 국지성 호우의 성격을 알아봤지. 지형적인 특징과 강우전선상의 문제로 인해 특정 지역에만 국한될 수밖에 없다네. 태풍을 수반하는 까닭에 홍수나 사태 같은 재해를 주게 된다고. 구름대 속에 호우를 형성하는 작은 구름덩이가 있는데 이를 호우세포라고 한다는군. 세포 수명이 단 두세 시간에 불과하고 크기는 3~5km밖에 안 되어 집중적으로 호우를 일으키는 거라네. 그래서 이름이 국지성 호우라는데 할말이 없기는 하다.

　국지성 호우 입장에서 툴툴대는 사람이 의아할 수도 있겠어. 구름대에 무리가 오기 전에 쏟는 습성을 가졌으니까. 지역이 어디든, 우비를 준비하지 않았든 관심을 가질 일이 아니겠지. 땅과 타협 따위가 필요치 않은 국지성 호우만의 방식인 것을. 그들의 세계에 충실하니 단연 사람의 조건에 맞춰지는 건 아니네. 사람에 개의치 않는 기습적인 공격이니 당황스러워도 그러려니 할 일이겠다.

　삶의 여정에서 예기치 않은 환난은 국지성 호우만큼 속절없어. 국지성 환난에 대처할 방법도 요원하기는 마찬가지야. 기습적인 게 어쩜 그리도 닮았는지. 하늘 한번 쳐다볼 겨를도 없이 들이닥치거든. 로또 같은 국지성이면 오죽이나 좋으랴마는 대부분 생채기 나는 날벼락이야. 국지성 환난은 국지성 호우만큼 순간적이지가 않아. 금방 해가 쨍하니 나면 오죽이나 좋으련만 그렇지 않은 게 삶이더구먼. 다행히 삶은 제자리에 머무는 게 아니라서 환난의 진창에서 허방을 디딜지라도, 한발 한발 걸음을 옮기다 보면 마른 땅을 밟는 날도 오겠지.

　내게 온 진창 같은 환난은 길기도 했어. 한 놈만 족치는 게 국지성 환난인지, 이 불행 저 불행이 불나방처럼 닥치는 거야. 맹수처럼 치달아 남편 사업에 부도를 내고 교통사고와 가족 병마까지 끌어들여 난장질을 해댔지. 호랑이 굴에 물려가도 정신만 차리면 산다고 하잖아. 살아내야 할 이유들이 나를 부추겼어. 희망의 독기가 솔솔 나오는 거야. 우주의 어떤 기운이 내게 뿌려준 은가루였으리라 믿어.

　슬픔은 참 컸어. 부도가 임박한 순간에 방문을 닫고 우는 남편을 모른 채 해줘야만 했던 참담함이라니. "니 애미가 그렇게 말하라고 시키디? 어린 것까지 한통속이네." 우리 부부가 없는 동안 채권자 전화에 오롯이 당한 어린 딸과 운전 중 핸들을 꺾어버리고 싶었다던 남편. 말로만 듣던 빨간 딱지를 들고 2층 계단을 올라올 것만 같은 구둣발 소리는 새 같은 아이들 가슴을 할딱이게 했어. 우리 부부는 고사하고 어린아이들의 트라우마에 빨간약 제대로 발라주지 못한 것이 지금도 미안하다.

지인들은 뭘 그렇게도 친절하게 부도의 원인을 찾아주겠다고 혈안들인지. 하늘은 왜 내게 이러느냐고 항변 한번 못해 봤건만, 하늘이 볼 때는 교만했을 수도 있을 거라나. 욥의 세 친구들이 따로 없었어. 욥처럼 의인의 기질도 없을뿐더러 영화를 누려 본 적도 없건만, 욥의 친구들 같은 지인들의 충고에 메줏덩이처럼 치대어졌지. 한데서 당하니 흙먼지가 묻어 메주의 본질을 잃을 정도였네.

부도났다는 소문을 듣고 파이를 사들고 온 지인에게 들켜버린 빵조각들이 또 문제였어. "빵도 사 먹네." 부도가 나도 먹어야 하고 입어야 하는 게 삶이건만, 동정은 덜 비워진 걸 보는 게 배신 같은지. 의연하려는 모습마저 배신 같은지. 장면 바뀐 드라마처럼 허름한 옷을 입고 수척한 얼굴로 초라하게 보여야만 동정 값을 하는 거였는데, 염치없고 눈치 없는 빵 때문에 자존심마저 동정표 면도날에 베이고 말았네. 동정 받을 준비도 갖추지 못한 나는 그것마저 이해해야 했어. 당해보지 않은 이들의 위로는 서툰 거니까. 스스로 만족할 만큼 격한 위로가 걸맞은 위로라 여기는 이들도 있으니까. 부도와 상관없는 지인은 왜 우리에게 분노했을까. 길거리 나앉게 되었는데도 참 정의로웠어. 지인들까지 피해 다녀야 하는 나는 하늘만 보았네.

누구나 국지성 호우이든 환난이든 지나친 폭정은 면하고 싶지만 녹록지 않은 게 인생이지. 자연에 대해서는 염치가 있어야 하겠고, 환난의 원인은 몰라도 삶이기에 겸허할 일인 것 같아. 슬픔이 변하여 춤이 되는 날도 있으려니. 국지성 호우도 국지성 환난도 지나가는 게 인생이려니. 고만고만한 행복에 만족하고 살 일이지 싶네.

—2020년 3월호 《수필과비평》

04

장소와 비장소의 퍼스펙티브

　인간은 세상이라는 장소에서 산다. 아담과 이브가 태어나 살았던 곳이 에덴의 동산임을 우리는 알고 있지만 언제부터 얼마나 오래 그곳에 살았는가라는 시간에 대해서는 별로 말하지 않는다. 사람이 산다고 할 때 시간보다 장소가 더 중요하다는 의미다. 장소에 대한 의식도 태어나서 죽을 때까지 뇌리에서 사라지지 않는다. 국가, 도시, 마을, 집, 그리고 묘지 등 모든 곳이 생사의 일부가 된다.
　엄격히 구분하면 장소(place)와 공간(space)은 다르다. 미국인 인문지리학자인 이푸 투안은 1930년 《공간과 장소》를 발표하면서 두 곳을 구분하여 사람과 장소 사이에 이루어지는 관계를 장소애(場所愛)로 명명하였다. 그는 "공간에 경험과 감정이 녹아들고 의미와 가치가 부여될 때 장소로 발전한다."고 부연 설명하였다. 공간을 지리적 개념으로, 장소를 인문학적 개념으로 풀이한 것이다. 일상적이면서 미묘한 경험들이 공간을 장소화 한다는 그의 견해는 문학에서 '산다'는 문제를 이야기할 때 큰 역할을 한다.
　일상적인 활동은 일정한 장소에서 이루어진다. 생활 조건도 그곳에 의

하여 정해진다. 예로부터 권력이나 금력을 구체화해준 것은 장소에 대한 지배였다. 권력을 가진 인간은 더 쾌적하고 안전하고 편리한 장소를 차지했다. 농촌보다는 도시, 도시 변두리보다는 인터시티가 거주자의 위상을 높여준다. 전원 같은 예외적인 장소가 있지만 도시 아파트가 농촌주택보다 더 많은 경제적 위력을 가지고 있음이 분명하다. 공간보다 장소라 하면 정서적 반응도 달라진다. 개발이 덜 된 시골이 어떤 사람에게는 심리적으로 더 많은 안정감과 평안을 준다. 경제적 가치로서 부동산이 아니라 힐링을 주는 장소를 원하기 때문이다. 자신의 거주 지역에 기피 시설이 들어올 경우 집단적인 님비 현상(Not In My Back Yard)을 보여주고, 도서관 공원 음악당 등에 호감을 갖는 핌피(Please In My Front Yard) 행동이 그 예다.

투안(Tuan)은 장소를 경험하는 곳으로 간주한다. 사람이 살지 못하는 설원이나 히말라야산맥은 산악인이 아닌 일반 사람에게는 공간이지만 정서적 장소는 아니다. 장소에서의 경험은 시간이 지날수록 '뿌리내림'을 키워 장소를 잃으면 향수병과 외로움을 갖는다. 캐나다의 인문지리학자 E. 렐프(Edward Relph)는 《장소와 장소 상실》에서 공간은 단순히 물리적으로 존재하고 기하학적으로 측량하고 소유한다는 개념에 불과하며 인간 활동과 무관하다고 하였다. 반면에 인본주의적 관점에서 보면 자연적·인문적 특징을 지닐 때 장소라 불린다. 나아가 장소는 '인간 존재의 심원한 본질' 자체이므로 장소감(sense of place), 장소 정체성(identity of place), 장소성(placeness)을 지닌다. 미국의 인류학자 허쉬(Eric Hirsch)는 《풍경의 인류학: 장소와 공간의 조망(1995)》에서 장소가 특정한 현실성(actuality)을 반영한다면 공간은 단순히 가능성(potentiality)과 관련된다고 하였다.

이들의 의견을 종합하면 공간과 장소는 완전히 구분할 수는 없지만 일상적이고 실제적이며 평범한 삶의 행위들이 발생하는 곳이 공간이고 삶의 영역 외부에 존재하는 물리적 형태가 장소라 하겠다. 장소가 특수하고 예외적인 속성을 지닌다면 공간은 보편적이고 일반적인 속성을 갖는다. 일상적 경험과 감정이입이 '공간'을 '장소'로 바꾸므로 사람은 장소를 의미 있게 경험하고, 인식하고 표현하는 옳은 방법을 익힐 필요가 있다.

도시가 발달하고 생활이 기계에 의존하면서 공간과 장소 사이에 또 다른 장소가 생겨났다. 그것은 거주라는 삶과 무관한 '집 없음(homelessness)'이다. 프랑스 인류학자 마크 오제(Marc Auge)는 전통적인 장소와 대비되는 집 없음을 비장소(non-places)로 정의했다. 비장소는 장소의 요건인 관계성, 역사성, 정체성이 제거된 곳이다. 역, 공항, 대형쇼핑몰, 멀티플레이스 영화관과 네트워크 미디어 등은 실거주지가 아니라 환승과 스침의 찰나적인 장소에 불과하다. 특히 에스컬레이터, 엘리베이터, 지하철, 공항셔틀은 현대의 모바일 특성을 보여주는 전형적인 비장소에 속한다.

공간의 존재 방식과 장소의 존재 방식은 다르다. 공간은 방이나 건물처럼 인간의 행동이 일어나는 곳이기는 하지만 인공적인 벽이나 물리적인 경계로 구분된다. 반면에 장소는 사람의 현실적 경험이 내부에 존재하는 곳이다.

장소와 비장소도 서로 다르다. 장소에서는 거주와 만남이 이루어지고 공동체가 형성되고 사람들은 그것을 말과 글로 이야기한다. 비장소는 주로 도시에서 생겨난다. 다른 곳으로 가기 위하여 일시적으로 멈추거나 지나가거나 이동하는 지점이므로 비장소는 코드나 이미지로 소개된다. 비장소는 '2호선. 명동역 4번 출구' 같은 기호와 숫자로 표기된다. 문명이 발전할수록 생활 공간에서 기억하거나 기념하지 않아도 되는 비장소가 점점 많아지는 현상은 불가피하다.

근대 이전까지 공간은 현실공간과 초월공간뿐이었다. 현실공간이 사람이 사는 장소라면 초월공간은 존재 유무를 떠나 플라톤이 말한 이데아나 형이상학적 종교라 하겠다. 근대에 들어오면서 전에 없었던 공간이 발견되거나 발명되었다. 세 번째가 원자·세포·나노와 같은 '마이크로 공간'이고 네 번째는 사이버 공간으로서 인간을 현실로부터 분리 해방시켜 정체성을 새롭게 형성해준다. 그 점에서 장소, 비장소, 마이크로 공간, 사이버 공간의 구별은 문학의 새로운 영역으로서 각광받을 것이다.

지금까지 수필은 현실 공간에서 펼쳐지는 삶을 주로 다루었을 뿐 비공간과 마이크로 공간과 사이버 공간에 대한 인식이 턱없이 부족하였다. 이들에게 보다 구체적인 관심을 기울일 때 장소라는 개념에 나름의 의식을 정립하고 공간성을 논하는 작품을 쓸 수 있다.

구다겸의 <봉천동 산 94-1번지>

도시에는 빛과 그림자가 공존한다. 도시는 물질적으로는 유토피아이지만 현실적 관점에서 보면 디스토피아다. 문학작품에 비친 대도시들은 보통 두 구획으로 나누어진다. 하나는 하늘을 찌를 듯한 콘크리트 빌딩이 세워져 있고 블록을 가르는 직선 도로마다 자동차들이 질주하는 시가지다. 다른 하나는 도시 아파트보다 높지만 가난한 주변인들이 사는 판잣집들이 다닥다닥 붙은 달동네다. 달동네에는 도시형 시간은 흐르지 않는다. 소설을 예로 들면 김광섭의 <성북동 비둘기>나 조세희의 <난장이가 쏘아올린 작은 공>으로 1950년대의 낡은 집과 주변인들의 삶에 멈추어 있다.

문학은 역사가 아니지만 현실의 실상을 놓치지 않는다. 장소를 시대의 반사경으로 삼아 실재 삶을 담아낸다. 그 적절한 배경이 대도시다. 현대 역사가 서울을 1000만 명이 사는 근엄한 메트로폴리탄으로 묘사한다면 달동네 문학은 하루살이의 고달픔, 타향살이의 애환, 실직과 쓰레기가 넘쳐나더라도 끈덕진 생의 의지와 인간미를 골목에 채워 '서울공화국'의 일정구획임을 환기시킨다. 아이러니하다면 상업주의가 판치는 요즈음에는 골목 담벼락을 따라 갖가지 싸구려 벽화를 칠하고 판자촌에 관광 상표를 붙여 구경꾼을 끌어들이고 있다는 점이다.

구다겸은 한국 개발사에서 뺄 수 없는 1950~70년대 서울 판자촌과 주민을 소환한다. 중심 무대는 "봉천동 고개 꼭대기에 있는 허름한 집 한 채"이고 주인공은 구순의 할머니다. 방에는 연탄가스가 새고 낡은 구멍가게엔 싸구려 과자만 얹힌 진열대뿐이고 좁은 골목을 아이들의 놀이터로 삼고 있지만 빈곤의 아픔을 그리는 것이 아니라 열심히 살아가는 그대로의 장소성에 집중한다. 그 상징이 꼭대기 집과 그곳에서 이루어지는 할머니의 완강한 삶이다.

> 그러던 곳이 개발되기 시작했어요. 사람들은 하나 둘 떠나갔지요. 어떤 이는 아파트로, 또 어떤 이는 새로운 달동네…. 하지만 꼭대기 집만은 재개발에서 빠졌어요. 땅주인이라고 나서는 이가 여럿이라 보상 문제가 복잡했거든요. 이제는 산동네 사람들 모두 떠나고 꼭대기 집만이 박작대던 달동네의 추억을 간직하고 있답니다. 정돈된 도시와 동떨어져 보이는, 정장에 고무신 같은 꼭대기 집.

1950년대의 달동네는 서민들의 생활사가 펼쳐지던 독립구역이다. 재개발은 비경제적인 고지대를 외면했지만 여전히 그곳엔 나름의 생활과 풍경이 있었다. 자연과 인간의 삶이 합쳐진 장소라는 의미다. 불꽃놀이와 도시 빌딩을 막힘없이 내려다 볼 수 있고 아까시나무와 개나리와 청설모가 천연조경을 이룬다. 현실에 좌절하기보다는 탁 트인 하늘 아래에서 건실하게 살았으므로 그들의 자식들은 후일 체험 장소로서 이곳으로 추억 여행을 온다.

문학은 종종 달동네의 생활상을 표현할 때 아름답거나 추악한 실상을 의도적으로 과장하기도 한다. 달동네를 도시와 반대되는 공간으로 간주하려 하기 때문이다. 달동네를 장소로 묘사하려면 시련 속에서도 희망을 잃지 않는 삶 자체에 초점을 맞추어야 한다. 사람 없는 장소는 있을 수 없고 사람이 살아야 서사가 생겨난다.

그 중심인물이 구순의 할머니다. 그녀는 군산에서 남편이 쌀 도매업을 했지만 재산을 잃은 후 서울로 올라와 봉천동에 천막집을 짓고 산다. 육남매 자녀를 키워내기 위해 억척스럽게 밭일과 벽돌 나르는 일을 하고 꿀꿀이죽으로 연명하였다. 온몸이 상처투성이가 되어도 봉천동 산 94-1번지의 천막집 여주인은 그 고난을 극복하였다. 허름하지만 하늘 아래 첫 집은 할머니의 삶을 지키는 성채로서 그녀의 자존심을 형상화한다. 달동네도 그녀와 그 집 덕분에 삶의 장소로서 탄탄한 문학적 배경으로 자리한다.

> 그렇게 꼭대기 집에서 자식과 손주들까지 키워냈답니다. 배곯지 않기 위해 안간힘 쓰며 하루를 살아내다 보니 군사정권이 끝났는지 문민정부가 있는지도 몰라요. 우주에 위성을 쏘고, 손가락 터치 한 번으로 물건도 살 수 있는 시대가 왔지만 여전히 필요한 것이 있으면 아픈 무릎을 몇 번이나 쉬어가며, 고갯길을 오르내린답니다. 모두들 떠나고 할머니는 홀로 남아 꼭대기 집을 지켜요. 겨울이 되면 시멘트 벽 등으로 황소바람이 들고 수도는 얼어 터지기 일쑤예요. 하지만 그런 것이 불편인 줄 몰라요. 평생을 그러고 살았는걸요.

구다겸은 1970년대의 삶을 전기적 사실적으로 그려낸다. 추억의 장소라는 의미를 넘어 할머니에게 달동네가 어떤 곳이며 작가 자신에게도 어떤 장소애를 형성하는가를 보여준다. 죽으나 사나 내 집이 좋다는 할머니에게 집은 성장한 자식들이 도시로 떠나 적적할지라도 친근하고 가까운 가족과 이웃 같은 장소로 살아남는다. 하늘 아래 꼭대기 집이 할머니에게 "세상 전부이고 영원한 쉼터"라는 말은 과장이 아니다. "2015년 어느 봄날 옛집과 할머니를 그리며…."라는 결미가 암시하듯이 할머니에 대한 회상은 엄연한 기록이다. 만일 수필 서사의 주인공이 '어느 할머니'라는 3인칭이었다면 '봉천동 산 94-1번지'는 장소의 진실성을 유지하지 못했을 것이다. 봉천동 판잣집 할머니가 작가 자신의 할머니이므로 달동네는 현실 속 장소이고 할머니도 전기적 주인공이라는 존재성을 갖는다. 작가가 경어 문체를 구사하는 이유도 할머니 삶에 존경심을 표현하고 싶었기 때문이다.

작가는 개인이 지닌 추억의 달동네를 역사 속의 달동네로 치환시켰다. 할머니가 생을 마감할 때까지 함께 살았던 때와 유사한 공감대도 구축하였다. 이것은 도시 사회에서 외면당하고 소외된 인간과 장소에 대한 연민과 인간적인 체온으로 빚어낸 덕분이기도 하다.

김경자의 <무정명사 바람나무>

서문에서 소개한 E. 렐프는 장소가 지녔던 의미가 소멸한 장소상실(placelessness)이 무엇인지를 설명하였다. 그에 의하면 공간은 물리적으로 측량하고 구획하는 개념이므로 사람의 활동과 무관한 공간에 개인적이고 사회적인 동력이 가해지면 장소라는 새로운 개념으로 변한다. 이때의 개인적 개념과 사회적 개념은 순조롭게 병행하거나 상호 역작용을 일으켜 마찰을 일으키기도 한다. 장소에 사는 사람의 존재성을 결정해주는 장소감이 사라지면 장소 정체성이 기계적인 관계로 후퇴하기도 한다. 장소성과 장소 정체성이 사라지면 사실상 '집 없음(homeless)'의 상태에 직면한다.

김경자의 <무정명사 바람나무>는 그녀의 가족이 살던 장소가 '장소상실' 또는 '비장소'가 되어버린 과정을 전해준다. 그녀가 사는 시골 단독가옥은 이웃집들과 별반 다르지 않다. 시골이니까 마당이 있고 가족이 거주하는 몇 개의 작은 방으로 이루어진 주택과 농기구를 넣을 헛간 정도가 있을 것이다. 집을 돋보이게 하는 나무 몇 그루도 서 있다. 다른 집들과 차이가 있다면 그녀의 초등학교 시절에 시골은 전기 공급이 수월하지 않았지만 그 집에는 부화장 발전기가 설치되어 있었다는 점이다.

단독주택은 한 가족이 살아가는 기본 공간이다. 의식주 생활을 하는 데 편리하고 울타리 안에서 독립된 생활을 할 수 있도록 필요하면 방을 더 만들고 사방으로 창문을 낼 수 있으며 정원을 가꿀 수 있다. 구조를 바꾸어 식당이나 소형 점포나 소규모 가내공업 작업장으로의 용도 변경도 가능하다. 그럴 경우 경제적 효용이 커지겠지만 지금까지 지켜온 가족의 보금자리라는 의미는 훼손되기 마련이다.

시골집을 가족이 사는 터로 만들어주는 것들이 있다. 장독대, 채소밭, 조그만 꽃밭뿐만 아니라 집안 나무들은 가족들에게 정서적 안정감을 유지시켜 주는 큰 역할을 한다. 김경자가 사는 집에도 가족과 함께하는 나무가 있다. 동네에서 돋보이는 미끈한 모양새를 갖춘 그 나무는 여름이면 시원한 그늘과 바람을 가져다준다. 일찍부터 동네에서 왕바람나무라고 불리는 그 나무를 작가는 아이들의 놀이터이자 가족을 지켜주는 보호자로 간주한다.

> 세상의 모든 사물이 잠든 한밤중에도 우리 집을 지켜주는 나무가 있었다. 마당 왼쪽에 밭도 길도 아닌 한쪽 끝에 어른의 몸 둘레 정도 되는 굵은 나무였다. 나뭇잎은 어머니의 공단 치마보다 반짝거렸고 큰 키는 어린아이 눈으로는 가늠하기 어려울 정도였다. 그 곁에 가까이 다가서면 나는 더 작아 보이고 바람 나무는 훨씬 커 보였다. 먼발치에서 보아도 푸른빛을 뿜어 올리는 미끈한 모양새가 행인들의 눈길을 끌었다. 바람 나무는 오로지 신병의 부동자세를 취한 듯 곁가지 없이 위쪽으로만 자랐다. 성공을 향해 내달리는 중견 기업의 사업장처럼 쭉쭉 높이 올라갔다. 오가는 이웃들도 바람 나무의 위용을 칭찬

하곤 했다.

시골에서 자연 친화는 자연스럽다. 노목이나 형세가 반듯한 나무에는 혼이 깃들어있다고 여기는 토템사상도 강하다. 화목한 가족을 이루고 집안이 번창한 것도 그 나무 덕분이라고 그녀는 믿는다. 그녀의 집은 왕바람나무가 수문장의 위용을 지녀 '왕바람나무가 있는 집'으로 불린다. 마을 사람들이 정자나무를 각별하게 지키듯이 작가는 자신이 성장한 장소를 이야기할 때 '왕바람나무집'의 장소성을 빠뜨릴 수 없다.

왕바람나무에 불가피한 변화가 닥쳐온다. 아버지가 부화장 사업을 위해 작업장 건물을 신축하려 하는데 공교롭게도 신축 장소가 집을 지켜주고 가족을 보호해주던 나무가 있는 곳이다. 아버지는 빨리 땅을 정비하고 건물을 짓고 기계를 설치하고 싶다. 집안에 자본을 들여와 공장을 짓는 일에는 가족 공간을 좁히고 부화장 직원이 머무는 숙소 건축도 포함된다. 왕바람나무집이 병아리 부화장집으로 불리기 시작하는 변화가 일어난다.

어린 김경자는 이 변화를 받아들이기 힘들다. 그녀는 바람나무와 함께 살고 느티나무가 있는 집안 모습을 그대로 지키고 싶다. 그녀의 집을 지켜주었던 왕바람나무가 눈앞에서 사라진다는 것은 한 그루의 나무가 없어진다는 이상의 당혹감과 상실감을 준다. 집의 장소성이 무너지고 그녀가 원하는 삶의 정체성까지 위협받는다. 그녀는 어리고 결정권이 없으므로 수수방관할 수밖에 없다. 나무가 있을 때와 없을 때 집이라는 장소가 어떻게 달라지는가에 대한 불안감이 나타나면서 "그날 마지막으로 숨소리를 들었다."고까지 말하게 된다.

집과 함께 살아온 바람나무가 베어지면 지킴이로서의 나무는 무생물로 변한다. 베어진 나무는 감정 표현을 할 수 없다. 토막난 나무는 사방으로 흩어져 다른 집의 기둥이 되거나 대문 이음새나 교량 설치에 필요한 버팀목으로 사용될 것이다. 나무는 아무런 반항이나 표현을 할 수 없으므로 작가는 죽은 나무를 대신하여 나무의 잔해가 어떻게 되는가를 설명한다. 나무가 목재가 된 변화를 이야기하지만 사실은 왕바람나무의 부재가 집이라는 장소에 어떤 영향을 미쳤는가를 전하고 싶은 것이다. 나무가 서 있던 곳이 작업장이 되면서 집과 나무와 땅 사이의 교감이 상실되어버렸기 때문이다.

불안은 현실로 나타난다. 작업장 공사를 마무리한 후의 집은 부화기계가 설치되고 감별사와 기사들이 집안에 상주하면서 "규모가 제법 큰 사업장"이 된다. 매일 병아리가 울고 매주 천여 마리가 각지로 탁송되면서 아버지가 계획한 사업은 수년 동안 순탄하게 진행된다. 그런데 자신의 이익만을 챙긴 동업자가 배신하면서 아버지에겐 빚만 잔뜩 남는다. 나무가 베어진 것과 사업 실패 사이에 필연적인 인과관계가 없지만 왕바람나무가 집을 지켜준다고 믿었던 작가에게는 예사롭지 않은 파국이다. 아무튼 그녀는 나무가 없고 부화장 기계만 돌아가는 집은 장소애의 대상이 아니라 비장소가 되어버렸다고 믿는다.

    왕바람나무가 오랫동안 살 수 있었던 것은 집안의 수호신으로 대들보처럼 서 있었기 때문이다. 이곳에 터를 잡고 살아갈, 얼굴도 이름도 모르는 누군가를 위해 바람나무를 식수해 놓은 전 주인의 베풂이 얼마나 큰지 짐작되었다. 긴 세월 동안 가족과 집을 지켰으니 (그가) 진정한 파수꾼이다.

김경자의 왕바람나무에는 농촌에 밀어닥친 근대화라는 시대적 배경이 깔려있다. 한때 농촌에 갖가지 소득증대 사업이 펼쳐지면서 가마니 짜기부터 병아리 감별이 인기를 얻었다. 소득증대사업이라는 긍정적인 효과가 있었지만 전통적인 농촌 모습을 변질시킨 부작용도 적지 않았다. 그 중의 하나는 사업이 실패하면서 농촌 가계가 파탄나고 작업장으로 인하여 원래의 동네가 지녔던 '장소 상실'이 빚어졌다는 점이다. 오랫동안 유지된 조경과 집안 안녕을 무너뜨린 한 집안의 부화작업장은 당시의 농촌 실상을 전해주는 사례일 뿐 아니라 오늘날 농촌에 조성된 농공복합단지가 어떻게 되리라는 실상을 예고해 주기도 한다. 도시 자본과 기계의 침투는 농촌의 전통적인 장소성을 위축시켜 주민들이 '장소' 경험을 더이상 향유하지 못하게 한다. 그래서 작가는 바람나무를 집안에 심어 번성과 운수를 기원했던 과거의 장소애를 거듭 회상하는 것이다.

김은옥의 <1.7평의 여행>

산업화가 가속화하고 도시가 번창할수록 사람들의 이동은 활성화된다. 지금까지 생활의 중심이었던 농촌을 떠나 도시로 이주하고 도시에서도 한 장소에서 다른 장소로 이동하는 횟수가 증가하면서 본적지나 출생지가 무의미해지는 '집 없음'의 상황은 더욱 심화된다. 농촌에서의 장소 개념과 도시에서의 공간 사이에 메울 수 없을 만큼 간격이 벌어지는 가운데 집 없음은 도시 사람들의 생활을 변화시키고 이전과 다른 도시형 건축을 만들어내었다. 집 없음의 개념은 '비장소'라는 개념을 낳았고 인류학자 마크 오제는 이것을 '논 플레이스(non places)'라 불렀다. 장소가 없다는 것은 그냥 스쳐 지나가거나 일시 멈추거나 다른 장소로 가기 위한 환승과 교차 지점이 많아진다는 말이다.

'비장소'는 공간적 이동성을 나타내는 문화 용어다. 산업혁명 이후 정착이 거주 이동으로 변하면서 갖가지 유통과 운송 방식이 생겨났다. 공장은 컨베이어벨트를 이용한 조립라인을 갖추고 교통 부문에서는 철도 고속도로 공항과 지하철이 도시와 도시를 연결하였다. 상거래 중심지인 백화점에는 계단 대신에 승강기와 에스컬레이터가 설치되면서 짧은 시간에 많은 사람들이 이동하게 되었다. 스포츠 레저가 보편화되면서 헬스센터와 레저단지가 조성되어 스키리프트, 공중열차 외에 러닝머신 같은 운동기구가 사람들에게 휴식과 여가의 기회를 제공하였다. 일하며 산다는 개념보다는 즐기고 소비하며 산다는 경향이 증가하는 가운데 도시에서는 환승과 교차가 가능한 비장소가 늘어간다.

김은옥의 <1.7평의 여행>은 장소 개념을 모티프로 하는 지금까지의 수필과 다른 공간을 배경으로 하여 신선한 주목을 끈다. 그녀가 선정한 공간은 헬스장에 설치된 좁다란 러닝머신이다. 러닝머신은 현대공간의 특징을 대변한다. 사무실이나 집안에 설치되어 도시민들에게 최대의 편의를 제공한다. 그녀가 설명하는 러닝머신도 뱃살을 빼는 기능 이상의 공간개념을 갖고 있다.

러닝머신은 인간이 이루어낸 이동성을 역동적으로 보여주는 대표적인 운동기구이면서 1인용 공간이다. 이것은 마차 전차 버스 자전거 등의 이동 수단보다, 백화점과 고층 호텔에 설치된 승강기와 에스컬레이터보다 무한한 이동시간과 거리를 보장한다. 러닝머신은 인간을 기계와 마주하게 하며 버튼 조작을 통해 사람을 달리는 기계로 만든다. 그것에 올라서는 순간 다른 사람을 등지고 기계장치와 마주한다. 1.7평 남짓한 장소가 사람을 걷고 달리는 이동로봇으로 만드는 곳이다.

> 어느 시점부터는 속도를 높이다가 급기야는 뛰게 되는, 등 뒤와는 잠시 단절이 되는 상태. 뒤가 궁금해져도 뒷사정을 정확하게 알려면 기계를 멈추거나 기기에서 내려서야 할 것이다. 유리창에 비치는 자신의 배경을 들여다보는 그 등 뒤에 서서 규칙적인 그들의 움직임을 가만히 바라본다. 삶을 뒤돌아볼 여유도 없이 결국은 혼자 이겨내야 하는 현대인의 고독 같은 것들이 그 뒷모습에서부터 내 몸 전체로 전달되어 온다.

조립공장 벨트 시스템처럼 러닝머신은 끊임없이 움직이지만 사람은 제자리에 머물러 있다. "규칙적인 그들의 움직임"만이 계속되는 가운데 전통적 개념인 거주 장소와 단절한다. 달리는 벨트에 오르고 내려오는 사람들의 뒷모습을 바라보며 작가는 "현대인의 고독 같은 뒷모습"을 떠올리듯이 러닝머신은 혼자 이동하고 혼자 행동하는 도시인의 취향에 적합한 비장소다.

헬스클럽에는 새벽부터 많은 사람들이 모인다. '몸짱'이 되고 싶은 청년부터 다이어트를 시도하는 중년에 이르기까지 밀폐된 실내에 모여 운동을 한다. 제자리에 오래 머무는 시간이 드물다는 점에서 이동성이 빈번한 곳 중의 하나로 손꼽힌다. 운동 땀으로 비만을 줄이고 몸을 다듬는 통일된 목표를 가지고 있지만 공동체 의식은 거의 없다. 운동이 끝나면 각자의 집이나 사무실로 돌아간다. 오피스텔과 백화점과 지하철을 스쳐 지나가는 사람들도 마찬가지다.

작가는 그들이 무엇을 위해 저렇게 뛰며 시간을 보내는가를 생각한다. 서로의 얼굴을 마주하기를 망설일 때의 공통의식은 "인간은 결국 혼자라는 것"을 재확인하는 것이다. 삶에서처럼 1.7평의 러닝머신에는 두 사람이 동시에 오를 수 없다. 체중, 달리는 속도, 지구력, 취향이 사람마다 다르므로 혼자 살고 '혼자 달리고 혼자 살아야 한다.'

사람의 생각은 비장소에 처하면 없어지는 것이 아니라 오히려 활성화된다. 달리는 기계가 되면 몸만 움직인다고 생각하기 쉽지만 실은 파생된 소외감과 무력감에서 벗어나려 노력한다. 밀폐된 엘리베이터나 심야 지하철을 탔을 때 주변에 아무도 없으면 불안감이 증가한다. 초현대식 이동 기계가 정서적 안정감을 빼앗아버리는 것이다.

작가는 다시 러닝머신에 올라섰을 때 시선을 밖으로 돌린다. 그때 바라본 것이 나무들이다. 나무는 자연의 일부이고 도시 조경에서 필수적이다. 김은옥은 바람에 흔들리는 나무들을 자신에게 말을 건네는 제스처로 여긴다. 몸이 기계 위에서 반자동적으로 움직이는 동안 정신은 비장소의 거북한 상황에서 벗어나려 한다. 러닝 운동을 여행 시간으로 간주하고 '비장소성'에서 벗어나 '장소성'을 회복하려는 작가는 이전에 간 적이 있고 눈에 익은 장소를 떠올린다. 작은 나무 사이를 지나 갈대숲을 헤치고 호수를 돌아 산 정상을 향하여 달려가는 모습을 상상한다. 자연의 경관과 조경을 도입함으로써 환승과 스침에 불과한 1.7평이 감성의 장소로 변한다. 그것이 장소애의 회복이다. 실제가 아니고 환상일지라도 인간은 비장소에만 머물러 있을 수 없다는 점을 밝혀주는 이동의 구도라 하겠다.

다른 사람들이 비틀거리거나 멈칫거리는 일이 드문 걸 보면 나 혼자만 러닝머신에 익숙해지지 못하는 모양이다. 날이 지나도 기계 위에서 버텨내는 시간이 늘어나지를 않으니 차라리 벨트 따위는 박차버리고 내가 원하는 갈대숲으로의 여행이나 떠나보는 게 정신 건강에는 더 좋지 않을까.

― 김은옥, <1.7평의 여행> 일부

비장소로서 러닝머신은 멈춤 공간을 대표한다. 현대인은 문명 이전의 원시인간처럼 쉼 없이 이동하는 '호모 모빌리스(homo mobilis)'다. 스마트폰, 노트북 등을 사용하여 비장소로 순식간에 이동하고 SNS를 통해 정보망 타운으로 환승해간다. 그 스침이 빈번해질수록 인간이 머문 자리는 비장소로 변해간다. 현대인은 장소보다는 속도에 더 민감하므로 움직이는 것에 더 집중할 수밖에 없다. 이러한 시대적 변화는 진정한 삶의 본질을 찾기가 힘들다. 결국 속도에 실망하고 비장소성의 횡포에 상처받은 인간은 장소성으로 되돌아가 바람직한 삶의 환경을 찾고 싶어 한다.

덧붙여

인간의 생활을 결정하는 두 조건은 시간과 공간이다. 시간이 서정적 감각을 자극한다면 공간은 극적인 삶을 펼쳐낸다. 사람의 삶과 운명이 시간보다는 공간의식에 더 좌우된다는 의미다. 과거에는 장소성을 가진 공간이 삶을 결정하였다면 현대화된 오늘날에는 속도성과 편의성을 가진 비장소가 더 큰 영향을 인간에게 미치고 있다. 더욱이 경제력을 중시하면서 정착보다 이동이 삶을 윤택하게 한다고 믿는다. 이동성의 장점을 과소평가할 수 없지만 존재가 거처하는 장소 개념도 소홀히 할 수 없다. 이동의 효율화가 활동 영역을 넓혀준다고 여기지만 조망과 정착으로 자신을 보호하려는 생존 욕구도 여전히 강하다.

구다겸의 <봉천동 산 94-1번지>는 달동네를 통하여 장소성이 사람의 삶에 미치는 의지적이고 정서적인 면을 그려내었다. 김경자의 <무정명사 바람나무>는 장소성이 자본의 가치로 간주되기 시작하는 시대 변화를 고발한다. 김은옥의 <1.7평의 여행>은 환승과 이동성이 심화된 현대가 당면한 문제로서 장소성의 복원력을 부각시킨다. 이렇듯이 인간은 언제나 장소와 비장소에 대한 균형 잡힌 욕망을 조화시키려는 노력을 하고 있다. 장소에 대한 친밀감이 중요하다는 사실은 고대 유목민에게도 마찬가지였다. 장소애와 공간의식에 대한 인식을 바탕으로 할 때 수필도 현대인의 상황을 보다 구체적으로 제시할 수 있을 것이다.

| 작품 |

봉천동 산 94-1번지

구다겸

봉천동 고개 맨 꼭대기에는 허름한 집 한 채가 있어요. 관악산 자락에 자리 잡은 하늘 아래 첫 집이지요. 젊은이도 오르면 숨이 차고, 택시 기사에게 올라가자 하면 걸어가시라 하고는 도망가는 그런 곳이랍니다.

50여 년 전, 봉천동 고개에는 천막집이 즐비했어요. 먹고살기 위해 서울로 서울로 모여들던 때니까요. 주인 없는 산자락에 자리 잡고 살면 그만이었대요. 그러니 봉천동 달동네엔 가난한 사람들 천지였답니다.

대충지은 천막집의 대충 만든 아궁이에선 연탄가스가 제법 나왔을 테지만, 그 시절 누가 그런 걸 신경이나 썼을까요. 돌이켜 생각해 보면 그 때 죽지 않은 게 다행이다 여길 뿐이지요. 그래도 달동네 사람들은 하루하루를 살아내기 위해 행상을 다니고, 남의 밭일을 해주고, 공장도 다녔어요. 그러면서 조금씩 천막을 걷어내고 시멘트 집을 지어갔지요.

양팔을 뻗으면 손에 닿을 듯한 좁은 골목은 아이들 놀이터였어요. 구불구불한 미로 같아 숨바꼭질하기 딱 좋았지요. 낡은 구멍가게엔 이름조차 없어 사람들은 그냥 '망기네'라고 불렀어요. 나무판자를 못질 해 만든 허름한 진열대 위에는 아폴로, 쫀드기, 네거리 캔디 등 값싼 과자 몇 가지 늘어놓은 게 전부지만 아이들은 그마저도 살 수 없어 기웃거리곤 했어요. 하지만 무얼 사먹을 수 없으면 어때요. 실컷 놀다 목이 마르면 가까운 친구 집에 가서 수돗물 한 바가지 얻어먹으면 되었는걸요.

그러던 곳이 재개발되기 시작했어요. 사람들은 하나 둘 떠나갔지요. 어떤 이는 아파트로, 또 어떤 이는 새로운 달동네로…. 하지만 꼭대기 집만은 재개발에서 빠졌어요. 땅주인이라고 나서는 이가 여럿이라 보상 문제가 복잡했거든요. 이제는 산동네 사람들 모두 떠나고 꼭대기 집만이 박작대던 달동네의 추억을 간직하고 있답니다. 정돈된 도시와 동떨어져 보이는, 정장에 고무신 같은 꼭대기 집.

하지만 전망은 꼭대기 집만 한 곳이 없어요. 시원하게 내려다보이는 전경은 남산타워 부럽지 않아요. 여의도 불꽃놀이 축제가 있을 때면 서울시내와 63빌딩은 무대가 되고, 꼭대기 집은 오페라 하우스의 로열 박스가 되지요. 수줍게 피어오르던 불꽃들이 수백 개의 가지를 드리우며 팡팡 터지면 구경 나온 코찔찔이는 우와, 우와! 하고, 따라온 누렁이는 컹컹! 짖어요. 공연이 끝나고 마지막 불꽃이 지평선으로 떨어지면, 꼭대기 집은 그 여운을 가만히 보듬어요.

조경이요? 두말 하면 입 아프죠. 봄이 되면 온 산을 휘감은 아까시 향이 코를 간질이고, 노오란 개나리 꽃가지가 손을 내밀어요. 키 큰 나무 사이로는 청설모도 달음질을 하고요, 겨우내 죽은 줄 알았던 천년초도 어느샌가 달덩이 같은 얼굴을 내밀어요. 그뿐인가요, 집 앞엔 너른 텃밭도 있는걸요.

그 꼭대기 집에 구순의 할머니 한 분이 살아요. 예전 군산 살던 시절엔 이층 양옥에 사는 마나님이었대요. 쌀 도매업을 하던 남편이 재산을 탕진하는 바람에 빈손으로 서울 땅을 밟았대요.

처음 봉천동에 왔을 땐 천막을 치고 지냈다지요. 수제비 몇 점으로 끼니를 때우면서요. 자식도 육남매나 되어, 하는 수 없이 큰딸은 작은집에 더부살이 보냈다고 하네요. 눈칫밥 먹는 건 아닌지 가슴 저린 날이 많았대요.

할머니는 억척스럽게 남은 아이들을 키워냈어요. 남의 밭일을 하러 잠실까지 사십 리를 걸어 다니고, 벽돌 나르는 일도 마다하지 않았어요. 그래도 가난은 떨쳐지지 않아 밀가루 음식과 꿀꿀이죽으로 하루하루를 버텼답니다. 할머니 몸이 여기 저기 쑤신 것은 그 때 고생한 탓이래요.

그 고생 끝에 봉천동 산 94-1번지에 집 한 채를 마련한 것이지요. 텃밭에는 무와 배추, 오이, 가지 등을 심었어요. 반찬하다 파가 없으면 밭에 나가 한 뿌리 냉큼 뽑아다 쓰면 되었지요. 금방 딴 호박잎은 살짝 데쳐 강된장을 얹어 먹기도 했고요. 마당에는 김장 때 쓸 붉은 고추를 널고, 방에는 메주를 띄웠어요. 그렇게 꼭대기 집에서 자식과 손주들까지 키워냈답니다. 배곯지 않기 위해 안간힘 쓰며 하루를 살아내다 보니 군사정권이 끝났는지 문민정부가 왔는지도 몰라요. 우주에 위성을 쏘고, 손가락 터치 한 번으로 물건도 살 수 있는 시대가 왔지만 여전히 필요한 것이 있으면 아픈 무릎을 몇 번이나 쉬어가며 고갯길을 오르내린답니다.

모두들 떠나고 할머니는 홀로 남아 꼭대기 집을 지켜요. 겨울이 되면 시멘트 벽 틈으로 황소바람이 들고 수도는 얼어 터지기 일쑤예요. 하지만 그런 것이 불편인 줄 몰라요. 평생을 그러고 살았는걸요.

온몸이 종합병동인 할머니는 고갯길을 오르내리기가 여간 힘든 것이 아니에요. 잠실까지 배추 이고 걸어 다니던 시절은 어디로 갔는지 몰라요. 이제는 동네 약국만 가려 해도 누군가의 도움이 필요해요. 아들네 집으로 모신대도 한사코 손사래를 쳐요. 아파트는 너무 덥고 답답하대요. 자식들은 걱정이 이만저만 아니랍니다.

죽으나 사나 내 집이 좋다는 할머니도 적적함은 어쩌지 못하는지 약장수 구경만큼은 열심히 다녀요. 종일 재밌게 해주니 의리상 약을 안 살 수 없대요. 또, 약장수 약이 제일 잘 듣는대요. 대학병원서도 못 고치는 할머니 병증엔 약장수 허풍만한 것이 없는 모양이지요. 자식들 핀잔에도 약장수에 대한 믿음은 흔들림이 없답니다.

가끔 증손녀가 놀러오면 말벗이 아쉬웠는지 아이들을 앉혀 놓고 혼자 아파 쩔쩔맸던 얘기를 하고 또 해요. 이야기는 듣는 둥 마는 둥 증손녀는 들끓는 벌레에 질색을 하며 어서 집에 가자고 보채죠. 그럴 때면 안 먹고 아껴두었던 주전부리들을 주섬주섬 꺼내며 조금 더 있다 가라는 마음을 내비칩니다. 그 마음을 아는지 모르는지 자식들은 돌아갈 채비를 합니다. 할머니는 "아이구 어매야." 하며 아픈 무릎을 손으로 싸쥐며 따라나서요. 우르르 가버리는 아들 딸 손주 며느리를 눈 바래며 한참이나 그 자리를 지킵니다.

할머니 인생 가장 오랜 시간 함께한 것은 가족도 이웃도 아닌 봉천동 꼭대기 집이에요. 남은 여생도 꼭대기 집과 함께하겠지요. 하늘 아래 꼭대기집이 세상 전부고 영원한 쉼터니까요.

2015년 어느 봄날 옛집과 할머니를 그리며….

―2021년 1월호《수필과비평》

| 작품 |

무정명사 바람 나무

김경자

하늘이 무던히도 맑다. 샛노란 유채꽃이 간들바람에 포르르 손짓춤을 춘다. 바람의 세기에 따라 파도타기 응원을 반복하는 유채꽃은 춘삼월의 파노라마를 이룬다. 넓은 군락지를 메운 겹겹의 꽃잎들은 그믐날 한적한 시골의 밤길을 밝히는 전등불 같다. 겨울 끝에 맞이한 노란 물결이 가슴을 술렁이게 한다.

초등학교 시절 시골에는 전기 공급이 수월하지 않았는지 곧잘 정전이 되었다. 이웃집끼리 당신네 집에도 전기가 끊겼는지 뛰어와서 묻곤 했다. 정전이 확인되면 플래시를 켜거나 촛불을 붙였지만 우리 집은 전기를 공급해 주는 발전기 덕분에 불편함이 거의 없었다. 마당 한쪽에 자리한 부화장 전용 발전기 덕분이었다.

세상의 모든 사물이 잠든 한밤중에도 우리 집을 지켜주는 나무가 있었다. 마당 왼쪽에 밭도 길도 아닌 한쪽 끝에 어른의 몸둘레 정도 되는 굵은 나무였다. 나뭇잎은 어머니의 공단 치마보다 반짝거렸고 큰 키는 어린아이 눈으로는 가늠하기 어려울 정도였다. 그 곁에 가까이 다가서면 나는 더 작아 보이고 바람 나무는 훨씬 커 보였다. 먼발치에서 보아도 푸른빛을 뿜어 올리는 미끈한 모양새가 행인들의 눈길을 끌었다. 바람 나무는 오로지 신병의 부동자세를 취한 듯 곁가지 없이 위쪽으로만 자랐다. 성공을 향해 내달리는 중견 기업의 사업장처럼 쭉쭉 높이 올라갔다. 오가는 이웃들도 바람 나무의 위용을 칭찬하곤 했다.

　아버지가 새로운 사업을 하기 위해 건물을 신축해야 했다. 바람 나무가 서 있는 곳과 겹치는 터였다. 사력을 다해 바람을 주고 그늘막을 베풀던 바람 나무가 그 자리에서 오래도록 머물기를 바랐지만 아버지는 부화장 사업을 계획하고 계셨다. 신축할 건물 설계 도면이 이미 나와 있었다. 하루바삐 부지를 정비하여 건물을 완공하고 기계를 설치하여 가동을 해야 했다. 건물 신축과 부화 기계설치 등으로 자본이 제법 들어갔지만 전망 있는 사업이라고 생각하고 서둘렀다. 여섯 식구의 입을 책임져야 하는 아버지는 빨리 개업을 해야 하니 누구보다 마음이 바빴다. 동업 조건이 이루어져 그는 기술을 지원하고 아버지는 기계 설치와 건물을 짓는 약속이었다. 판로를 개척하고 영업도 동업인이 한다고 했으나 나중에 알고 보니 거의 아버지 몫이었다.

　바람 나무는 매년 삼복이 지날 때마다 넓고 큰 그늘을 만들어 주었다. 마치 자기가 찬바람을 생산하는 냉풍기인 양 불볕에 지친 우리 가족에게 온몸을 흔들어 산들바람을 여한 없이 퍼주었다. 소금기 많은 옷도 이내 까슬하게 말려 주었다. 그래서 일명 왕바람나무라고 불리었다. 바람이 한 번씩 불 때마다 나뭇잎들이 부딪히면서 휘그르르 소리를 내었다. 마치 부채춤을 추는 듯 타원형 물결이 만들어졌다가 다시 본연의 모습으로 돌아오곤 했다.

　바람 소리가 날 때마다 수령이 제법 된 이웃한 풍개나무에서 새빨갛게 익은 풍개가 후드득 떨어졌다. 초가을 만월이 내리는 저녁이면 나무 아래에서 숨바꼭질을 하면서 주위를 뱅뱅 돌았다. 그렇게 한참을 돌고 나면 땀이 온몸을 적시었다. 그럴 때면 어느 틈에 때맞추어 건들바람이 불어와 몸과 마음을 개운하게 해 주었다. 그렇게 제 몸 아끼지 않고 넉넉한 훈풍을 내주던 왕바람나무는 더 이상 생명을 유지하기가 힘들었다.

　건물 허가가 승인되던 날 왕바람나무는 종일 바람을 내느라 고단했는지, 내일을 위하여 깊은 잠에 들었는지 작은 나뭇잎은 미동조차 없다. 그날 마지막으로 숨소리 들었다. 내일도 자신의 품을 내어줄 우리 집 지킴이는 다음 날이면 흔적도 없이 생명을 다할 것이다. 이제 더는 살아남을 수도 살아갈 수도 없는 처지가 된다. 사계절이 지나도 움직이지 않는 햇볕을 그대로 괴던 왕바람 나무는 이제 오랜 세월을 뒤로하고 무생물로 변한다. 감정 표현도 할 수 없거니와, 나뭇잎은 바싹 말라 거름이 되어 숨쉬는 식물들의 양분이 될 것이다. 긴 몸통은 토막이 되어 누군가의 집 기둥이 되고, 또한 대문의 이음새로, 교량 설치에 필요한 버팀목으로 거듭날 것이다. 아쉬움 속에 나의 유년시절 추억 하나가 아득하게 멀어져 갔다.

몇 달 후 신축공사가 끝나자 부화 기계가 설치되었다. 우리 집에는 감별사와 부화기기를 다루는 기사가 여러 명 상주하는 규모가 제법 큰 사업장이 되었다. 드디어 아버지가 바라던 부화장 사업이 탄생했다. 갓 부화된 병아리는 어디가 제 집인지 몰라 고개를 숙인 채 쉬지 않고 목이 터져라 울었다. 작디작은 생명체 몇 백 마리가 올망졸망 모여 머리를 맞대며 날개를 파닥이는 모양새가 꼭 명주바람을 일으키는 나뭇잎 같았다. 감별사는 달걀을 생산할 수 있는 암평아리와 수평아리를 구별하여 포장 박스에 따로 담아 주문한 각 도시로 배달하였다. 처음으로 부화되는 첫 3주가 지나자 일주일 단위로 수천 마리의 병아리 떼가 자신의 주인을 찾기 위해 노란 옷을 입고 태어났다.

부화장 사업은 고향 인근과 각 도시에 소문이 나면서 칠면조 부화부터 오골계, 꿩, 메추리 등 산과 들에서 조금 희귀한 알이 발견되면 사무실로 가져와 판별을 받아 부화시키곤 했다.

아버지의 바람대로 어려움이 없지 않았지만 그래도 수년간은 잘 돌아가다가 어느 순간부터 미수금이 쌓이고 급기야 부화장 기계를 넘겨야 했다. 신용과 약속은 누구든지 잘 지키라고 만들었을 것이다. 그런데 동업자는 자신의 이익만 챙겼다. 아버지는 그 타격으로 입원을 했고 어머니마저 건강에 이상이 생겨 큰 곤혹을 치렀다.

왕바람나무가 오랫동안 살 수 있었던 것은 집안의 수호신으로 대들보처럼 서 있었기 때문이다. 이곳에 터를 잡고 살아갈, 얼굴도 이름도 모르는 누군가를 위해 바람나무를 식수해 놓은 전 주인의 베풂이 얼마나 큰지 짐작되었다. 긴 세월 동안 가족과 집을 지켰으니 진정한 파수꾼이다.

희로애락을 동행한 왕바람나무는 수백 년을 더 살았던들, 오로지 무정명

사라는 이름만 남길 것을 알았을지 모를 일이다. 우리 가족에게 마지막까지 봉사를 헌납한 바람나무는 내 나이 쉰 중반이 지나도 머릿속에서 떠나지 않는다. 영원한 것은 없다지만 바람나무는 변하지 않는 평생의 기억이다. 미래를 읽는 만리경이었다.

－2021년 1월호 《수필과비평》

| 작품 |

1.7평의 여행

김은옥

창 밖에 늘어진 나뭇가지들이 심하게 요동친다. 바람이 세차다.
매달려있는 나뭇잎들이 파들거리다가 몸부림하다가 한두 잎 후득 떨어져, 그렇지 않아도 구멍 하나 뚫린 것 같던 가슴속에서 소용돌이친다.
러닝머신 위에서 정신을 창밖에 둔 채 나는 곧 지루해진다. 그만 내려가고 싶지만 운동하지 않으면 큰일을 당할 거라는 의사의 말이 생각나 별수 없지 하며 기계 위로 다시 올라간다.
미루고 미루다가 헬스클럽에 나가게 된 첫날 체지방 측정을 했더니 복부 비만이었다. 나는 비만보다는 고혈압이 문제인 환자라서 뱃살부터 줄여야 한다.
저들은 무슨 생각을 하면서 걷는 것일까. 건강 때문인지 아니면 마음 복잡한 무언가를 잠시나마 잊고 싶어서인지, 뒷모습만으로는 전혀 짐작할 수 없다. 화선지에 먹물 배어들듯이 티셔츠가 땀에 젖어 들도록, 기계 위의 TV 모니터에 시선을 고정한 채 기계와 동화되어가는 듯한 저 사람들.
영 끝나지 않을 것 같은 걸음처럼 음악도 지루하게 흐르고 있다. 경쾌한 음악이 계속되는데도 오늘따라 그 모든 음악이 흐느끼는 것처럼 들린다. 운동하는 사람들의 뒷모습이 외롭게 보인다. 어느 시점부터는 속도를 높이다가 급기야는 뛰게 되는, 등 뒤와는 잠시 단절이 되는 상태. 뒤가 궁금해져도 뒷사정을 정확하게 알리면 기계를 멈추거나 기계에서 내려서야 할 것이다. 유리창에 비치는 자신의 배경을 들여다보는 그 등 뒤에 서서 규칙적인 그들의 움직임을 가만히 바라본다. 삶을 뒤돌아볼 여유도 없이 결국은 혼자 이겨내야 하는 현대인의 고독 같은 것들이 그 뒷모습에서부터 내 몸 전체로 전달되어온다. 그들의 뒷모습에서 엿보이는, 자기와의 싸움에 헉헉대는 인간의 외로움이 내 쓸쓸함에 배가 되어 오는 것이다.

우리는 도대체 무엇 때문에 저렇게까지 뛰어야 할까. 살면서 살아가면서 미궁과도 같은 시간들, 인간은 결국 혼자라는 것, 세계와의 단절감, 엇나가기만 했던 과거에 대한 아쉬움, 저들의 등 뒤에서 내가 무엇을 느끼건, 어느 누구라도 겪을 수밖에 없는 이상과 현실에 대한 고뇌로 가득한 모습들.

경건하기까지 한 모습들을 물끄러미 바라보다가 또다시 기계 위에 올라선다. 창밖 나뭇잎들의 떨림이 다시 눈에 들어온다. 둥그런 창을 따라 늘어선 나무들, 하나하나마다 잎들의 그 떨리는 속도나 모양새가 서로 다르다. 이리저리 흔들리거나 끄덕이는 것이 내게 무슨 말인가를 하는 듯하다. 그 잎들에 마음을 빼앗긴 채 나도 기계적으로 몸만 움직인다.

둥근 창 밖 풍경이 서서히 한 영상으로 클로즈업되어 온다. 작은 나뭇가지들 사이사이로 보이던 하늘이 거대한 갈대숲으로 변해간다. 어느새 내가 갈대숲을 헤치며 호수를 돌아서고 산 정상을 향해 숨을 거칠게 몰아쉬며 가고 있다. 정상까지 갈 수 있을까 아니면 포기하게 될까 숨이 턱까지 차오르는데 갑자기 바람이 몰아친다. 나는 그만 몸의 중심을 잃었다.

하얀 갈대들은 새털구름이 되어 흩어져 버렸다. 그 많던 나뭇잎들도 모두 사라졌다. 온 정신을 나뭇잎에 쏟으며 감각 없이 몸만 움직여 그저 걷고 또 걷던 내가 마치 속 빈 수박 같다.

창밖을 보면서 창밖 풍경에 빠지는 동안만큼은 복잡한 세상에서부터 잠시 여행을 떠나는 것이다. 복부 지방을 빼야 한다는 그런 과제 하나쯤은 잠시 잊어도 좋다.

직접 바람을 맞고 있지 않아도 창밖의 나뭇잎들이 끄덕이면 바람이 부는구나, 움직이지 않으면 바람 한 점 없다고 하면서 어느 잎은 흔들리는데 또 다른 잎은 왜 흔들리지 않나, 머신 위의 속도를 늦춰보곤 한다.

다른 사람들이 비틀거리거나 멈칫거리는 일이 드문 걸 보면 나 혼자만 러닝머신에 익숙해지지 못하는 모양이다. 날이 지나도 기계 위에서 버텨내는 시간이 늘어나지를 않으니 차라리 벨트 따위는 박차버리고 내가 원하는 갈대숲으로의 여행이나 떠나보는 게 정신 건강에는 더 좋지 않을까.

러닝머신 위에서 흘리는 땀이 건강에 필요한 윤활제요, 인생 행복을 위한 향기로움일 수도 있다. 어떤 사람에게는 때로 외로움을 잠재우기 위한 비상약일 수도 있다. 긴 시간 흘리고 있는 내 땀방울은 무엇을 극복하기 위한 것인지. 스스로 질문하고 대답도 하면서 걷고 또 걷는다.

마음속에 분열을 심어주는 잡다한 고민일랑 땀에 녹여 다 흘려보내자고 흔들리는 나뭇잎과 마주 보며 혼자 속엣 말을 하면서….

내 몸과 마음이 가벼워지기 시작한다.

―2021년 1월호 《수필과비평》

05

조건반사의 의식화로서 프레임

　모든 학습은 행동의 연합이며, 모든 행동 연합은 조건형성을 기반으로 한다.
　인간은 외부의 자극에 부딪히면 놀람, 두려움, 슬픔, 즐거움 등의 감정을 지닌다. 감정을 발생시키는 조건형성은 인간의 삶과 학습심리에 영향을 준다. 이러한 조건형성은 글쓰기 행동에도 동일하게 작용한다. 행동심리학에서 보았을 때 글쓰기는 외부에서 일어난 사건에 대한 일종의 감정 학습이기 때문이다.
　조건형성은 고전적 조건형성과 조작적 조건형성으로 나누어진다. 자극과 자극이 연합하는 것이 고전적 조건이라면 자극과 반응을 합친 것이 조작적 조건형성이다. 고전적 조건화는 러시아의 생리학자인 파블로프(Ivan Pavlov)가 개에게 실험한 학습이론으로서 처음에 종을 울리면서 고기를 주다가 나중에 종만 울려도 개가 침을 흘렸다는 실험을 바탕으로 한다.
　조작적 조건화는 행동주의 심리학자인 스키너(Skinner)가 정립한 것으로

'어떤 반응에 대해 선택적으로 보상함으로써 그 반응이 일어날 확률을 증가시키거나 감소시키는 방법'이다. 아기가 여러 시행착오를 거쳐 엄마라고 말하고 그 때 아기를 안아주거나 칭찬해주면 더욱 분명하게 엄마라는 소리를 낸다는 것이다.

물이라는 단어를 헬렌 켈러에게 가르칠 때 설리번 선생은 손에 물을 부으며 '물'이라는 말을 반복했다. 아이는 물의 이미지(자극)와 "물"(자극)이라는 소리를 합쳤다. 이 단계가 고전적 조건화이다. 그런데 헬렌 켈러가 물이라는 말을 하자 선생은 꽃이며 나무며 얼굴을 만지게 했다. 사물마다 이름이 있다는 사실을 알아차린 아이는 "꽃, 나무, 얼굴"이라는 말을 했다. 바라는 행동을 강화시키는 가운데 자극의 강화가 효과적임을 증명한 스키마이론의 예다.

인간이라는 유기체가 반응을 일으켰을 때 보상을 하면 반응이 강화된다. 고전적 조건형성이 학습자를 수동적으로 보는 것과 달리 조작적 조건형성은 학습자를 능동적인 반응자로 간주하는 것과 일맥상통한다.

지구적인 사변이 일어났다. 코로나 19가 전파되면서 세계는 보이지 않는 세균과 미증유의 세계대전을 치르게 되었다. 1억이 넘는 인류가 코로나에 감염되고 수백만이 넘는 사망자가 생겨났다. 코로나가 아시아, 유럽, 아메리카 대륙을 차례차례 집어삼키는 가운데 최일선에 선 사람은 총 든 병사가 아니라 의료인이다. 그들은 보통 사람보다 더 예민하게 자극과 반응의 법칙을 따른다. 지금의 상황을 묵시론적으로 생각해보면 만일 신이 인간을 멸하려 한다면 화염이 아니라 세균이 아닐까 하는 생각이 들 정도다.

코로나 창궐에 대한 인간의 조건반응은 공포라는 감정에 모아진다. 이전의 세균전을 학습한 인간은 백신으로 대응하지만 바이러스가 저절로 소멸하기를 간절히 기다린다. 생명을 보존하기 위하여 하지 않던 행동을 하고 평소 하던 행동을 자제한다. 일상이 무일상화 되는 사회현상은 동물들의 조건반사적 성향과 크게 다르지 않다.

  작가의 글쓰기도 마찬가지다. 일상이 무너져 의식과 감정이 흔들리는 가운데 지금까지와는 다른 관점으로 주변 현상을 둘러보게 되었다. 병원균과 인간 사이에 벌어지는 투쟁을 목격하고 사람들의 행동과 자신의 심리를 탐색해간다. 파블로프의 개와 스키너의 고양이의 조건반응을 떠올릴 정도로 코로나가 인류생활을 위협하고 있다. 이런 상태의 조건과 인간의 반응이 유의미한 글쓰기 프레임을 구축한다. 글에 미치는 팬데믹이 임상학적 자극과 반응 간의 상관성을 증가시킨다는 것이다.

권은자의 <사이의 의미>

  권은자에게 '사이'와 '거리'는 뜻이 서로 다르다. 의미상에서 보면 사이가 친밀성을 지닌다면 거리는 거부감이나 단절을 연상시킨다. 주목할 만한 사건이 없는 평소에는 사람들이 낯익은 것을 무심히 지나치지만 감당 못할 충격이 밀려오면 평소와 다르게 낯익은 것에 반응한다. 임종을 앞둔 사람이 봄에 새로 돋는 버들 한 잎도 남다르게 보는 것과 같은 이치이다. 반응의 차이도 파블로프와 스키너가 말한 자극과 반응의 조건화로 매김된다.

> 발걸음을 멈췄다. 무심하던 나를 붙잡아 세운다. 하얀 아파트 벽을 배경 삼아 몇 그루의 매화가 고적하게 피어있다. 코로나19 때문에 불안하고 흉흉한 세상이지만 모른 척 피어있는 꽃은 나를 끌어당긴다. 혹 꽃 냄새라도 맡을 수 있을까 하여 나무 가까이 다가섰다. 여윈 가지에 다문다문 붙어 있던 흰 꽃잎이 어둡던 내 안에 작은 길을 만든다. 그 길을 따라가니 잡힐 듯 말 듯한 매화 향에 갑갑했던 마음

이 스르르 눙쳐진다.

권은자는 평소와 달리 발걸음을 멈췄다. 그동안 무심히 지나쳤던 매화와 동백과 목련을 처음 본 것처럼 유심히 바라본다. 왜 그랬는가를 곰곰이 생각한 끝에 찾아낸 원인이 세상을 휩쓸고 있는 코로나의 출현에 있음을 자각한다. 흉측하고 위험한 코로나가 사람이 감당하기 어려울 정도로 일상에 변화를 일으킨 것이다.

이 글은 작가의 감정이 어떻게 의식화되고 있는가를 설명해준다. 그 기준이 '사이'이다. 평소와 달리 꽃이 피고 지는 모습에서 '사이'라는 언어를 새삼스럽게 인식한 동기는 '사회적 거리'가 실시되면서 '거리'라는 개념이 강조된 탓이다.

개인적인 사이와 사회적 거리를 대척점에 두었을 때 주목할 점은 그녀가 보여준 행동이다. 그녀는 전과 달리 나무에게 선뜻 다가서지 못한다. "나는 잠시 버티고 서 있다."와 "발걸음을 멈췄다."는 행동을 망설이는 심리를 드러낸다. 봄꽃들이 가까이 오라고 권하여도 다가서지 못하는 것은 작가를 잡아당기는 꽃들에게 서서히 빠져들기 위한 준비이지만 무의식 상태에서도 자신은 꽃과 달리 코로나 바이러스에 감염될 수 있는 사람임을 자각했기 때문이다. 그 차이를 자각할수록 사람들의 사회보다 꽃들의 사회가 경이롭기만 하다. 사회적 거리 때문에 언어조차 '거리'라는 개념에 포위되어 버린 것이다.

그녀는 사이의 의미에 논리보다는 감성적으로 접근한다. 난해한 철학적 방식이 아니라 정서적 교감이 그녀에게 더 맞게 보인다. 꽃이 피면 기뻐하고 꽃이 지면 숙연해지는 감정변화 만큼 권은자가 원하는 '사이'를 증명해주는 것이 없다. 이것은 그녀가 느끼는 생사의 접점이기도 하다. "꽃이 필 때처럼 모든 이의 관심을 한몸에 받으며 환한 세월을 살기도 하지만 사라지는 꽃처럼 서러운 순간을 견뎌야 하는 때가 있음"을 더욱 절감하는 이유도 사이가 지닌 거리감을 이해하기 때문이다. 그런데 사람들은 평소에도 "한 문이 열리면 또 다른 문이 닫히는 것"이 순리이고 "사라지는 꽃처럼 서러운 순간도 견뎌야 한다."는 사실을 망각하고 있다고 그녀는 느낀다. 무관심이 세상을 살아가는 데 도움이 될지 모르지만 '사회적 거리'에 주눅 든 탓에 사이의 진정한 의미가 변해버린 것이 더 안타깝다.

나아가 작가는 꽃을 봄의 전령이 아니라 인식의 매체로 간주한다. 꽃이 감상의 대상이 아니라 인식의 대상이 된 것이다. 꽃무리를 지켜보던 그녀는 피는 시기와 지는 시기가 서로 다르다는 사실을 발견한다. 질서와 조화에 순응하는 꽃들의 세상을 빌려와 사람들이 살아가는 방식을 비판한다. 코로나로 인하여 꽃의 세계와 사람의 세계가 더욱 벌어진 것이 안타깝다.

자연은 기회가 있으면 사람들에게 자연의 질서를 거역하지 않도록 가르친다. 그것이 작가가 말하려는 사이의 개념이다. 동일한 공간에서 시차를 두고 피고 지는 꽃들이 보여주는 시공적 사이는 인간사회에서 벌어지는 주변상황과 상관없이 이루어진다. 꽃들의 개화를 주시하여 얻은 이 직관은 '인간은 가볍게 행동한다'는 심리를 강조하게 된다.

> 올봄은 좀 다르게 왔다. 코로나19로 온 나라가 불안하고 뒤숭숭하다. 정부와 방송에서는 외출을 자제하고 사람들이 밀집된 장소는 피하라고 한다. '사회적 거리'라는 새로운 말까지 만들어 우리를 스스로 격리하게 하고, 일정한 사이를 만들게 한다. 개학이 연기되었고, 내가 공부하는 아카데미의 수업도 취소되었다. 규칙적이던 일상이 멈추거나 축소되거나 변경되었다.

코로나에 대처하기 위한 사회적 거리두기는 다분히 기계적이다. 격리, 차단, 방지, 예방, 금지 같은 '거리'와 관련된 용어들이 '사이'가 가진 친밀, 순응, 교류, 절제라는 개념을 파괴하고 있다. 사회적 거리 두기에 불편해진 그녀는 매화와 동백과 목련이 피고 지는 순리의 풍경을 지켜보면서 마음을 다독이려 한다.

그녀가 코로나에 대처하는 방식은 실망 속의 긍정이다. 사회적 거리가 시행되면서 뜻밖의 효과를 거두기도 한다. 가족 간의 거리가 사이로 전환되고 온 식구가 함께 밥을 먹는 기회가 늘어난 것이다. 이것을 작가는 코로나 바이러스가 가족 간에 스킨십을 선사했다고 풀이한다. 코로나라는 자극과 사회적 거리라는 반응의 관계에서 '사이의 시간'을 의식하면 부정적인 자극에서도 긍정적인 태도를 배울 수 있다는 것이다. 그녀가 체득한 코로나 학습효과는 "무엇이든지 적당한 거리를 유지해야 대상과 자신의 사이를 볼 수 있다."는 절충과 중용이다. 사이좋게 피고 지는 꽃이 준 '사이'의 교훈을 의식화한 과정이 돋보이는 작품이다.

김사랑의 <오빠의 뱃놀이>

인간 사회에서 변함없이 이어지고 있는 모임 중의 하나는 관혼상제다. 아이가 어른이 되고 혼인을 치르고 목숨을 거두고 제사를 지내는 의례는 지구 어디서든 공통적이다. 전쟁이 일어나거나 자연재해가 닥쳐도 관혼상제 그 자체는 소멸하지 않는다.

상부구조와 하부구조라는 말이 있다. 하부구조는 경제제도이고 상부구조는 여러 문화 양식이다. 인간을 생산수단으로 간주하는 사회주의 이론에 따르면 하부구조인 생산제도가 달라지면 상부구조인 문화와 제도도 덩달아 바뀐다. 토지가 중심이었던 중세에 사람이 살았던 방식은 재화가 중심 역할을 하는 자본주의 사회에서 사람이 살아가는 방식과 다르다. 세계화가 도래하면서 하부구조에는 경제 대신에 전쟁, 자연재앙, 질병과 같은 충격이 자리하였다. 인간이 살아가는 방식으로서 관혼상제도 변하게 된다. 코로나 팬데믹 기간 동안 이런 추이가 여러 곳에서 목격되고 있다. 김사랑은 인간의 생사와 죽음의 의식이 코로나 19에 의해서 어떻게 달라졌는가를 오빠의 죽음과 장례식을 통해 설명하고 있다.

> 장례식장에 도착하니, 많은 사람들이 마스크를 쓰고 있다. 급한 전갈을 받고 자동차로 내려오면서 나는 별로 사람들이 없을 것이라, 예측했다. 하필 전염병이 난무하는 이 시기에 떠날 것은 무어람. 나 역시 오빠가 떠나는 마지막 자리에 당연히 가야 하지만, 위험에 노출될 것을 생각하니 그리 선뜻 나서기도 뭣해서 남편의 눈치만을 살폈다. 아무 말 없이 차리고 나서는 남편이 고마웠다.

<오빠의 뱃놀이>의 배경은 고향 마을이 수몰되면서 생긴 초평저수지이다. 초평저수지는 오빠의 유년기부터 임종 때까지 그의 삶을 키워낸 곳으로 여동생인 작가의 마음에 감회가 깊은 장소로 각인되어 있다. 오빠와 저수지와의 상관성은 장례식을 통해 고조되었지만 코로나 여파로 인하여 비감해져버린다.

코로나 때문에 시골에서의 장례식도 예전과 같지 않다. 도시에서는 코로나 감염 때문에 장례 절차가 강제적으로 축소되었지만 시골이므로 큰 변화가 없다. 하지만 "사람들이 마스크를 쓰고 오거나 별로 사람들이 없을 것"이라는 그녀의 예감처럼 전염병이라는 하부구조가 장례문화에 영향을 미친다. 바이러스라는 외적 자극이 장례 절차까지 변화시킨 예라 하겠다.

지리적 물리적 환경도 개인의 인생을 좌우하는 조건이 된다. 이 작품도 여동생의 눈을 통하여 오빠의 삶에 미친 저수지의 영향을 거론한다. 오빠의 삶에 미친 외부 충격은 고향 마을이 수몰된 사건이다. 마을이 수몰되기 전까지 그들 가족의 삶은 평화스러웠다. 마을이 수몰되면서 아버지의 시골생활은 "코앞의 전답을 모두 잃고 나룻배를 타고 건너편 다랑이논과 뙈기밭을 오"가야 할 정도로 팍팍해졌다. 어린 시절부터 초평저수지를 중심으로 살았던 오빠는 "낭만의 삶을 누릴 수 있는 계기"를 얻었다. 세월이 지날수록 오빠가 초평저수지의 모습을 닮아가면서 저수지와 오빠는 자극과 반응을 주고받는다.

오빠의 삶은 저수지와 계절에 따라 달라진다. 달라진다기보다는 저수지의 계절에 조응한다는 설명이 더 적절할 정도다. 그들 간의 관계는 '……이면 ……한다.'는 조건적 프레임을 형성하고 파블로프의 조건반사이론과 스키너의 조작적 조건화에도 부합한다.

오빠의 시골생활은 동생의 회상에 실려 낭만적이고 목가적으로 재생된다. 뒷골에서 두견새가 가슴 적시게 울면 오빠는 나룻배에 몸을 싣고, 과년한 여형제들의 혼삿날이 다가오면 목화씨와 고구마 싹과 감자의 눈을 다랑이논에 심기 위해 나룻배로 저수지를 오간다. 봄이 오면 농사 채비를 위해 저수지를 건너고 숲정이에서 산새들이 노래하면 오빠의 노래 소리도 저수지 위로 윤슬처럼 흐른다. 일손이 한가해진 여름날이면 나룻배와 오빠는 하안거에 들어간다. 골목대장이었던 오빠는 동네 여자들의 관심을 끄는 주인공으로 성장한다. 자연과 함께하는 오빠는 사회적 욕망보다는 자연의 분방함을 체득한다. 이러한 오빠의 지난 삶은 여동생의 회상을 통해 마치 현재처럼 복기되고 있다.

오빠는 어쩌면 삶을 뱃놀이하듯 꾸린 건 아닐까. 배를 띄우면서 살아내기에 바빴던 아버지와는 달리 주어진 여건 속에서도 삶의 멋을 챙기며 산 것 같았다. 늘 음악과 함께했던 사람. 드럼을 가지고 와서 동네 사람들을 다 모았던 사람, 어른은 물론 동네 꼬마들까지 넋을 놓고 바라보게 만든 사람. 인근에 콩쿠르 대회가 열리면 단숨에 달려가 기타를 치고 드럼을 두드렸던 사람, 주변 여고에서 인기투표를 하면 언제나 1등을 차지한 사람, 부모의 뜻에 따라 관공서에 취업했어도 자유분방한 욕구를 채우려 직장도 걷어차고 드럼맨이 되어 전국을 활보한 그 사람. 그가 내 오빠였다.

오빠의 인생 "나룻배는 그 아무도 제어함이 없이 자유롭게 초평저수지"를 오갔다. 저수지도 오빠에게 갖가지 덕목을 가르쳤다. 그 상관성은 학학습지와 인생교실의 관계라고 하여도 지나치지 않다.

오빠의 죽음은 형식에서는 코로나의 영향에서 벗어날 수 없지만 본질에서 보면 코로나 영향을 벗어난다. 공교롭게도 코로나 팬데믹이 지구촌을 죄다 휩쓰는 무렵인 만큼 "하필이면 이때….."라는 아쉬움이 남달리 컸지만 문상객들은 마스크를 끼고 저녁 늦도록 찾아와 망인에게 마지막 예의를 표한다. 김사랑이 마스크를 "베네치아의 곤돌라"처럼 여기는 이유는 페스트로 초토화되었던 적이 있는 베네치아가 아니라 저수지와 나룻배를 평생 지킨 오빠에 대한 풍성한 문장에 있다. "나룻배 한 척"이 오빠의 인생 항해를 상징하고 죽음으로써 코로나로부터 벗어난 오빠의 자유항해를 떠올린 작가의 해석이 경이롭다고나 할까.

조작적 조건화과정은 자극, 반응, 강화물이라는 세 가지 요소로 이루어진다. 자극이 코로나 발생이라면 반응은 마스크를 착용하고 찾아온 문상객들이며 강화물은 오빠가 그들에게 베푼 친절이다. 오빠가 생전에 보여준 배려는 문상객의 발걸음을 저수지로 향하게 하였다. 그들은 코로나라는 외적 조건보다 그리움이라는 내적 동기를 중하게 여겼다. 인간행동을 학습으로 풀이하는 조작적 조건화는 외부 자극이 없어도 행동을 의식화한다고 설명한다. 김사랑이 시신을 옮기는 관을 나룻배로 여기고 조문객들이 "양옆에서 나룻배를 조심스럽게 들어올렸다."라고 한 비유는 초평저수지가 오빠의 삶에 무엇인지를 극적으로 보여준다. 운구하는 사람들의 까만 상복과 얼굴을 가린 마스크가 코로나로 인하여 장례 풍습이 제약을 받고 있음을 보여주지만 장례 그 자체의 숙엄함을 위축시키지 않는다. 오빠 삶이 펼쳐졌던 초평저수지 장례식은 코로나의 위세가 이곳에서는 무력하다는 점을 보여준다.

김원의 <생강나무 꽃은 왜 피었나>

인간의 행동은 대부분 조건반사적으로 이루어진다. 감정이나 이성적 판단이 행동을 중지시키거나 조절하지만 환경요인의 영향도 무시할 수 없다. 이성이 발달한 인간의 경우, 사유과정이 탄탄하여 충동적으로 반응하지 않는다. 조건반사적 행동이 긍정적인가 부정적인가, 나아가 주변으로부터 인정받는가 아닌가를 판단하는 조정을 거침으로써 행동 수위를 조절한다. 이것이 스키너가 말한 조작적 조건화이다. 스키너의 이론에 따르면 인간은 감당하기 어려운 외적 충격이나 조건에서는 행동 자체를 억제하는 대신에 사색과 성찰을 활성화시킨다.

김원의 <생강나무 꽃은 왜 피었나>는 코로나가 창궐하면서 인간의 행동이 왜 자제되고 성찰이 어떻게 이루어지는가를 예시한다. 인간은 유기체이므로 행동을 통해 건강을 유지하려 한다. 다리로 걷고 손을 움직여 일을 하고 몸을 일으켜 운동도 한다. 이런 신체적 활동이 제대로 이루어지지 못하면 스트레스가 심해지고 심리적으로 더없이 위축되어 버린다.

정말 죽을 맛이다. 장사하는 이는 경기가 거지 같다고 울상이고 국민은 방에 갇혀 있으니 죽을 맛이다. 나 같은 늙은이는 가끔씩 친구를 만나 밥이라도 먹어야 하는데 외출을 못하니 감옥생활이다. 삼식에 주제에 한끼라도 덜어 주어야 룸메이트에게 체면이 서는데 이젠 꼼짝 없이 눈칫밥 먹는 신세가 되었다. 경기가 거지이든, 감옥생활이 죽을 맛이든, 그리운 건 자유다.

　김원은 방에 갇힌 구속 상태가 인간 심리에 미치는 영향을 자신을 통해 살펴본다. 그의 처지는 "정말 죽을 맛이다."라는 감정 토로와 "그리운 건 자유다."라는 명제를 제시하는 두 문장으로 압축된다. 코로나가 미치는 악상황은 사람마다 다양하지만 '감옥생활' 같다는 공통점을 지닌다. 공장을 가동할 수 없고 가게를 열 수 없고 차를 마음대로 운행할 수 없다. 거리와 공항과 광장의 인적이 끊어졌다. 고성능 현미경으로 겨우 볼 수 있는 미미한 코로나가 인간의 몸을 숙주 삼아 서로를 단절시켜 말 그대로 일상을 멈추게 했다. 억압 상태는 이전의 자유로웠던 시절을 그립게 만든다. "그리운 건 자유다."라는 문장이 생성된 배경이 이것이다.

　그가 살고 있는 시골은 그나마 여유를 가진다. 한적한 시골이므로 제한적으로 바깥출입이 가능하지만 국가가 전국적으로 실시하는 갖가지 행정적인 조치는 피할 수 없다. 무엇보다 시골이어서 가능했던 천혜적 자유가 차단된 심리적 여파가 매우 크다. 마을 나들이가 제한되고 서울에 가면 복잡한 지하철에 신경이 곤두선다. 친구와 나누던 차 한 잔이 생각나고 따뜻한 햇살을 받으며 담소를 나누던 기회가 그립기만 하다. 이러한 상실감은 자유로웠던 과거로 이어지면서 불편한 분노를 일으킨다.

　그는 코로나를 '우한폐렴'이라는 말로 정의한다. 그 명칭이 역사의 한 점을 떠올려준다. 마스크를 구입하기 위해 지정된 날짜에 주민등록증을 들고 약국 앞에서 떨고 있는 행렬이 "정녕 한 번도 경험해보지 못한 사회주의 배급방식"을 상기시켜 준 것이다. 그는 6·25사변 당시의 배급 제도를 경험하지는 못하였지만 어른들로부터 전쟁의 참상을 생생하게 전해 들었다. 마스크 배급제도는 중국이 인해전술로써 수많은 국군과 국민을 희생시켰던 역사를 되살린다. 그 기억이 완전히 소멸되지 않은 상태에서 우한폐렴으로 다시 엄청난 피해를 입고 있다. 더욱이 국민이 낸 세금으로 중국에 막대한 마스크와 방역 장비를 제공했기 때문에 국민들은 피해를 더 입고 있다고 여긴다. 시대에 따라서 적과 동지의 구별이 사라진다고 하지만 전쟁참화를 잊지 못하는 세대의 작가는 적과 우군을 구분할 수밖에 없다. 이런 울적한 혼돈에서 벗어나기 위해 그는 뒷산 계곡으로 산책을 떠난다.

> 가라앉은 기분을 바꿔보려고 모처럼 나들이를 한다. 사람들이 오지 않는 뒷산 계곡으로 아내와 산보를 한다. 코로나가 아니었다면 가지 않았을 계곡을 그것도 아주 어렸을 십대 전에 소를 몰고 갔던 곳을 반세기가 더 지나 개를 몰고 간다. 소를 몰던 어린 목동牧童이 이제 늙어서 개를 모니 견노犬老인가, 구노狗老인가 모르겠다. 애완견이니 견노가 맞지 싶다. 그래, 견노가 되어 추억으로 돌아간다.

김원은 "사람들이 오지 않는 뒷산 계곡"으로 간다. 사람이 없는 곳을 찾는 변화가 일어났다. 개를 데리고 가는 자신에게 "견노가 맞지 싶다."고도 말한다. 자탄에 가까운 심리는 코로나와 우한폐렴과 6·25 참상을 동시에 생각한 결과다. 그는 기억하기 싫은 역사적 회상에서 벗어나기 위해 "추억은 누구에게나 아름답다."고 여기려 하지만 그때마다 코로나 현실로 되돌아온다. 논을 매던 농부와 나무꾼과 사냥꾼이 보이지 않고 소를 몰던 목동도 더이상 볼 수 없다. 옛사람들이 사라져 버렸지만 다행스럽게 자연은 변함이 없다. 사회적 거리와 상관없이 발정한 개구리들은 짝을 찾고 고라니는 마을 인근까지 내려온다. 코로나가 사람들이 모여 사는 사회에 영향을 미쳤지만 자연은 범할 수 없다는 사실에 안도한다.

그가 진정 바라는 것은 생태계 회복이 아니라 사람 사이의 만남의 복원이다. 골목과 마을과 산천이 죽은 듯 조용한 것이나 우체부가 우편물을 대문 앞에 두고 가는 것이 그의 입장에서는 자연스럽지 않다. 동네 사람들이 모여들던 문전성시가 문전냉낙門前冷落이 되어버린 것은 더욱 참을 수 없다. 하루빨리 코로나 사태가 종식되어 화평한 시골생활이 복원되기를 원한다. 그에게 '죽을 맛'은 거창한 사변이 아니라 "사람이 그립다."는 일상의 정지다. 일상이 장기간 깨어진 상황은 농촌에서도 감옥생활과 다름없다는 것이다.

덧붙여

인간은 자극과 반응을 통해 학습하고 행동한다. 개인과 사회의 학습이 누적되면 특정한 행동양식이 사회를 지배하기 시작한다. 만일 순리적인 자극과 반응 관계를 무효화하는 외적 사건이 불시에 발생하면 지금까지 쌓인 행동과 문화는 일시적이든 장기적이든 붕괴되기 시작한다. 이것이 오늘의 코로나 팬데믹이 보여주고 있는 세계적 참극이다.

선행 자극과 후행 반응의 연쇄 고리는 작가 의식과 글의 내용에도 영향을 미친다. 권은자는 <사이의 의미>에서 사회적 거리와 자연적 사이의 차이를 봄철 꽃들이 피고 지는 순리를 통해 살핀다. 김사랑은 <오빠의 뱃놀이>를 회상하며 코로나 방역기간에 치른 오빠의 장례식을 통해서 변하지 않은 의식儀式과 그리움을 저수지를 배경으로 펼쳐낸다. 김원은 <생강나무 꽃은 왜 피었나>에 의문을 품으며 시골까지 미친 코로나 피해를 역사적 사변과 곁들여 서술하고 있다.

인간이 환경의 동물이듯이 사회문화도 환경의 소산일 수밖에 없다. 고전적 조건화에 따르면 인간은 후행 반응을 조정하면서 학습하고 살아간다. 소개한 작품들이 인간이 원하지 않는 자극에 부딪혔을 때 어떤 반응을 취하는가를 살핀 점에서 코로나 팬데믹 후기로서의 의의가 적지 않다.

| 작품 |

사이의 의미

권은자

　발걸음을 멈췄다. 무심하던 나를 붙잡아 세운다. 하얀 아파트 벽을 배경 삼아 몇 그루의 매화가 고적하게 피어있다. 코로나19 때문에 불안하고 흉흉한 세상이지만 모른 척 피어있는 꽃은 나를 끌어당긴다. 혹 꽃내음이라도 맡을 수 있을까 하여 나무 가까이 다가섰다. 여윈 가지에 다문다문 붙어 있던 흰 꽃잎이 어둡던 내 안에 작은 길을 만든다. 그 길을 따라가니 잡힐 듯 말 듯한 매화 향에 갑갑했던 마음이 스르르 눙쳐진다.
　저만치 동백나무가 눈에 들어온다. 겨우내 붉은 꽃을 주렁주렁 달고 오가는 행인의 발길을 밝히던 등불 같았다. 꽃이 피고 지는 시기가 나무마다 다른 것이 새삼스레 고맙다. 주변을 환히 밝히던 동백꽃은 바닥에 뒹굴며 사위어가고 있다. 목련 가지에는 하얀 솜털 송송한 손톱 크기의 꽃눈이 총총히 붙어 하늘을 향해 있다. 벌써 내 귀에는 통통한 꽃봉오리가 여기저기서 조용히 터지는 소리가 들리는 듯하다. 잡아당기는 그들 앞에 나는 잠시 버티고 서 있다. 야단스럽지 않게 빠져들기 위한 준비이다. 꽃이 피고 지는, 서로 다른 나무를 보면서, 한 세상이 닫히면 또 다른 세상이 열리는 것을 본다.
　자연이 가만가만 하는 말을 들으려 집중한다. 소란스럽지 않아 놓치기 쉽지만 오래오래 함께하면 누구라도 알 수 있다. 자연의 뜻을 이해하는 것은 대상에 대한 관심과 친밀감에 비례한다고 믿는다. 내 수준에 맞는, 내 방식으로 교감하면 된다. 그 앞에서는 착한 아이가 되어도 괜찮을 것처럼 마음의 경계를 푼다. 절정의 꽃을 보면서 가졌던 흥분과 꽃이 져서 흙으로 돌아가는 시든 꽃을 보면서 느끼는 숙연함을 함께 떠올린다. 그들의 사이에 또 다른 세상이 있다면 거기서 내가 볼 수 있는 게 무엇일까, 궁금해진다. 내가 무슨 생각을 하고 있지, 퍼뜩 정신을 차린다. 아주 작은 것 앞에서 나는 종종 멍해지기도 하고, 깊은 상념에 잠기기도 한다.

매화는 피고 동백은 지고, 목련은 어린 꽃눈을 틔우고 있다. 한 울타리 안에서 서로 다른 모습을 보여주는 나무를 바라보며 한참을 서 있었다. 같은 시공에서 서로 다른 시기를 사는 것. 그들을 보며 사이의 의미를 느끼려 애쓰는 내 미간이 오므려진다. 잠시 숨을 참았다가 몰아쉬니 작은 한숨이 나온다. 여러 생각이 작금의 사회현상으로 자연스레 옮겨진다. 요즘 우리 사회에는 보수와 진보라는 대척점에 두 성향의 국민만 있는 것 같다. 둘 간의 극심한 갈등의 원인을 떠올린다.

꽃은 필 때가 있으면 질 때도 있다. 그 사이의 시간도 있다. 피는 꽃과 지는 꽃을 동시에 보아야 하기도 한다. 땅 위의 모든 존재와 체계는 탄생하기도 하고 소멸하기도 한다. 그렇다. 꽃이 필 때처럼 모든 이의 관심을 한몸에 받으며 환한 세월을 살기도 하지만 사라지는 꽃처럼 서러운 순간을 견뎌야 하는 때가 있음을 우리는 간과하고 있는 것은 아닐까. 받아들여야 하는 사실을 그러지 못할 때 갈등은 고조된다. 한 문이 열리면 또 다른 문이 닫히기도 하는 것을 인정하지 않기 때문이다. 모두 참이거나, 모두 거짓인 물상은 이 땅 위에 없다. 반응이 아닌 참된 인식을 위하여 동시에 존재하는 차이를 보아야 한다.

거울을 볼 때마다 드는 생각이 있었다. 나의 실제 모습을 나만 볼 수 없다는 게 참으로 아이러니하다고. 내 얼굴인데도 실체가 아닌, 거울에 비친 모습만을 보아야 한다는 사실에 가끔 실소한다. 자신을 스스로 볼 수 없도록 조물주가 작정하고 만들어 놓은 것이 아닌가 불평하면서 허전해하기도 했다. 타인을 통해서만 나를 알 수 있다는 것도 가끔 받아들여지지 않았다. 사람은 혼자 살 수 없다는 사실에 불안마저 느낀다. 그러나 오랜만에 만난 사람의 모습에서 내가 미처 느끼지 못했던 세월의 흐름을 느낀다. 나도 저렇게 변했겠구나, 하고 그를 통해 나를 본다.

슬며시 묘한 웃음이 번진다. 매화와 동백, 꽃눈을 틔우는 데 한창인 목련은 서로를 바라보며 어떤 생각을 하고 있을까. 왜 매화가 필 때 동백은 질까. 같은 공간에서 서로 다른 시기를 살고 서로 다른 모습을 보여주면서 무엇을 알게 하고 싶은 걸까. 인식을 위한 여지인가. 일치하지 않아 생기는 시간 차이는 최소한의 거리를 확보하라는 필요일까. 피고 지는 사이의 시간을 보면서 즉각적으로 반응하지 않아야 하는 이유를 찾아본다. 인식하도록 시간의 여유를 만들어주기 위한 자연의 고마운 장치라고 여긴다.

볼 게 많아서 봄이라 했던가. 밖으로 눈만 돌리면 우리를 유혹하는 봄이다. 그러나 올봄은 좀 다르게 왔다. 코로나19로 온 나라가 불안하고 뒤숭숭하다. 정부와 방송에서는 외출을 자제하고 사람들이 밀집된 장소는 피하라고 한다. '사회적 거리'라는 새로운 말까지 만들어 우리를 스스로 격리하게 하고, 일정한 사이를 만들게 한다. 개학이 연기되었고, 내가 공부하는 아카데미의 수업도 취소되었다. 규칙적이던 일상이 멈추거나 축소되거나 변경되었다.

일주일에 반 이상 집에서 나는 혼밥을 한다. 하지만 하루에도 몇 백 확진자를 만들어 내는 무서운 코로나19 덕분에 요즘 우리 가족은 매일 함께 저녁밥을 먹는다. 일주일에 한 번 함께하기도 힘든 일이었는데. 아이들이 다 자라고 나서 이처럼 집에서 함께 긴 저녁을 나누는 일은 없었지 싶다. 하루빨리 사라지길 바라고 있는 그 위험한 바이러스가 가족 간의 그리웠던 스킨십을 선사하다니, 알 수 없는 게 세상이다. 아니 현상과 현상 사이를 놓치지 않으면 상실을 통해 얻기도 한다는 것을 알게 된다.

매해 여러 꽃나무의 피고 지는 시간 차이를 보면서 그 의미를 되짚어본다. 무엇이든지 적당한 거리를 유지해야 대상과 자신의 사이를 볼 수 있다. 이것이 내 얼굴일지라도 거울을 통해서야만 나를 보아야 하는 이유이다. 예상치 못한 지금의 어려운 상황에서도 즉각적으로 절망에 빠지지 않는다. 대신 사이의 시간 속에서 인식해야 할 것을 찾는다. 고통스러운 순간이나 기분 좋은 일 가운데 있을 때도 마찬가지다. 거리와 시간 사이에서 천천히 대상을 통해 나를 반추하는 자세를 견지하리라.

위험한 바이러스가 가족 간의 그리웠던 스킨십을 선사하다니

이 마음으로 올봄을 살아간다. 차례차례 피고 지는 꽃나무를 보며 불안한 마음을 잠재운다. 가끔씩 답이 보인다, 사이를 읽어내다 보면.

—2020년 5월호《수필과비평》

| 작품 |

오빠의 뱃놀이

김사랑

 장례식장에 도착하니, 많은 사람들이 마스크를 쓰고 있다. 급한 전갈을 받고 자동차로 내려오면서 나는 별로 사람들이 없을 것이라, 예측했다. 하필 전염병이 난무하는 이 시기에 떠날 것은 무어람. 나 역시 오빠가 떠나는 마지막 자리에 당연히 가야 하지만, 위험에 노출될 것을 생각하니 그리 선뜻 나서기도 뭣해서 남편의 눈치만을 살폈다. 아무 말 없이 차리고 나서는 남편이 고마웠다.
 자동차로 이동하면서 우린 침묵을 지켰다. 나이 들면 떠나야 한다는 것을 생각하는지 그이는 간간이 차창 밖으로 시선을 주며 한숨을 쉰다. 그 순간, 나는 과거의 시간에 매몰되며 회억의 공간인 초평저수지로 서서히 걸어가고 있다.
 고향 마을이 저수지에 매몰되기 전에 우리는 아쉬움 없이 살았다. 딸이 많은 집안이었지만, 오빠는 주눅 들지 않았고, 오히려 아들로서의 확고한 자리를 얻었다. 철저하게 가부장적인 아버지 덕이었다. 또한 수몰로 인해 삶의 터전이 바뀐 처지에서는 어쩔 수 없는 노릇이기도 했다. 마을이 물속에 잠기면서 아버지는 걸어서 다니던 코앞의 전답을 모두 잃고, 나룻배를 타고 건너편 다랑이논과 떼기밭을 오가다 보니, 자연 아들을 가까이하지 않을 수 없었다. 아버지는 살아내기 위한 방도였으나, 오빠에게는 집안에서의 위치 확보와 낭만의 삶을 누릴 수 있는 계기가 된 셈이었다.

건너편 전답을 가기 위한 아버지의 노 젓기와는 다르게 오빠는 마음이 헛헛하면 노를 잡았다. 아지랑이가 살랑살랑 춤추고 버들강아지 솜털 옷 걸치고 미소 지으면 나룻배도 동안거를 마친 스님처럼 활기차게 한 해를 시작했다.

뒷골 솔수펑이에서 두견새의 구구절절한 가락이 가슴을 적시면 오빠는 두견화에 물든 감정을 주체하지 못하고 나룻배에 몸을 실었다. 내가 바라보기에는 뱃놀이나 하는 성싶게 구수한 타령도 불렀고, 망망대해를 항해하는 마도로스 같기도 하였다. 그러면서도 사내자식으로서 아버지의 고단함을 외면할 수 없었던 오빠는 늘 아버지의 곁을 지키고 있었다.

여러 딸을 둔 아버지의 자식 사랑에 동참했다. 재가 폴폴 날리는 잿간에서 과년한 여형제들의 혼사를 위해 목화씨를 포대에 담았고, 겨우내 사랑방 아랫목에서 키운 고구마 싹을 잘라내어 묶음을 만들고, 오목하게 들어간 감자의 눈은 다치지 않게 발라 함지박에 담았다. 이렇게 마련한 봄 농사 채비는 집을 나서는 나룻배에 실리게 되었다. 잘 준비된 채비는 오빠에게 간택된 처자처럼 으스대며 저수지를 건넜다. 저수지가 숲정이에서는 산새들이 결혼 축가나 부르듯 야단이고, 곁들여지는 오빠의 노랫소리는 윤슬처럼 아름답게 물결쳤다. 저수지에 찬바람이 일고 새들의 울음소리가 높아지면 오빠는 긴 여정의 농번기를 접고 돌아왔다. 가을 산이 붉게 타들어 저수지 깊이 가라앉으면 다시 오빠의 뱃놀이는 시작되곤 했다.

바쁜 일손이 한가해진 여름날이면 나룻배도 하안거에 들어갔다. 건천에서 젖은 몸을 말리며 나른한 오후를 보낼라치면 물새들이 찾아와 지친 날개를 접고 휴식을 취했다. 오빠는 뱃놀이 그 이상의 멋을 즐겼다. 장마에 대비해 저수지 수문이 열린 날엔 도회지 친구들을 불러 천렵을 한다. 그냥 고기만 잡는 것이 아니고 여기저기 드러나는 집터를 바라보면서 자신의 유년 시절 추억을 소환했다. 영락없는 골목대장이다. 잡힌 물고기는 냄비 안에서 끓고, 야외전축은 목울대를 세우며 앉아 있는 사내들을 끌어냈다. 개다리춤에 흠뻑 빠진 사내들 한가운데에는 언제나 오빠가 있었다. 잠시 지나다 보면 동네 여자아이들이 몰려오고 오빠는 그날의 주인공이 되었다.

오빠는 어쩌면 삶을 뱃놀이하듯 꾸린 건 아닐까. 배를 띄우면서 살아내기에 바빴던 아버지와는 달리 주어진 여건 속에서도 삶의 멋을 챙기며 산 것 같았다. 늘 음악과 함께했던 사람. 드럼을 가지고 와서 동네 사람들을 다 모았던 사람, 어른은 물론 동네 꼬마들까지 넋을 놓고 바라보게 만든 사람. 인근에 콩쿠르 대회가 열리면 단숨에 달려가 기타를 치고 드럼을 두드렸던 사람, 주변 여고에서 인기투표를 하면 언제나 1등을 차지한 사람, 부모의 뜻에 따라 관공서에 취업했어도 자유분방한 욕구를 채우려 직장도 걷어차고 드럼맨이 되어 전국을 활보한 그 사람. 그가 내 오빠였다.

초평저수지에 띄웠던 오빠의 나룻배가 이제 정박하였다. '코로나19'로 조문객이 없으려니 했던 나의 예측이 빗나가며, 오빠의 뱃놀이가 헛된 것이 아니었음에 놀랐다. 자동차를 타고 오면서 내내 "하필이면 이때…."하며 투덜댔는데 그게 아니었다. 저녁이 되면서 조문객들이 이어졌다. 조문객들은 문 앞에서 마스크를 벗고 예의를 갖췄다. 그들이 벗은 마스크가 베네치아의 곤돌라 같았다. 어떤 것은 곤돌라의 옆구리에 끈을 매었고, 또 어떤 것은 이물과 고물의 끝에 끈을 매어 귀에 걸었다. 페스트로 초토화된 베네치아. 그 앞에 있는 작은 섬 포베글리아(Poveglia)섬을 수없이 드나들었을 검은 곤돌라. 그 배는 통제 속에서 불편스럽게 항해했는데, 오빠가 탄 나룻배는 그 아무도 제어함이 없이 자유롭게 초평저수지를 저었다. 그동안의 항해가 어떠했던 오빠의 뜻대로 움직일 수 있었으니 이 또한 가치 있는 삶이 아니었을까. 더러는 물으로 끌려 나와 모래바람을 맞았다 해도, 그도 한 삶이었다. 언제나 저수지의 물이 차면 배를 띄우려니, 하며 꿈을 가지고 살면 그만이리.

다만 동생이 되어 바람이 있다면 오빠가 타고 가는 마지막 배가 편안한 배였으면 좋겠다. 나무배 한 척이 장의차에서 내렸다. 먼 곳으로 편히 가시도록 젊은 사람들이 양옆에서 나룻배를 조심스럽게 들어 올렸다. 눈에 보이는 것은 온통 까만 옷과 마스크뿐이었다. 다른 외계행성의 길목에 와 있는 것 같았다. 이승에서 마지막으로 탄 그의 나룻배를 인계받은 담당자는 가볍게 목례했다. 조심스레 배를 밀어주니 미끄러지듯 흘러갔다. 수문이 닫혔다. 오열만이 안개처럼 허공으로 흩어졌다.

—2020년 5월호 《수필과비평》

| 작품 |

생강나무 꽃은 왜 피었나

김 원

　정말 죽을 맛이다. 장사하는 이는 경기가 거지 같다고 울상이고 국민은 방에 갇혀 있으니 죽을 맛이다. 나 같은 늙은이는 가끔씩 친구를 만나 밥이라도 먹어야 하는데 외출을 못하니 감옥생활이다. 삼식이 주제에 한끼라도 덜어 주어야 룸메이트에게 체면이 서는데 이젠 꼼짝 없이 눈칫밥 먹는 신세가 되었다. 경기가 거지이든, 감옥생활이 죽을 맛이든, 그리운 건 자유다. 나는 시골 한갓진 계곡의 한옥에서 살고 있으니 밖에라도 다닐 수가 있지만 도시의 아파트에 사는 사람들의 절규는 가슴을 후벼판다. 창살 없는 감옥살이에 카카오 톡, 문자, 전화기 등 바이러스 청정기기만이 불이 난다.
　그동안의 자유로웠던 일상이 그리워진다. 그리움이 뭔지도 모르고 살아온 많은 세월, 잠깐의 마을 나들이가 그립다. 지하철의 북적임도 그립고, 친구와 차 한 잔이 그립다. 따뜻한 햇살 아래 열을 올리며 시국을 논하던 것도 그립다. 이러한 그리움 끝에 봄이 오는 소리를 들으며 우한폐렴이 우리 곁을 떠나길 바란다.
　추위에 떨고 있는 긴 행렬을 본다. 생명을 담보로 약국에서 마스크 하나 사려고 1-2시간씩이나 기다려 줄을 서 있어야 한다. 동네에서 마스크 하나 사는데 날짜를 받고 주민등록증을 지참해야 한다니 정녕 한 번도 경험해 보지 못한 사회주의 나라 같다. 세계 10대 경제대국이 언제 이 모양으로 쪼그

라들고 초라하게 되었나. 국민을 중히 여겨 선제대응을 못하고 뒷북치며 희생양을 찾아다니는 모습에서 누가 죄인이고 누가 가해자인가. 중국의 아픔이 곧 우리의 아픔이라는 해괴망측駭怪罔測한 말이 난무한다. 김정은에게는 삼대를 세습할 수 있게 지켜주었으니 은인이니 그런 말이 통할지 모르지만 우리로서는 6·25 때 중공군의 인해전술로 수십만 명을 죽게 만든 원흉인 게 틀림없는데 적과 동맹을 분간하지 못하니 분통이 터진다. 누구를 믿고 살아가야 하나. 국민세금으로 수백만 장의 마스크와 방역장비가 우한폐렴지로 보내는 동안 우리는 대문을 열어 놓고 그 폐렴을 받아들였다. 이제 중국이 우리를 위험국이라고 못 오게 문을 닫고 있다. 속된 말로 병 주고 약주는 게 아니라 '약주고 병을 얻은' 꼴이다. 참으로 한심하다.

스페인 내전(1936-1939)을 겪고 나서 쓴 《누구를 위해 종은 울리나》에서 헤밍웨이는 이념으로 얽힌 전쟁을 비판한다. 삼 년간을 서로 싸우면서 많은 사람들이 죽었는데, 교회의 종은 권력자를 위해 싸우다 죽은 사람의 장례식 때 울리고, 반대편에서 싸우다 죽은 이의 장례식 때도 울린다. 헤밍웨이는 묻는다. 진정 종은 누구를 위해 울리느냐고. 정부는 누구를 위해 종을 울리나.

TV를 보는 게 무섭다. 저승사자가 우리 대문 앞까지 오는 것 같다. 생강나무가 노란 꽃을 내밀고 봄을 알린다. 왜 하필 이 때 꽃을 피우나. 코로나바이러스가 무섭지 않은가. 코로나가 찾는 숙주가 늙은이라니 겁이 난다. 차라리 〈미스터 트롯〉나 〈나는 자연인이다〉 프로를 보는 게 마음 편하다. 4월은 잔인한 달이다. 두 달이나 갇혀 있자니 풀이 잔뜩 죽었다. 가라앉은 기분을 바꿔보려고 모처럼 나들이를 한다. 사람들이 오지 않는 뒷산 계곡으로 아내와 산보를 한다. 코로나가 아니었다면 가지 않았을 계곡을 그것도 아주 어렸을 십대 전에 소를 몰고 갔던 곳을 반세기가 더 지나 개를 몰고 간다. 소를 몰던 어린 목동牧童이 이제 늙어서 개를 모니 견노犬老인가, 구노狗老인가 모르겠다. 애완견이니 견노가 맞지 싶다. 그래, 견노가 되어 추억으로 돌아간다. 누구에게나 추억은 아름답다. 포도가 시간의 흐름 속에서 발효하여 포도주로 맛과 향을 더하듯이 추억은 지날수록 의미와 빛깔이 더하여 아련하게 채색된다.

그 때의 나는 일제소학교에 들어가기 전이었던가 아니면 방학 때인 것 같다. 아이들과 어울려 소를 몰고 계곡으로 들어가 풀어 놓고놀았다. 개천에서 미꾸라지를 잡고 잠자리를 잡고 놀다 해거름이 되면 소를 몰고 내려와 개천에 물을 잔뜩 먹여 집으로 간다. 할아버지의 칭찬이 나를 우쭐하게 만들었다.

견노에게 계곡은 낯설다. 옹기종기 묵은 논이 눈에 들어오고, 엎드려 논을 매던 농부는 간 곳 없다. 묵은 가시덤불 속에 사람의 흔적이 없다. 나무꾼도, 사냥꾼도, 농군도 없다. 소를 몰고 온 목동도 없다. 한때 문전옥답 못지않게 목숨줄이었던 전답에 잡목이 주인처럼 버티고 있고, 돼지가 흩트려 놓은 흔적이 폭격 맞은 자리 같다. 발정한 개구리들이 짝을 찾다가 인기척에 놀라 숨을 고른다. 이런 곳이 사람과 거리 두기가 안성맞춤이다. 개의 코가 신기하다. 목줄을 풀어주니 건너편 산비탈로 달려가고, 놀란 고라니는 사생결단으로 도망을 간다. 한 놈은 달아나고 다른 한 놈은 쫓는 게 꼭 바이러스가 숙주를 찾아가는 것 같다. 우한폐렴을 피해 도망 온 내 모습과 뭐가 다른가.

사람이 사람과 어울려 사는 사회가 이제 사람이 사람과 거리를 두고 살아야 한다. 전화기에서 계속 경고음이 울린다. 집에 머물고 사회생활을 못하게 한다. 마스크를 살 수 있는 사람들의 주민등록번호 끝자리를 알려 주면서도 나오지 말라고 한다. 사람들과 거리를 두고 social distancing 지내라는 말이 생소하게만 들리고 일상은 무너져 내린다. 골목이고, 마을이고, 온 산천이 죽은 듯 조용하다. 우편배달부와 택배는 우편과 물건을 대문 앞에 놓고 가면, 고무장갑을 끼고 나가 포장을 뜯어 소각장에 넣고 내용물만 갖고 온다. 이 골목에 아이들로 문전성시를 이룬 것이 어제 같은데 이제는 낯설게도 문전냉락門前冷落이다. 사람이 그립다. 개미 한 마리 없는 봄이 생경스럽다. 봄이 와도 봄이 아니다. 생강나무 꽃도 코로나에 겁먹는 4월은 진정 잔인한 계절인가.

-2020년 5월호 《수필과비평》

06

나르시스적 담론과 수필 자화상

자아에 대한 낯익음과 낯섦 간의 착시는 예술가라면 누구나 한 번은 겪는다. 평생 더불어 살아온 '나'이건만 어느 순간 타인처럼 보일 때가 있다. 얼굴과 모습뿐만 아니라 내면까지 기이하고 생경스럽게 여겨지기도 한다. 많은 화가들이 그 혼돈된 정체성을 자화상으로 그린다. 작가도 펜대를 들어 자신을 복원하면서 앞으로는 뭔가 다르게 살 거라고 목소리를 높인다. 이런 추동적 언술은 소극적인 일상을 교정하려는 내적 반성이라고 하겠다.

수필은 자화상을 구현하는 작업이다. 허구가 아닌 사실적 삶이 감정과 체험과 상상력에 힘입어 재구성될지라도 자아를 중심으로 한다는 사실은 변할 수 없다. 작가는 자아를 갱신하는 지점에 성찰이 자리 잡도록 짠다. 자기 교육적 성격을 지닐수록 수필 담론은 나르시스적 해석에 가까워진다.

자화상을 만드는데 세 가지 방식이 있다. 첫 번째는 자아를 상징적 형상으로 인식하는 경우로서 나무나 꽃이나 동물을 빌려오는 방식이다. 두 번째는 타자를 등장시켜 자신을 들여다보는 것이다. 세 번째는 자아가 재구성되는 지점마다 독백이나 대화를 두는 것이다. 어느 경우든 과거와 현재와 미래 중에서 어디에 더 비중을 두는가에 따라 인격체가 추구하는 목표가 달라진다. 과거의 상처와 절망, 현재의 갈등과 욕구, 미래의 희망과 불안 등이 문장의 행간에 박힌다. 외적 행동을 보고 있지만 사실은 '감정의 자화상'을 읽고 있는 셈이다.

수필로서 자화상은 언어라는 모자이크로 짜여진다. 조각 하나하나 아귀를 맞추면 표정과 형상을 갖춘 초상이 된다. 감정이 설명과 묘사에 실리면 보이지 않던 '그는 나'라는 모습이 드러난다. 고백형 수필일수록 화가의 자화상을 닮는 이유이기도 하다.

인간에게는 도저히 피할 수 없는 두 관계가 있다. 하나는 타자와의 대립이며 다른 하나는 자신의 가치를 유지하려는 갈등이다. 이런 마찰 위에 새로운 자화상이 놓인다. 끊임없이 여담과 주석과 주해가 삽입되므로 자화상을 그리는 수필화자는 자신이 처한 시간과 장소에 남다른 관심을 집중할 수밖에 없다. 방과 집과 시골 등이 자아를 고백하는 배경이 되면서 과거의 '나'와 현재의 '나'와 미래의 '나'가 파노라마처럼 이어진다.

수필화자를 초상화의 관점에서 살펴보면 매우 흥미롭다. 자아가 기거하는 공간을 분석하면서 과거의 나, 현재의 나, 그리고 미래의 나를 구술하는 작품일수록 디오니소스적 자화상이 되는 것이다.

장미숙의 <벽지를 뜯으며>

장미숙은 십여 년 동안 살아오던 집의 벽지를 뜯고 새 벽지를 바르는 작업을 한다. 이사를 오고가거나 집안 경사가 생겨 벽지를 새로 바르는 경우와 달리 그녀가 벽지를 뜯는 행위에는 무거운 과거를 재거하려는 욕망이 숨어있다. 이 점은 작가에게 벽지가 가림 종이가 아니라 힘겨운 세월을 걸러내고 싶은 거름 종이임을 보여준다.

　　십 년이라는 세월, 묵묵히 집안을 지켜온 벽지다. 삶의 아수라가 펼쳐지고, 감정이 소용돌이치고 웃음과 울음이 번갈아 터지던 나날들을 몸에 새겼을 벽지다. 집안에서 벌어지는, 밖으로 새어나가지 못한 일상의 자잘한 일들이 촘촘히 새겨졌을 벽지다.

　벽지가 인생사를 적은 기록지記錄紙로 묘사된다. 삶의 거울과 같다. 벽지를 삶의 아수라가 펼쳐지고 감정이 소용돌이 치고 웃음과 울음으로 이루어진 과거를 기록하는 원고지로 간주하는 시선이 독창적이다. 비유하면 장미숙의 벽지는 꽃그림이 그려진 캔버스가 아니다. 곳곳에 불행의 흔적이 새겨진 기억의 기록장이다. "흔적들이 북북 찢겨 나갔다."라는 강력한 어조가 불편한 심기를 고스란히 드러낸다. 자화상으로서 수필에는 감정노출이 불가피하므로 억압된 심리가 그대로 분출되는 것이다.

　벽지를 뜯어내고 싶은 그녀의 반응은 첫 단락에 열거된 일련의 동사로 전달된다. "연이어 뜯겼다", "너덜거렸다", "구겨졌다", "찢어졌다", "떨어졌다", "쓰레기가 되었다"에 반영된 감정은 울분, 분노, 좌절, 무의미 등으로 "흔적들이 북북 찢겨 나갔다."에 다다라서는 나르시스적 반추가 노골화된다. 할 수만 있다면 영원히 떠나보내고 싶은 상처를 있는 그대로 지켜보므로 자아 반영적 문장을 펼칠 수 있었다. 장미숙은 지난 과거를 차례로 소환하여 단절하려 한다. 과거를 씻어내는 제의 형식을 지닌 벽지는 자화상을 그리는 화폭으로서 나르시스의 수면 같은 기능을 한다.

　회상은 낡은 상가 건물 1층에 세들 때부터 시작한다. 집세가 저렴한 반면에 곰팡이가 번지고 장사꾼들의 악다구니가 오가고 취객들의 욕설이 난무하는 산만한 지역이었다. 그때부터 집의 벽지는 웃음과 햇볕을 잃고 어둠에 깔리기 시작했다고 말한다. 안정과 행복을 상징해주는 햇살과 박하사탕 같은 집안의 행복이 부재하면서 작가의 일상은 불면과 무력감에 빠졌다. 작가에게 벽지는 보온 기능보다는 초라한 현실을 비추는 흑백 스크린에 불과할 수밖에 없었다. 그때부터 곰팡이가 핀 벽지를 들어내고 싶은 무의식이 자라기 시작한 것이다.

장미숙에게 벽지는 삶을 비추는 연못과 같다. 신화 속의 나르시스는 자기도취에 빠져들었지만 낡은 벽지가 둘러싼 벽을 쳐다볼수록 그녀는 자기 연민에 젖는다. 자화상도 실의, 절망, 좌절, 무력감, 소외 같은 어조와 이미지에 지배당한다.

일시적이지만 밝은 빛으로 채색될 때가 있었다. 영세민 혜택으로 얻게 된 주택으로 옮겼을 때이다. 그녀는 그때의 행복을 햇살 비치는 벽지로 표현한다.

> 세 식구가 살기에 크지도 작지도 않은 집이었다. 그것도 내 집이 아닌 임대주택이었다. 하지만 맨 처음 문을 열고 들어섰을 때 우리 가족을 맞아준 건, 하얀 벽지였다. 거실 한가운데 서서 나는 햇살을 몸속 깊숙이 받아들였다. 어둠에 익숙했던 습한 기운이 사라짐을 느꼈다. 햇살에서 피어오르던 박하사탕 같던 냄새는 짧은 시간 행복이라는 단어를 선물해주었다. 그것만으로도 벅찼다. 환한 벽지는 내 삶을 한 차원 수준 높은 곳으로 끌어올려 준 것 같았다.

"햇살을 받고 있는 하얀 벽지"는 여성이 꿈꾸는 행복한 가정을 상징한다. 벽지를 쓰다듬을 때면 지금까지의 불행이 사라지는 듯하다. 그러나 인생과 문학에서 발견되는 행복의 시간은 대부분 짧다. 자기 방이 생겼다고 좋아하던 아이는 어느 날부터 벽을 발로 차고 술에 중독된 남편은 무력한 가장이 되었다. 자신은 햇살 스며드는 거실을 피해 구석방으로 숨어든다. 어둠과 좌절로의 변화는 "자신은 벽을 향해 두 손을 모았다."는 동작으로 표현된다. 허공의 두 손은 의지할 곳이 없는 절망과 간절히 구원을 바라는 기도의 동작으로서 마음의 단절이라는 상황을 표현한다. 마음의 벽에 미움과 원망이 켜켜이 쌓일수록 서로간의 교감과 소통의 통로는 좁아진다. 이런 화법話法은 그림의 화법畵法처럼 언어의 질감으로 결정되는 것이다.

남편이 뇌졸중으로 쓰러졌을 때 작가는 더이상 주저하고 있을 수 없음을 깨닫는다. 막다른 골목에 선 그녀는 새로운 출구를 찾아야 했다. 어둡게 드리워 있던 불신의 벽지를 덜어내고 전혀 다른 화해와 기다림의 벽지를 바르면 십여 년 전 햇살 벽지 앞에 섰을 때처럼 다시 설 수 있다고 자각한다. 그러므로 무기력과 미움의 벽지를 뜯어내는 순서는 새로운 자화상을 그리려는 시도에 일치한다. 지난 과거를 적었던 일지를 꺼내어 지우개로 지우고 새로운 일지를 기록하는 작업과 비슷하다. 마침내 희망과 축복의 이미지가 가득한 자아상이 나타난다.

> 새 벽지는 어느새 원래 자신의 자리였던 듯 벽을 감쌌다. 환한 벽지는 눈이 부셨다. 십여 년 전 셋이서 바라보던 벽을 나는 혼자 바라보았다. 아이 방에 사진을 걸고 그때 아이처럼 벽을 쓰다듬어 보았다. 남편이 머물던 자리도 다시 말끔해졌다. 술 냄새가 사라져버린 집안에서 드디어 벽은 숨을 쉬었다.

모든 것이 원상 복구되었다. 벽지는 하얗고 아이의 사진은 제자리에 걸리고 남편이 등을 기댔던 곳도 말끔하다. 벽과 함께 그녀도 오랜만에 안도의 숨을 쉰다. 느긋하게 벽지를 쓰다듬는 평온한 여인. 그녀는 더이상 꿈에만 부푼 예전의 철부지 여자가 아니다. 박하사탕 같은 꿈을 이루려면 의지와 행동이 필요함을 깨닫는 가운데 방이 아이에게 편안한 쉼터가 되고 남편이 돌아와 기댈 수 있다면 충분하다며 욕심의 수위를 낮춘다. "한 단계 더 낮은 바닥을 믿고 있는 내 자화상"이 이 점을 보여준다.

집은 육신의 거처만이 아니라 정신적 위상을 드러내는 공간이자 배경이다. <벽지를 뜯으며>에서도 동일한 현상을 찾을 수 있다. 방주인이 행복하면 벽지는 환하고 불안하면 벽지에 곰팡이와 습기가 밴다고 설명한다. 이로써 벽은 초상화를 담는 액자가 되고 방은 주인공의 의식을 간직하는 일종의 연못이 된다. 화가가 자신을 제대로 보여주는 초상화를 그리기 위해 여러 물감으로 거듭 수정하듯이 작가도 때로는 일그러진 언어로, 때로는 행복한 시선으로 자신의 이야기를 수정해 나간다.

새 벽지는 어려운 고비가 지나고 있음을 암시해준다. "그날의 축복처럼 쏟아지는 박하사탕 냄새를 추억"하는 그녀는 "의식을 치르듯 햇볕 아래 설지도 모르겠다."는 기대 반 불안 반에 젖어있다.

하지만 이전과 다른 변화가 엄연히 존재한다. 작가는 벽지를 새로 발라 위기에 처한 가정을 스스로의 힘으로 복원했다. 십여 년 전부터 현재까지 쌓인 세월을 정직한 필체로 그려내었다. <벽지를 뜯으며>에 '기억 뜯음'과 '희망 바름'이라는 두 표정이 공존한다는 점에서 장미숙의 수필은 과거를 잘 여민 자화상이자 자전이라고 할 만하다.

양일섶의 <연화도에 사는 남자>

양일섶의 <연화도에 사는 남자>는 은퇴 노인의 탈출기다. 청소년 가출기 같은 희화성을 존재의 층위로 끌어올린 문제성이 돋보이는 작품이다. 작품성은 세 가지 논거를 갖추고 있다. 하나는 떠나는 시점이며 두 번째는 연화도를 만년의 거처로 선택한 이유이며, 나머지는 "살고 있는" 현재 시제가 지닌 효과다. 현재의 초상이 아니라 5년 후의 미래상임에도 현재 시제로 구조화시킨 이유는 그의 탈출이 일시적인 충동이 아니라 의지로 밑받침된 상시 행동임을 보여주기 위해서다.

서술구조는 입문의 양식을 취한다. 문학에서 입문 모티프는 청소년이 갖가지 모험과 시행착오를 거치면서 성인으로 성장해가는 과정이다. 기성사회에 반항하면서 심리적 육체적 성장을 도모한다. 그런데 양일섶의 경우에는 노년기의 변신이라는 특징을 지녀 성인의 사회적 책임성을 면하면서도 존재성으로의 입문이라는 미학적 결실을 거두고 있다.

탈출 거사는 67세 생일날에 이루어진다. 생일날은 "아내와 며느리가 차린 생일상, 케이크와 축하주, 손자들의 재롱과 노래, 자식들이 챙겨주는 두둑한 용돈"으로 묘사되며 "환한 미소"도 끼어든다. 하지만 "속마음을 털어놓지 않았다."는 간결한 문장이 화목한 하루를 일시에 전복시킨다. "속마음"이라는 언어는 주변 환경과 결별하고서라도 심중의 계획을 실천하겠다는 표현이다. 몇 벌의 옷가지를 가방에 챙겨 넣고 "섬에 간다. 찾지 마라."는 메모지 위에 스마트폰을 올려놓은 행위는 의지적 탈출임을 선언한다. 이 순간은 어떤 것도 두려워하지 않겠다는 심경을 강조한다. 문제는 왜 '지금'인가라는 시의성이다.

> 그는 30년간 교직과 회사 생활을 했다. 집안의 주방을 책임지면서 수필을 쓰기 시작한 지 10년이란 시간이 지났다. 요리 실력도 어느 정도 갖추었고 수필집도 세 권이나 출간했다. 이제 가족들을 위해 희생과 봉사할 일도 없고, 자신을 위해 투자하고 개발할 정신적 육체적 여력도 없어졌다. 아내와 자식들은 그의 필요성을 전혀 느끼지 못하고 있다. 이제 혼자 살아가야 할 때가 왔다.

작가의 욕망은 절박하고 절실하다. 그의 자아는 나르시스의 시선을 연상시킨다. 가족을 위해 할 수 있는 일은 더이상 없다. 밥을 스스로 할 수 있고 작가로서의 직분도 거의 완수하였다. 가족들은 그의 역할을 더 이상 필요로 하지 않는 것 같다. 육체적 정신적 힘은 아직 남아있다. 남은 일은 자신의 존재를 재정립하는 것이다. 떠나느냐 마느냐의 교차점에서 주체적인 삶을 표상할 시점은 지금뿐이다.

다음 문제는 어디로 가는가이다. 작가는 낭만적 기질 외에 갈 곳의 타당성도 빠뜨리지 않는 신현실주의자임이 여기서 드러난다. 산보다 연화도를 선택한 이유가 그 점을 반영해준다. 뱃길로는 육지에서 1시간 거리이며 150여 명의 주민들이 산다. 필요한 물건을 쉽게 구할 수 있다. 먹거리가 풍부하고 절경까지 갖추고 있다. 예전에 네댓 번 온 적이 있어 지형도 낯설지 않다. 따뜻한 인심이 있어 노년의 삶을 보내기에 적절하다. "환상의 섬 연화"라는 이름이 작가인 자신에게 더없이 어울린다. "연화도에 사는 남자"라는 미래상만 갖추면 된다. 그의 자화상은 미래 시점에 다다를 때 펼쳐지지만 작가는 고집스럽게 "있다, 있었다"라는 현재형과 과거형 시제를 구사한다. 현재의 사실성과 과거의 팩트를 합쳐 "연화도에 살 나"를 "연화도에 살고 있는 사람"으로 치환시키면 수필은 과거의 상像을 그려낸다는 고정관념을 일거에 무너뜨리게 된다. 미래의 욕망을 생생하게 내세우는 효과도 준다. 작가는 이런 초상화를 그려냄으로써 이상적 욕망을 현실화하는 효과를 거두게 된다. 이런 초시간적 탈출이 그를 "연화도 사람"으로 만든다.

> 처음 얼마간은 생소하고 어색했으나 모든 문제는 시간이 지나면서 해결되었다. 가끔은 오십 대 주인집 남자의 낚싯배에 따라가고, 마을 사람들의 그물 손질을 돕고, 서툰 솜씨지만 해산물 작업에 불려가 함께 일을 하면서 부담 없이 술잔을 부딪쳤다. 글을 쓰다가도 동네 사람이 찾으면 궂은일 마다하지 않고 뛰어나갔고 주민들은 그에게 먹거리를 챙겨주며 다가왔다. 그는 점점 연화도 사람이 되어 가고

있었다.

그는 '한 남자'에서 '한 사람'으로 갱생했다. 남자든 여자든 사람이 될 때 원하는 존재성을 갖는다. 비유하면 자신의 초상을 스스로 그려가는 자유를 획득한 때이다. 양일섶은 67세의 나이에 자신의 변신을 완성시킬 현실적 조건을 설정하였다. 하나는 식당에서 서빙을 도움으로써 숙식을 해결하는 것이고, 두 번째는 수필을 섬 젊은이들에게 전파하여 정신적 만족감을 얻는 것이다. 정신적·육체적으로 독립하지 못하면 인격적 완성을 이룰 수 없다는 점에서 그의 준비는 치밀하면서도 현실적이다.

세 번째는 공인절차가 필요하다. 연화도 주민으로부터 그들의 일원이라는 점을 인정받았을지라도 사회계약에서 보면 여전히 한 가정의 가장이다. 이 신분에서 벗어나야 자유인으로서의 안정감을 부담 없이 즐길 수 있다. 육지에서 알던 친구가 찾아와 자신의 현 모습을 도연명의 '귀거래사'로 선언한 후 아내가 찾아온다. 부부라는 법적 굴레를 깨뜨리지는 못할지라도 아내의 동의를 얻고 한 달에 두세 번 정도 택배도 전달받는다. 친구와 가족으로부터 자유를 공인받은 그는 드디어 "조금 힘들어도 외롭지 않다. 그리고 이제 계속 여기서 살아도 된다."는 자화상을 완성시킨다.

수필 속의 자아는 현실적 환경에서 벗어날 수 없다. 이 한계를 알고 있는 작가는 연화도 서사가 지닌 환상을 "지금부터 5년이란 시간이 지난 후, 연화도에 사는 그 남자가 나였으면 참 좋겠다."는 문장으로 해결한다. "지금부터 5년이란 시간"은 그의 서사가 사실이 아님을 밝히지만 그렇다 하여 작가의 욕망이 지닌 진정성은 훼손되지는 않는다.

그의 탈출기는 소설적 허구나 동화의 판타지보다 문학적 격이 높다. 왜냐하면 <연화도에 사는 남자>의 계획은 너무나 절박하여 거부당해서는 안 되는 원초적 욕망을 비추기 때문이다. 외적 행동이 아니라 숨겨진 욕망을 토로할 때 초상화는 더욱 진정성을 가진다는 점을 보여준 사례다.

70세 무렵의 남자의 고민거리를 풀어내어 시대의 초상화로 만들었다는 의미도 크다.

수필도 작가의 절박한 욕망을 기술하면 시간을 초월하는 자화상이 그려진다. 어쩌면 미래라는 시간 속에 웅크리고 있는 무의식적 욕망이야말로 초상화로서의 진면목을 확보해주는 모티프라고 하겠다. 양일섶의 연화도 정착기를 살피면서 새삼 떠오른 생각 중의 하나이다.

이옥순의 <살구 냄새>

이옥순의 <살구 냄새>는 특정 인물이 아니라 특정 유형을 소개한다. 그 유형은 처음에는 불분명하지만 사건이 진행됨에 따라 점점 구체적인 형상을 갖춘다. 시골에서 생활하고 싶지만 경험이 없어 망설이는 '그 사람'에게 농촌은 불편과 위험이 있어 혼란스럽다. 그 걱정스러운 질문에 답하는 사람이 이옥순이다. 작가 이옥순은 자신의 경험에 비추어 농촌을 꿈꾸는 자의 초상을 그려낸다.

<살구 냄새>에 담긴 이야기는 과거와 미래가 아닌 종합적 시제를 갖는다. '살구밭을 사고 싶다던 그 사람'은 부분적인 자료나 정보를 가지고 있을지 모르나 농촌의 실상에 대해서는 백지상태이므로 이옥순은 그가 지닌 현재의 기대와 불안을 더 잘 포착해낼 수 있다. 비슷한 경우를 거친 그녀는 경험도 지녀 이심진심의 소통력을 지닌다.

"정말 좋겠어요." 당신이 그려본 전원생활에 대한 그림과 비슷한 누군가의 마당을 마주하게 되었을 때 처음 던지는 말이다. 맨발로 걸어보고 싶은 잔디와 한 줌 햇발만 들면 탁 벌어질 것 같은 꽃봉오리를 보면 그런 말이 저절로 튀어나온다. 나도 그랬다. 쉽게 열광하

는 사람의 특성이다. 단 살구는 애피타이저에 불과하다. 시간이 지날 수록 그동안 듣고 보아온 모든 것을 능가하는, 비교 불가한 시고 떫은 일들이 기다리고 있다는 걸 알게 된다.

이옥순은 앞 단락에서 "살구는 익으면 떨어지고, 떨어진 살구가 달다는 걸 작년에 비로소 알았었다."라고 고백한다. "살구는 애피타이저에 불과하다."고 덧붙여 시골 삶이 녹록지 않다고 강조한다. 전문 농사꾼이 아니지만 시골의 삶을 살구의 단맛과 신맛으로 나타낸 표현은 문학적 수사를 떠나 전원살이의 장단점을 거론할 자질을 보여준다.

시골에 살고 싶은 그 사람을 그리는 초상의 배경은 살구밭이다. 살구밭은 농촌에 살려는 사람은 이래야 된다는 것을 알려주는 순기능을 수행한다. 시골 생활의 실상이 "아직 살구도 모르면서 감히"라는 말로 강조되고 농촌살이는 "비교 불가한 시고 떫은 일"이므로 "정말 좋겠어요."라는 감성에서 벗어나야 한다는 사실도 지적한다.

고진감래는 모든 일을 시작할 때의 전제조건이다. 고생이 선행한다는 이치를 받아들일 때 전원생활을 배경으로 깐 자화상을 그릴 자격이 주어진다. 그렇지 않으면 자신의 초상화를 스스로 완성할 수 없다. "좋겠어요"라는 화술만으로는 미흡하다는 것이다.

<살구 냄새>의 구조의 특징은 서두와 결미 사이에 질문형 문장이 열거된다는 점이다. "정말 좋겠어요, 늘 생각했어요, 조용하지요, 벌레 있지 않아요? 힘들지 않아요? 무섭지 않나요?" 라는 동의를 구하는 질문들은 "나이가 더 들면 전원생활을 하려고 해요."라는 답으로 끝난다. 전원생활이 이럴 것이라는 그 사람의 생각을 순서대로 연결하면 전원으로 이주하려는 사람들의 기대와 걱정이 구체적으로 드러난다. 일련의 질문이 당사자의 준비를 보여주기 때문이다.

"정말 좋겠어요."에 이어 제시된 "늘 생각했어요."는 실천단계를 가시

화한다. 계약을 앞둔 사람을 결혼 날짜를 잡고 잠시 혼란에 빠진 신부로 비교한 묘사는 적절하기 이를 데 없다. 미래에 대한 희망으로 마음이 설레는 한편 '앞으로 이 남자와 어떻게 살지.'라는 두려운 감정을 교차시킬 수 있기 때문이다. 하지만 계약서 앞에 서면 주변의 그림 같은 집들이 마치 자신이 사는 집처럼 여겨진다. 도시에 마련된 모든 살림을 시골로 옮기는 일은 결코 쉽지 않다. 작가도 "늘 생각했어요."라는 말을 들을 때 '나도 그렇게 생각했어요.'라는 심정으로 상대를 위로해준다. 아무튼 이 단락의 요지는 '일은 이미 시작되었다.'이다.

질문과 답변이 이어지는 담론을 대하면 혼자 말하는 독백이 아닌가 생각이 든다. 한 사람은 경험자이고 다른 사람은 꿈꾸는 사람임에도 일체성이 느껴지는 이유는 작가 자신의 과거가 담겨있기 때문이다. <살구 냄새>에도 '그것이 알고 싶다.'는 자와 '그것을 말하고 싶다.'는 자의 두 초상이 겹쳐있다. 아무튼 그들은 서로의 분신으로서 전원생활을 합작하고 있다.

미지의 세계는 어디든 불안의 그림자가 깔려있다. 농촌은 조용하고 도시는 소란스럽다는 등식도 깨어진다. 농촌에 살다보면 새 울음은 아침부터 소란스럽고 나뭇가지는 매일 멋대로 자란다. 모든 게 신경 쓰인다. 조용하게 살고 싶어서 오히려 도시의 아파트로 돌아가고 싶다. 이런 장단점에 대한 호불호는 개인에게 달렸다. "벌레 있지 않아요?"라는 말도 해석 여하에 따라 다르다. 도시에서 파리와 미세먼지 속에서 산다면 농촌에서는 진딧물과 개미를 친구처럼 대해야 한다. 우주의 관점에서 보면 불필요한 것은 하나도 없고 모든 존재는 나름 귀중한 것이다.

'살구밭에 집 짓고 살려는 그 사람'의 모습을 그릴 때 가장 중요한 부분은 왜 그 삶을 원하는가라는 이유를 분명히 밝혀야 한다는 점이다. 그것을 해결하는 질문이 "힘들지 않아요?"이다. 시골 생활을 할 것인가 안 할 것인가의 최종 결정 조건은 아름다운 자연이 아니라 육체적 근면이라는 조언이다. 작가는 그 점을 등산에 비유한다. 산행을 하려는 자는 스스로 배낭을 메고 산에 올라야 한다. 아름다운 풍경을 보려면 등짐을 기꺼이 감내할 수밖에 없다. 결실과 노동은 언제 어디서나 동행한다. 이것을 받아들인다면 '아시잖아요'라는 반어법이 이해되고도 남음이 있다. 그 사람의 초상화는 다음과 같은 것이다.

> 이내 이마에 땀이 맺히고 돌에 미끄러지고 땀이 흘러 등부터 옷이 젖기 시작한다. 샘가에 앉아 쉬면서 일렁이는 나무 사이로 파란 하늘을 올려다보며 희망에 젖는다. 신발 끈을 고쳐 매고 정상을 향한다. 숨이 차 한 발짝도 더 옮겨놓기 힘들어질 때쯤 첫 번째 산등성이에 올라서게 된다. 멀리 청청한 산을 조망하면서 산에는 분명 경이로움이 존재한다는 걸 다시 느낀다.

시골 생활도 양면적이다. 여름철에 잡초를 뽑는 일은 노역이지만 살구 냄새가 그 피로를 씻어준다. 그 경이로움이 사람들을 시골로 이끈다. 도시 사람들이 나이가 들면 전원생활을 하려는 이유에는 여러 가지가 있겠지만 도시와 달리 시골은 나이를 불문하고 늘 할 일이 있다는 사실 때문일 것이다. 그렇게 기대하면 그렇게 이루어진다. 이옥순도 "형편에 맞게 하면 된다."고 말한다. 중요한 것은 나이가 아니라 자연과 만나려는 순수한 의욕이다. 삶은 책과 영화를 통해서 이루어지는 것이 아니라 대상을 몸으로 대할 때다. 땅도 마찬가지다. 흙과 풀벌레를 함께 받아들이는 것, 땅을 바꾸는 것은 힘들다는 것. 이것에 대한 인식이 전원생활의 조건이라고 작가는 풀이해낸다.

작가는 흙냄새를 맡으려는 사람의 초상화에 마지막 손질을 가한다. 그것은 "땅에 떨어진 살구가 맛있다"는 걸 아는 미각이다. 시골생활의 맛을 제대로 알려면 적어도 땅에 떨어진 살구가 달다는 것쯤은 알아야 한다는 지적이 농촌은 땅을 바라보며 사는 세상이라는 의미를 완성한다. 이옥순의 자화상은 농촌을 경험하려는 자의 초상에 일치한다. "맛있는 살구는 땅에 있다."는 것을 깨친 사람만이 살구밭 집을 지을 수 있다는 것이다.

덧붙여

시가 한 번에 보는 그림이라면 수필은 찬찬히 들여다보는 그림이다. 서사로서 수필을 읽을 때 유의할 점은 정도의 차이가 있지만 욕망과 동경이라는 심리가 원고지 어딘가에 깔려있다는 사실이다. 감정의 시간이 과거에 있는가, 현재나 미래에 있는가를 함께 찾아낸다면 자화상으로서 수필구조에 더 가까이 접근한다. 나아가 배경이 어떻게 변하는가를 간파하면 서술자의 내면까지 읽어낼 수 있다.

자화상은 미움, 그리움, 추억, 희망 등의 표정을 여러 기법과 언술로 표현한다. 여기에 적합한 언어들이 풍부하게 동원될수록 자화상으로서 수필은 무의식을 의식화할 수 있다. 장미숙의 <벽지를 뜯으며>는 어두운 과거를 벗겨내고 새로운 가정을 꾸미려는 여성의 자아성찰이 바탕이 되어있다. 양일섶의 <연화도에 사는 남자>는 현재 시제로서 작가의 내면에 깃든 이상세계로의 이주를 전기적으로 풀어낸다. 이옥순의 <살구 냄새>는 자신의 체험을 통해 전원생활을 꿈꾸는 사람들의 초상을 객관화한다. 이들이 자아 형상을 그려내는 기법을 살피면 마치 거울로 자신을 살피는 과정과 동일하다는 것에 동의할 수 있다.

자화상 기법은 우리의 내면을 타자의 시선으로 보도록 한다. 고통을 탕감하고 미래의 꿈이 참가되면서 치유의 효과도 지닌다. 장미숙의 벽지, 양일섶의 연화도, 이옥순의 살구밭은 이런 자화상을 완성하는 이상향이다. 배경에 대한 작가들의 안목이 넓어지고 있다는 예라 하겠다.

| 작품 |

벽지를 뜯으며

장미숙

흔적들이 북북 찢겨 나갔다. 예리한 칼끝에 덜미가 잡혀 힘 한번 쓰지 못하고 뜯겼다. 오랜 시간 한몸이었던 벽과 분리되어 너덜거렸다. 시간이 그려놓은 추상화는 빛도 보지 못한 채 구겨졌다. 몸에 새겨놓은 기억은 갈래갈래 찢어졌다. 간신이 벽에 붙어 있던 조각도 도배사의 손에 의해 바닥으로 떨어졌다. 작업을 시작한 지, 한 시간여 만에 벽지는 완전한 쓰레기가 되었다. 시멘트처럼 거칠고 단단하지도, 대리석처럼 매끄럽고 강하지도 않은 얇은 종이지만, 한때는 편안함과 아늑함의 상징이기도 했다. 거칠고 차가운 벽을 감싸고 있을 때는 온기가 흐르던 당당한 존재이기도 했다.

십 년이라는 세월, 묵묵히 집안을 지켜온 벽지다. 삶의 아수라가 펼쳐지고, 감정이 소용돌이치고 웃음과 울음이 번갈아 터지던 나날들을 몸에 새겼을 벽지다. 집안에서 벌어지는, 밖으로 새어나가지 못한 일상의 자잘한 일들이 촘촘히 새겨졌을 벽지다. 벽지만큼 한 집안의 사정을 잘 아는 것도 없을 터다. 쓰레기가 되어 뒹구는 벽지를 바라본다. 이제는 벽지라고 할 수 없는, 곧 아무렇게나 뭉쳐져 어딘가로 떠나야 할 운명이다. 한 집안의 역사를 고스란히 품에 안았지만, 그것으로 끝이다. 수많은 쓰레기와 함께 섞여 땅에 묻힐지, 불구덩이 속으로 사라질지 알 수 없다.

나는 방이며 거실에 흩어진 벽지 사이를 서성인다. 애증의 세월을 함께 살아온 그것들에 의미를 부여하고자 함은 내가 살아온 지난날이 씁벅거려서다. 기억을 소환해 그것들과의 마지막 교감과 이별을 준비한다. 맨 처음 이 집에 들어섰을 때, 들렁들렁하던 감정이 어딘가 고스란히 담겨 있을 것이다.

세 식구가 살기에 크지도 작지도 않은 집이었다. 그것도 내 집이 아닌 임대주택이었다. 하지만 맨 처음 문을 열고 들어섰을 때 우리 가족을 맞아준 건, 하얀 벽지였다. 거실 한가운데 서서 나는 햇살을 몸속 깊숙이 받아들였다. 어둠에 익숙했던 습한 기운이 사라짐을 느꼈다. 햇살에서 피어오르던 박하사탕 같던 냄새는 짧은 시간 행복이라는 단어를 선물해주었다. 그것만으로도 벅찼다. 환한 벽지는 내 삶을 한 차원 수준 높은 곳으로 끌어올려 준 것 같았다.

궁핍이 다닥다닥 붙어있던 낡은 상가 건물은 일 층이 술집이었다. 곰팡이와 칙칙함, 시끄러움은 집세를 조금이라도 깎는 데 유리했지만, 덤으로 얻은 건 불면과 희망의 부재였다. 주위가 온통 상가여서 창문을 열면 온갖 악다구니에 거친 말들이 오갔다. 잠들지 않던 밤은 무시로 작은 창문을 기웃거렸다. 술 취한 사람들은 밤을 깔고 앉아 시간을 불평으로 난도질했다. 하루 벌어 하루 먹고 살던 사람들은 술잔에 하루치의 욕망을 부어 넣었다. 싸구려 음악 소리와 너덜너덜해진 웃음이 미래의 희망을 압류하던 곳에서 벽지는 늘 어둠을 품고 있었다. 햇빛이 비껴가는 칙칙한 집에서 꿈꾸던 건 벽지에 쨍쨍하게 부서지는 햇빛이었다.

기회는 갑자기 찾아왔다. 현실의 경제력으로는 도저히 가질 수 없는 집을 영세민이라는 특권으로 갖게 되었다. 어두컴컴하던 상가주택의 집과 다른 건 환한 벽지였다. 벽지를 보며 무늬 사이사이에 나는 수많은 꿈을 그려 넣었다. 햇살은 벽지를 스크린 삼아 빛으로 축복해 주었다. 손으로 쓰다듬을 때 몸에 흐르던 짜릿한 기억은 오래도록 살아 있었다.

친구에게 거지 집에 산다고 놀림을 받던 아이는 이제 친구를 집에 데려와도 되겠다며 좋아했다. 벽지를 손으로 쓸어보기도 하고 튕겨보기도 하면서 방안을 맴돌았다. 자기 방이 생겼다고 자기 물건의 소유를 주장했다. 자신의 사진을 벽에 걸어놓고 킥킥대기도 했다. 아이는 깨끗한 벽지에 해마다 자신의 키를 표시했다.

 그러던 아이가 어느 날부터 벽을 발로 차기 시작했다. 사춘기 반항은 아이가 벽을 바라보는 게 아니라 벽을 등지게 했다. 벽지는 아이의 등에 새겨진 반항을 고스란히 받아들였다. 침묵이 찾아왔다. 침묵과 친해진 아이는 천장을 바라보며 누워 있곤 했다. 집안의 불화와 비례해 아이의 등도 거칠어졌다. 아이는 친구들을 더이상 집에 데려오지 않았다.

 햇살 스며드는 거실 벽지를 피해 나는 점점 구석진 방으로 숨어들었다. 환한 벽지 아래 나의 남루는 적나라했다. 가정경제는 추락의 막다른 골목에 몰려 있었고, 마음의 평화는 요원했다. 술잔에 영혼을 저당 잡힌 가장의 어두운 그림자가 밤낮없이 벽에 일렁였다. 벽에 등을 기댄 채, 텔레비전에 열중하던 그의 눈은, 하지만 텅 비어 있을 때가 더 많았다. 그가 기댄 벽지는 술에 찌들어 칙칙하게 변해갔고 불안을 잉태했다. 불안의 그림자는 점점 커져 방까지 기웃거렸다. 그림자를 피해 달아나다 더이상 피할 수 없게 되었을 때, 나는 벽을 향해 두 손을 모았다. 초월적인 힘을 믿는 건 아니었지만, 그렇게라도 해야 버틸 수 있었다.

 환한 벽을 잃어버린 후 내 마음에도 벽이 생겼다. 마음의 벽은 점점 견고해져 틈을 허락하지 않았다. 차갑게 식어버린 마음은 긍정보다 부정의 힘을 믿었다. 상대방의 벽도 견고하긴 마찬가지였다. 가로막힌 벽에 나는 상대에 대한 원망과 미움이란 벽지를 발랐다. 수없이 덧바른 벽지는 벽처럼 두껍게 변해갔다. 마음의 벽은 물리적인 벽보다 깨부수기 힘들었다.

 삶이란 보이지 않는 기의 움직임에 좌우됨을 알게 된 건, 남편의 외로움을 발견한 뒤였다. 한번 잘못 들어선 길에서 방향을 잃어버린 그는 진흙탕 속으로 빠져들었다. 진흙탕을 알아차린 건, 이미 탈출구를 잃어버린 뒤였다. 술에 놓아버린 삶을 남편은 뇌졸중이란 병으로 돌려받았다. 그는 집으로부터 분리되었고 새로운 벽을 만났다. 재활이라는 벽 앞에서 그는 울부짖었다. 그의 주먹은 벽이 아닌 바닥을 치느라 피멍이 들었다. 그의 등이 머물렀던 벽은 그의 부재만큼이나 공허했다.

 벽지를 뜯기로 했다. 십여 년 전 햇살 벽지에 설레던 그때처럼 환한 벽지

아래 다시 서보고 싶었다. 도배사에 의해 벽지는 어두운 기억을 끌어안고 바닥으로 추락했다. 얽히고설킨 감정들이 바닥에 널브러져 있었다. 그 위에 나는 조심스레 다시 섰다. 햇볕은 변함없이 희망의 색과 가까웠다. 변한 게 있다면 한 단계 더 낮은 바닥을 딛고 있는 내 자화상이었다.

새 벽지는 어느새 원래 자신의 자리였던 듯 벽을 감쌌다. 환한 벽지는 눈이 부셨다. 십여 년 전 셋이서 바라보던 벽을 나는 혼자 바라보았다. 아이 방에 사진을 걸고 그때 아이처럼 벽을 쓰다듬어 보았다. 남편이 머물던 자리도 다시 말끔해졌다. 술 냄새가 사라져버린 집안에서 드디어 벽은 숨을 쉬었다.

새 벽지에 남편이 언제쯤 등을 기댈지는 알 수 없는 노릇이다. 그는 지금 자신의 일생에서 가장 어려운 고비를 지나고 있다. 다 커버린 아이에게도 집은 이제 잠깐 다녀가는 곳이다. 아이에게 중요한 건, 부족한 잠을 보충할 수 있는 편한 잠자리다. 나는 매일 의식을 치르듯 햇볕 아래 설지도 모르겠다. 칙칙한 상가주택을 벗어나 환한 벽지 아래 섰던 그날, 축복처럼 쏟아지던 박하사탕 냄새를 기억하며….

－2019년 9월호《수필과비평》

| 작품 |

연화도에 사는 남자

양일섶

한 남자가 예순일곱 번째 생일을 맞이했다. 아내와 며느리들이 차린 소담한 생일상을 받으며 케이크를 자르고 축하주도 몇 잔 마셨다. 손자들은 재롱을 피우며 노래를 불렀고 자식들은 건강하게 오래오래 살라며 용돈을 두둑이 챙겨주었다. 그는 환한 미소를 지으며 고맙다는 답인사를 했으나 속마음은 털어놓지 않았다.

두세 시간이 지난 후, 자식들 가족이 모두 떠났다. 아내도 친구를 만나러 간다며 서둘러 나갔다. 그는 여행용 가방에 몇 벌의 옷가지를 챙겨 넣었다. '섬에 간다. 찾지 마라.'고 적은 메모지 위에 자신의 스마트폰을 올려놓고 집을 나왔다. 가방을 끌고 가면서 약간 망설이기도 했으나 오랫동안 마음먹었던 생각을 실천에 옮기기 위해 지하철을 타고 시외버스터미널로 향했다.

통영으로 향하는 버스에서 창밖을 보다가 회상에 잠겼다. 지금까지의 삶이 도시인들의 생활을 방영한 다큐멘터리처럼 스쳐 지나간다. 그는 30년간 교직과 회사 생활을 했다. 집안의 주방을 책임지면서 수필을 쓰기 시작한 지 10년이란 시간이 지났다. 요리 실력도 어느 정도 갖추었고 수필집도 세 권이나 출간했다. 이제 가족들을 위해 희생과 봉사할 일도 없고, 자신을 위해 투자하고 개발할 정신적·육체적 여력도 없어졌다. 아내와 자식들은 그의 필요성을 전혀 느끼지 못하고 있다. 이제 혼자 살아가야 할 때가 왔다.

지나간 시간을 마음속에 접어놓고 앞으로 닥쳐올 외로운 시간을 극복해 나가야 한다. 그는 "사람들 사이에서 혼자 사는 것보다 사막에서 혼자 사는 것이 훨씬 더 낫다."는 어느 철학자의 말을 믿어왔다. 도시나 가정에서 혼자라는 외로움은 고통이지만 외딴곳에 혼자 살면 외로움이 아니라 즐거운 고독이 된다. 고독은 사람들의 기피 대상이기도 하지만 새로운 목표를 찾게 해주는 나침반이 될 수도 있다. 그는 지금까지 경험하지 못한 또 다른 행로를 찾기 위해 섬으로 가고 싶어 했다.

<나는 자연인이다>라는 TV 프로를 보면서 산으로 가고 싶은 마음도 있었다. 하지만 지금 나이에 심심산골로 들어가 집을 짓고 매일 허드렛일을 한다는 것은 현실적으로 어려운 일이다. 차라리 섬으로 들어가 소일거리도 하고 글을 쓸 수 있으면 더이상 바랄 게 없을 것이다. 지인이 없는 곳, 뒤에는 자그마한 산이 있고 앞에는 낡은 어선이 몇 척 떠 있는 포구가 있으면 최적의 장소다. 자연을 즐기면서 하고 싶은 일을 할 수 있다면 진정한 자연인이 될 수 있다는 생각에 그는 연화도를 선택했다.

연화도蓮花島는 통영항 여객선터미널에서 유람선을 타고 뱃길 따라 한 시간 남짓 거리에 있는 섬이다. 연화도란 지명은 겹겹이 싸인 섬 봉우리들의 모습이 연꽃을 닮아 붙여진 이름이다. 그리 크지 않은 섬에는 150여 명의 주민이 옹기종기 모여 산다. '연화사'라는 작은 사찰을 비롯하여 볼거리와 먹거리도 풍부하다. 특히 용이 대양大洋을 향해 헤엄쳐 나가는 형상의 '용머리 바위'는 통영 팔경에 속할 정도로 절경을 자랑한다.

그는 이미 연화도 여행을 네댓 번 한 적이 있다. 해발 212m의 높지도 가파르지도 않은 연화봉, 바다 풍경을 바라보며 섬을 일주할 수 있는 탐방로, 연화도와 인근 우도를 연결하는 국내 최장 길이(309m)의 해상보도교, 남해안에서 손꼽히는 갯바위 낚시터와 누군가가 방금 빚어놓은 듯한 올망졸망한 바위섬. 선착장 표지석에 새겨진 '환상의 섬 연화도'라는 문구 이외에 달리 표현할 말이 없다. 무엇보다 연화도 주민들의 넉넉한 인심과 따뜻한 마음이 그의 기억 속에 각인되어 있다.

그는 민박집의 작은 방을 하나 얻어 자취 생활을 하면서 몇 달을 보냈다.

처음 얼마간은 생소하고 어색했으나 모든 문제는 시간이 지나면서 해결되었다. 가끔은 오십 대 주인집 남자의 낚싯배에 따라가고, 마을 사람들의 그물 손질을 돕고, 서툰 솜씨지만 해산물 작업에 불려가 함께 일을 하면서 부담 없이 술잔을 부딪쳤다. 글을 쓰다가도 동네 사람이 찾으면 궂은일 마다하지 않고 뛰어나갔고 주민들은 그에게 먹거리를 챙겨주며 다가왔다. 그는 점점 연화도 사람이 되어 가고 있었다.

직접 요리를 만들어 식사를 해결할 때가 많지만 영양보충을 위해 단골 식당에 가서 다양한 음식을 자주 사 먹었다. 그러던 중, 식당 주인은 자신들의 빈방에 기거하면서 서빙을 도와달라는 제안을 했고, 그는 흔쾌히 승낙했다. 급료는 없지만 먹고 자는 문제가 완전히 해결되었다. 점심시간부터 저녁때까지만 일하기 때문에 한가한 시간이 많았다. 무엇보다 수필을 공부하려는 50대 젊은이들 서너 명과 일주일에 한 번, 영업이 끝난 식당에 모여 토론하고 대화할 수 있다는 게 그에게는 큰 기쁨이었다.

해상보도교가 완공되면서 섬과 섬 사이를 걸어보려는 외지인들이 부쩍 늘어나고 있지만 관광객들이 연화도를 가장 많이 찾는 계절은 여름이다. 6·7월 두 달 동안 꽃을 피우는 수국을 보기 위해 여행객들이 줄을 잇는다. 연화사에서 연화봉 정상까지의 등산로에 녹색, 흰색, 청색, 자색으로 화장한 수국꽃이 가로수처럼 즐비해 있어 이국적인 정취를 느낄 수 있다. 몇몇 사람들은 연화도를 '수국섬'이라 부르기도 한다.

폭염이 기승을 부리는 7월 초, 남자 손님 두 명이 식당에 들어왔다. "어어, 야!" 반갑게 악수와 포옹을 했다. 그들은 오래전부터 가깝게 지내던 문우들이었고, 바람도 쐬고 수국도 볼 겸해서 이곳을 방문했다. 그는 자신의 방으로 그들을 안내했고, 그들은 계획을 바꾸어 1박을 하기로 했다. 문우들과 술잔을 기울이며 문학 이야기를 나누는 게 너무 즐거워 자신의 애창곡, <귀거래사>를 흥겹게 불러 주었다.

'하늘 아래 땅이 있고 그 위에 내가 있으니, 어디인들 이내 몸 둘 곳이야 없으리.'(하략)

문우들이 떠나고 2주가 채 지나지 않았을 때, 그의 아내가 찾아왔다. 아내는 밤을 새우며 그를 설득했고, 그는 끝끝내 돌아가지 않겠다고 황소고집을 부렸다. 아내가 돌아간 후, 한 달에 두 번 정도 택배가 왔다. 그가 좋아하는 파김치와 나물볶음, 가끔은 곰국이나 장어국이 오기도 했다. 그도 가끔 연화도의 싱싱한 해산물을 집으로 보낸다. 조금 힘들어도 외롭지는 않다. '이제, 계속 여기서 살아도 된다.'고 생각하면서 입가에 가느다란 미소를 지었다.

지금부터 5년이란 시간이 지난 후, 연화도에 사는 그 남자가 나였으면 참 좋겠다.

－2019년 9월호《수필과비평》

| 작품 |

살구 냄새

이옥순

　살구밭에 다녀왔다. 봉지의 살구는 얻어왔고, 박스의 살구는 사 왔다. 박스의 것은 나무에서 딴 살구고, 봉지 것은 나무 밑에서 주운 살구다. 봉지의 살구는 달고, 박스의 살구는 시고 떫다. 시고 떫은 살구를 어찌해야 할까. 살구는 익으면 떨어지고, 떨어진 살구가 달다는 걸 작년에는 알았었다. 순간 그걸 잊어버리고 나무에서 딴 매끈한 살구를 사고 말았다. 오늘 살구밭에서 만난 이가 도시로 돌아간 뒤 그 사람의 물음에 조용히 혼잣말로 답해본다. 살구밭을 사서 집 짓고 싶다던 그 사람에게 아직 살구도 모르면서 감히.
　"정말 좋겠어요." 당신이 그려본 전원생활에 대한 그림과 비슷한 누군가의 마당을 마주하게 되었을 때 처음 던지는 말이다. 맨발로 걸어보고 싶은 잔디와 한 줌 햇발만 들면 탁 벌어질 것 같은 꽃봉오리를 보면 그런 말이 저절로 튀어나온다. 나도 그랬다. 쉽게 열광하는 사람의 특성이다. 단 살구는 애피타이저에 불과하다. 시간이 지날수록 그동안 듣고 보아온 모든 것을 능가하는, 비교 불가한 시고 떫은 일들이 기다리고 있다는 걸 알게 된다.
　"늘 생각했어요." 관심을 가지게 되면 조금씩 중요한 문제로 이끌려가게 되어 있다. 아직은 손을 덜 탄 땅을 소개받고 어느새 계약서 앞에 앉아있는 자신을 발견한다. 그 근처에 있는 그림 같은 집도 눈에 들어온다. 마치 결혼 날짜를 잡고 잠시 혼란을 겪었을 때처럼 무엇에 끌려가는 기분이 들어도 돌이킬 수 없다. 일은 이미 시작되었다.

"조용하지요?" 조용하다. 그렇지만 조용하지 않다. 난 가끔 조용하게 살고 싶어서 도시의 아파트로 돌아가고 싶을 때가 있다. 시골에서의 삶은 조용한 것하고 점점 거리가 멀어진다. 겁 없이 가지를 뻗어대는 나무들, 끝없이 영역을 넓히는 잡초에, 칡넝쿨에, 밤낮 온갖 새소리에 점점 지배당하게 된다. 그렇다고 극장에 새로 내걸린 영화 소식이나 새로운 문학작품 소식으로부터 자유롭지도 못하다. 시골에서도 조용할 방법은 자신을 제한하는 길밖에 없다.

"벌레 있지 않아요?" 실제로 시골에는 상상력의 비약에 찬물을 끼얹는 여러 가지 상황이 발생한다. 보통은 꽃을 보면 자세히 들여다보기 위해 한 발짝 다가선다. 얼마 지나지 않아 꽃줄기에 아주 작은 무엇의 미세한 움직임을 감지할 수 있다. 맞다. 바로 당신을 뒷걸음치게 만드는 진딧물이라는 것이다. 끝이 아니다. 이내 당신의 발등에서 허둥대는 개미를 털어내게 되어 있다. 방금 들여다보았던 그 꽃줄기까지 줄을 지어 기어가고 있는 개미가 그때서야 보인다. 진딧물은 중국매미, 선녀벌레에 비하면 별것도 아니다.

"힘들지 않아요?" 시골에서도 어느 한 가지만 지속되지는 않는다. 자신의 몸보다 커 보이는 배낭을 메고 산을 오르는 사람의 심정 정도라고 할까. 포르르 앞서 날아가는 작은 새를 따라 숲으로 들어설 때는 앞에 펼쳐질 아름다운 풍경만 생각한다. 이내 이마에 땀이 맺히고 돌에 미끄러지고 땀이 흘러 등부터 옷이 젖기 시작한다. 샘가에 앉아 쉬면서 일렁이는 나무 사이로 파란 하늘을 올려다보며 희망에 젖는다. 신발 끈을 고쳐 매고 정상을 향한다. 숨이 차 한 발짝도 더 옮겨놓기 힘들어질 때쯤 첫 번째 산등성이에 올라서게 된다. 멀리 청청한 산을 조망하면서 산에는 분명 경이로움이 존재한다는 걸 다시 느낀다. 아무리 숨이 차고 다리가 아파도 자발적 선택으로 산에 오르고 있다는 사실을 잊지 않는다. 시골 생활도 그렇다. 장마 끝난 여름 마당의 바랭이를 뽑을 때는 마치 도형수가 된 느낌을 받기도 하나 이내 그것을 덮어버리는 살구의 단 냄새 같은 것에 이끌려 간다.

"무섭지 않아요?" 정말 대답하기 난처하다. 무섭지 않아서가 아니라 근원적인 당혹감 때문이다. 무섭다고 할 수도 없고, 무섭지 않다고 할 수도 없다. 가끔 무서울 때도 있고, 또 실제로 하나도 무섭지 않기 때문이기도 하다. 난 십육층 아파트에서 낮에 혼자 갑자기 무서웠던 적이 있다. 금방이라도 창문으로 누가 들어올 것만 같아 다리가 굳는 것 같았다. 가스 배관을 타고 고층 아파트에 침입한 도둑 이야기를 들은 후였다. 무서움이라는 건 마음 안에 존재한다고 본다.

"나이가 더 들면 전원생활을 하려고 해요." 도시에서 할 일이 없어지면 그때. 취미생활 좀 하고, 여행 좀 다니고 조용히 살아야 할 때 그때. 도시에는 너무나 많은 선택의 기회가 있다. 듣고 보는 대로 관심을 가질라치면 몸이 열 개라도 모자랄 지경이다. 할 만큼 했다고 생각되는 때도 괜찮고, 할 것을 남겨두고 와도 괜찮다. 형편에 맞게 하면 된다. 무엇을 하든 늦을 때란 없다.

땅에 떨어진 살구가 맛있다는 걸 알아가는, 시골은 겨우, 살구나무 밑에서는 땅을 보게 되는 그런 곳이다.

—2019년 9월호 《수필과비평》

박양근 문학평론집
수필 비평을 위한 현대성 프레임

인쇄 2021년 08월 23일
발행 2021년 08월 25일

지은이   박양근
발행인   서정환
펴낸곳   수필과비평사
주소   서울시 종로구 삼일대로 32길 36(익선동 30-6 운현신화타워) 305호
전화   (02) 3675-3885, (063) 275-4000·0484
팩스   (063) 274-3131
이메일   sina321@hanmail.net   essay321@hanmail.net
출판등록   제300-2013-133호
인쇄·제본   신아출판사

저작권자 ⓒ 2021, 박양근
이 책의 저작권은 저자에게 있습니다. 서면에 의한 저자의 허락없이 내용의 일부를 인용하거나 발췌하는 것을 금합니다.
COPYRIGHT ⓒ 2021, by Park Yangkeun
All rights reserved including the rights of reproduction in whole or in part in any form.
저자와 협의, 인지는 생략합니다.
잘못된 책은 바꿔 드립니다.

ISBN 979-11-5933-355-2 03810

값 16,000원

Printed in KOREA